MÉMOIRES

DU DUC

DE SAINT-SIMON

XVIII

TYPOGRAPHIE DE CH. LAHURE
IMPRIMEUR DU SÉNAT ET DE LA COUR DE CASSATION
RUE DE VAUGIRARD, 9, A PARIS

MÉMOIRES

COMPLETS ET AUTHENTIQUES

DU DUC

DE SAINT-SIMON

SUR LE SIÈCLE DE LOUIS XIV ET LA RÉGENCE

COLLATIONNÉS SUR LE MANUSCRIT ORIGINAL PAR M. CHÉRUEL

ET PRÉCÉDÉS D'UNE NOTICE

PAR M. SAINTE-BEUVE DE L'ACADÉMIE FRANÇAISE

TOME DIX-HUITIÈME

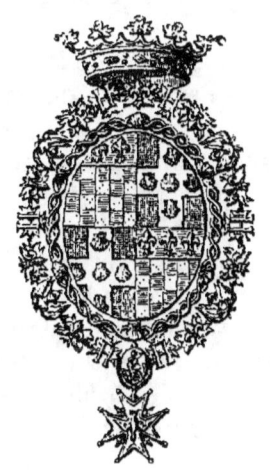

PARIS

LIBRAIRIE DE L. HACHETTE ET Cie

RUE PIERRE-SARRAZIN, N° 14

1858

MÉMOIRES
DE
SAINT-SIMON

CHAPITRE PREMIER.

Le roi commence à monter à cheval et à tirer. — L'Espagne remet la Sicile à l'empereur, et le roi de Sicile devient roi de Sardaigne. — Mariage du duc d'Albret avec Mlle de Gordes. — Suite de ses mariages. — Fortune prodigieuse de M. et de Mme de Beauvau par le duc de Lorraine. — Pension de dix mille livres à la nouvelle duchesse d'Albret. — Survivance du gouvernement de Franche-Comté au duc de Tallard, et de sous-gouverneur du roi au fils aîné de Saumery. — Mariage de M. de Mailloc avec une fille de la maréchale d'Harcourt. — Duc de Noailles s'accommode avec Bloin, pour son second fils, de la survivance d'intendant des ville, châteaux et parcs de Versailles et de Marly. — M. le comte de Charolois et le maréchal de Montesquiou entrent au conseil de régence. — Mort de Mme de Coetquen, et curiosités sur elle. — Chabot. — Mort et caractère de l'abbé de Chaulieu. — Mort de Sousternon. — Arrêt du conseil du 22 mai 1720, qui manifeste le désordre des actions et de la banque, et qui a de tristes suites. — Malice noire d'Argenson. — Mouvements du parlement. — L'arrêt est révoqué, dont l'effet entraîne à la fin la perte de Law. — Conduite de l'abbé Dubois à l'égard de Law. — M. le duc d'Orléans me confie, et à deux autres avec moi, l'arrêt avant de le donner. — Je tâche en vain de l'en détourner. — Conduite du parlement et de M. le duc d'Orléans. — Arrêt qui révoque au bout de six jours celui du 22 mai. — Law est ôté du contrôle général des finances. — Beuzwaldt, avez seize Suisses, en garde chez lui. — Il voit le régent après un refus simulé; travaille avec lui et en est traité avec la bonté ordinaire. — La garde se retire de chez lui. — L'agio est transféré de la rue Quincampoix en la place de Vendôme. — M. le duc d'Orléans me veut donner les sceaux, et m'en presse deux jours durant. — Je tiens ferme à les refuser. — Law et le chevalier de Conflans envoyés sonder et persuader le chancelier. — Ils réussissent et le ramènent de Fresnes. — Les sceaux redemandés à Argenson, et rendus au chancelier. — Retraite d'Argenson en très-bon ordre et fort singulière.

Le roi commença à monter à cheval au pas, et galopa un peu quelque temps après, puis commença à tirer.

Les Espagnols évacuèrent la Sicile, dont l'empereur prit possession, et de tous les droits du tribunal fameux, dit de la monarchie, dont Rome n'osa lui disputer la moindre partie, après tout ce qui en étoit arrivé entre cette cour et le duc de Savoie, qu'on a vu ici en son temps. Ce prince, qui avec toute son adresse n'avoit pu parer ce fâcheux coup, renonça malgré lui à la Sicile, en eut la foible compensation de la Sardaigne, dont [il] prit le titre de roi, au lieu de celui de roi de Sicile.

Le duc d'Albret épousa Mlle de Gordes, de la maison de Simiane, fille unique du premier mariage de Mme de Rhodes, qui étoit Simiane aussi, et veuve en secondes noces de M. de Rhodes, dernier de la maison de Pot, qui avoit été autrefois grand maître des cérémonies, et fort de la cour et du grand monde, avec beaucoup d'esprit et de galanterie, depuis perdu de goutte et fort retiré, mort depuis longtemps. M. d'Albret perdit cette troisième femme au bout de deux ans. Il avoit deux fils de sa première femme, et un de la seconde, mais il étoit infatigable en mariages. Il épousa en quatrièmes noces, en 1725, une fille du comte d'Harcourt-Lorraine, qui prit le nom postiche de Guise, si odieux aux vrais François, mais si cher à cette maison. Il avoit obtenu en don une terre en Lorraine du duc de Lorraine, à laquelle il fit donner le nom de Guise, d'où il prit le nom de comte, puis de prince de Guise. Il n'y eut point d'enfants de ces deux derniers mariages du duc d'Albret, qu'une fille fort contrefaite, qui a depuis épousé le fils aîné de M. de Beauvau, qui, lui et sa femme, ont fait une si prodigieuse fortune par la faveur du dernier duc Léopold de Lorraine, et qui s'est fait grand d'Espagne, prince de l'empire, chevalier de la Toison d'or, gouverneur de la Toscane, avec d'immenses biens.

M. le duc d'Orléans donna à la nouvelle duchesse d'Albret une pension de dix mille livres, la survivance du gouvernement de Franche-Comté au duc de Tallard, et celle de sous-gouverneur du roi au fils aîné de Saumery, qui valoit beaucoup mieux que le père, car il étoit sage, instruit, honnête homme, et dans les bornes de ce qu'il étoit; mais pour ce genre de survivance, et d'un père plein de santé, qui n'avoit pas besoin de secours, mais qui en vouloit perpétuer les appointements dans sa famille, c'est une invention qui n'avoit point d'exemple pour de pareils emplois, et que le père qui l'obtint étoit bien loin de mériter par le peu qu'il valoit, dont il avoit fait force preuves et des plus étranges, comme on l'a vu ici en son lieu, et moins encore de la grâce de M. le duc d'Orléans que de qui que ce pût être. Le maréchal de Tallard ni les siens n'en avoient pas mieux mérité.

Le vieux marquis de Mailloc, riche, mais fort extraordinaire, épousa peu après une fille de la maréchale d'Harcourt, à qui elle n'avoit pas grand'chose à donner. Il n'y en eut point d'enfants.

Le duc de Noailles, toujours à l'affût de tout, trouva que Versailles et Saint-Germain, dont il avoit le gouvernement et la capitainerie, étoient faits l'un pour l'autre. Il tourna donc Bloin, dont il acheta pour son second fils la survivance d'intendant des ville, châteaux et parcs de Versailles et de Marly. Il prévoyoit que dans quelques années ce morceau seroit bon à s'en être nanti, et il ne se trompa pas.

M. le comte de Charolois fut admis au conseil de régence, dont il ne fit pas grand usage; il vit d'abord ce que c'étoit.

Le maréchal de Montesquiou y entra aussi en même temps ; il y fit le trentième.

Mme de Coetquen mourut en Bretagne, où elle s'étoit retirée depuis assez longtemps dans ses terres. Elle étoit Chabot, fille de l'héritière de Rohan, et sœur du duc de Rohan, de la belle et habile Mme de Soubise, et de Mme d'Espinoy, cadette de l'une, aînée de l'autre. La beauté de Mme de Soubise avoit fait son mari prince ; et que ne fit-elle pas ? Mme d'Espinoy jouissoit du tabouret de grâce que le crédit du vieux Charost avoit obtenu, lorsque le prince d'Espinoy épousa sa fille en premières noces. Cela faisoit dire à Mme de Coetquen assez plaisamment qu'elle étoit par terre entre deux tabourets. C'étoit une femme d'esprit, de fort grande mine, avec de la beauté, qui avoit fait du bruit, haute et impérieuse, fort unie à ses sœurs. Elle est célèbre par la passion que M. de Turenne eut pour elle, qui lui arracha le secret du siége de Gand, que le roi n'avoit confié qu'à lui et à Louvois. Mme de Coetquen le laissa échapper à dessein de se parer de son empire sur M. de Turenne, mais à quelqu'un d'assez discret, et qui en sentit assez la conséquence pour qu'il n'allât pas plus loin. Le roi ne laissa pas d'être averti qu'il avoit transpiré. Il le dit à Louvois, qui lui protesta qu'il n'en étoit pas coupable. Le roi envoya querir M. de Turenne, qui étoit alors aux couteaux tirés avec Louvois. Il eut alors plus de probité que de haine : il rougit et avoua sa foiblesse, et lui en demanda pardon. Le roi, qui n'ignoroit pas quel est l'empire de l'amour, se contenta d'en rire un peu et de s'amuser aux dépens de M. de Turenne et avec lui, de le trouver encore si sensible à son âge. Il le chargea de faire en sorte que Mme de Coetquen fût plus secrète et tâchât de fermer la bouche à qui elle avoit eu l'indiscrétion de parler, car le roi n'apprit que par M. de Turenne que c'étoit par Mme de Coetquen, à qui il avoit confié ce secret, qu'il s'étoit su. Mais heureusement il n'avoit pas été plus loin, et cette aventure ne porta aucun préjudice à cette grande exécution.

Le feu roi considéroit Mme de Coetquen ; elle étoit dans la confidence de sa sœur et fut assez avant en beaucoup de choses ; elle étoit faite pour la cour et pour le grand monde, où elle figura longtemps.

L'abbé de Chaulieu mourut quelques jours après : c'étoit un agréable débauché de fort bonne compagnie, qui faisoit aisément de jolis vers, beaucoup du grand monde, et qui ne se piquoit pas de religion. Il montra malgré lui qu'il n'étoit guère plus attaché à l'honneur. Il l'étoit depuis bien des années à MM. de Vendôme, et fut très-longtemps le maître de leur maison et de leurs affaires. Le duc de Vendôme s'en reposoit entièrement sur le grand prieur son frère et sur l'abbé de Chaulieu sous lui. On a vu ici en son temps que M. de Vendôme se trouva ruiné, que son frère et l'abbé de Chaulieu s'entendoient et le voloient ; qu'il chassa Chaulieu de chez lui, se brouilla avec le grand prieur, lui ôta tout maniement de ses affaires et de la dépense de sa maison, et eut recours au roi, qui chargea Crozat l'aîné, beau-père depuis du comte d'Évreux, de l'administration des affaires et de la maison de M. de Vendôme. Chaulieu n'en rabattit rien de son ton dans le monde, demeura de plus en plus étroitement lié avec le grand prieur, et se moqua de tout ce qu'on en pouvoit dire avec l'impudence qui lui étoit naturelle. Mais cependant il n'osoit plus paroître à la cour, quoiqu'on n'en eût pas fait assez de cas pour le lui défendre. Il n'étoit que tonsuré, se prétendoit gentilhomme, et avoit fourré un neveu dans la gendarmerie, qui ne s'est point poussé. Cette noblesse étoit pour le moins obscure, et le bien de la famille fort court. Cette friponnerie lui fit perdre beaucoup de sociétés.

Sousternon mourut subitement chez M. de Biron qu'il étoit allé voir. Il étoit fils d'un frère du feu P. de La Chaise, ancien lieutenant général fort borné, en sorte qu'il lui étoit arrivé des malheurs à la guerre. Il étoit aussi capitaine des gardes du comte de Toulouse, comme gouverneur de Bretagne.

Le 22 mai de cette année devint célèbre par la publication d'un arrêt du conseil d'État concernant les actions de la compagnie des Indes, qui est ce qu'on connoissoit sous le nom de Mississipi, et sur les billets de banque. Cet arrêt diminuoit par degrés les actions et les billets de mois en mois, en sorte qu'à la fin de l'année ils se trouveroient diminués chacun de la moitié de leur valeur. Cela fit ce qu'on appelle en matière de finance et de banqueroute montrer le cul, et cet arrêt le montra tellement à découvert qu'on crut tout perdu beaucoup plus à fond qu'il ne se trouva, et parce que ce n'étoit pas même un remède au dernier des malheurs. Argenson, qui par l'occasion de Law étoit arrivé aux finances, et parvenu aux sceaux, qui, dans sa gestion, l'avoit finement barré en tout ce qu'il avoit pu, et qui enfin s'étoit vu nécessité de lui quitter les finances, fut très-accusé d'avoir suggéré cet arrêt par malice et en prévoyant bien tous les maux. Le vacarme fut général et fut épouvantable. Personne de riche qui ne se crût ruiné sans ressource ou en droiture, ou par un nécessaire contre-coup; personne de pauvre qui ne se vît réduit à la mendicité. Le parlement, si ennemi du système par son système, n'eut garde de manquer une si belle occasion. Il se rendit protecteur du public par le refus de l'enregistrement et par les remontrances les plus promptes et les plus fortes, et le public crut lui devoir en partie la subite révocation de l'arrêt, tandis qu'elle ne fut donnée qu'aux gémissements universels et à la tardive découverte de la faute qu'on avoit commise en le donnant. Ce remède ne fit que montrer un vain repentir d'avoir manifesté l'état intérieur des opérations de Law, sans en apporter de véritable. Le peu de confiance qui restoit fut radicalement éteint, jamais aucun débris ne put être remis à flot.

Dans cet état forcé, il fallut faire de Law un bouc émissaire. C'étoit aussi ce que le garde des sceaux avoit prétendu; mais, content de sa ruse et de sa vengeance, il se garda bien de se déceler en reprenant ce qu'il avoit été obligé de quitter.

Il étoit trop habile pour vouloir des finances en chef, en l'état où elles se trouvoient. En peu de temps de gestion, on eût oublié Law, et on s'en seroit pris à lui; il en savoit trop aussi pour souffrir un nouveau contrôleur général, qui, pour le temps qu'il auroit duré, eût été le maître; et c'est ce qui en fit partager l'emploi en cinq départements. Véritablement, il choisit celui qu'il voulut, et ayant ainsi remis un pied dans la finance, ses quatre collègues le furent moins que ses dépendants. Ce fut une autre comédie que celle que donna le régent en refusant de voir Law, amené par le duc de La Force par la porte ordinaire, et peut-être par une suggestion du garde des sceaux, qui les haïssoit tous deux, pour leur en donner la mortification; puis de voir le même Law amené dès le lendemain par Sassenage, par les derrières, et reçu. M. le Duc, Mme sa mère, et tout leur entour, étoient trop avant intéressés dans les affaires de Law, et en tiroient trop gros pour l'abandonner. Ils accoururent de Chantilly, et ce fut un autre genre de vacarme que M. le duc d'Orléans eut à soutenir. L'abbé Dubois, tout absorbé dans sa fortune ecclésiastique, qui couroit enfin à grands pas à lui, avoit été la dupe de l'arrêt, puis n'osa soutenir Law contre l'universalité du monde. Il se contenta de demeurer neutre et inutile ami, sans que Law encore osât s'en plaindre. D'un autre côté, Dubois n'avoit garde de se brouiller avec un homme dont il avoit si immensément tiré, et qui, n'ayant plus d'espérance, se pouvoit dépiquer à le dire. Dubois aussi n'avoit garde de le protéger ouvertement contre un public entier aux abois et déchaîné. Tout cela tint encore quelque temps Law comme suspendu par les cheveux, mais sans avoir pied nulle part, ni consistance, jusqu'à ce que, comme on le verra bientôt, il fallut céder et changer encore une fois de pays.

Cet arrêt fut donné et rétracté pendant une courte vacance du conseil de régence, que j'allai passer à la Ferté. La veille de mon départ, étant allé prendre congé de M. le duc d'Orléans, je le trouvai dans sa petite galerie avec peu de monde. Il nous tira à part, le maréchal d'Estrées, moi et je ne sais plus qui encore, et nous apprit cet arrêt qu'il avoit résolu. Je lui dis qu'encore que je me donnasse pour n'entendre rien en finance, cet arrêt me sembloit fort hasardeux; que le public ne se verroit pas tranquillement frustrer de la moitié de son bien, avec d'autant plus de raison qu'il craindroit tout pour l'autre; qu'il n'y avoit si mauvaise emplâtre[1] qui ne valût mieux que celle-là, dont sûrement il se repentiroit. On voit, par bien des endroits de ces Mémoires, que je disois souvent bien sans en être cru, et sans que les événements que j'avois prédits et qui arrivoient corrigeassent pour d'autres fois. M. le duc d'Orléans me répondit d'un air serein en pleine sécurité. Les deux autres parurent de mon avis, sans dire grand'chose. Je m'en allai le lendemain, et il arriva ce que je viens de raconter.

Dès que M. le duc d'Orléans eut vu Law, comme il vient d'être dit, il travailla souvent avec lui, et le mena même, le samedi 25, dans sa petite loge de l'Opéra, où il parut fort tranquille. Toutefois les écrits séditieux et les mémoires raisonnés et raisonnables pleuvoient de tous côtés, et la consternation étoit générale.

Le parlement s'assembla le lundi 27 mai au matin, et nomma le premier président, les présidents Aligre et Portail, et les abbés Pucelle et Menguy pour aller faire des remontrances. Sur le midi du même jour, M. le duc d'Orléans envoya La Vrillière dire au parlement qu'il révoquoit l'arrêt du mercredi 22 mai, et que les actions et les billets de banque demeureroient comme ils étoient auparavant. La Vrillière, trouvant la séance levée, alla chez le premier président lui dire ce dont il étoit chargé. L'après-dînée, les cinq députés susdits allèrent au Palais-Royal, furent bien reçus; M. le duc d'Orléans leur confirma ce qu'il leur avoit mandé par

---

1. L'auteur fait *emplâtre* du féminin.

La Vrillière, leur dit de plus qu'il vouloit rétablir des rentes sur l'hôtel de ville à deux et demi pour cent. Les députés lui répondirent qu'il étoit de sa bonté et de sa justice de les mettre au moins à trois pour cent. M. le duc d'Orléans leur répondit qu'il voudroit non-seulement les mettre à trois, mais à quatre et à cinq pour cent; mais que les affaires ne permettoient pas qu'on pût passer les deux et demi. Le lendemain 28 mai on publia l'arrêt qui remit les billets de la banque au même état où ils étoient avant l'arrêt du 22 mai, qui fut ainsi révoqué au bout de six jours, après avoir fait un si étrange effet.

Le mercredi 29, La Houssaye et Fagon, conseillers d'État et intendants des finances, furent, avec Trudaine, prévôt des marchands, visiter la banque; en même temps Le Blanc, secrétaire d'État, alla chez Law, à qui il dit que M. le duc d'Orléans le déchargeoit de l'emploi de contrôleur général des finances et le remercioit des soins qu'il s'y étoit donnés, et que, comme bien des gens ne l'aimoient pas dans Paris, il croyoit devoir mettre auprès de lui un officier de mérite et connu, pour empêcher qu'il ne lui arrivât quelque malheur. En même temps Beuzwaldt[1], major du régiment des gardes suisses, qui avoit été averti, arriva avec seize Suisses pour rester jour et nuit dans la maison de Law. Il ne s'attendoit à rien moins qu'à sa destitution ni à cette garde; mais il parut fort tranquille sur l'une et sur l'autre, et ne sortit en rien de son sang-froid accoutumé. Ce fut le lendemain que le duc de La Force mena Law chez M. le duc d'Orléans par la porte ordinaire, qui ne voulut pas le voir, et qui le vit le lendemain, conduit par Sassenage, par les derrières; depuis quoi il continua de travailler avec lui, sans s'en cacher, et à le traiter avec sa bonté ordinaire. J'ai rapporté plus haut cette comédie que donna le régent, mais d'avance et

---

1. On écrit ordinairement ce nom Besenval ou Beseval, comme on l'a déjà fait observer.

en gros, pour mettre toute la scène sous un même coup
d'œil. Le dimanche 2 juin, Beuzwaldt et ses seize Suisses se
retirèrent de chez Law. On ôta l'agiotage qui se faisoit dans
la rue Quincampoix, et on l'établit dans la place Vendôme. Il
y fut en effet plus au large et sans empêcher les passants.
Ceux qui demeuroient dans cette place ne l'y trouvèrent pas
si commode. Le roi abandonna à la banque les cent millions d'actions qu'il y avoit.

Pendant tous ces embarras, M. le duc d'Orléans, piqué
contre Argenson, auteur de l'arrêt du 22 mai, qui les avoit
causés, et dont les suites avoient conduit nécessairement à
la destitution de Law malgré Son Altesse Royale, voulut
ôter les sceaux à Argenson. Il m'en parla une après-dînée
que j'étois venu de Meudon travailler avec lui, m'expliqua
ses raisons en homme qui avoit pris son parti, et tout de
suite me proposa de me les donner. Je me mis à rire; il me
dit qu'il n'y avoit point à rire de cela, qu'il ne voyoit que
moi qu'il pût en charger. Je lui témoignai ma surprise d'une
idée qui me paroissoit si étrange, comme s'il ne se pouvoit
trouver personne dans ce grand nombre de magistrats, qui
pût en faire dignement les fonctions, à leur défaut par impossible, par un prélat, et avoir recours à un homme d'épée
qui ne savoit ni ne pouvoit savoir un mot de lois, de règles
et des formes pour l'administration des sceaux. Il me répondit qu'il n'y avoit rien de plus simple ni de plus aisé;
que cette administration n'étoit qu'une routine que j'apprendrois en moins d'une heure, et qui s'apprenoit toute
seule en tenant le sceau. J'insistai à lui faire chercher quelqu'un. Il prit donc l'Almanach royal, et eut la patience de
me lire nom par nom la liste de tous les magistrats principaux par leurs places ou par leur simple réputation, et de
me détailler sur chacun ses raisons d'exclusion. De là il
passa au conseil de régence avec les mêmes raisons d'exclusion sur chacun; enfin aux prélats, mais légèrement, parce
qu'en effet il n'y en avoit point sur qui on pût s'arrêter.

Je lui contestai plusieurs exclusions de magistrats, celle surtout du chancelier. J'insistai même sur quelques-uns du parlement, comme sur Gilbert de Voisins, mais sans pouvoir nous persuader l'un l'autre. Je lui dis que je comprenois que les sceaux étoient pour un magistrat une fortune par l'autorité, le rang, la décoration pour leur famille à laquelle ils ne pouvoient résister; que je ne pouvois être touché de pas une de ces raisons, parce qu'aucune ne pouvoit me regarder ; que les sceaux ne décoreroient point ma maison, qu'ils n'apporteroient aucun changement à mon rang, à mon habit, à mes manières, mais qu'ils m'exposeroient à la risée de ceux qui me verroient tenir le sceau, et à me casser la tête à apprendre un métier que je cesserois de faire avant que d'en savoir à peine l'écorce; que de plus je ne voulois hasarder ni ma conscience, ni mon honneur, ni le bien précieux de son amitié, en scellant ou refusant bien ou mal à propos des édits et des déclarations qu'il m'enverroit ou des signatures à faire d'arrêts du conseil rendus sous la cheminée. Le régent ne se paya d'aucune de ces raisons. Il essaya de m'exciter par la singularité de la chose et par les exemples du premier maréchal de Biron et du connétable de Luynes [1]. Ils ne m'ébranlèrent point, de sorte que la discussion dura plus de trois grosses heures. Je voulus m'en aller plusieurs fois sous prétexte qu'il y avoit loin à Meudon, et toujours je fus retenu. A la fin, de guerre lasse, il me permit de m'en aller, mais à condition qu'il m'enverroit le lendemain deux hommes à Meudon, qu'il ne me nomma point, qui peut-être me persuaderoient, et qu'il me demandoit instamment d'entretenir et d'écouter tant qu'ils voudroient; il fallut bien y consentir, et ce ne fut encore qu'après avec peine qu'il me laissa aller.

Le lendemain matin je ne vis point de harangueur arriver;

---

1. Voy. la liste des gardes des sceaux, t. X, p. 447. On y trouve, en effet, ce connétable de Luynes.

mais à la moitié du dîner, où j'avois toujours bien du monde, je vis entrer le duc de La Force et Canillac. Ce dernier me surprit fort. Je n'avois jamais eu de commerce avec lui que de rencontres rares, je l'avois vu chez moi et chez lui quatre ou cinq fois dans la première quinzaine de la régence; oncques depuis nous ne nous étions vus que d'un bout de table à l'autre, au conseil de régence, depuis qu'il y fut entré, et sans nous approcher devant ni après, ni nous rencontrer ailleurs. On a vu ici qu'il s'étoit livré à l'abbé Dubois, au duc de Noailles, à Stairs, et qu'il l'étoit totalement au parlement, et on y a vu aussi son caractère. Leur arrivée n'allongea pas le repas. Ils mangèrent en gens pressés de finir, et à peine le café pris ils me prièrent de passer dans mon cabinet. Ils étoient venus ferrés à glace, et je ne pus douter que M. le duc d'Orléans ne leur eût rendu tout le détail de la si longue discussion que j'avois eue avec lui sur les sceaux, l'après-dînée de la veille. M. de La Force ouvrit non pas la conférence, mais le plaidoyer qui ne fut pas court. Canillac ensuite, qui se plaisoit à parler et qui parloit bien, mais sans cesse, se donna toute liberté. Leur grand argument fut : l'absolue nécessité de se défaire entièrement du garde des sceaux, dont l'infidélité causée par sa jalousie de Law, avoit produit ce fatal arrêt du 22 mai, uniquement pour perdre Law, sans se soucier du péril où il jetoit M. le duc d'Orléans, en mettant au net ce qui ne pouvoit être tenu trop caché, et qui de plus étoit en partie le fruit de toutes les entraves qu'il avoit jetées sans cesse à toute l'administration de Law et à ses opérations; les menées du parlement plus envenimées que jamais contre M. le duc d'Orléans, et plus organisées, devenu plus habile en ce genre et plus précautionné, en même temps plus furieux par la leçon que lui avoit donné le lit de justice des Tuileries, qu'il ne pardonneroit jamais; l'impossibilité, par conséquent, de choisir qui que ce pût être de cette compagnie pour les sceaux, exclusion qui regardoit également le chancelier par son atta-

chement extrême et irrémédiable pour ce corps dont il sortoit
et dont il faisoit sa divinité ; qu'il falloit dans les conjonctures présentes un garde des sceaux dont l'attachement à
M. le duc d'Orléans fût tel, qu'il n'en pût jamais douter, que
rien ne pût ébranler, qui fût connu pour tel, et qui imposât
par là une crainte et un embarras qui troublât la cabale et
ses résolutions. Avec cela ils me faisoient beaucoup d'honneur ; mais rien ne coûte quand on veut persuader avec des
propos tels qu'ils me dirent, un homme de tête, d'esprit, de
courage, de réputation intacte sur l'honneur, la vérité, l'intérêt ; surtout connu pour n'en avoir jamais voulu avoir avec
les actions ni la banque ; intact sur les finances dont il ne se
seroit jamais voulu mêler, qui eût de la dignité, qui la connût, qui fût jaloux de l'autorité royale, enfin qui eût la parole à la main et qui fût incapable de crainte pour savoir
soutenir les remontrances et les divers efforts du parlement,
le contenir par ses réponses et préserver le régent de foiblesse qui lui seroit soufflée de toutes parts, à laquelle il
n'étoit que trop naturellement enclin, et qui seroit sa perte
certaine et bien projetée dans les circonstances présentes.
Qu'il ne falloit point se flatter de trouver dans le conseil aucun magistrat capable de ce poids, qui ne sentît la robe,
qui n'aimât ou ne craignît le parlement, qui ne fût entraîné
à mollir à l'aspect de l'état des finances, qui fût bien supérieur au plaisir de voir l'embarras où on étoit tombé pour
s'être opiniâtrément écarté de toutes les routes connues et
battues ; qui ne fût affoibli par les cris que les menées du
parlement et de ses adjoints aigrissoient et augmentoient
sans cesse ; qui par-dessus tout ne songeât à sa conservation
et qui ne fût effrayé de ce qu'on lui feroit envisager au bout
de la régence, qui ne le fût même des hasards de l'intérieur
du régent avant même la fin de la régence. Qu'il étoit également inutile de rien espérer d'aucun de ceux qui composoient le conseil de régence, presque tous incapables, foibles, effrayés, entraînés, le reste ou ignorants ou plus que

très-suspects, et dont l'esprit et la capacité seroit extrêmement dangereuse. M. de La Force reprit la parole, mais je leur proposai alors d'aller achever la conversation qui avoit déjà duré près de trois heures, en prenant l'air sur la terrasse qui mène aux Capucins.

Chemin faisant M. de La Force essaya de me tenter tout bas par le plaisir de mortifier le parlement et le premier président par moi-même, après tout ce qui s'étoit passé sur le bonnet, et de me montrer à eux sous le visage sévère et supérieur que j'emprunterois des sceaux dont il m'étala les occasions continuelles et la satisfaction que j'aurois d'en profiter en servant bien l'État et M. le duc d'Orléans. Canillac s'étoit peu à peu écarté en sorte qu'il ne pouvoit entendre, je ne sais si ce fut de hasard ou de concert, mais il se rapprocha et il fut de la fin de cette sorte de conversation avec la légèreté d'un homme d'esprit qui, sans s'éloigner de ses préjugés, ne laisse pas de profiter de tout pour arriver au but qu'il s'étoit proposé à mon égard. Le beau temps et la belle vue de cette terrasse firent quelques moments de trêve au sérieux que nous traitions ; nous gagnâmes ainsi le bout de la terrasse et ce qu'on appelle le bastion des Capucins; là nous nous assîmes, et quoique la vue y soit encore plus admirable, la conversation se reprit incontinent.

On peut juger que jusqu'alors ils n'avoient pas parlé seuls et que j'avois pris quelquefois la parole, quoique avec Canillac il fût aisé de la laisser reposer. Ce fut ici où ils m'exposèrent le plus au long le péril dont M. le duc d'Orléans étoit menacé, les vues et les menées du parlement, appuyé de beaucoup de gens considérables, du mécontentement public, du désordre des affaires, de la perspective de la majorité, qui n'étoit plus éloignée que de trois ans moins quelques mois. L'exposé fut long et vif, les noms des gens considérables suspects et plus que suspects; leurs intrigues, leurs vues, leurs intérêts n'y furent pas oubliés; j'y admirai souvent que Canillac consentit à tout ce qui étoit allégué là-dessus par le duc de La Force, et que lui-même, protecteur public du parlement, du premier président, lui, ami du maréchal de Villeroy, qui à force de recherches l'avoit gagné, et si enclin au duc du Maine, chargeât encore le tableau sur leur compte. Je ne pus m'empêcher de lui dire quelquefois que, si j'en avois été cru, et si je n'avois pas trouvé des contre-batteries si fortes, qui avoient fait jouer tant de ressorts en tout temps auprès de M. le duc d'Orléans, ni le parlement, ni pas un de tous ceux dont ils me parloient et dont ils ne me cachoient pas les noms, ne seroit pas maintenant en situation de se faire considérer, ni de causer la moindre réflexion à faire, et je regardois Canillac qui baissoit les yeux. Il étoit vrai que le parlement, et tous ceux qui, avec M. et Mme du Maine, avoient été si déconcertés et si effrayés, avoient enfin peu à peu repris leurs esprits et travailloient de nouveau, fondés sur le mépris de la mollesse qui avoit suivi tant d'éclat de si près. Mais je ne voyois pas en quoi les sceaux entre mes mains pouvoient remédier à ces menées dont le décri et le dévoilement des affaires étoit le trop apparent fondement, la légèreté et la foiblesse naturelles de M. le duc d'Orléans, l'appui : ce fut là tout l'argument de ma défense. Je leur fis les mêmes réponses que j'avois faites la veille à M. le duc d'Orléans, et les priai de remarquer que les cris publics sur l'état des finances, démasqué par l'arrêt du 22 mai, éclatoient principalement contre les routes détournées de la conduite des finances, que ce n'étoit donc pas le temps d'en prendre une autre, pour une autre partie du ministère et de l'administration, qui, pour n'avoir pas le même danger ni la même conséquence, n'en paroîtroit pas moins extraordinaire et insolite, et ne feroit qu'augmenter le murmure contre ce goût du nouveau, quand on verroit un homme d'épée avoir les sceaux, et son ignorance à les tenir exposée aux brocards du dépit de toute la robe de les voir hors de ses mains.

Je ne finirois point si je voulois rapporter tout ce qui fut dit et discuté de part et d'autre. Je me contenterai de dire que je fus pressé par ces deux hommes, qui y employèrent tout leur esprit, comme si d'accepter ou de refuser les sceaux, la fortune, le salut, la vie de M. le duc d'Orléans eût été entre mes mains, et n'eût dépendu que du parti qu'à cet égard j'allois prendre; je n'en pus être persuadé, et je ne me rendis point. Enfin la nuit nous gagnant, et il faut remarquer que c'étoit dans la fin de mai, par le plus beau temps du monde, je leur proposai le retour. Tout le chemin fut encore employé de leur part au pathétique, à la fin aux regrets, à m'annoncer ceux que les événements que j'aurois empêchés me causeroient, et à tous les propos de gens qui s'étoient promis de réussir, et qui s'en voyoient déçus. En arrivant au château neuf, je me gardai bien d'entrer chez moi; je les conduisis où étoit la compagnie, avec laquelle je me mêlai pour me défaire de mes deux hommes, qui près de sept heures durant m'avoient fatigué à l'excès. Leur voiture les attendoit depuis longtemps, ils causèrent un peu debout avec le monde, enfin me dirent adieu et s'en allèrent.

Je n'ai jamais compris cette fantaisie de M. le duc d'Orléans, encore moins l'acharnement de Canillac à me persuader. J'ai toujours cru que M. le duc d'Orléans y alloit de bonne foi, pour avoir dans la place des sceaux un homme parfaitement sûr et ferme qui l'aideroit et le fortifieroit à se débarrasser des menées et des entreprises du parlement, et qui toutefois par ce qu'il en avoit expérimenté sur l'affaire du duc du Maine lors du lit de justice des Tuileries, et sur la personne aussi du premier président, ne le mèneroit pas trop loin; M. de La Force aussi, ravi d'être chargé de quelque commission que ce fût, bien aise de voir ôter les sceaux à la robe, et d'y voir un duc ulcéré contre le premier président et le parlement, en place de les barrer et de les mortifier. L'abbé Dubois, avec qui je n'étois pas bien, et que j'avois depuis outré par l'aventure que j'ai racontée sur son sacre, sans lequel rien d'important ne se faisoit alors, au-

roit, je crois, voulu m'embarquer dans quelque ânerie, me
commettre avec le parlement, et le raccommoder avec le régent à mes dépens, pour de pique me faire abandonner la
partie, et me retirer tout à fait. Law, de son côté, qui
m'avoit toujours courtisé, et qui savoit qu'il ne lui en avoit
rien coûté, quelque presse qu'il m'en eût faite et fait faire
par M. le duc d'Orléans, et qui étoit bien sûr que je ne voulois en aucune sorte me mêler de finance, me vouloit aux
sceaux comme un homme sûr et ferme qui ne molliroit
point, qui ne le barreroit et ne le tracasseroit point, qui
tiendroit en bride ceux des départements des finances qui
le voudroient faire, quand je verrois la raison de son côté,
qu'il seroit à portée de me faire entendre ; de qui il n'auroit
à craindre ni la haine, ni la jalousie, ni l'envie auprès de
M. le duc d'Orléans, et qui donneroit du courage et de la
dignité à ce prince à l'égard du parlement et de la cabale
qui lui étoit unie. Ces réflexions ne me vinrent qu'après
cette conférence si longue de Meudon, dont la persécution
les produisit le lendemain. Canillac me haïssoit de jalousie
de la confiance de M. le duc d'Orléans, et de ricochet du duc
de Noailles, du premier président, etc. Son ambassade et la
prodigalité de son éloquence à me persuader ne pouvoient
venir de sa part que de l'espérance de me jeter dans quelque
sottise dans l'administration des sceaux, dont lui et ses amis
pussent profiter avec avantage. Mais rien de tout cela n'eût
part à mon refus. Ces raisonnements ne se présentèrent à
moi qu'après coup : faire un métier important et fort éclairé
dont j'ignorois les premiers éléments, m'exposer à expédier
des édits, déclarations, arrêts, mauvais, iniques, peut-être
pernicieux, sans en connoître la force, le danger, les suites,
ou les refuser nettement, voilà les raisons qui me frappèrent
d'abord, et dont rien ne put me faire revenir. Une autre
raison, mais qui auroit cédé à de meilleures, fut d'éviter de
me donner une singularité passagère qui feroit encore raisonner sur le goût des choses inusitées, laquelle ne me

donnoit ni rang, ni illustration, ni rien, dont je susse que faire, et qui ne m'apportoit qu'un travail aveugle par mon ignorance en ce genre, et fort ingrat d'ailleurs.

Mon refus, sans plus d'espérance de me persuader, rapporté à M. le duc d'Orléans dans ces moments critiques où il n'en falloit perdre aucun pour prendre un parti, devint la matière d'une délibération subite où je ne fus point appelé, et qui ne se prit qu'entre M. le duc d'Orléans, l'abbé Dubois et Law. Le résultat fut que Law iroit trouver le chancelier qu'on savoit qui se mouroit d'ennui d'être à Fresnes; que le chevalier de Conflans, cousin germain, ami intime du chancelier, et raisonneur fort avec beaucoup d'esprit, l'accompagneroit de la part de M. le duc d'Orléans, dont il étoit premier gentilhomme de la chambre; que Law expliqueroit l'état présent des affaires, sonderoit si le chancelier se rendroit traitable, et si on pouvoit compter que la cire deviendroit molle entre ses mains, ses dispositions pour lui Law; enfin si on pourroit se fier à lui à l'égard du parlement, non sur sa probité dont on ne pouvoit être en peine, mais bien de son goût, de son affection et de son espèce de culte à l'égard de cette compagnie. Conflans devoit essayer de l'effrayer par la menace d'une continuation d'exil sans fin et sans terme, même après la régence, que la fin de tout crédit de M. le duc d'Orléans, et lui en faire briller aux yeux les grâces, la confiance, le retour actuel avec les sceaux, s'il se vouloit résoudre de bonne grâce à ce qu'on désiroit de lui. Trois ans et demi de séjour à Fresnes avoient adouci les mœurs d'un chancelier de cinquante ans, qui avoit compté que, parvenu de si bonne heure à la première place, il en jouiroit et avanceroit sa famille. Ces espérances se trouvoient ruinées par l'exil, et il se trouvoit beaucoup plus éloigné de l'avancer et d'accommoder ses affaires domestiques que s'il fût demeuré procureur général. Conflans profita de ces dispositions qui ne lui étoient pas inconnues, et que l'ennui de l'exil grossissoit. Le beau parler de Law trouva des oreilles bien disposées. Le chancelier s'accommoda à tout, et le public, quand il fut informé, le reçut froidement et s'écria : *Et homo factus est*[1].

M. le duc d'Orléans, certain du bon succès du voyage, envoya, le vendredi 7 juin, l'abbé Dubois demander les sceaux à Argenson, qui les rapporta à M. le duc d'Orléans l'après-dînée du même jour, et comme il les avoit non en commission à l'ordinaire, mais en charge, enregistrée au lit de justice des Tuileries, il en remit en même temps sa démission. Il ne jouit donc pas longtemps du fruit de son insigne malice. Les amis de Law après le premier feu passé la firent sentir au régent, tirèrent sur le temps et culbutèrent le garde des sceaux sans que l'abbé Dubois, qui, entre lui et Law, nageoit entre deux eaux, osât soutenir son ancien ami. Le chancelier arriva dans la nuit qui suivit la remise des sceaux, alla sur le midi au Palais-Royal, suivit M. le duc d'Orléans aux Tuileries où le roi lui remit les sceaux; mais comme il les dut à Law, qui le ramena de Fresnes, ce retour fit la première brèche à une réputation jusque-là la plus heureuse, et qui n'a cessé de baisser depuis et de tomber tout à fait par divers degrés et par différents événements. Argenson n'avoit pas perdu son temps; il étoit né pauvre, il se retira riche, ses enfants tous jeunes bien pourvus, en place avant l'âge, son frère chargé de bé-

---

1. Il suffira d'indiquer une fois pour toutes, le *Journal de l'avocat Barbier*, comme rempli de détails sur ce qui touche au parlement et au chancelier. Au mois d'août 1720, il s'exprime ainsi : « On a fait une plaisanterie; on dit que M. le régent a mal choisi Pontoise pour transférer le parlement; qu'il falloit l'envoyer à Fresnes, qui est la terre de M. d'Aguesseau; que c'est là où l'on change de sentiments à cause du parti que prend le chancelier.

    Si tu veux de ton parlement
    Punir l'humeur hautaine,
    De Pontoise, trop doux régent,
    Fais le sauter à Fresne!
    C'est un lieu de correction
    La Faridondaine, la Faridondon,
    Où d'Aguesseau s'est converti, etc.

néfices. Il témoigna une grande tranquillité, qui dans peu lui coûta la vie, sort ordinaire de presque tous ceux qui se survivent à eux-mêmes. Sa retraite fut sans exemple. Ce fut dans un couvent de filles dans le faubourg Saint-Antoine, qui s'appelle la Madeleine de Tresnel[1], où il s'étoit accommodé depuis longtemps un appartement dans le dehors qu'il avoit rendu beau et complet, commode comme une maison, où il alloit tant qu'il pouvoit depuis longues années. Il avoit procuré, même donné beaucoup à ce couvent, à cause d'une Mme de Veni, qui en étoit supérieure, qu'il disoit sa parente, et qu'il aimoit beaucoup. C'étoit une personne fort attrayante, et qui avoit infiniment d'esprit, dont on ne s'est pas avisé de mal parler. Tous les Argenson lui faisoient leur cour; mais ce qui étoit étrange, c'est qu'étant lieutenant de police, elle sortoit lorsqu'il étoit malade pour venir chez lui et demeurer auprès de lui. Il conserva le rang, l'habit et toutes les marques de garde des sceaux, mais pour sa chambre; car il n'en sortit plus que deux ou trois fois pour aller voir M. le duc d'Orléans par les derrières, qui lui continua toujours beaucoup de considération; l'abbé Dubois aussi qui le fut voir plusieurs fois. Hors deux ou trois amis particuliers et sa plus étroite famille, il ne voulut voir personne, et s'ennuya cruellement; c'est ce même couvent dont après sa mort, et cette même Mme de Veni, dont Mme la duchesse d'Orléans a depuis fait ses délices.

1. Communauté de femmes de l'ordre de Saint-Benoît, fondée à Tresnel, ou Traisnel, en Champagne, au XIIe siècle. Ces religieuses s'étaient établies à Paris, en 1654. On trouvera, dans le *Journal de Barbier* (juin 1720), quelques-unes des chansons et autres plaisanteries, auxquelles donna lieu la retraite de l'ancien garde des sceaux.

CHAPITRE II.

Conférence de finance singulière au Palais-Royal. — Création de rentes à deux et demi pour cent enregistrées. — Diminution des espèces. — Des Forts presque contrôleur général. — Les quatre frères Pâris exilés. — Papiers publics solennellement brûlés à l'hôtel de ville. — Caractère de Trudaine, prévôt des marchands. — M. le duc d'Orléans m'apprend sa résolution d'ôter le prévôt des marchands, de mettre Châteauneuf en sa place, de chasser le maréchal de Villeroy et de me faire gouverneur du roi; à quoi je m'oppose avec la dernière force, et je l'emporte; mais il ne me tient parole que sur le dernier. — Trudaine remercié. — Châteauneuf prévôt des marchands. — Trudaine et le maréchal de Villeroy sont tôt informés au juste de tout ce tête à tête, sans qu'on puisse imaginer comment, et avec des sentiments bien différents l'un de l'autre. — Conduite étrange du maréchal de Villeroy. — Il est visité par les harengères dans une attaque de goutte. — Emplois des enfants d'Argenson. — Baudry lieutenant de police. — M. le duc d'Orléans renvoie gracieusement les députés du parlement au chancelier. — Arrêt célèbre sur les pierreries. — Sutton succède à Stairs. — Courtes réflexions. — Continuation de la brûlerie par le nouveau prévôt des marchands. — Édit pour rendre la compagnie des Indes, connue sous le nom de Mississipi, compagnie exclusivement de commerce. — Effets funestes de cet édit. — Gens étouffés à la banque. — Le Palais-Royal menacé. — Law insulté par les rues; ses glaces et ses vitres cassées. — Il est logé au Palais-Royal. — Le parlement refuse d'enregistrer l'édit. — Ordonnance du roi étrange. — Précautions; troupes approchées de Paris. — Conférence au Palais-Royal entre M. le duc d'Orléans et moi. — Petit conseil tenu au Palais-Royal. — Impudence de Silly. — Translation du parlement à Pontoise. — Effronterie du premier président, qui tire plus de trois cent mille livres de la facilité de M. le duc d'Orléans, pour le tromper, s'en moquer, et se raccommoder avec le parlement à ses dépens. — Le parlement refuse d'enregistrer sa translation, puis l'enregistre en termes les plus étranges. — Arrêt de cet enregistrement. — Conduite du premier président. — Dérision du parlement à Pontoise, et des avocats pareille. — Foule d'opérations de finance. — Des Forts en est comme contrôleur général. — Profusion de pensions. — Maréchal de Villars cruellement hué dans la place de Vendôme. — L'agiotage qui y est établi transporté dans le jardin de l'hôtel de Soissons. — Avidité sans pareille de M. et de Mme de Carignan. — Law, retourné du Palais-Royal chez lui, fort visité. — Les troupes approchées de Paris renvoyées. — Peste de Marseille.

L'après-dînée du jour que les sceaux furent rendus au chancelier d'Aguesseau, il assista à une assemblée fort singulière qui fut tenue par M. le duc d'Orléans, où se trouvèrent le maréchal de Villeroy, seul du conseil de régence, des Forts, Ormesson, beau-frère du chancelier, et Caumont, tous trois conseillers d'État, et ayant des départements de finance de la dépouille de Law, les cinq députés du parlement susdits pour les remontrances qui étoient : le premier président, les présidents Aligre et Portail, et deux conseillers clercs de la grand'chambre, les abbés Pucelle et Menguy, et La Vrillière, en cas qu'on eût besoin de plume et qu'il y eût des ordres à donner ou des expéditions à faire. Le fruit de cette conférence fut l'enregistrement de l'édit de création de rentes sur l'hôtel de ville à deux et demi pour cent, qui fut fait au parlement le surlendemain lundi 10 juin, qui fut publié le lendemain ; on publia en même temps un arrêt pour la diminution des monnoies à commencer au 1er juillet suivant. Par la retraite d'Argenson, des Forts, sans en avoir le titre ni la fonction précise devint comme contrôleur général. A l'égard de force arrêts et autres opérations de finance, et de mutations de départements et de bureaux, c'est de quoi je continuerai à ne pas charger ces Mémoires. Je dirai seulement que les quatre frère Pâris, dont j'ai parlé ailleurs, furent exilés en Dauphiné. Ils ont depuis été les maîtres du royaume sous M. le Duc, et ils le sont à peu près redevenus aujourd'hui, c'est-à-dire les deux qui sont demeurés en vie[1].

1. Les deux Pâris, qui avaient encore une grande influence en 1751, épo-

[1720] PAPIERS SOLENNELLEMENT BRÛLÉS. 23

On cherchoit depuis quelque temps à ranimer quelque confiance, et on crut qu'un des plus utiles moyens d'y parvenir seroit d'anéantir si authentiquement les papiers publics acquittés, qu'il ne pût rester le moindre soupçon qu'on en pût remettre aucun dans le commerce et gagner dessus de nouveau. On prit donc le parti de les remettre toutes les semaines par compte au prévôt des marchands, qui les brûloit solennellement à l'hôtel de ville en présence de tout le corps de ville et de quiconque y vouloit assister, même bourgeois et peuple. Trudaine, conseiller d'État, étoit prévôt des marchands : c'étoit un homme dur, exact, sans entregent et sans politesse, médiocrement éclairé, aussi peu politique, mais pétri d'honneur et de justice, et universellement reconnu pour tel : il devoit tout ce qu'il étoit au feu chancelier Voysin, mari de sa sœur, et il n'avoit pas pris d'estime, ni encore moins d'affection dans ce tripot-là pour M. le duc d'Orléans, ni pour son gouvernement. Il ne s'étoit point caché de toute l'horreur qu'il avoit pour le système et pour tout ce qui s'étoit fait en conséquence. Ce magistrat s'expliqua si crûment à l'occasion de ce brûlement de billets et de quelques méprises qui s'y commirent de la part de ceux dont il les recevoit, que ces messieurs offensés aigrirent M. le duc d'Orléans, et lui persuadèrent qu'au temps scabreux où on étoit du côté de la confiance et du peuple, l'emploi de prévôt des marchands ne pouvoit être en de plus dangereuses mains. A cette disposition, Trudaine mit le comble par un propos imprudent qui lui échappa de surprise en public à un brûlement de billets, comme si quelques-uns de ceux-là lui eussent déjà passé par les mains. Tout aussi [tôt] M. le duc d'Orléans en fut informé, et il est vrai que ce discours fut promptement débité et commenté, et qu'il ne fit pas un bon effet pour la confiance. Un jour ou deux après,

que où Saint-Simon écrivait cette partie de ses Mémoires, étaient Pâris-Duverney et Pâris-Montmartel.

je vins de Meudon travailler avec M. le duc d'Orléans à mon ordinaire ; dès que je parus (et le premier président étoit seul dans une grande pièce du grand appartement qui donne dans le petit) : « Je vous attends avec impatience, me dit le régent, pour vous parler de choses importantes ; » et s'enfonçant dans cette autre vaste pièce où étoit l'estrade et le dais, se mit à se promener avec moi et me conta toute l'affaire de l'hôtel de ville comme on la lui avoit rendue, ajouta tout de suite que c'étoit un complot du maréchal de Villeroy et du prévôt des marchands, et qu'il avoit résolu de les chasser tous deux.

Je lui laissai jeter son feu, puis j'essayai à lui ôter ce complot de la tête, en lui faisant le portrait de Trudaine. Je condamnai sa rusticité, je blâmai surtout son imprudence, en remontrant qu'elle ne méritoit ni un éclat ni un affront tel que de l'ôter de place avant la fin de sa prévôté, mais bien un avertissement un peu ferme d'être plus mesuré dans ses paroles. Pour donner plus de poids aux miennes, je lui dis que ce n'étoit point par amitié pour Trudaine que je lui parlois, puisqu'il pouvoit se souvenir qu'il m'avoit accordé son agrément d'une place d'échevin de Paris pour Boulduc, apothicaire du roi, très-distingué dans son métier, et que j'aimois beaucoup de tout temps; que là-dessus je l'avois demandée à Trudaine, qui me l'avoit refusée avec la dernière brutalité. Le régent s'en souvint très-bien, mais insista toujours, et moi aussi. L'altercation fut encore plus vive sur le maréchal de Villeroy. Je lui représentai le double danger, dans un temps aussi critique, de toucher pour la seconde fois à l'éducation du roi, après l'avoir ôtée au duc du Maine, et quels affreux discours cela feroit renouveler dans un public outré du désespoir de sa fortune pécuniaire et parmi un peuple qu'on cherchoit à soulever ; à l'égard du prévôt des marchands, que ce seroit confirmer toute l'induction que les malintentionnés voudroient tirer de son imprudence, et perdre toute confiance et tout crédit à jamais que d'ôter à cette occasion un homme de cette réputation d'honneur, de probité, de justice et d'amour pour la droiture; qu'on ne manqueroit pas d'en conclure qu'on avoit voulu jouer encore des gobelets et imposer au monde en brûlant de faux papiers, et remettre les véritables dans le public; enfin, que c'étoit une violence sans exemple d'ôter un prévôt des marchands avant l'expiration de son temps, parce que celui-ci n'avoit pu se prêter à une si indigne supercherie.

M. le duc d'Orléans, résistant à toutes ces remontrances par la persuasion du danger encore plus grand où il s'exposoit en laissant ces deux hommes en place, me déclara que son parti étoit pris, et de me faire gouverneur du roi, et Châteauneuf prévôt des marchands. Je m'écriai que jamais je n'accepterois la place de gouverneur du roi, que plus je lui étois attaché, à lui régent, moins j'en étois susceptible; qu'il devoit se souvenir qu'il en étoit convenu, lorsque, avant la mort du roi, nous traitions cette matière; qu'il ne pouvoit pas avoir oublié tout ce que je lui en avois dit encore, il n'y avoit pas si longtemps, quand il avoit voulu alors ce qu'il vouloit de nouveau aujourd'hui. Venant après à l'autre point, je le priai de considérer que Châteauneuf étoit Savoyard de famille, né en Savoie, où il avoit été président de la cour supérieure de Chambéry, étranger par conséquent, et bien que naturalisé, ci-devant ambassadeur à la Porte, en Portugal, en Hollande, conseiller au parlement et maintenant conseiller d'État, il étoit exclu par les lois municipales de la ville de Paris; que quelque justice et bon et sage devoir qu'il eût fait à Nantes, à la tête de la commission du conseil, cette commission étoit en gros triste et fâcheuse pour servir de degré à revêtir les dépouilles d'un magistrat populaire, cher par sa vertu, et [que c'étoit] offenser doublement Paris en le lui ôtant, pour mettre un étranger à sa place, contre toutes les règles et les lois de la ville et contre tout exemple. M. le duc d'Orléans, demeurant ferme sur tous les points, et avec une vivacité qui m'effraya, je me jetai à ses genoux, je les embrassai de mes deux bras, je le conjurai par tout ce qui me vint de plus touchant, tandis qu'il trépignoit d'embarras pour me faire quitter prise ; je protestai que je ne me relèverois point qu'il ne m'eût donné sa parole de ne pas toucher au maréchal de Villeroy et à Trudaine et de les laisser dans leurs places. Enfin, il se laissa toucher ou arracher, et il me le promit à plusieurs reprises, que j'exigeai avant de me vouloir relever. Quoique j'abrége fort ici le récit de cette longue scène, j'en rapporte tout l'essentiel. Nous travaillâmes ensuite assez longtemps et je m'en retournai à Meudon, où je passois tous les étés en bonne compagnie et ne venois à Paris que pour les affaires, sans y toucher.

Le lendemain, sans aller plus loin, le prince de Tingry entre autres vint dîner à Meudon, qui d'abordée nous dit la nouvelle qui s'étoit répandue comme il alloit partir, que Trudaine étoit remercié et Châteauneuf mis en sa place. Je cachai ma surprise autant qu'il me fut possible et mon trouble secret sur le maréchal de Villeroy. Je compris bien qu'il n'y avoit rien encore à son égard, puisqu'on n'en parloit point ; mais un manquement de parole si prompt sur l'un m'inquiéta fort pour l'autre, non par estime ni par amitié, non pour moi, qui étois bien résolu à refuser très-nettement et constamment la place de gouverneur du roi, mais pour M. le duc d'Orléans et toutes les suites que je prévoyois de l'ôter de cette place. Mais heureusement il n'en fut plus question pour lors. Je ne sais si la parole que j'avois moins obtenue qu'arrachée ne fut donnée que pour se dépêtrer de moi, ou si les mêmes qui lui avoient fait prendre ces résolutions le poussèrent de nouveau depuis que je l'eus quitté. Je croirois plutôt le premier, et que, si M. le duc d'Orléans avoit eu un successeur tout prêt pour le maréchal de Villeroy comme il en avoit un pour Trudaine, le maréchal eût sauté avec lui. L'abbé Dubois aimoit Châteauneuf depuis qu'il l'avoit pratiqué en Hollande, quoiqu'il y fût peu au gré des Anglois. Il étoit pauvre et mangeur ; ses ambassades l'avoient incommodé, malgré celle de la Porte ; il avoit [des besoins]¹ ; la prévôté des marchands étoit propre à les remplir, et M. le duc d'Orléans avoit toujours eu du goût pour lui.

A quatre jours de là, il y eut conseil de régence et j'étois de mois pour les placets. J'allai donc aux Tuileries un peu avant le conseil me mettre dans la pièce qui précédoit celle où on le tenoit, derrière le feuteuil du roi et la table des placets, entre deux maîtres des requêtes pour les recevoir, c'est-à-dire pour les voir jeter sur la table et les voir prendre après par les maîtres des requêtes et m'en rendre compte, et après tous trois à M. le duc d'Orléans, après les avoir entièrement dégrossis. L'un de ces deux maîtres des requêtes se trouva être Bignon, mort jeune depuis conseiller d'État, fils du conseiller d'État intendant de Paris, ami intime de Mlle Choin, duquel j'ai parlé à l'occasion du mariage de Mme la duchesse de Berry, où on a vu ma liaison avec les Bignon et son ancienne cause. Il étoit neveu de Bignon, aussi conseiller d'État, qui avoit été prévôt des marchands. Il me dit que son oncle ne se portoit pas bien, mais qu'il ne laisseroit pas de m'aller chercher à Meudon s'il pouvoit, qu'il avoit à me parler, qu'il en étoit même pressé, et qu'il l'avoit chargé de savoir de moi si et quand il me pourroit trouver chez moi à Paris. Je le priai de dire à son oncle que je passerois chez lui au sortir du conseil avant de retourner à Meudon. J'y allai donc. Dès que Bignon me vit, il me dit que, si Trudaine avoit osé aller à Meudon, il y auroit couru me témoigner toute sa reconnoissance ; que, ne pouvant la contenir, il l'avoit chargé de m'assurer que je m'étois acquis en lui un serviteur à jamais, et de là un torrent de louanges et de remercîments ; moi, qui de ma vie n'avois eu le moindre commerce avec Trudaine, et qui n'imaginois pas ce que Bignon me vouloit dire, je demeurai fort surpris. Il me

1. Il y a ici dans le manuscrit une phrase tellement irrégulière qu'il a fallu la modifier. Saint-Simon a écrit : « Il avoit *besoin*; la prévôté des marchands étoit propre à *les* remplir. »

dit que je ne devois pas être si réservé, qu'ils savoient tout, et de là me raconta de mot à mot toute la conversation entière que j'avois eue avec M. le duc d'Orléans tête à tête, et que je viens de rapporter en gros; alors mon étonnement fut extrême. Je niai d'abord tant que je pus, mais je n'y gagnai rien. Le récit de tout fut exact, et pour l'ordre jusque pour la plupart des termes; enfin, l'action de la fin, tout me fut rendu par Bignon dans une si étrange justesse que je ne pus malgré moi désavouer, et que je fus réduit à lui demander et à Trudaine le secret pour toute reconnoissance. Ils me le gardèrent sur le maréchal de Villeroy, dont Bignon sentit la conséquence; mais ils ne s'y purent soumettre sur l'autre point; ils publièrent ce que Trudaine me devoit. Il me vint voir au bout de quelque temps et m'a cultivé toute sa vie. Il faut dire, à l'honneur de son fils, que jusqu'à aujourd'hui il ne l'a pas oublié. D'imaginer après comment cela s'est su : si un valet relaissé entre deux portes ou M. le duc d'Orléans lui-même auroit rendu la conversation et avec cette longueur et cette justesse, c'est ce que je n'ai jamais pu démêler. Je ne voulus pas en parler à M. le duc d'Orléans, et je n'ai pu tirer de Bignon ni de Trudaine comment ils l'avoient sue quoi que j'aie pu faire. Comme elle vint à eux, il n'est pas surprenant qu'elle ne transpirât jusqu'au maréchal de Villeroy. Ce que j'y gagnai fut rare : sa malveillance, qui ne put me pardonner d'avoir pu remplir sa place, non pas même en faveur de ce que je l'avois refusée et que je la lui avois fait conserver. Il avoit déjà eu la même crainte à mon égard, car ceci étoit une récidive; mais il n'en avoit eu que le soupçon et non la certitude, comme en celle-ci qui produisit en lui ce sentiment bas à force d'orgueil et d'insolence, et si opposé à celui d'un honnête homme. On le lui verra bien renouveler dans quelque temps.

Ce n'étoit pas sans raison, comme on a déjà vu en bien des endroits, mais raison toute récente, que le maréchal de

Villeroy pesoit rudement à M. le duc d'Orléans dans la place de gouverneur du roi. Il n'y avoit rien qu'il n'eût mis en usage depuis la régence pour se rendre agréable au parlement et au peuple. M. de Beaufort lui avoit tourné la tête. Il crut qu'avec la confiance que le feu roi lui avoit marquée dans les derniers temps de sa vie, ce qu'il pouvoit penser attendre des troupes qu'il avoit si longtemps commandées, se trouvant doyen des maréchaux de France, et le roi entre ses mains, le gouvernement de Lyon, où il étoit de longue main maître absolu et son fils entièrement dans sa dépendance capitaine des gardes du corps, c'étoit de quoi balancer l'autorité du régent et faire en France le premier personnage. Par cette raison il affecta de s'opposer à tous les édits bursaux[1], à Law, aux divers arrangements de finances, à tout ce que le parlement répugnoit à enregistrer. Il rendit, tant qu'il put, la vie dure au duc de Noailles tant que celui-ci eut les finances, quoique encore plus indécent et bas valet du parlement que lui, quoiqu'il ne s'en mêlât que bien superficiellement, ainsi que de toutes autres affaires. On a vu son attachement au duc du Maine, le désespoir qu'il marqua quand l'éducation lui fut ôtée, son engagement et ses frayeurs quand ce bâtard fut arrêté, avec quelle bassesse et quelle importunité pour le roi il en faisoit les honneurs et le montroit aux magistrats à toutes heures qu'ils se présentoient, comme il les distinguoit sur qui que ce pût être, l'affectation avec laquelle il faisoit voir le roi au peuple qui s'en étoit pris de passion à proportion qu'il s'étoit pris de haine contre le feu roi, et que les ennemis de M. le duc d'Orléans le décréditoient parmi ce même peuple.

Ce fut aussi de ce dernier article que le maréchal se servit le plus dangereusement. Il portoit sur lui la clef d'une armoire où il faisoit mettre le pain et le beurre de la Muette

---

1. On appelait *édits bursaux* les édits qui établissaient de nouveaux impôts ou avaient pour but de tirer, par toute espèce de moyens, de l'argent des sujets.

dont le roi mangeoit, avec le même soin et bien plus d'apparat que le garde des sceaux celle de la cassette qui les renferme, et fit un jour une sortie d'éclat parce que le roi en avoit mangé d'autre, comme si tous les vivres dont il usoit nécessairement tous les jours, la viande, le potage, le poisson, les assaisonnements, les légumes, tout ce qui sert aux fruits, l'eau, le vin n'eussent pas été susceptibles des mêmes soupçons. Il fit une autre fois le même vacarme pour les mouchoirs du roi, qu'il gardoit aussi; comme si ses chemises, ses draps, en un mot, tout son vêtement, ses gants, n'eussent pas été aussi dangereux, que néanmoins il ne pouvoit avoir sous clef et les distribuer lui-même. C'étoit ainsi des superfluités d'impudentes précautions vides de sens, pleines de vues les plus intéressées et les plus noires, qui indignoient les honnêtes gens, qui faisoient rire les autres, mais qui frappoient le peuple et les sots, et qui avoient ce double effet de renouveler sans cesse les dits horribles qu'on entretenoit soigneusement contre M. le duc d'Orléans, et que c'étoit aux soins et à la vigilance d'un gouverneur si fidèle et si attaché qu'on étoit redevable de la conservation du roi et dont dépendoit sa vie. C'est ce qu'il vouloit bien établir dans l'opinion du parlement et du peuple, et peu à peu dans l'esprit du roi, et c'est à quoi il s'en fallut bien peu qu'il ne parvînt parfaitement. C'est ce qui lui attachoit tellement ce peuple, qu'ayant eu tout nouvellement une violente attaque de goutte qu'il avoit toujours fort courtes, le peuple en fut en émoi, et les halles lui députèrent les harengères qui voulurent le voir. On peut juger comment ces ambassadrices furent reçues. Il les combla de caresses et de présents, et il en fut comblé de joie et d'audace, et c'étoit là ce qui avoit ranimé dans M. le duc d'Orléans la volonté et la résolution de l'ôter d'auprès du roi. Le maréchal de Villeroy comptoit encore s'attacher le roi et le public par ces odieuses précautions de manière à se persuader que, quoi qu'il pût faire, jamais le régent n'oseroit le chasser, et que, s'il l'entreprenoit, le roi, tout enfant qu'il étoit, l'empêcheroit par ses cris, dans la conviction qu'il lui inspiroit que sa vie étoit attachée à ses soins et que ce ne seroit que pour se procurer les moyens d'y pouvoir attenter qu'on l'éloigneroit de sa personne. On verra en son temps que ce raisonnement infernal n'étoit pas mal juste, et qu'il fut fort près de lui réussir.

Le fils aîné d'Argenson, qui tout jeune avoit eu sa place de conseiller d'État, étoit intendant à Maubeuge, où il ne demeura pas longtemps. Le cadet était lieutenant de police, il en fut remercié; Baudry eut cette place et le jeune Argenson eut tôt après l'intendance de Tours, où il demeura peu. Les deux frères sont depuis parvenus au ministère, et [à] être secrétaires d'État [1].

M. le duc d'Orléans reçut les remontrances du parlement le mieux du monde. Elles ne furent que générales, sur la situation des finances; il les renvoya au chancelier pour voir avec lui ce qu'il seroit de plus à propos à faire.

Il y eut, le 5 juillet, un arrêt du conseil, portant défense d'avoir des pierreries, d'en garder chez soi, ni d'en vendre qu'aux étrangers. On peut juger du bruit qui en résulta. Cet arrêt [2], enté sur tant d'autres, alloient trop visiblement tous à s'emparer de tout l'argent pour du papier décrié, et auquel on ne pouvoit plus avoir la moindre confiance. En vain M. le duc d'Orléans, M. le Duc, et Mme sa mère, voulurent-ils persuader qu'ils en donnoient l'exemple, en se défaisant de leurs immenses pierreries dans les pays étrangers; en vain y en envoyèrent-ils en effet, mais seulement en voyage; qui que ce soit ne fut la dupe, et qui ne cachât bien soigneuse-

---

1. Il a été question, t. XVII, p. 219, des deux fils du garde des sceaux appelés l'un le marquis d'Argenson, et l'autre le comte d'Argenson. Le premier fut ministre des affaires étrangères de 1744 à 1747, et le second ministre de la guerre de 1743 à 1757.

2. Le pluriel est dans le manuscrit et s'explique par le commencement de la phrase où Saint-Simon parle de plusieurs arrêts.

ment les siennes, qui en avoit¹, ce qui se put par le petit volume, bien plus aisément que l'or et l'argent. Cette éclipse de pierreries ne fut pas de longue durée.

Stairs enfin prit congé après avoir régné ici sans voile avec une domination absolue, dont le commerce et la marine de France et d'Espagne se ressentiront longtemps, et même l'Angleterre, par la supériorité que son roi a acquise sur la nation, moyennant les subsides immenses qu'il a tirés de nous, qui l'ont mis en état de se rendre le maître de ses parlements, et de n'y trouver plus de barrière à ses volontés, grâces à l'ambition de l'abbé Dubois, à l'aveuglement de Canillac, à la perfidie politique personnelle du duc de Noailles, et à l'entraînement de M. le duc d'Orléans. Stairs se pressa de passer la mer dès que le chevalier Sutton, son successeur, fut arrivé, pour trouver le roi d'Angleterre, qui s'en alloit dans ses États d'Allemagne. Jamais l'audace, l'insolence, l'impudence ne furent portées en aucun pays au point où cet ambassadeur les porta, ni avec tant de succès; malheureusement il ne savoit que trop à qui il avoit affaire. Encore une fois, voilà le fruit de se livrer à un seul, à un seul de l'espèce de l'abbé Dubois encore, enfin à un premier ministre qui veut être cardinal.

Le nouveau prévôt des marchands continua à brûler publiquement à l'hôtel de ville les actions et les billets de banque, jusqu'à la réduction qu'on avoit résolue.

Tandis que les députés du parlement travailloient souvent chez le chancelier sans conclure, on projeta un édit pour rendre la compagnie des Indes compagnie de commerce, laquelle s'obligeoit, ce moyennant, à rembourser dans un an, pour six cents millions de billets de banque, en payant cinquante millions par mois : telle fut la dernière ressource de Law et de son système. Aux tours de passe-passe du Missis-

---

1. Voici la construction directe de cette phrase : « Quiconque en avoit, cacha saigneusement les siennes, ce qui se put. »

sipi il avoit fallu chercher à substituer quelque chose de
réel, surtout depuis l'événement de l'arrêt du 22 mai dernier, si célèbre et si funeste au papier. On voulut donc substituer aux chimères une compagnie réelle des Indes, et ce
fut ce nom et cette chose qui succéda, et qui prit la place de
ce qui ne se connoissoit auparavant que sous le nom de Mississipi. On avoit eu beau donner à cette compagnie la ferme
du tabac et quantité d'autres revenus immenses, ce n'étoit
rien pour faire face au papier répandu dans le public, quelques soins qu'on eût pris de le diminuer à tous hasards, à
toutes restes[1].

Il fallut chercher d'autres expédients. Il ne s'en trouva
point que de rendre cette compagnie compagnie de commerce ; c'étoit sous un nom plus doux, mais obscur et simple, lui attribuer le commerce exclusif en entier. On peut
juger comment une telle résolution put être reçue dans le
public, poussé à bout de la défense sévère, sous de grandes
peines, d'avoir plus de cinq cents livres en argent chez soi,
d'y être visité et fouillé partout, et de ne pouvoir user que de
billets de banque pour payer journellement les choses les
plus médiocres et les plus nécessaires à la vie. Aussi opérat-elle deux choses : une aigreur qui s'aigrit tellement par
la difficulté de toucher son propre argent, jour par jour,
pour sa subsistance journalière, que ce fut merveille comment l'émeute s'apaisa et que tout Paris ne se révoltât pas
tout à la fois ; l'autre, que le parlement, prenant pied sur
cette émotion publique, tînt ferme jusqu'au bout contre l'enregistrement de l'édit. Le 15 juillet, le chancelier montra
chez lui le projet de l'édit aux députés du parlement, qui
furent chez lui jusqu'à neuf heures du soir sans s'être laissé
persuader. Le lendemain 16, le projet de l'édit fut montré

---

1. Saint-Simon a déjà employé cette locution dans le sens de *à toutes
forces*. On a donc eu tort de remplacer, dans les précédentes éditions, ces
mots par *à toutes ruines*.

au conseil de régence. M. le duc d'Orléans, soutenu de M. le
Duc, y parla bien, parce qu'il ne pouvoit parler mal, même
dans les plus mauvaises thèses. Personne ne dit mot, et on
ploya les épaules. Il fut résolu de la sorte d'envoyer le lendemain, 17 juillet, l'édit au parlement.

Ce même jour 17, au matin, il y eut une telle foule à la
banque et dans les rues voisines pour avoir chacun de quoi
aller au marché, qu'il y eut dix ou douze personnes étouffées. On porta tumultuairement trois de ces corps morts à la
porte du Palais-Royal, où le peuple vouloit entrer à grands
cris. On y fit promptement marcher un détachement des
compagnies de la garde du roi, des Tuileries. La Vrillière et
Le Blanc haranguèrent séparément ce peuple. Le lieutenant
de police y accourut; on fit venir des brigades du guet[1]. On
fit après emporter les corps morts, et par douceur et cajoleries on vint enfin à bout de renvoyer le peuple, et le détachement de la garde du roi s'en retourna aux Tuileries. Sur
les dix heures du matin, que tout cela finissoit, Law s'avisa
d'aller au Palais-Royal; il reçut force imprécations par les
rues. M. le duc d'Orléans ne jugea pas à propos de le laisser
sortir du Palais-Royal, où, deux jours après, il lui donna
un logement. Il renvoya son carrosse, dont les glaces furent
cassées à coups de pierres. Son logis en fut attaqué aussi
avec grand fracas de vitres. Tout cela fut su si tard dans
notre quartier des Jacobins de la rue Saint-Dominique[2],
qu'il n'y avoit plus apparence de rien quand j'arrivai au Palais-Royal, où M. le duc d'Orléans, en très-courte compagnie,
étoit fort tranquille et montroit que ce n'étoit pas lui plaire

---

1. Le guet était la garde qui veillait à la sûreté de Paris. On distinguait, au XVIIIe siècle, le guet à cheval et le guet à pied : le premier se composait de cent soixante cavaliers, et le second de quatre cent soixante-douze fantassins.

2. Saint-Simon a déjà indiqué, dans plusieurs passages de ses Mémoires, qu'il demeurait rue Saint-Dominique, près des Jacobins (noviciat des dominicains réformés, aujourd'hui Saint-Thomas d'Aquin et Musée d'artillerie).

que de ne l'être pas. Ainsi je n'y fus pas longtemps, n'y ayant rien à faire ni à dire. Ce même matin l'édit fut porté au parlement; il refusa de l'enregistrer et envoya les gens du roi à M. le duc d'Orléans pour lui rendre compte de leurs raisons, lequel demeura fort piqué de ce refus. On publia le lendemain par la ville une ordonnance du roi, portant défense au peuple de s'assembler, sous de grandes peines, et qu'à cause des inconvénients arrivés la veille à la banque, on n'y donneroit point d'argent et qu'elle seroit fermée jusqu'à nouvel ordre. On fut plus heureux que sage; car, de quoi vivre en attendant? et si rien ne branla, ce qui marque bien la bonté et l'obéissance de ce peuple qu'on mettoit à tant et de si étranges épreuves. On fit néanmoins venir des troupes auprès de Charenton, qui étoient à travailler au canal de Montargis, quelques régiments de cavalerie et de dragons à Saint-Denis, et le régiment du roi sur les hauteurs de Chaillot. On envoya de l'argent à Gonesse, pour faire venir les boulangers comme à l'ordinaire, de peur de leur refus de prendre des billets, comme faisoient presque tous les marchands et les ouvriers de Paris, qui ne vouloient plus recevoir de papier. Le régiment des gardes eut ordre de se tenir prêt, et les mousquetaires de ne s'éloigner point de leurs deux hôtels et de tenir leurs chevaux bridés.

Ce même jour du refus du parlement d'enregistrer l'édit, je fus mandé au Palais-Royal sur les cinq heures après midi. M. le duc d'Orléans m'apprit la plupart des choses faites ou résolues qui viennent d'être rapportées, se plaignit fort de la mollesse du chancelier avec le parlement et dans les conférences chez lui avec les députés de cette compagnie; et de là force reproches de l'embarras où je le mettois par mon opiniâtreté à ne vouloir point des sceaux. Je lui répondis qu'avec sa permission je pensois tout autrement. « Comment, m'interrompit-il vivement, me ferez-vous accroire que vous auriez été aussi mou que le chancelier, et que vous ne leur eussiez pas fait peur? — Ce n'est pas cela, repris-je; mais vous n'ignorez pas à quel point je suis avec le premier président et que je ne suis pas agréable au parlement depuis la belle affaire du bonnet, où votre mollesse et votre peur du parlement, vous qui aujourd'hui la reprochez aux autres, nous a mis dans la fange, et vous dans le bourbier, par l'audace et l'intérêt du parlement, du premier président et de leur cabale, après qu'ils ont eu reconnu par là, dès l'entrée de votre régence, à qui ils avoient affaire et comment vous manier; aussi s'y sont-ils donné ample carrière; vous les aviez abattus par le lit de justice des Tuileries, vous ne l'avez pas soutenu; cette conduite leur a remis les esprits, et la cabale tremblante a repris force et vigueur. Cette courte récapitulation ne seroit pas inutile, si à la fin vous en pouviez et saviez profiter. Mais revenons à moi et aux sceaux. Persuadez-vous, monsieur, que, si ces gens-là se montrent si revêches à un magistrat nourri dans leur sein, qui est leur chef et leur supérieur naturel, qu'ils aiment et dont ils se savent aimés, persuadez-vous, dis-je, qu'ils se seroient montrés encore plus intraitables avec un supérieur précaire, regardé par eux comme un supérieur de violence, sans qualité pour l'être, revêtu d'une dignité qu'ils haïssent et qu'ils persécutent avec la dernière audace et la plus impunie; homme d'épée, qui est leur jalousie et leur mépris tout à la fois; et homme que personnellement ils haïssent et dont ils se croient haïs. Ils auroient pris pour une insulte d'avoir à traiter avec moi; leur cabale auroit répandu cent mauvais discours; les députés, par leurs propos, auroient exprès excité les miens, et tout le monde vous auroit reproché et la singularité d'un garde des sceaux d'épée, et le mauvais choix d'une manière d'ennemi pour travailler à une conciliation. Voilà ce qui en seroit résulté, c'est-à-dire un bien plus grand embarras pour vous, et un très-désagréable pour moi. Ainsi, n'ayez nul regret à mon refus. Tenez-le, au contraire, pour un avantage, qui vous est clairement démontré par l'occasion présente, et ne regrettez que de n'avoir pas eu sous la main un magistrat estimé royaliste et non parlementaire à faire garde des sceaux ; mais cela ne s'étant pu trouver, vous avez fait la seule chose naturelle à faire, en rappelant et rendant les sceaux au chancelier, et à un homme de ce mérite et de cette réputation, puisque, pour d'autres raisons, vous les avez voulu ôter à celui qui les avoit, et qui étoit votre vrai homme tel qu'il vous le falloit dans les circonstances présentes, et, pour le bien dire, au vol que le parlement a pris et veut rendre de plus en plus, l'homme pour qui les sceaux étoient le plus faits pendant une régence ; mais il faut partir d'où on est : avez-vous quelque plan formé pour sortir bien du détroit où vous êtes ? Il faut laisser le passé, et voir ce qu'il y a à faire. »

M. le duc d'Orléans demeura muet sur les sceaux, se rabattit encore sur le chancelier, et me dit qu'il ne voyoit autre chose à faire que d'envoyer le parlement à Blois. Je lui dis que cela étoit bon faute de mieux, non que j'imaginasse ce mieux, mais que je voyois avec peine que, par cet exil, le parlement étoit puni, mais n'étoit ni ramené ni dompté. Le régent en convint, mais il espéra que ces magistrats, accoutumés à Paris dans leurs maisons, leurs familles, leurs amis, se lasseroient bientôt d'en être séparés, se dégoûteroient de n'être plus qu'entre eux, s'ennuieroient encore plus de la dépense, de l'éloignement de chez eux et de la diminution du sac par celle des affaires qui suivroit nécessairement leur transplantation. Cela étoit vrai, et comme on ne pouvoit autre chose, il falloit bien s'en contenter. Je lui proposai ensuite de bien examiner tout ce qui pouvoit arriver, les remèdes prompts et sûrs à y apporter, parce qu'il valoit sans comparaison mieux ne rien entreprendre que demeurer court et avoir le démenti de ce qu'on auroit entrepris, qui seroit la perte radicale de toute l'autorité. Il me dit qu'il y avoit déjà pensé, qu'il y réfléchiroit encore, qu'il comptoit tenir un petit conseil le lendemain au Palais-Royal, où il vouloit que j'assistasse, où tout seroit discuté. Il se mit après sur les maréchaux de Villeroy, Villars, Huxelles et sur quelques autres moins marqués, et ces propos terminèrent cette conversation.

J'allai donc le lendemain jeudi 18 juillet, sur les quatre heures, au Palais-Royal. Ce conseil fut tenu dans une pièce du grand appartement, la plus proche du grand salon, avec M. le Duc, le duc de La Force, le chancelier, l'abbé Dubois, Canillac, La Vrillière et Le Blanc. On étoit assis vers une des fenêtres, presque sans ordre, et M. le duc d'Orléans sur un tabouret comme nous et sans table. Comme on commençoit à s'asseoir, M. le duc d'Orléans dit qu'il alloit voir si quelqu'un n'étoit point là auprès, qu'il ne seroit pas fâché de faire venir, et l'alla chercher. Ce quelqu'un étoit Silly, de la catastrophe duquel j'ai parlé ailleurs, d'avance ami intime de Law, de Lassai, de Mme la Duchesse, qui le fit chevalier de l'ordre depuis, et qui étoit fort intéressé avec eux. Il entra donc à la suite de M. le duc d'Orléans qui l'avoit relaissé dans son petit appartement d'hiver, et vint jusque tout contre nous. Je ne sais, et j'ai depuis négligé d'apprendre ce qu'il avoit contre Le Blanc. Mais dès qu'il l'avisa : « Monseigneur, dit-il en haussant la voix à M. le duc d'Orléans, je vois ici un homme, en regardant Le Blanc, devant qui on ne peut parler, et avec lequel Votre Altesse Royale trouvera bon que je ne demeure pas. Elle m'avoit fait la grâce de me dire que je ne le trouverois pas ici. » Notre surprise à tous fut grande, et Le Blanc fort étonné. « Bon! bon! répondit M. le duc d'Orléans, qu'est-ce que cela fait? Demeurez, demeurez. — Non pas, s'il vous plaît, monseigneur, » reprit Silly, et s'en alla. Cette incartade nous fit tous regarder l'un l'autre. L'abbé Dubois courut après, le prit par le bras pour le ramener. Comme la pièce est fort grande, nous voyions Silly secouer Dubois et continuer son chemin, enfin passer la porte, et Dubois après lui. « Mais quelle folie! » disoit M. le duc d'Orléans, qui avoit l'air embarrassé, et qui que ce soit qui dît un mot, excepté Le Blanc, qui offrit à

M. le duc d'Orléans de se retirer, qui ne le voulut pas. A la fin M. le duc d'Orléans alla chercher Silly; son absence dura près d'un quart d'heure apparemment à catéchiser Silly, qui méritoit mieux pour cette insolence d'être jeté par les fenêtres, comme lui-même s'y jeta depuis. Enfin M. le duc d'Orléans rentra, suivi de Silly et de l'abbé Dubois.

Pendant l'absence personne n'avoit presque rien dit que s'étonner un peu de l'incartade et de la bonté de M. le duc d'Orléans. M. le Duc ne proféra pas un mot. Silly se mit donc dans le cercle au plus loin qu'il put de Le Blanc, et en s'asseyant combla l'impudence par dire à M. le duc d'Orléans que c'étoit par pure obéissance, mais qu'il ne diroit rien, parce qu'il ne le pouvoit devant M. Le Blanc. M. le duc d'Orléans ne lui répondit rien, et tout de suite ouvrit la conférence par expliquer ce qui la lui avoit fait assembler par un récit fort net de l'état des choses, de la nécessité de prendre promptement un parti, de celui qui paroissoit le seul à pouvoir être pris, et finit par ordonner au chancelier de rendre compte à l'assemblée de tout ce qui s'étoit passé chez lui avec les cinq députés du parlement susdits. Le chancelier en fit le rapport assez étendu avec l'embarras d'un arrivant d'exil qui n'y veut pas retourner, et d'un protecteur secret, mais de cœur et de toute son âme, du parlement qu'il voyoit bien ne pouvoir sauver. Ce ne fut donc qu'en balbutiant qu'il conclut la fin de son discours : que les conjonctures forcées où on se trouvoit jetoient dans une nécessité triste et fâcheuse, sur quoi il n'avoit qu'à se rapporter à la prudence et à la bonté de Son Altesse Royale. Tous opinèrent à l'avis de M. le duc d'Orléans qui s'étoit ouvert sur envoyer le parlement à Blois. M. le Duc, le duc de La Force et l'abbé Dubois parlèrent fortement; les autres, quoique de même avis, se mesurèrent davantage et furent courts. Je crus ne devoir dire que deux mots sur une affaire résolue qui regardoit le parlement. Silly tint parole, et ne fit qu'une inclination profonde quand ce fut à lui à opiner;

de là on parla sommairement des précautions à prendre pour être sûrement obéi, puis on se leva. Alors le chancelier s'approcha de M. le duc d'Orléans et lui parla quelque temps en particulier. L'abbé Dubois s'y joignit sur la fin, et cependant chacun s'écouloit. M. le Duc fut appelé, enfin je sus qu'il s'agissoit de Pontoise au lieu de Blois, et cela fut emporté le lendemain matin. Ainsi le châtiment devint ridicule et ne fit que montrer la foiblesse du gouvernement, et encourager le parlement qui s'en moqua. Néanmoins ce qui s'étoit passé en ce petit conseil demeura tellement secret, que le parlement n'eut pas la plus légère connoissance de ce qui y fut résolu que par l'exécution.

Le dimanche 21 juillet, des escouades du régiment des gardes avec des officiers à leur tête se saisirent à quatre heures du matin de toutes les portes du palais. Des mousquetaires des deux compagnies avec des officiers s'emparèrent en même temps des portes de la grand'chambre, tandis que d'autres investirent la maison du premier président qui eut grand'peur pendant la première heure, et cependant d'autres mousquetaires des deux compagnies allèrent séparément quatre à quatre chez tous les officiers du parlement leur rendre en main propre l'ordre du roi de se rendre à Pontoise dans deux fois vingt-quatre heures. Tout se passa poliment de part et d'autre, en sorte qu'il n'y eut pas la moindre plainte; plusieurs obéirent dès le même jour et s'en allèrent à Pontoise. Le soir assez tard, M. le duc d'Orléans fit porter au procureur général cent mille francs en argent, et autant en billets de banque de cent livres et de dix livres pour en donner à ceux qui en auroient besoin pour le voyage, mais non en don. Le premier président fut plus effronté et plus heureux : il fit tant de promesses, de bassesses, employa tant de fripons pour abuser de la foiblesse et de la facilité de M. le duc d'Orléans, dont il sut bien se moquer, que ce voyage lui valut plus de cent mille écus, que le pauvre prince lui fit compter sous la cheminée

à deux ou trois diverses reprises, et trouva bon que le duc
de Bouillon lui prêtât sa maison de Pontoise toute meublée,
dont le jardin est admirable et immense au bord de la rivière, chef-d'œuvre en son genre, qui avoit fait les délices
du cardinal de Bouillon, et qui fut peut-être la seule chose
qu'il regretta en France. Avec de si beaux secours, le premier président, mal avec sa compagnie qui le méprisoit
ouvertement depuis quelque temps, se raccommoda parfaitement avec elle. Il y tint tous les jours table ouverte pour
tout le parlement qu'il mit sur le pied d'y venir tous les
jours en foule, en sorte qu'il y eut toujours plusieurs tables
servies également délicatement et splendidement, et envoyoit, à ceux qui vouloient envoyer chercher chez lui, tout
ce qu'ils pouvoient désirer de vin, de liqueurs et de toutes
choses. Les rafraîchissements et les fruits de toutes sortes
étoient servis abondamment tant que les après-dînées duroient, et il y avoit force petits chariots à un et à deux chevaux toujours prêts pour les dames et les vieillards qui
vouloient se promener, et force tables de jeu dans les appartements jusqu'au souper. Mesmes, sa sœur et ses filles
faisoient les honneurs, et lui, avec cet air d'aisance, de
magnificence, de politesse, de prévenance et d'attention, en
homme qui saisissoit l'occasion de regagner ainsi ce qu'il
avoit perdu, en quoi il réussit pleinement; mais ce fut aux
doubles dépens du régent, de l'argent duquel il fournissoit
à cette prodigieuse dépense, et se moquoit encore de lui
avec messieurs du parlement, tant en brocards couverts ou
à l'oreille, qu'en trahissant une confiance si chèrement et
si indiscrètement achetée, dont il leur faisoit sa cour, tant
en la leur sacrifiant en dérision qu'en s'amalgamant à eux,
à tenir ferme, et faisant tomber le régent dans tous leurs
panneaux par la perfidie du premier président, à qui M. le
duc d'Orléans croyoit finement se pouvoir fier à force d'argent, et de cacher cette intelligence dont le secret servoit à
ce scélérat de couverture aux insolentes plaisanteries qu'il

faisoit du régent et du gouvernement avec ses confrères, qui ne pouvoient pas toutes échapper à M. le duc d'Orléans, et que le premier président et ses traîtres de protecteurs donnoient au régent comme nécessaires à cacher leur intelligence. Lui vouloir ouvrir les yeux sur une conduite si grossière eût été temps perdu, de sorte que je ne lui en dis pas une parole. Je lui aurois été suspect plus que personne sur le premier président qui se joua de lui de la sorte, et qui, sans le moindre adoucissement dans la roideur du parlement, le fit revenir à Paris quand, pour son intérêt personnel, et après s'être pleinement rétabli avec sa compagnie, et mieux avec elle qu'il n'y eût jamais été, et maître de la tourner à son gré, il jugea à propos de procurer ce retour. Quelques principaux magistrats du parlement firent demander à voir M. le duc d'Orléans avant Paris, et en furent refusés.

Le parlement avoit refusé l'enregistrement de l'édit de sa translation à Pontoise. On lui en envoya de nouveau une déclaration dans laquelle on osa avoir le courage de laisser échapper quelques expressions qui ne devoient pas lui plaire. Néanmoins il l'enregistra, mais avec la dérision la plus marquée et la plus à découvert. Comme cet enregistrement ne contient pas un seul mot qui ne la porte avec le ton et les termes du plus parfait mépris et de la résolution la plus ferme de ne reculer pas d'une ligne, j'ai cru devoir l'insérer ici.

« Registrées, ouï ce requérant le procureur général du roi, pour continuer par la cour ses fonctions ordinaires, et être rendu au roi le service accoutumé tel qu'il a été rendu jusqu'à présent, avec la même attention et le même attachement pour le bien de l'État et du public qu'elle a eu dans tous les temps ; continuant ladite cour de donner au roi les marques de la même fidélité qu'elle a eue pour les rois ses prédécesseurs et pour ledit seigneur roi, depuis son avénement à la couronne jusqu'à ce jour, dont elle ne se départira jamais. Et sera ledit seigneur roi très-humblement supplié de faire attention à tous les inconvénients et conséquences de la présente déclaration, et de recevoir le présent enregistrement comme une nouvelle preuve de sa profonde soumission. Et seront copies collationnées de la présente déclaration et du présent enregistrement envoyées aux bailliages et sénéchaussées du ressort, pour y être lues, publiées et enregistrées. Enjoint aux substituts du procureur général du roi d'y tenir la main et d'en certifier la cour dans un mois, suivant l'arrêt de ce jour. A Pontoise, en parlement y séant, le 27 juillet 1720. Signé Gilbert. »

Les paroles et le tour de cet arrêt sont tellement expressifs et frappants, que ce seroit les affoiblir qu'en faire le commentaire. Le régent n'en parut pas touché ni y faire la moindre attention. Je suivis la résolution que j'avois prise, je ne pris pas la peine de lui en dire un mot. Tout se soutint en conséquence à Pontoise. Les avocats, de concert avec le parlement, ne feignirent point de répandre qu'ils étoient gens libres, qu'ils profiteroient de cette liberté pour aller à la campagne se reposer, au lieu d'aller dépenser leur argent à Pontoise, où ils seroient mal logés et fort mal à leur aise. En effet aucun bon avocat n'y mit le pied; il n'y eut que quelques jeunes d'entre eux et en fort petit nombre, destinés à monter cette garde de fatigue; parce qu'encore que le parlement eût résolu de ne rien faire de sérieux, il ne voulut pas toutefois, après avoir enregistré sa translation, n'entrer point du tout, et pour entrer il falloit bien quelque pâture légère comme quelque défaut, quelque appointé[1] à mettre et autres bagatelles pareilles qui les tenoient assemblés une demi-heure, rarement une heure et souvent ils n'entroient pas. Ils en rioient entre eux, et malheur à qui

---

1. Appointer un procès, c'était décider que les parties produiraient leurs pièces, sur le vu desquelles il serait jugé. On avait recours à ce moyen quand une affaire paraissait trop compliquée pour être jugée immédiatement, ou lorsqu'on voulait l'ajourner indéfiniment.

avoit des procès ; quelque peu de présidents riches tinrent quelquefois des tables. En un mot on n'y songea qu'à se divertir, surtout à n'y rien faire, à le montrer même et à s'y moquer du régent et du gouvernement.

Cette translation fut suivie de différentes opérations de finance et de plusieurs changements dans les emplois des finances. Des Forts en eut le principal, il exerça le contrôle général en toute autorité sans en avoir le nom. Je n'entrerai point, selon ma coutume, dans tout ce nouveau détail de finances. Leur désordre n'arrêta point les étranges libéralités, ou pour mieux dire facilités de M. le duc d'Orléans à l'égard de gens ou sans mérite ou sans besoin, et de pas un desquels il ne pouvoit se soucier ; il donna à Mme la grande-duchesse une augmentation de quarante mille livres de ses pensions, une de huit mille livres à Trudaine, une de neuf mille livres à Châteauneuf, qu'il venoit de faire prévôt des marchands, une de huit mille livres à Bontems, premier valet de chambre du roi, une de six mille livres à la maréchale de Montesquiou, une de trois mille livres à Foucault, président du parlement de Toulouse, une de neuf mille livres à la veuve du duc d'Albemarle, remariée secrètement au fils de Mahoni, dont il a été fort parlé ici à propos de l'affaire de Crémone ; où le maréchal de Villeroy fut pris. Cette femme étoit fille de Lussan, dont il a été fait aussi mention ici à propos du procès que me fit sa mère, qui me brouilla pour toujours avec M. le Duc et Mme la Duchesse.

L'agiotage public étoit toujours établi dans la place de Vendôme, où on l'avoit transporté de la rue Quincampoix. Ce Mississipi avoit tenté tout le monde : c'étoit à qui en rempliroit ses poches à millions par M. le duc d'Orléans et par Law. Les princes et les princesses du sang en avoient donné les plus merveilleux exemples. On ne comptoit de gens à portée d'en avoir tant qu'ils en auroient voulu, que le chancelier, les maréchaux de Villeroy et de Villars, et les ducs de Villeroy, de La Rochefoucauld et moi qui eussions constamment refusé d'en recevoir quoi que ce fût. Ces deux maréchaux et La Rochefoucauld étoient frondeurs de projet et d'effet, et le duc de Villeroy suivoit le bateau de sel. Ils étoient liés ensemble pour leur fronde, pensant mieux faire leurs affaires par là, et devenir de plus des personnages avec qui le gouvernement seroit forcé de compter. Ce n'étoit pas que La Rochefoucauld eût par soi, ni par sa charge, de quoi arriver à ce but, mais riche à millions, fier de son grand-père dans la dernière minorité, plus étroitement et de tout temps uni au duc de Villeroy, que par leur proximité de beaux-frères, il suivoit les Villeroy en tout; et cet air de désintéressement et d'éloignement du régent, sans toutefois cesser d'être devant lui ventre à terre, leur donnoit dans le parlement et auprès du peuple, les plus vastes espérances.

Un jour que le maréchal de Villars traversoit la place de Vendôme dans un beau carrosse, chargé de pages et de laquais, où la foule d'agioteurs avoit peine à faire place, le maréchal se mit à crier par la portière contre l'agio, et avec son air de fanfaron à haranguer le monde sur la honte que c'étoit. Jusque-là on le laissa dire, mais s'étant avisé d'ajouter que pour lui il en avoit les mains nettes, qu'il n'en avoit jamais voulu; il s'éleva une voix forte qui s'écria : « Eh! les sauvegardes[1]! » Toute la foule répéta ce mot, dont le maréchal honteux et confondu, malgré son audace ordinaire, s'enfonça dans son carrosse, et acheva de traverser la place au petit pas, au bruit de cette huée qui le suivit encore au delà, et divertit Paris plusieurs jours à ses dépens sans être plaint de personne.

A la fin on trouva que cet agiotage embarrassoit trop la place de Vendôme et le passage public; on le transporta dans le vaste jardin de l'hôtel de Soissons[2]. C'étoit en effet

---

1. Les *sauvegardes* étaient des soldats envoyés par un général pour mettre une maison ou une terre à l'abri du pillage.

2. L'hôtel de Soissons a été démoli en 1750. L'emplacement est aujourd'hui occupé par la halle au blé.

son lieu propre. M. et Mme de Carignan qui occupoient l'hôtel de Soissons à qui il appartenoit, tiroient à toutes mains de toutes parts. Des profits de cent francs, ce qu'on auroit peine à croire s'il n'étoit très-reconnu, ne leur sembloient pas au-dessous d'eux, je ne dis pas pour leurs domestiques, mais pour eux-mêmes, et des gains de millions dont ils avoient tiré plusieurs de ce Mississipi, sans en compter d'autres pris d'ailleurs, ne leur paroissoient pas au-dessus de leur mérite, qu'en effet ils avoient porté au dernier comble dans la science d'acquérir avec toutes les bassesses les plus rampantes, les plus viles, les plus continuelles. Ils gagnèrent en cette translation un grand louage[1], de nouvelles facilités et de nouveaux tributs. Law, leur grand ami, qui avoit logé quelques jours au Palais-Royal, étoit retourné chez lui où il recevoit force visites. Le roi alla voir à diverses reprises les troupes qu'on avoit fait approcher de Paris, après quoi elles furent renvoyées. Celles qui avoient formé un petit camp à Charenton retournèrent au leur de Montargis travailler au canal qu'on y faisoit.

Law avoit obtenu depuis quelque temps par des raisons de commerce que Marseille fût port franc. Cette franchise qui y fit abonder les vaisseaux, surtout les bâtiments du Levant, y apporta la peste faute de précaution, qui dura longtemps, et qui désola Marseille, la Provence, et les pro-

---

1. L'avocat Barbier (*Journal*, août 1720) donne des détails sur le *grand louage* que le prince de Carignan tira de ses jardins : « Tout autour [de l'hôtel de Soissons], on a fait des loges, toutes égales, propres et peintes, ayant une porte et une croisée avec le numéro au-dessus de la porte. C'est de bois; il y en a cent trente-huit avec deux entrées, l'une dans la rue de Grenelle, et l'autre dans la rue des Deux-Écus. Des Suisses de la livrée du roi aux portes, et des corps de garde avec une ordonnance du roi pour ne laisser entrer ni artisans, ni laquais, ni ouvriers. Ce sont deux personnes qui ont entrepris cela, peut-être au profit de la banque. Ils donnent cent cinquante mille livres à M. le prince de Carignan; il leur en coûte encore cent mille livres pour l'accommodement, et chaque loge est louée cinq cents livres par mois. »

vinces les plus voisines[1]. Les soins et les précautions qu'on prit la restreignirent autant qu'il fut possible, mais ne l'empêchèrent pas de durer fort longtemps, et de faire d'affreux désordres. Ce sont des détails si connus qu'on se dispensera d'y entrer ici.

CHAPITRE III.

Déclaration pour recevoir la constitution *Unigenitus* lue au conseil de régence sans prendre là-dessus les avis de personne. — Mort, fortune et caractère du chevalier de Broglio. — Comte de Saxe entre au service de France; fait presque aussitôt maréchal de camp. — Mariage d'Alincourt et de Mlle de Boufflers. — Cellamare, ou le duc de Giovenazzo, disgracié depuis son retour, rappelé à la cour d'Espagne et bien traité. — La place du parlement absent laissée vide par les autres cours à la procession de l'Assomption. — Le parlement refuse d'enregistrer la déclaration en faveur de la constitution *Unigenitus*. — Le régent la porte au grand conseil, y fait trouver les princes du sang, les ducs et pairs et maréchaux de France; me prie de ne m'y point trouver, et l'y fait enregistrer à peine. — Nullité de cet enregistrement. — Mort et caractère de La Brue, évêque de Mirepoix; de l'évêque-comte de Châlon, frère du cardinal de Noailles; de Heinsius, pensionnaire de Hollande. — Hoornbeck, pensionnaire de Rotterdam, fait pensionnaire de Hollande. — Mort de Saint-Olon. — Mort de Mme Dacier. — Mort, extraction, fortune, famille, caractère et Mémoires de Dangeau. — Raisons de s'y étendre. — Duc de Chartres grand maître des ordres de Notre-Dame du mont Carmel et de Saint-Lazare. — Mort du duc de Grammont; son nom et ses armes. — Mort de Mme de Nogent, sœur du duc de Lauzun. — Réflexion.

L'abbé Dubois qui ne pensoit qu'à faciliter sa promotion au cardinalat, et qui y sacrifioit l'État, le régent, et toutes

---

1. La peste sévit à Marseille et dans toute la Provence pendant les années 1720 et 1721. Voy. Lemontey, *Histoire de la Régence*, t. I, p. 360 et suiv.

choses, fit si bien, que nous fûmes tous surpris qu'au conseil de régence tenu l'après-dînée du dimanche 4 août, M. le chancelier tira de sa poche des lettres patentes pour accepter la constitution *Unigenitus*, et les lut par ordre de M. le duc d'Orléans, qui ne prit les voix de personne, dont je fus aussi aise que surpris. Cette nouveauté de ne prendre point les avis frappa tout le monde, et marqua bien solennellement qu'ils n'auroient point été pour la déclaration et le tour de passe-passe et de violence d'en user hardiment de la sorte pour les faire passer pour approuvées, dans la certitude que personne n'oseroit réclamer. Ce fut un grand mérite que Dubois s'acquit auprès des jésuites et de toute la cabale de la constitution.

Le chevalier de Broglio, frère du premier maréchal, oncle de l'autre, mourut fort vieux en ce temps-ci, et auroit été bien étonné s'il eût vu leur fortune. C'étoit un homme très-bien fait, qui avoit passé les trois quarts de sa vie dans le subalterne de la guerre, l'extrême pauvreté, assez pourtant dans la bonne compagnie, entretenu par les dames, vivant sur le commun, qui presque tout à coup perça jusqu'à devenir lieutenant général, grand'croix de Saint-Louis et riche par la mort de son frère Revel et par un mariage dont il ne laissa qu'une fille qui est morte sans s'être mariée.

Ce fut en ce temps-ci que le comte de Saxe, bâtard du roi de Pologne, électeur de Saxe, et de Mlle de Kœnigsmarck, qui s'est fait depuis un si grand nom à la tête de nos armées, vint se mettre au service de France, et fut fait maréchal de camp parce qu'il l'étoit dans les troupes de Saxe.

Alincourt, second fils du duc de Villeroy et le favori du maréchal son grand-père, épousa la fille de la maréchale de Boufflers dont le fils étoit gendre du duc de Villeroy. Cela devint donc un double mariage où la magnificence du maréchal de Villeroy fut déployée.

En ce même temps, Cellamare, qui fut arrêté ici pendant son ambassade, et qui, après la mort de son père, avoit pris le nom de duc de Giovenazzo, eut permission de venir saluer le roi d'Espagne à l'Escurial qui, depuis son retour de France, n'avoit pas voulu le voir, et l'avoit tenu exilé, mais dans son gouvernement. Il fut bien reçu, et peu après fit sa couverture comme grand d'Espagne après son père, et demeura en cette cour, faisant les fonctions de sa charge de grand écuyer de la reine.

La procession accoutumée de la Notre-Dame d'août se fit à l'ordinaire, où le cardinal de Noailles officia. La chambre des comptes et la cour des aides y laissèrent vides les places que le parlement a coutumé d'y remplir, qui étoit lors à Pontoise.

Le parlement ne voulant point enregistrer la déclaration du roi pour l'acceptation de la constitution *Unigenitus*, et l'abbé Dubois, pressé par l'intérêt de son chapeau de donner des marques éclatantes de son zèle à Rome et aux jésuites, fit prendre la résolution à M. le duc d'Orléans de la faire enregistrer au grand conseil, et pour n'y point trouver les obstacles qu'il y craignoit, d'y aller lui-même et d'y mener tous les princes du sang, autres pairs et maréchaux de France, parce qu'en ce tribunal tous les officiers de la couronne y ont séance et voix délibérative, à la différence des parlements où ils ne l'ont que quand le roi y va et qu'il les y mène. Arrivant de Meudon au Palais-Royal pour travailler avec M. le duc d'Orléans, je le trouvai seul dans son grand appartement, donnant des ordres à des garçons rouges pour aller avertir et convier ces messieurs pour le lendemain matin. J'ignorois parfaitement de quoi il s'agissoit. Dubois avoit peur que je n'eusse fait manquer la chose et persuadé M. le duc d'Orléans de la foiblesse et de l'indécence d'une démarche si solennelle, si nouvelle et si inutile. Je demandai donc à M. le duc d'Orléans de quoi il s'agissoit; il me le dit et tout de suite souriant et étendant ses bras vers moi, il me pria de ne me trouver point au grand conseil. Je me mis à rire aussi, et lui répondis qu'il ne pouvoit me donner un ordre plus agréable et que j'exécutasse plus volontiers, parce qu'il m'épargnoit la douleur de m'élever publiquement contre sa volonté et d'opiner de toute ma force contre elle. Il me dit qu'il s'en doutoit bien et que c'étoit pour cela qu'il m'avoit prié de n'y point venir. Je ne laissai pas, quoique de chose faite, de lui dire en deux mots qu'on lui faisoit faire un pas de clerc, afficher son impuissance pour un enregistrement valable *in loco majorum* dans le seul tribunal, j'entends les autres parlements comme celui de Paris pour leur ressort, en caractère d'enregistrer les édits et les déclarations et de les faire enregistrer par ses arrêts dans les tribunaux inférieurs ressortissant à lui; conséquemment que le grand conseil, et tout tribunal non parlement, n'en avoit le pouvoir que pour des choses intérieures à sa juridiction qui n'est pas universelle pour les choses publiques et générales, par là non obligatoires à personne, nouveauté étrangère au grand conseil et qui ne lui donnoit ni droit ni puissance par soi-même de tenir la main à l'exécution de son enregistrement. Je me contentai de ces deux mots parce qu'il n'étoit pas question d'espérer de rompre un parti pris si avancé, qui se devoit exécuter le lendemain matin, et que l'abbé Dubois regardoit comme sa propre et plus capitale affaire. Je fis ensuite ce que j'avois à faire avec M. le duc d'Orléans, et je m'en retournai à Meudon, fâché de ce qu'on lui faisoit faire, mais très-soulagé d'être dispensé, et, sans l'avoir demandé, d'aller au grand conseil. Le lendemain, 23 septembre, le régent s'y rendit en pompe et y trouva les princes du sang, les autres pairs et les maréchaux de France en aussi grand nombre qu'il s'en trouva à Paris.

L'affaire ne se passa pas sans bruit. Plusieurs magistrats du grand conseil opinèrent contre avec beaucoup de lumière, de force et d'étendue, et ne s'étonnèrent point de quelques interruptions que leur fit le régent, auquel ils répondirent avec respect, mais avec encore plus de raisons et de nerf, et il fut avéré par le compte des voix que la chose ne fut emportée que par le nombre de pairs et de maréchaux, qui tous avec très-peu de magistrats du grand conseil emportèrent la balance. Je sus que mon absence fut extrêmement remarquée, et que beaucoup de gens allèrent et envoyèrent visiter l'amas de carrosses pour voir si le mien y étoit. Je n'ose dire que le monde applaudit à mon absence, et qu'elle fâcha fort l'abbé Dubois, quoiqu'il ne m'en eût point parlé, et qu'il fût fort surpris quand il sut de M. le duc d'Orléans que c'étoit lui qui m'avoit prié de n'y point aller, en m'apprenant la chose. Le succès fut tel que je le lui avois prédit. On se moqua et de la chose et de son appareil; on la regarda comme un épouvantail inutile, une foiblesse avouée, une bassesse pour Rome. On ne s'y méprit pas à l'intérêt de l'abbé Dubois, et il n'y eut personne qui ne regardât cet enregistrement comme sans aucune force ni autorité dans le royaume, à commencer par le grand conseil même.

La Brue, évêque de Mirepoix, mourut dans ces entrefaites. C'étoit un excellent évêque, résidant, aumônier, édifiant, instruisant, prêchant ses ouailles, dont il étoit adoré et de tout le pays, et d'ailleurs très-savant et fort éloquent. Il fut l'un des quatre évêques qui firent leur appel en Sorbonne, et qui en furent chassés de Paris.

L'évêque comte de Châlon mourut en même temps d'une si courte maladie, que le cardinal de Noailles son frère, parti, dès qu'il le sut malade, pour l'aller trouver, apprit sa mort en chemin. C'étoit un prélat d'un grand exemple, d'une rare piété et d'une grande fermeté contre la bulle *Unigenitus*. Son savoir et ses lumières étoient médiocres.

La France perdit aussi un de ses plus implacables ennemis, mais dans un temps où il ne pouvoit plus lui nuire, par la mort du célèbre Heinsius, pensionnaire de Hollande, duquel il a souvent été fait mention. Il avoit quatre-vingt-un an, la tête et le sens comme à quarante, la santé ferme. Il fut emporté par une maladie de peu de jours, le 3 août, à la Haye, à quoi le chagrin eut grande part. Créature, puis confident intime, conseiller le plus accrédité du prince d'Orange, et l'instrument de l'autorité et du pouvoir sans bornes qu'il s'étoit acquis dans les Provinces-Unies, il en avoit épousé tous les intérêts, ses affections et ses haines. On a vu ici ailleurs, et pourquoi, le prince d'Orange étoit devenu l'ennemi personnel du roi, et le plus grand ennemi de la France. Heinsius succéda non à ses charges et à l'autorité qu'elles donnent, mais à tout son crédit sur les esprits et à son art de gouverner et de devenir le premier mobile et comme le maître de toutes les délibérations importantes de sa république. Entraîné par son grand objet d'humilier la France et la personne du roi, flatté par la cour rampante que lui faisoient sans ménagement le prince Eugène et le duc de Marlborough, jusqu'à attendre quelquefois deux heures dans son antichambre, il ne voulut jamais la paix, et tous trois ne visèrent pas à moins, au milieu de leurs énormes succès, qu'à réduire la France au-dessous de la paix de Vervins.

Les finances de l'empereur, quoique le plus intéressé, étoient toujours fort courtes. Quelque animés que fussent les Anglois, leur parlement sentoit avec peine le poids d'une distribution si inégale, et n'alloit pas à beaucoup près à ce qu'il étoit nécessaire d'en tirer. Ce fut donc à la Hollande à suppléer pour ces deux puissances. La haine d'Heinsius, et les cajoleries des deux héros du temps l'aveuglèrent; acheva de ruiner sa république, que son crédit et son autotorité entraîna. Il fut trente ans pensionnaire, et jamais pensionnaire n'a été si maître de toutes les affaires, on pourroit dire si absolu, si la forme du gouvernement n'eût demandé des insinuations lumineuses et adroites, mais qui avoient toujours un plein succès. On peut juger par là de la capacité, des connoissances, de la dextérité, de l'éloquence, de l'expérience et de la force de tête de ce ministre, qui, n'[y] ayant point de stathouder depuis la mort du roi Guillaume, se trouvoit en tout genre le chef et le premier homme de sa république, de longue main si accoutumée du temps du roi Guillaume, et depuis, à suivre comme aveuglément ses impulsions et ses sentiments. Mais la paix faite, la république, désenivrée d'espérances fondées sur une guerre heureuse jusqu'au prodige, et ramenée sur elle-même, aperçut enfin jusqu'où la passion d'Heinsius l'avoit menée, et vit avec horreur la profondeur des engagements où il l'avoit jetée et l'immensité de dettes dont elle se trouva accablée. Les yeux s'ouvrirent donc sur la conduite d'Heinsius, le mécontentement ne se contraignit pas, le crédit du ministre tomba, ses embarras à se défendre d'avoir précipité la république dans cet abîme se multiplièrent, les dégoûts devinrent fréquents, puis continuels, qui le conduisirent amèrement au tombeau. Outre la place de pensionnaire, il avoit aussi les sceaux pour que rien ne manquât à son autorité. Les États généraux séparèrent ces deux grands emplois, et, après avoir délibéré six semaines et davantage, ils donnèrent, le 20 septembre, la garde du grand sceau au baron de Wassenaer-Stattenberg, et l'importante place de pensionnaire de Hollande et de West-Frise à Hoornbeck, pensionnaire de la ville de Rotterdam.

Saint-Olon mourut fort vieux. Son nom étoit Pidou, et de fort bas aloi. Il étoit gentilhomme ordinaire chez le roi; on n'en parle ici que parce qu'il avoit été longtemps employé en des voyages en pays étranger avec confiance et succès, et avoit été aussi envoyé du roi à Maroc et à Alger, où il vint à bout d'affaires difficiles et même fort périlleuses pour lui, avec une grande fermeté et beaucoup d'adresse et de capacité, d'ailleurs fort honnête homme, et qui ne s'en faisoit point accroire.

La mort de Mme Dacier fut regrettée des savants et des honnêtes gens. Elle étoit fille d'un père qui étoit l'un et l'autre, et qui l'avoit instruite. Il s'appeloit Lefèvre, étoit de Caen et protestant. Sa fille se fit catholique après sa mort, et se maria à Dacier, garde des livres du cabinet du roi, qui étoit de toutes les académies, savant en grec et en latin, auteur et traducteur. Sa femme passoit pour en savoir plus que lui en ces deux langues, en antiquités, en critique, et a laissé quantité d'ouvrages fort estimés. Elle n'étoit savante que dans son cabinet ou avec des savants, partout ailleurs simple, unie, avec de l'esprit, agréable dans la conversation, où on ne se seroit pas douté qu'elle sût rien de plus que les femmes les plus ordinaires. Elle mourut dans de grands sentiments de piété, à soixante-huit ans; son mari, deux ans après elle, à soixante-onze ans.

Philippe de Courcillon, dit le marquis de Dangeau, mourut à Paris à quatre-vingt-quatre ans, le 7 septembre, ce fut une espèce de personnage en détrempe, sur lequel, à l'occasion de ses singuliers Mémoires[1], la curiosité engage à s'étendre un peu ici. Sa noblesse étoit fort courte, du pays Chartrain, et sa famille étoit huguenote. Il se fit catholique de bonne heure, et s'occupa fort de percer et de faire fortune. Entre tant de profondes plaies que le ministère du cardinal Mazarin a faites et laissées à la France, le gros jeu et ses friponneries en fut une à laquelle il accoutuma bientôt tout le monde, grands et petits. Ce fut une des sources où il puisa largement, et un des meilleurs moyens de ruiner les seigneurs qu'il haïssoit et qu'il méprisoit, ainsi que toute la nation françoise, et dont il vouloit abattre tout ce qui étoit grand par soi-même, ainsi que sur ses documents on y a sans cesse travaillé depuis sa mort jusqu'au parfait succès que l'on voit aujourd'hui, et qui présage si sûrement la fin et la dissolution prochaine de cette monarchie. Le jeu étoit

---

1. Le *Journal de Dangeau* n'avait été publié jusqu'ici que par fragments. MM. Soulié, Dussieux, de Chennevières, Mantz et de Montaiglon, en ont entrepris, en 1854, une édition complète qu'ils continuent avec la plus louable persévérance. M. Feuillet de Conches y a joint les notes de Saint-Simon, que l'on peut considérer comme une première ébauche de ses Mémoires.

donc extrêmement à la mode à la cour, à la ville et partout, quand Dangeau commença à se produire.

C'étoit un grand homme, fort bien fait, devenu gros avec l'âge, ayant toujours le visage agréable, mais qui promettoit ce qu'il tenoit, une fadeur à faire vomir. Il n'avoit rien, ou fort peu de chose; il s'appliqua à savoir parfaitement tous les jeux qu'on jouoit alors : le piquet, la bête, l'hombre, grande et petite prime, le hoc, le reversi, le brelan, et à approfondir toutes les combinaisons des jeux et celles des cartes, qu'il parvint à posséder jusqu'à s'y tromper rarement, même au lansquenet et à la bassette, à les juger avec justesse et à charger celles qu'il trouvoit devoir gagner. Cette science lui valut beaucoup, et ses gains le mirent à portée de s'introduire dans les bonnes maisons, et peu à peu à la cour, dans les bonnes oompagnies. Il étoit doux, complaisant, flatteur, avoit l'air, l'esprit, les manières du monde, de prompt et excellent compte au jeu, où, quelques gros gains qu'il ait faits, et qui ont fait son grand bien et la base et les moyens de sa fortune, jamais il n'a été soupçonné, et sa réputation toujours entière et nette. La nécessité de trouver de fort gros joueurs pour le jeu du roi et pour celui de Mme de Montespan, l'y fit admettre; et c'étoit de lui, quand il fut tout à fait initié, que Mme de Montespan disoit plaisamment qu'on ne pouvoit s'empêcher de l'aimer ni de s'en moquer, et cela étoit parfaitement vrai. On l'aimoit parce qu'il ne lui échappoit jamais rien contre personne, qu'il étoit doux, complaisant, sûr dans le commerce, fort honnête homme, obligeant, honorable; mais d'ailleurs si plat, si fade, si grand admirateur de riens, pourvu que ces riens tinssent au roi ou aux gens en place ou en faveur; si bas adulateur des mêmes, et depuis qu'il s'éleva, si bouffi d'orgueil et de fadaises, sans toutefois manquer à personne, ni être moins bas, si occupé de faire entendre et valoir ses prétendues distinctions, qu'on ne pouvoit pas s'empêcher d'en rire.

Établi dans les jeux du roi et de sa maîtresse, il en profita pour se décorer, et comprit qu'il ne le pouvoit qu'à force d'argent. Il en donna donc à M. de Vivonne, à ce qu'il me semble, car ce fait est de 1670, tout ce qu'il voulut du gouvernement de Tours et de Touraine, et il acheta, peu de mois après, une des deux charges de lecteur du roi, parce qu'elles donnent les entrées, si rares et si utiles sous Louis XIV. Son argent commença donc à en faire un homme du petit coucher, un gouverneur de province, et un familier dans les parties du roi et de Mme de Montespan, qui jouoient presque tous les jours. Avec peu d'esprit, mais celui du grand monde et de savoir être toujours dans la bonne compagnie, il ne laissoit pas de rimailler. Le roi s'amusoit quelquefois alors à donner des bouts-rimés à remplir. Dangeau souhaitoit ardemment un logement qui étoient rares dans les premiers temps que le roi s'établit à Versailles.

Un jour qu'il étoit au jeu avec Mme de Montespan, Dangeau soupiroit fadement en parlant de son désir d'un logement à quelqu'un, assez haut pour que le roi et Mme de Montespan le pussent entendre; ils l'entendirent effectivement et s'en divertirent, puis trouvèrent plaisant de mettre Dangeau sur le gril, en lui composant sur-le-champ les bouts-rimés les plus étranges qu'ils pussent imaginer, les donnèrent à Dangeau, et comptant bien qu'il ne pourroit jamais en venir à bout, lui promirent un logement s'il les remplissoit sans sortir du jeu et avant qu'il finît. Ce fut le roi et Mme de Montespan qui en furent les dupes. Les muses favorisèrent Dangeau, il conquit un logement, et en eut un sur-le-champ. Il avoit été capitaine de cavalerie; il obtint le régiment du roi; puis la guerre étant moins son fait que la cour, non qu'il ait été accusé de poltronnerie, il fut employé auprès de quelques princes en Allemagne, puis en Italie. Au mariage de Mgr le Dauphin, il fit si bien qu'il fut un de ses menins, quoique tous les autres fussent de qualité distinguée. On a pu voir ici que Mme de Maintenon, qui vouloit environner la Dauphine de gens à elle, fit passer la duchesse de Richelieu, dame d'honneur de la reine, à Mme la Dauphine, et que, pour adoucir cette complaisance, elle fit donner la charge de chevalier d'honneur de cette princesse au duc de Richelieu, avec promesse qu'après l'avoir gardée quelque temps, il la vendroit tout ce qu'il la pourroit vendre à qui il voudroit qui seroit agréé. Il s'étoit étrangement incommodé au jeu. Dangeau, déjà menin et gouverneur de province, fut son homme; il en tira cinq cent mille livres. Dangeau devint ainsi chevalier d'honneur de Mme la Dauphine, et nécessairement par là chevalier de l'ordre, en la grande promotion, trois ans après, le premier jour de l'an 1689[1].

Il avoit épousé en 1682 une fille fort riche, d'un partisan qu'on appeloit Morin le Juif, qui le fit beau-frère du maréchal d'Estrées, mari de l'autre. Dangeau en eut une fille unique, qu'il maria au duc de Montfort, fils aîné du duc de Chevreuse, dont il se bouffit fort. Étant devenu veuf, il se trouva assez riche pour se remarier à une comtesse de Lœwenstein, fille d'honneur de Mme la Dauphine, et fille d'une sœur du cardinal de Fürstemberg, laquelle avoit des sœurs grandement mariées en Allemagne, et des frères en grands emplois. On a vu ailleurs quels sont les Lœwenstein, et le bruit que fit Madame, et même Mme la Dauphine, de voir les armes palatines accolées à celles de Courcillon, à la chaise de Mme de Dangeau, et combien il fut avec raison inutile. Mme de Dangeau n'avoit rien vaillant, mais elle étoit charmante de visage, de taille et de grâces. On en a parlé souvent ici ailleurs. C'étoit un plaisir de voir avec quel enchantement Dangeau se pavanoit en portant le deuil des parents de sa femme, et en débitoit les grandeurs. Enfin, à force de revêtements l'un sur l'autre, voilà un seigneur, et qui en affectoit toutes les manières à faire mourir de rire. Aussi

1. Voy. le *Journal de Dangeau* (édit Didot), t. II, p. 284-285, et la lettre de Mme de Sévigné du 3 janvier 1689.

La Bruyère disoit-il, dans ses excellents *Caractères de Théophraste*[1], que Dangeau n'étoit pas un seigneur, mais d'après un seigneur.

Je fus brouillé avec lui longtemps, pour un fou rire qui partit malgré moi, et que j'ai eu lieu de croire qu'il ne m'a jamais bien pardonné. Il faisoit magnifiquement les honneurs de la cour, où sa maison et sa table, tous les jours grande et bonne, étoit ouverte à tous les étrangers de considération. Il m'avoit prié à dîner. Plusieurs ambassadeurs et d'autres étrangers s'y trouvèrent, et le maréchal de Villeroy, qui étoit fort de ses amis, et chez qui sa noce s'étoit faite. Il fit peu à peu tomber à table la conversation sur les gouvernements et les gouverneurs de province; puis, se balançant avec complaisance, se mit à dire à la compagnie : « Il faut dire la vérité : de tous nous autres gouverneurs de provinces, il n'y a que M. le maréchal, en regardant Villeroy, qui soit demeuré maître de la sienne. » Les yeux de Mme de Dangeau et les miens se rencontrèrent dans cet instant; elle sourit, et moi je fis pis, quelque effort que je pusse faire, car il étoit bon homme, et je ne voulois pas le fâcher, mais cette fatuité fut plus forte que moi. Un an après la mort de M. de Louvois, le roi se lassa d'être grand maître des ordres de Saint-Lazare, et de Notre-Dame du mont Carmel, dont Louvois avoit toute la gestion en qualité de grand vicaire, et donna cette grande maîtrise à Dangeau. L'envie de s'en divertir eut grande part à ce choix. Il traitoit bien Dangeau, mais il s'en moquoit volontiers. Il connoissoit ses fadeurs, sa vanité, sa fatuité. Cette grâce en devint une source. On a vu ici ailleurs avec quelle dignité il

---

1. Le titre de la première édition des *Caractères* de La Bruyère est : *les Caractères de Théophraste, traduits du grec, avec les caractères ou les mœurs de ce siècle* (Paris, 1687, in-12). Le passage auquel Saint-Simon fait allusion se trouve dans les *Caractères* de La Bruyère (chap. *des grands*) : « Un Pamphile, en un mot, veut être grand ; il croit l'être ; il ne l'est pas ; il est d'après un grand. »

tâcha d'imiter le roi donnant l'ordre du Saint-Esprit, en donnant celui de Saint-Lazare, combien le prie-Dieu étoit bien imité dans Saint-Germain des Prés, comment ses prêtres de l'ordre, placés comme le sont les évêques et les abbés au prie-Dieu du roi, représentoient bien les cardinaux avec leurs soutanes et leurs camails rouges ; avec quelle grâce et quel air de satisfaction et de bonté Dangeau faisoit la roue au milieu de cette pompe et de toute la cour, hommes et femmes, qui y alloient sur des échafauds parés, et y rioient scandaleusement. Le roi après s'amusoit du récit qu'il lui en faisoit faire chez Mme de Maintenon, et il étoit ou se montroit transporté de la privance de ces conversations et des applaudissements qu'il en recevoit. Il est pourtant vrai qu'il faisoit un très-noble usage de sa commanderie magistrale, qui étoit bonne, et qu'il abandonna tout entière, pour y élever de pauvres gentilshommes, qui y apprenoient gratuitement tout ce qui peut convenir à leur état, et y étoient fort honnêtement nourris et entretenus.

On a vu ici en son temps ce qui regarde le fils unique qu'il eut de sa seconde femme, qu'il maria à la fille unique du dernier de la maison de Pompadour et d'une fille de M. et de Mme de Navailles, par conséquent sœur de la duchesse d'Elbœuf, mère de la dernière duchesse de Mantoue. Je ne fais ici que renouveler le souvenir de toutes ces alliances de sa femme et de son fils, nécessaires à savoir avant de parler de ses Mémoires. En 1696 il fut conseiller d'État d'épée, et on a vu ici en son lieu qu'au mariage de Mgr le duc de Bourgogne, le roi lui rendit la charge de chevalier d'honneur qu'il avoit perdue à la mort de la Dauphine, et fit sa femme dame du palais, dont elle fut la première par la charge de son mari, n'y ayant point eu alors de duchesse, et on n'a pas oublié de remarquer les privances et la faveur de Mme de Dangeau auprès de Mme de Maintenon, qui lui attirèrent celles du roi. Tout cela enfla Dangeau et en augmenta merveilleusement les ridicules. Il adoroit le roi et Mme de Maintenon; il adoroit les ministres et le gouvernement; son culte, à force de le montrer, s'étoit glissé jusque dans ses moelles. Leurs goûts, leurs affections, leurs éloignements, il se les adaptoit entièrement. Tout ce que le roi faisoit, en quelque genre que ce fût, et quelquefois de plus étrange, transportoit Dangeau d'admiration, qui passoit du dehors jusqu'à l'intérieur. Il en étoit de même de tout ce qu'il voyoit que Mme de Maintenon aimoit, avançoit ou écartoit, et il s'incrusta si bien de tout cela qu'il en fit sa propre chose, même après leur mort. De là vient la partialité que toute sa tremblante politique n'a pu cacher dans ses Mémoires contre M. le duc d'Orléans et pour les bâtards en général, et spécialement pour la personne du duc du Maine, [pour] tout ce que l'ambition, ou le mécontentement, ou l'aveuglement lui avoit attaché, et pour tout ce qui se montroit ou étoit contraire à M. le duc d'Orléans.

Par même raison, et par plusieurs autres, il étoit grand partisan du parlement, des bâtards et des princes étrangers, vrais et faux; grand ennemi de la dignité des ducs, avec l'ignorance la plus profonde jusqu'à être surprenante dans un homme qui avoit passé sa vie à la cour, en sorte qu'il n'a pu se retenir là-dessus dans ses Mémoires, jusqu'à y avoir sacrifié la vérité bien des fois à cet égard, et d'autres fois passé grossièrement à côté, n'osant hasarder les négatives, et d'autres fois omettant ce qui s'étoit passé sous ses yeux. Cette aversion des ducs lui venoit de celle de Mme de Maintenon, la mie ancienne et la protectrice des bâtards, qui, pour leur ranger tout obstacle, eût voulu anéantir la première dignité du royaume. Ainsi, tout ce qui s'opposoit à elle, en tout genre, pour nouveau et pour étrange qu'il fût, trouvoit appui en elle. Dangeau ne pouvoit se consoler de l'inutilité de tout ce qu'il avoit tenté pour se faire faire duc, et en avoit pris une haine particulière contre la dignité

Fac-similé d'une partie de la page 2521 du manuscrit autographe du Duc de Saint-Simon.

à laquelle il n'avoit pu atteindre ; il croyoit ainsi s'en dédommager. Les alliances de sa femme qui, en vraie Allemande, croyoit que rien ne pouvoit égaler un prince ni même un ancien comte de l'empire; l'alliance de son fils, si proche avec les duchesses d'Elbœuf et de Mantoue, lui avoient tout à fait tourné la tête là-dessus. On a vu en son lieu l'étroite liaison de la comtesse de Fürstemberg avec Mme de Soubise et la cause de cette union, et quelle étoit Mme de Soubise à l'égard du roi et même de Mme de Maintenon. On a vu aussi quelle étoit cette comtesse de Fürstemberg à l'égard du cardinal, frère du père de son mari et de la mère de Mme de Dangeau, qui vivoit avec eux en intimité de famille. Il n'en fallut pas davantage à Dangeau pour être comme à genoux devant les Rohan, et, par concomitance, devant les Bouillon, en ce que ces deux maisons avoient de commun ensemble. C'est ce qui paroît par sa partialité extrême dans ses Mémoires, par ses louanges ou son aridité, enfin par ses méprises ou d'ignorance ou de pis, et par ses réticences. Après ses remarques nécessaires, venons aux Mémoires qu'il a laissés, qui le peignent si parfaitement lui-même, et si fort d'après nature.

Dès les commencements qu'il vint à la cour, c'est-à-dire vers la mort de la reine mère [1], il se mit à écrire tous les soirs les nouvelles de la journée, et il a été fidèle à ce travail jusqu'à sa mort. Il le fut aussi à les écrire comme une gazette sans aucun raisonnement, en sorte qu'on n'y voit que les événements avec une date exacte, sans un mot de leur cause, encore moins d'aucune intrigue ni d'aucune sorte de mouvement de cour ni d'entre les particuliers. La bassesse d'un humble courtisan, le culte du maître et de tout ce qui est ou sent la faveur, la prodigalité des plus fades et des plus misérables louanges, l'encens éternel et suffoquant

---

1. La reine mère, Anne d'Autriche, mourut le 20 janvier 1666. *Le Journal de Dangeau* ne commence qu'en avril 1684.

jusque des actions du roi les plus indifférentes, la terreur et la faveur suprême qui ne l'abandonnent nulle part pour ne blesser personne, excuser tout, principalement dans les généraux et les autres personnes du goût du roi, de Mme de Maintenon, des ministres, toutes ces choses éclatent dans toutes les pages, dont il est rare que chaque journée en remplisse plus d'une, et dégoûtent merveilleusement. Tout ce que le roi a fait chaque jour, même de plus indifférent, et souvent les premiers princes et les ministres les plus accrédités, quelquefois d'autres sortes de personnages, s'y trouvent avec sécheresse pour les faits, mais tant qu'il se peut avec les plus serviles louanges, et pour des choses que nul autre que lui ne s'aviseroit de louer.

Il est difficile de comprendre comment un homme a pu avoir la patience et la persévérance d'écrire un pareil ouvrage tous les jours pendant plus de cinquante ans, si maigre, si sec, si contraint, si précautionné, si littéral, à n'écrire que des écorces de la plus repoussante aridité. Mais il faut dire aussi qu'il eût été difficile à Dangeau d'écrire de vrais Mémoires qui demandent qu'on soit au fait de l'intérieur et des diverses machines d'un cour. Quoiqu'il n'en sortît presque jamais, et encore pour des moments, quoiqu'il y fût avec distinction et dans les bonnes compagnies, quoiqu'il y fût aimé, et même estimé du côté de l'honneur et du secret, il est pourtant vrai qu'il ne fut jamais au fait d'aucune chose ni initié dans quoi que ce fût. Sa vie frivole et d'écorce étoit telle que ses Mémoires; il ne savoit rien au delà de ce que tout le monde voyoit; il se contentoit aussi d'être des festins et des fêtes, sa vanité a grand soin de l'y montrer dans ses Mémoires, mais il ne fut jamais de rien de particulier. Ce n'est pas qu'il ne fût instruit quelquefois de ce qui pouvoit regarder ses amis, par eux-mêmes, qui, étant quelques-uns des gens considérables, pouvoient lui donner quelques connoissances relatives, mais cela étoit rare et court. Ceux qui étoient de ses amis de ce genre, en très-petit nombre, connoissoient trop la légèreté de son étoffe pour perdre leur temps avec lui.

Dangeau étoit un esprit au-dessous du médiocre, très-futile, très-incapable en tout genre, prenant volontiers l'ombre pour le corps, qui ne se repaissoit que de vent, et qui s'en contentoit parfaitement. Toute sa capacité n'alloit qu'à se bien conduire, ne blesser personne, multiplier les bouffées de vent qui le flattoient, acquérir, conserver et jouir d'une sorte de considération, sans vouloir s'apercevoir qu'à commencer par le roi, ses vanités et ses fatuités divertissoient souvent les compagnies, ni des panneaux où on le faisoit tomber souvent là-dessus. Avec tout cela, ses Mémoires sont remplis de faits que taisent les gazettes, gagneront beaucoup en vieillissant, serviront beaucoup à qui voudra écrire plus solidement, pour l'exactitude de la chronologie, et pour éviter confusion. Enfin ils représentent, avec la plus désirable précision, le tableau extérieur de la cour, des journées, de tout ce qui la compose, les occupations, les amusements, le partage de la vie du roi, le gros de celle de tout le monde, en sorte que rien ne seroit plus désirable pour l'histoire que d'avoir de semblables Mémoires de tous les règnes, s'il étoit possible, depuis Charles V, qui jetteroient une lumière merveilleuse parmi cette futilité sur tout ce qui a été écrit de ces règnes.

Encore deux mots sur ce singulier auteur. Il ne se cachoit point de faire ce journal, parce qu'il le faisoit de manière qu'il n'en avoit rien à craindre; mais il ne le montroit pas; on ne l'a vu que depuis sa mort. Il n'a point été imprimé jusqu'à présent, et il est entre les mains du duc de Luynes, son petit-fils, qui en a laissé prendre quelques copies. Dangeau, qui ne méprisoit rien, et qui vouloit être de tout, avoit brigué et obtenu de bonne heure une place dans l'Académie françoise, dont il est mort doyen, et une dans l'Académie des sciences, quoiqu'il ne sût rien du tout en aucun genre, quoiqu'il s'enorgueillît d'être de ces compagnies et de fré-

quenter les illustres qui en étoient. Il se trouve dans ses
Mémoires des grossièretés d'ignorance sur les duchés et sur
les dignités de la cour d'Espagne qui surprennent au dernier
point. Il essuya la grande opération de la fistule, dont il
pensa mourir, et fut taillé d'une fort grosse pierre. Il a vécu
depuis sans aucune incommodité de la première, et longues
années, parfaitement guéri et sans aucune suite de l'autre.
Deux ans avant sa mort, il fut taillé pour la seconde fois ; la
pierre n'étoit pas grosse, à peine eut-il quelques heures de
fièvre ; il fut guéri en un mois, et s'en est bien porté depuis.
A la fin, le grand âge, et peut-être l'ennui de ne voir plus
de cour ni de grand monde, termina sa vie par une maladie
de peu de jours.

N'attendons pas le temps de la mort de l'abbé de Dangeau
son frère, qui arriva le 1er janvier 1723, pour parler de lui
tout de suite. Il naquit huguenot, il y persévéra plus longtemps que son frère, et je ne sais s'il y a jamais bien renoncé. Il avoit plus d'esprit que son aîné, et quoiqu'il eût
assez de belles-lettres qu'il professa toute sa vie, il n'eut ni
moins de fadeur ni moins de futilité que lui ; il parvint de
bonne heure à être des académies. Les bagatelles de l'orthographe et de ce qu'on entend par la matière des rudiments
et du Despotère[1] furent l'occupation et le travail sérieux de
toute sa vie[2]. Il eut plusieurs bénéfices, vit force gens de
lettres et d'autre assez bonne compagnie, honnête homme,
bon et doux dans le commerce, et fort uni avec son frère. Il
avoit été envoyé étant jeune en Pologne, et il avoit trouvé le
moyen de se faire décorer d'un titre de camérier d'honneur
par Clément X qu'il avoit connu en Pologne, non à Rome où

---

1. Despotère, ou plus correctement Despautère, avait composé une grammaire latine dont on se servit longtemps dans les écoles. Le nom du grammairien sert ici à désigner la grammaire elle-même.

2. L'abbé de Dangeau a laissé un grand nombre de manuscrits qui sont conservés à la Bib. Imp. On y trouve des renseignements curieux sur les diverses parties de l'administration à l'époque de Louis XIV.

il n'alla jamais, et de se le faire renouveler par Innocent XII ; il avoit aussi acheté une des deux charges de lecteur du roi pour en conserver les entrées, et y venoit de temps en temps à la cour ; il y étoit peu, n'y sortoit guère de chez son frère, et y avoit peu d'habitude.

Je ne sais de quoi M. le duc d'Orléans s'avisa de faire donner à M. son fils la grande maîtrise de Saint-Lazare. On lui fit sans doute accroire que cela donneroit des créatures à ce jeune prince. Ceux qui prenoient cet ordre si dégradé de biens et d'honneurs n'étoient pas pour lui en faire. Le régent ne m'en parla point, et la chose faite, je ne lui en dis rien non plus.

Le duc de Grammont mourut en même temps à Paris[1], à près de quatre-vingts ans ; il en est tant parlé ici à l'occasion de son étrange et second mariage, et de son ambassade en Espagne, qu'il n'y a rien à y ajouter. Il étoit frère cadet du célèbre comte de Guiche, qui a tant fait parler de lui, et fils et père des deux maréchaux de Grammont. Leur nom est Aure, connus par la possession de plusieurs fiefs et du vicomté d'Arboust, vers 1380 ; Sauce Garcie d'Aure servit le roi en 1405, sous J. de Bourbon, à la conquête de Guyenne, avec dix-neuf écuyers. Menaud d'Aure, fils d'une bâtarde de Béarn, épousa en 1523 Claire de Grammont, qui étoit de cette maison de Grammont si illustre en Béarn, Gascogne, Navarre et Aragon, et par les guerres qu'elle y soutint si longtemps contre la maison de Beaumont, bâtards de la maison de France, qui s'étoient grandement élevés en ces pays-là. Cette Claire de Grammont, lorsqu'elle fut mariée, avoit des frères et des neveux desquels tous elle devint héritière. Antoine d'Aure, son fils, vicomte d'Aster, prit gratuitement le nom et les armes de Grammont, car, quoi qu'en dise le Moréri, il le fit sans aucune obligation, et il composa

---

1. Antoine-Charles de Grammont, ou Gramont, mourut le 25 octobre 1720. Le nom de cette maison de Béarn s'écrit plus correctement Gramont, pour la distinguer des Grammont de Franche-Comté.

son écusson d'une manière à montrer qu'il ne faisoit pas grand cas de ses armes. Il porta au premier quartier d'or un lion d'azur qui est Grammont, au second et troisième les trois flèches en pal[1], la pointe en bas, d'Aster, et d'Aure au quatrième qui est d'argent à la levrette de sable[2], à la bordure de sable chargée de huit besants d'or. L'héritière d'Aster étoit la grand'mère paternelle de ce Mahaut d'Aure qui quitta son nom pour prendre le nom de Grammont. Son mariage est de 1525, et sa mort est de 1534 ; sa femme Claire de Grammont le survécut plus de vingt ans. Antoine d'Aure qui, comme on vient de le dire, prit volontairement le nom de Grammont et abandonna le sien, comme fit sa postérité après lui, eut un fils aîné, dit Antoine de Grammont, qui épousa Hélène de Clermont, dame de Traves et de Toulongeon. Leur fils aîné, Philbert, dit de Grammont, épousa la fille unique de Paul d'Andouins, vicomte de Louvigny et seigneur de Lescun. C'est la belle Corisande dont Henri IV en sa jeunesse fut si amoureux, qu'il disparut aussitôt après sa victoire de Coutras, et, suivi d'un seul page, alla lui présenter son épée, ce qui lui fit perdre tous les avantages qu'il pouvoit tirer de ce grand succès, où le duc de Joyeuse, général de l'armée catholique, et tant d'autres gens de marque avoient été tués, [lui] qui avoit défait cette armée et en avoit mis les restes en désarroi. Celle des huguenots, quoique victorieuse, demeura sans rien faire dans l'étonnement de la disparition du roi de Navarre aussitôt après le combat, ne sachant s'il étoit tué, pris ou ce qu'il étoit devenu pendant six ou sept jours qu'il revint après ce fatal tour de jeunesse. Cet amour valut au mari de la belle le gouvernement de Bayonne et la charge de sénéchal de Béarn. Il s'étoit marié en 1567, et il fut tué à vingt-six ans devant la Fère, en 1580. Sa femme le survécut longtemps et rendit des services considérables à son

1. On appelle *pal*, en termes de blason, une bande ou pièce perpendiculaire sur l'écu.
3. Le mot *sable*, dans le blason, désigne la couleur noire.

royal amant, pendant les guerres de religion. De son mariage vint la grand'mère paternelle du duc de Lauzun et le père du premier maréchal de Grammont.

Mme de Nogent mourut aussi à quatre-vingt-huit ans. Elle étoit sœur du duc de Lauzun. Elle étoit fille de la reine, et n'avoit rien, lorsqu'en 1663, elle épousa Bautru, dit le comte de Nogent, capitaine de la porte, puis maître de la garde-robe du roi, qui fut tué lieutenant général au passage du Rhin, 12 juin 1672, dont elle porta le premier grand deuil le reste de sa vie. Son fils est mort sans enfants, et sa fille épousa Biron, devenu enfin duc, pair et maréchal de France, qui, du chef de cette Bautru par sa mère, a hérité de plus de un million deux cent mille livres des ducs de Foix et de Lauzun. Autre exemple terrible des mariages de filles de qualité pour rien avec des gens aussi de rien et qui deviennent héritières. Heureusement que c'est Biron et non pas un Bautru qui en a profité, mais par le plus grand hasard du monde.

CHAPITRE IV.

Lede, fait grand d'Espagne, est victorieux en Afrique. — Mortification du cardinal del Giudice à Rome, dépouillé de la protection d'Allemagne, en faveur du cardinal d'Althan, qu'il courtise bassement. — Princesse des Ursins à Rome pour toujours, où elle est considérée. — Barbarigo, Borgia et Cienfuegos faits cardinaux; quels. — Saint-Étienne de Caen au cardinal de Mailly. — La survivance des gouvernements du duc d'Uzès à son fils. — Voyages et retour à Paris de la duchesse d'Hanovre. — Sa nullité à Vienne; son changement de nom; son état ambigu et délaissé à Paris. — Nouveautés étranges, mais sans suite à son égard. — La Houssaye contrôleur général; quel. — Triste fin et mort de Guiscard. — Mort et caractère de Caumartin. — Époque du velours en habits ordinaires pour les gens de robe. — Le parlement enregistre la déclaration pour recevoir la constitution, et revient à Paris. — Chambre établie aux Grands-Augustins pour vider force procès. — Mariage du duc de Lorges avec Mlle de Mesmes. — Mariage du duc de Brissac avec Mlle Pécoil. — Mort étrange du vieux Pécoil. — Ambassadeur du Grand Seigneur en France. — Congrès de Cambrai inutile. — Saint-Contest et Morville y vont ambassadeurs plénipotentiaires. — Sage pensée du cardinal Gualterio. — Maulevrier-Langeron en Espagne. — Law sort enfin du royaume. — Son caractère; sa fin; sa famille.

On a vu ici en son lieu que l'extrême supériorité des Anglois par mer et des Impériaux par terre, joints à eux, avoient fait avorter les grands desseins de l'Espagne sur l'Italie et le traité qui s'ensuivit. Le marquis de Lede, tout foible qu'il fût à la tête de l'armée d'Espagne, s'y étoit montré grand, vaillant et habile capitaine. Le roi d'Espagne, qui aimoit à faire la guerre, ne voulut pas laisser ses troupes inutiles ni les licencier. Il étoit avec raison fort content du marquis de Lede. Il le fit grand d'Espagne et le fit passer en Afrique avec l'armée qu'il commandoit. Il fit lever aux Mores le siége de Ceuta qu'ils faisoient depuis longtemps, reprit Oran, gagna plusieurs victoires et revint en Espagne avec la plus grande réputation, où il reçut l'ordre de la Toison d'or. J'aurai occasion de parler de lui si j'ai le temps d'écrire mon ambassade en Espagne où je l'ai beaucoup vu.

Le cardinal del Giudice, dont il a été tant parlé ici, reçut en ce temps-ci une grande mortification. Transfuge forcé par Albéroni du service du roi d'Espagne, il s'étoit jeté dans celui de l'empereur, dont il n'avoit pas honte d'être chargé des affaires à Rome où il se baignoit d'aise de l'état d'Albéroni, vagabond caché et accusé juridiquement devant le pape, depuis qu'il avoit été chassé d'Espagne. L'empereur avoit un favori. C'étoit le comte d'Althan qui étoit devenu le maître de son cœur et de son esprit. Il avoit fait son frère cardinal, et ce nouveau cardinal arriva à Rome pour pren-

dre le chapeau, et être chargé en même temps des affaires
de l'empereur, dont il dépouilla Giudice avec toute la hauteur d'un favori allemand. Giudice, qui n'avoit plus de ressource ni de nouveau maître à prendre, ploya les épaules,
et eut la bassesse de donner chez lui une fête magnifique au
cardinal d'Althan. Cette douleur fut incontinent suivie d'une
petite consolation. Il vit arriver à Rome la princesse des
Ursins, qui, lassée enfin du séjour de Gênes, s'étoit déterminée à venir fixer son séjour dans son ancienne demeure,
où elle fut reçue avec beaucoup de considération du pape et
de sa cour, du roi et de la reine d'Angleterre, à qui elle s'attacha, du sacré collége, et de tout ce qu'il y avoit de principal et de plus grand à Rome; mais Giudice ne la vit pas.
Le pape fit presque en même temps trois cardinaux : Barbarigo, Vénitien, évêque de Brescia, réservé *in petto* de la dernière promotion; Borgia, Espagnol, patriarche des Indes,
que j'ai fort vu en Espagne, et dont j'espère parler, et le
fameux jésuite espagnol Cienfuegos, homme de tant d'esprit
et d'intrigue, qui débaucha l'amirante de Castille, dont il
étoit confesseur, et qui l'accompagna dans sa fuite en Portugal, comme il a été dit ici en son temps. Il s'étoit depuis
retiré à Vienne où l'empereur l'employoit en beaucoup d'affaires. Ces trois cardinaux étoient de la nomination de l'empereur, du roi d'Espagne et de la république de Venise.

J'obtins l'abbaye de Saint-Étienne de Caen pour le cardinal de Mailly, et la survivance des gouverneurs de Saintonge
et d'Angoumois du duc d'Uzès pour son fils.

On a vu, vers les commencements de ces Mémoires, que
la duchesse de Hanovre étoit depuis longtemps en France
avec ses deux filles sans aucune sorte de distinction, la mortifiante aventure qui, de dépit, la fit se retirer en Allemagne, d'où elle fit le mariage de son aînée avec le duc de
Modène, qui, par la mort de son neveu aîné, avoit eu sa
succession, et quitté le chapeau de cardinal, et c'est de ce
mariage qu'est venu le duc de Modène, gendre de M. le duc

d'Orléans. On y a vu en même temps par quel bonheur de
conjonctures et d'intrigues sa seconde fille épousa l'empereur Joseph. On y a vu encore que, arrivée peu après à
Vienne dans l'espérance d'y recevoir les plus grands honneurs, elle y fut tellement trompée qu'elle ne put jamais se
montrer à la cour, ni voir sa fille, ni les personnes impériales que par un escalier secret, en particulier, et cela encore rarement et courtement, tant qu'enfin, dépitée de ne
réussir en pas une de ses prétentions, et de n'être même
visitée de personne, elle prit assez promptement le parti de
se retirer à Modène auprès de son autre fille, qui, au bout
de quelques années, mourut entre ses bras en septembre
1710. La duchesse de Hanovre, qui ne savoit où se retirer,
demeura à Modène, sous prétexte d'y élever ses deux petites-
filles; elle avoit aussi deux petits-fils. Mais, lasse au bout de
dix ans des caprices de son gendre, elle résolut de tenter
encore une fois fortune à Vienne, et, si elle n'y réussissoit
pas, de venir en France, où elle n'ignoroit pas que tout avoit
changé de face, les prétentions les plus absurdes bien reçues, tout désordre et toute confusion protégée, tout ordre,
toute règle, tout droit proscrit; elle espéra donc tout du
crédit de M. le Duc, par sa sœur, Mme la Princesse, et s'acheminalentement en Allemagne, où elle n'avoit point de
demeure que triste et solitaire, où elle ne put se résoudre
d'habiter. En approchant de Vienne, elle apprit qu'elle n'y
pouvoit aller. On s'y souvenoit avec dégoût des prétentions
qu'elle y avoit montrées, et quoiqu'elles n'eussent eu aucun
succès, la cour de Vienne aima mieux ne l'y point voir que
de les voir renouveler; on la fit donc demeurer à Aschau à
quelques journées de Vienne, où l'impératrice sa fille l'alla
voir, et l'y fit recevoir par ses officiers. Elle n'y demeura
que quelques jours avec elle, et s'en retourna à Vienne.
L'empereur offrit à la duchesse de Hanovre la demeure du
château et de la ville de Lintz, ou dans tel autre appartenant
à la maison d'Autriche qu'elle aimeroit le mieux; mais les

espérances de France la touchèrent davantage. Elle partit d'Aschau le même jour que l'impératrice, et prit le chemin de France par Munich à petites journées, pour s'assurer en chemin de ce qu'elle espéroit.

Elle crut faire oublier la façon dont elle y avoit été traitée, en changeant de nom, et prit en chemin celui de duchesse de Brunschweig, que les François prononcent Brunswick. Mme la Princesse obtint pour elle l'un des deux grands appartements de Luxembourg, avec les logements nécessaires pour sa suite et son service, parce que, depuis la mort de Mme la duchesse de Berry, les deux grands appartements étoient vides, et les autres n'étoient occupés que par des particuliers, dont plusieurs furent délogés peu de jours après son arrivée. On vit une chose sans exemple, que l'abbé Dubois, pour l'intérêt de son chapeau, arracha de M. le duc d'Orléans, dans la pensée d'en faire bien sa cour au roi d'Angleterre, qui étoit de la maison de Brunswick, mais d'une branche fort éloignée de celle du mari de cette prétendue nouvelle hôtesse de la France. Le roi l'alla voir, à l'étonnement public et quelque chose de plus. La visite se passa debout et fut de peu de moments, puis alla voir Madame nouvellement revenue de Saint-Cloud. Deux jours après, la duchesse de Brunswick eut la bonté de faire l'honneur au roi de lui rendre sa visite. Elle se passa comme l'autre, et depuis elle ne le vit plus chez elle, et une ou deux fois l'année au plus chez lui.

Ce début lui fit prendre de grands airs et vouloir se donner tous les avantages dont jouissent les princesses du sang, et même en usurper davantage. Soutenue de la maison de Condé, de la foiblesse et de l'indifférence de M. le duc d'Orléans, et de la chimère de l'abbé Dubois de plaire au roi d'Angleterre, qui pourtant ne montra jamais prendre le plus léger intérêt en ceux de cette cousine, elle se mit sur le pied qu'elle voulut; mais elle n'y put mettre le monde, malgré la sottise si ordinaire en ce genre aux François. Qui que ce soit, hommes ni femmes, ne lui donna signe de vie ; elle ne put apprivoiser que des gens de rien et des bourgeoises inconnues, ravies de se croire admises à une petite cour où elles faisoient bonne chère et jouoient un petit jeu à leur portée. Force étrangers y fréquentèrent aussi ; d'autres gens, pas un. Mme la Princesse, qui logeoit au petit Luxembourg qu'elle avoit acheté et magnifiquement rebâti, lui étoit de quelque ressource ; elle étoit sa plus proche voisine ; mais elles ne se voyoient qu'en particulier et ne mangeoient jamais l'une chez l'autre. Pour les enfants et petits-enfants de Mme la Princesse, ils ne la voyoient que fort rarement et courtement en particulier ; mais elle étoit riche, se repaissoit de ses chimères et vivoit contente dans sa petite et mauvaise compagnie, où elle jouoit la petite souveraine. Elle vit aussi Madame fort rarement, et comme point M. [le duc] et Mme la duchesse d'Orléans.

Tout à la fin de l'année, Pelletier de La Houssaye fut contrôleur général. Il n'étoit pas de la même famille que Pelletier des Forts, fils de Pelletier de Sousy, qui étoit du conseil de régence, lequel étoit frère de Pelletier qui avoit été contrôleur général après M. Colbert, et ministre d'État, père et grand-père de deux premiers présidents du parlement de Paris. La Houssaye étoit frère de la femme d'Amelot, si estimé dans ses ambassades, duquel il a été souvent parlé ici. Ce La Houssaye étant conseiller d'État et intendant d'Alsace, est le même qui fut nommé troisième ambassadeur avec le maréchal de Villars et le comte du Luc, pour aller signer la paix à Bade, qui se fit moquer de lui en refusant de céder au comte du Luc, et comme il n'y a en France qu'à prétendre et entreprendre pour réussir, pourvu qu'on ait tort, fit la planche par ce refus que les conseillers d'État ne veulent plus céder qu'aux ducs et aux officiers de la couronne. On tortille depuis là-dessus, on le trouve ridicule, mais on le souffre. La Houssaye avoit fort réussi en Alsace, il en écrivoit des lettres de sa main et des mémoires, dont la netteté et la capacité étoient merveilleuses. Cettre réputation l'en fit rappeler pour le mettre dans les grandes commissions des finances. C'étoit un grand homme, très-bien fait, de fort bonne mine, dont l'air et le ton étoit imposant. Mais à travers cette écorce et la réputation qu'il avoit usurpée, il montra bientôt le tuf. On découvrit qu'il avoit un secrétaire extrêmement capable qui lui étoit fort attaché, qui contrefaisoit son écriture, à ne les pouvoir distinguer, qui envoyoit d'Alsace ces lettres et ces mémoires, qu'on admiroit comme étant de la main de La Houssaye qui se divertissoit pendant que [son] secrétaire travailloit pour lui, car il étoit homme de plaisir en tout genre, et qui ne se contraignoit pas, sans même en trop craindre l'indécence. Cela même suppléa à sa capacité. Il plut à M. le duc d'Orléans, il s'attacha à l'abbé Dubois, et fut ainsi contrôleur général, où il prit beaucoup de morgue et d'insolence, et montra l'épaisseur de son esprit et de sa compréhension, jusqu'à n'entendre pas la moindre affaire.

Guiscard mourut en ce temps-ci d'une manière étrange. Il étoit gouverneur de Sedan, et l'avoit été de Dinan et de Namur, dont la défense sous le maréchal de Boufflers lui valut le collier de l'ordre. On a souvent ici parlé de lui. Il avoit été après d'Avaux ambassadeur de Suède, et il avoit marié sa fille unique, qui étoit très-riche, à Villequier, fils aîné du duc d'Aumont; il avoit eu plus de malheur que de part à la défaite du maréchal de Villeroy à Ramillies, mais il ne put revenir sur l'eau, comme il fit. Il étoit fort des amis du maréchal de Villeroy, qui, après son retour dans la faveur du roi par Mme de Maintenon, eut grand'peine à obtenir qu'il revînt à la cour. Le roi l'y reçut mal, et ne put revenir sur son compte. Il étoit frère de ces deux scélérats de La Bourlie, dont il a été parlé ici, où leur naissance et leur fortune a été expliquée. Guiscard étoit bon homme, honnête homme, doux et d'un commerce agréable et fort honorable. Avec ses biens, son cordon bleu, ses amis, car il en avoit, l'alliance de sa fille, il se pouvoit passer de la cour et mener une vie agréable; mais il avoit de l'honneur et de l'ambition. Sa disgrâce et plus encore la cause de sa disgrâce troubloit tout son repos et tous les agréments de l'état où sa fortune l'avoit mis. La mort du roi et le brillant du maréchal de Villeroy dans la régence avoient fait renaître ses espérances. Il se flatta longtemps, je ne sais de quoi ni pourquoi. Voyant enfin qu'on ne songeoit à lui pour rien, il se retira tout à fait en Picardie auprès de Chaulnes, dans une terre qui s'appeloit Magny, à qui il avoit fait donner le nom de Guiscard, dont il avoit rendu la demeure fort agréable. La mélancolie l'y gagna de plus en plus. Au bout de dix-huit mois, il eut un peu de goutte légère. Sa fille l'alla voir; il quitta son appartement sans cause de caprice, peut-être pis, et s'alla mettre dans une tour à l'autre bout de la cour. Il y fut quelques jours sans sortir de sa chambre, où il ne se laissa voir qu'à sa fille et aux valets purement nécessaires. Il ne lui paroissoit ni fièvre ni aucun autre mal, et cependant gardoit son lit. Sa fille, au bout de quelques jours, le pressa de se lever. Il lui répondit que ce n'étoit plus la peine, et lui tint quelques discours ambigus. La conclusion fut que, sans nul accident qui parût, il mourut le soir de ce même jour à soixante-onze ou douze ans.

Caumartin, conseiller d'État et intendant des finances, mourut aussi en ce même temps à soixante-cinq ou six ans. C'étoit un grand homme très-bien fait et de fort bonne mine; on voyoit bien encore qu'il avoit été beau; il avoit pris tous les grands airs et les manières du maréchal de Villeroy, et s'étoit fait par là un extérieur également ridicule et rebutant. Il avoit l'écorce de hauteur d'un sot grand seigneur, il en avoit aussi le langage, et le ton d'un courtisan qui se fait parade de l'être; ces façons lui aliénèrent beaucoup de gens. Il étoit fort proche parent et ami intime du chancelier de Pontchartrain; il eut toute sa confiance : tant qu'il fut contrôleur général toute la finance passoit par ses mains. C'est ce qui gâta encore ses façons. Le dedans étoit tout autre que le dehors; c'étoit un très-bon homme, doux, sociable, serviable, et qui s'en faisoit un plaisir, qui aimoit la règle et l'équité, autant que les besoins et les lois financières le pouvoient permettre; et au fond honnête homme, fort instruit dans son métier de magistrature et dans celui de finance, avec beaucoup d'esprit, et d'un esprit accort, gai, agréable. Il savoit infiniment d'histoire, de généalogie, d'anciens événements de la cour. Il n'avoit jamais lu que la plume ou un crayon à la main; il avoit infiniment lu, et n'avoit jamais rien oublié de ce qu'il avoit lu, jusqu'à en citer le livre et la page. Son père, aussi conseiller d'État, avoit été l'ami le plus confident et le conseil du cardinal de Retz. Le fils, dès sa première jeunesse, s'étoit mis par là dans les compagnies les plus choisies et les plus à la mode de ces temps-là. Cela lui en avoit donné le goût et le ton, et de l'un à l'autre il passa sa vie avec tout ce qu'il y avoit de meilleur en ce genre. Il étoit lui-même d'excellente compagnie, et avoit beaucoup d'amis à la cour et à la ville. Il se piquoit de connoître, d'aimer, de servir les gens de qualité, avec lesquels il étoit à sa place, et point du tout glorieux, et parfaitement libre des chimères de la robe, avec cela très-honorable et même magnifique, point conteur, mais très-amusant, et quand on vouloit un répertoire, le plus instructif et le plus agréable. Il aimoit et faisoit fort bonne chère, et il n'avoit pas été indifférent pour les dames. C'est le premier homme de robe qui ait hasardé de paroître en justaucorps et manteau de velours dans les dernières années du roi. Ce fut d'abord une huée à Versailles; il la soutint, on s'y accoutuma; nul autre n'osa l'imiter de longtemps, et puis peu à peu ce n'est plus que velours pour les magistrats, qui d'eux a gagné les avocats, les médecins, les notaires, les marchands, les apothicaires et jusqu'aux gros procureurs.

L'abbé Dubois et M. le duc d'Orléans, celui-ci par foiblesse, l'autre pour son chapeau, avoient toujours en tête leur déclaration pour faire recevoir la constitution *Unigenitus*. Ils ne furent pas longtemps à s'apercevoir de l'inutilité et du ridicule effet d'avoir avec tant de pompe et de seigneurs bas et flatteurs, forcé le grand conseil à l'enregistrer; ils se mirent bientôt après à reprendre leurs négociations avec le parlement; elles durèrent trois mois, et ces trois mois furent une mine et une abondante veine d'or pour le premier président, qui vendoit le régent à sa compagnie, pour s'y réaccréditer, et qui enfin la vendit au régent. Quand il se crut au point qu'il désiroit avec le parlement aux dépens du régent, qui fournissoit à ses profusions et à ses brocards, et qu'il comprit qu'il étoit temps de finir l'affaire, pour ne pas tarir cette veine, et ne pas passer l'hiver à Pontoise, au hasard, s'il poussoit le régent à bout, de lui fermer la main, de se voir forcé à mettre bas sa table, et à tomber de l'énorme splendeur qu'il avoit soutenue jusqu'alors, il se fit valoir à sa compagnie, fort lasse de l'éloignement de ses foyers : qu'il la ramenoit[1] à Paris, si elle vouloit enregistrer une déclaration qu'ils sauroient toujours bien expliquer dans la pratique, et qui au fond ne donneroit guère plus à la constitution, qui avoit un si nombreux parti dans l'Église, et toute l'autorité du gouvernement pour elle. Il en vint à bout; le parlement l'enregistra le 4 décembre, et deux jours après il eut son rappel à Paris, où il revint incontinent reprendre sa séance ordinaire, et se remettre tout de bon à écouter et à juger les procès.

Quelque temps avant le retour du parlement à Paris, on établit aux Grands-Augustins une chambre pour juger en dernier ressort quantité de procès restés depuis longtemps aux rôles et divers autres encore restés en arrière. Armenonville fut choisi pour y présider, avec six autres conseillers d'État ses cadets, dix maîtres des requêtes et un onzième pour servir de procureur général. On douta si les partiés

---

1. Le manuscrit porte *ramenoit*; mais le sens demande *ramèneroit*.

s'y présenteroient volontiers dans la crainte que le parlement de retour prétendît invalider tout ce qui y auroit été instruit et jugé. Néanmoins, peu à peu les affaires s'y portèrent. Le parlement de retour consentit à cette juridiction extraordinaire, pour un temps, parce qu'il sentit qu'il étoit si chargé et si arriéré de procès, à force de s'être abandonné aux affaires publiques et à ne rien faire à Pontoise, qu'il étoit indispensable d'y pourvoir autrement. Ce nouveau tribunal, qui dura assez longtemps, se rendit recommandable par son équité, son travail et son expédition; il vida tout ce qui y fut porté, et Armenonville en particulier s'y acquit beaucoup d'honneur.

Vers le milieu du séjour du parlement à Pontoise, travaillant, une après-dînée, seul avec M. le duc d'Orléans, il m'apprit que le premier président lui avoit demandé son agrément pour le mariage de sa fille aînée arrêté avec le duc de Lorges. Ma surprise et ma colère me firent lever brusquement et jeter mon tabouret à l'autre bout du petit cabinet d'hiver où nous étions. Il n'y avoit sorte de plaisirs essentiels que je n'eusse faits toute ma vie à ce beau-frère, non pour l'amour de lui, car je le connoissois bien, mais par rapport à Mme de Saint-Simon. On a vu en son lieu que je l'avois fait capitaine des gardes et ce qu'il m'en arriva, et comme j'obtins pour rien un régiment pour son fils aîné à qui il n'en eût jamais acheté, et combien peu il en fut touché. J'ajouterai ici qu'à la mort de M. le maréchal de Lorges, je lui quittai près de dix mille écus qui, sans dispute ni difficulté, revenoient à Mme de Saint-Simon, sur le brevet de retenue de la charge de capitaine des gardes qu'eut le maréchal d'Harcourt; et malgré une conduite étrange et misérable, j'avois toujours très-bien vécu avec lui. Je n'avois donc garde de m'attendre qu'il choisît la fille d'un homme que je traitois en ennemi déclaré, à qui je refusois publiquement le salut, duquel je parlois sans aucune mesure et à qui je faisois des insultes publiques tout autant que l'occasion s'en présentoit, ce qui arrivoit le plus ordinairement au Palais-Royal, n'ayant guère ou point d'occasion de le rencontrer ailleurs. Je ne me contraignis donc pas avec M. le duc d'Orléans sur un mariage qui m'offensoit si vivement. M. le duc d'Orléans n'osa trop rire du torrent que je débondai, me voyant si outré ; il trouva pourtant que j'avois raison.

Je venois nouvellement de sauver une cruelle affaire au duc de Lorges. Il avoit une maison dans le village de Livry où il se croyoit tout permis. Non content de désoler Livry sur les chasses, et Livry en étoit capitaine et seigneur du lieu avec qui je le raccommodai bien des fois, il s'avisa d'ouvrir, devant une grille de son jardin, une route prodigieusement large tout à travers de la forêt de Livry et de faire cette expédition avec tant d'ouvriers qu'elle fut achevée avant qu'on s'en fût aperçu. On peut juger des cris des officiers des eaux et forêts et de l'intendant des finances qui les avoit dans son département, et des suites ruineuses et même personnelles de leurs procédures, si la bonté de M. le duc d'Orléans pour moi ne leur eût imposé silence tout aussitôt et fait rendre un arrêt du conseil antidaté qui ordonnoit cette ouverture et cette coupe de bois du roi. De cela et de tant d'autres bottes que j'avois parées au duc de Lorges, et de tant d'autres choses faites pour lui, tel fut le salaire. Je retournai à Meudon où j'appris ce beau mariage à Mme de Saint-Simon qui en fut consternée. Je lui déclarai qu'elle ni moi ne verrions jamais son frère, ni celle qu'il alloit épouser, et qu'elle fît savoir à Mme la maréchale de Lorges et à M. et à Mme de Lauzun que, s'ils signoient le contrat de mariage ou s'ils assistoient à cette noce, nous ne les verrions de notre vie. Dans le public, je m'expliquai sans aucune sorte de ménagement ni en choses ni en termes. Le contrat ne fût point signé de Mme la maréchale de Lorges ni de M. et de Mme de Lauzun, et ils n'allèrent point à ce mariage qui se fit à Pontoise avec toute la magnificence du premier président qui y convia tout le parlement, lequel il fit signer au contrat de mariage.

Parmi tout ce vacarme que je fis, rien n'échappa au premier président ni aux siens. Au contraire, force regrets de ma colère, force désirs de l'apaiser, force respects, malgré toute leur gloire. Il faut achever cet épisode tout de suite. Après quelque temps et qu'ils se flattèrent que leur conduite à mon égard, tandis que je ne me refusois rien, auroit pu émousser ma colère, ils me firent parler par plusieurs de mes amis dans les termes les plus propres à se faire écouter. Cela dura longtemps sans autre réponse que mes propos accoutumés sur le beau-père et le gendre. A la fin ce fut quelque chose de plus intime et de plus cher qui m'abattit plutôt qu'il ne me gagna. Mme de Saint-Simon ne cessoit de répandre des larmes en silence ; elle ne mangeoit et ne dormoit plus ; sa santé délicate s'altéroit visiblement. Cet état, qui ne pouvoit se changer que par une réconciliation, fit en moi un combat intérieur, dont les fougues et les élans ne se peuvent décrire entre ce que je respectois et que j'aimois le plus tendrement, entre une douleur continuelle qui la minoit et qui me perçoit le cœur, et de me réconcilier avec deux hommes qui avec tant de raison m'étoient si démesurément odieux, et qui ne m'étoient pas moins méprisables. Enfin, pour abréger, je fis à la conservation de Mme de Saint-Simon un sacrifice vraiment sanglant, et au bout de six ou sept mois, la réconciliation se fit en cette sorte. Je consentis que le contrat fût signé, et de voir la duchesse de Lorges à l'hôtel de Lauzun, sans personne que la duchesse de Lauzun. Cela se passa debout en un moment, et fort cavalièrement de ma part. Le lendemain le premier président vint chez moi en robe de cérémonie, où il m'accabla de compliments et de respects. Je fus sec, mais poli, comme je m'y étois engagé. Les jours suivants Mme de Fontenilles sa sœur, le bailli de Mesmes et leurs plus proches vinrent au logis où je les reçus civilement, mais très-froidement ; le premier président y revint encore sur ce que j'avois déclaré que je ne voulois point voir son gendre. C'étoit lui pourtant qu'il falloit que je revisse pour essuyer les larmes de Mme de Saint-Simon ; et enfin j'y consentis. Il vint chez moi, conduit par elle. Je le reçus fort mal, quoique le moins mal que je pus gagner sur moi. J'allai après chez le premier président qui me reçut avec des empressements et des civilités extrêmes. Il n'épargna ni le terme de respect ni celui de reconnoissance; en un mot, il continua d'oublier sa morgue, et se répandit en bien dire.

Mme de Lorges et sa sœur étoient venues chez moi, menées par Mme de Lauzun, dès que j'eus vu la duchesse de Lorges à l'hôtel de Lauzun; puis peu à peu j'allai voir la sœur, le frère et la belle-mère du premier président. Il désira avec grande ardeur donner une espèce de repas de noce où je voulusse bien être avec Mme de Saint-Simon, qu'il avoit visitée dans son appartement toutes les fois, et dès la première qu'il étoit venu chez moi, et mes enfants aussi; enfin j'y consentis encore; le repas fut excellent et magnifique, et accompagné, de la part du premier président et des siens, de tout ce qui me pouvoit plaire en façons et en discours. De l'un à l'autre on se laisse conduire à tout. Mme de Saint-Simon désira si fort que nous leur donnassions un repas aussi comme de noce, qu'il fallut bien y consentir. Le premier président ne l'osoit espérer, et en parut transporté de joie. Il fut des mêmes personnes qui avoient été de celui du premier président, et je m'y donnai la torture pour y faire médiocrement bien. Ainsi finit la division atroce qui me séparoit du premier président, avec tant d'éclat si continuellement soutenu depuis l'affaire du bonnet, et que ce mariage avoit comblée de nouveau. Dans la suite le premier président vint de temps en temps chez moi, puis plus souvent, moi quelquefois chez lui, jusqu'à la fin de sa vie; on peut croire qu'il n'y eut que de la civilité et que la conversation n'étoit pas intéressante. Mais pour Mme de Fontenilles nous nous accommodâmes d'elle et elle de nous peu à peu, en telle sorte que nous sentîmes tout son mérite, sa vertu, son esprit, les agréments et la sûreté de son commerce, et que la liaison et l'amitié se forma étroite et a toujours duré depuis.

Le duc de Brissac épousa en même temps Mlle Pécoil, très-riche héritière, dont le père étoit mort maître des requêtes, et la mère étoit fille de Le Gendre, très-riche négociant de Rouen. Le père de Pécoil étoit un bourgeois de Lyon, gros marchand et d'une avarice extrême. Il avoit un grand coffre-fort rempli d'argent dans un fond de cave, fermé d'une porte de fer à secret où on n'arrivoit qu'en passant d'autres portes. Il disparut un jour si longtemps que sa femme et deux ou trois valets ou servantes qu'ils avoient le cherchèrent partout. Ils savoient bien qu'il avoit une cache, parce qu'ils l'avoient quelquefois surpris descendant dans sa cave un martinet à la main, mais jamais personne ne l'y avoit osé suivre. En peine de ce qu'il étoit devenu, ils y descendirent, enfoncèrent les dernières portes et trouvèrent enfin celle de fer. Il fallut des ouvriers pour l'enfoncer ou l'ouvrir, en attaquant les côtés de la muraille où elle tenoit. Après un long travail ils entrèrent et trouvèrent le vieil avare mort auprès de son coffre fort, qui apparemment n'avoit pu retrouver le secret de la serrure après s'être enfermé en dedans, et n'avoit pu l'ouvrir : fin bien horrible en toutes manières [1]. MM. de Brissac ne sont pas délicats depuis longtemps en alliances, et toutefois n'en paroissent pas plus riches. Les écus s'envolent, la crasse demeure.

Le Grand Seigneur avoit nommé et fait partir un ambassadeur pour venir complimenter le roi sur son avénement à la couronne. Comme c'est une chose fort peu usitée à l'orgueil de la Porte, notre cour en fut extrêmement flattée. Outre l'honneur et la considération des lieux saints de la

---

1. On a déjà vu cette anecdote plus haut, t. XVII, p. 199.

Palestine, l'intérêt du commerce et de la bannière de France dans la Méditerranée, ne contribua pas moins à en être touché; il débarqua à Toulon, et à cause de la peste on l'obligea à la quarantaine, et on le fit venir par Toulouse à Bordeaux et de là à Paris.

On étoit près d'ouvrir le congrès de Cambrai dont l'objet étoit de régler ce qui ne l'avoit pu être entre l'empereur et l'Espagne et quelques suites de ce qui l'avoit été à Bade. Saint-Contest, qui, comme on l'a vu et pourquoi, avoit été troisième ambassadeur plénipotentiaire à la paix de Bade, le fut en premier à Cambrai avec Morville, fils d'Armenonville, ambassadeur en Hollande. Toutes les puissances de l'Europe y envoyèrent. Cette assemblée dura longtemps, où les cuisiniers eurent plus d'affaires que leurs maîtres. Elle se sépara à la fin sans avoir rien fait. Le cardinal Gualterio, avec qui j'étois en commerce réglé toutes les semaines, m'écrivit pendant ce congrès une chose très-sensée : c'étoit de profiter de cette assemblée des ministres de toutes les grandes puissances de l'Europe, pour convenir entre elles des entrées et de la suite de leurs ambassadeurs dans toutes les cours, dont la dépense toujours plus grande croissant toujours, à qui aura plus de carrosses et d'équipages les plus magnifiques et le plus de gentilshommes de suite, de riche et nombreuse livrée de toutes façons, ruine les ambassadeurs en coûtant fort cher à leurs maîtres, de mettre ainsi des bornes à l'émulation et à la dépense.

L'abbé de Maulevrier qui avoit été aumônier du roi, dont il a été parlé plus d'une fois ici, fit tant qu'il persuada à l'abbé Dubois d'envoyer en Espagne Maulevrier, son neveu, qui étoit lieutenant général. Leur nom est Andrault, fort léger : ils sont du Bourbonnois, originaires d'autour de Lyon, très-attachés de tout temps aux Villeroy, domestiques de l'hôtel de Condé, et celui qui étoit mort lieutenant général des armées navales et sa famille tout à M. et à Mme du Maine. Ce n'étoit pas là des titres à faire valoir à M. le duc d'Orléans pour être envoyé du roi en Espagne ; néanmoins il le fut. On lui joignit, mais sans titre, une espèce de financier marchand qui s'appeloit Robin, pour les affaires du commerce. On verra dans la suite si j'ai le temps d'écrire mon ambassade en Espagne, qu'il lui en auroit fallu encore un autre pour la négociation.

La maladie du pape, qu'on crut trop tôt désespérée, attira l'ordre à nos cardinaux de se préparer diligemment à partir, et le retour du cardinal de Polignac de son abbaye d'Anchin en Flandre, où on a vu qu'il étoit exilé. L'alarme cessée suspendit leur départ, et le cardinal de Polignac eut permission de saluer le roi et M. le duc d'Orléans, et de demeurer à Paris en attendant des nouvelles de Rome plus pressantes.

L'année finit par le départ subit et secret de Law, qui n'avoit plus de ressources, et qu'il fallut enfin sacrifier au public. On ne le sut que parce que le fils aîné d'Argenson, intendant à Maubeuge, eut la bêtise de l'arrêter[1]. Le courrier qu'il envoya pour en donner avis lui fut redépêché sur-le-champ avec une forte réprimande de n'avoir pas déféré aux passe-ports que M. le duc d'Orléans lui avoit fait expédier. Son fils étoit avec lui ; ils allèrent à Bruxelles, où le marquis de Prié, gouverneur des Pays-Bas impériaux, le reçut très-bien, et le régala ; il s'y arrêta peu, gagna Liége et l'Allemagne, où il alla offrir ses talents à quelques princes qui tous le remercièrent. Après avoir ainsi rôdé, il passa par le Tyrol, vit quelques cours d'Italie, dont pas une ne l'arrêta, et enfin se retira à Venise, où cette république n'en fit aucun usage. Sa femme et sa fille le suivirent quelque temps après ; je n'ai point su ce qu'elles sont devenues, ni même son fils. Law étoit Écossois, fort douteusement gentil-

1. Le marquis d'Argenson parle de ce fait dans ses Mémoires (édit. de 1825, p. 179) : « J'étois intendant de Valenciennes ; je fis grand'peur à Law comme il traversoit mon intendance pour fuir à l'étranger. Je le fis arrêter et le retins deux fois vingt-quatre heures à Valenciennes, ne le laissant partir que sur des ordres formels que je reçus de la cour. »

homme, grand et fort bien fait, d'un visage et d'une physionomie agréables, galant et fort bien avec les dames de tous pays où il avoit fort voyagé. Sa femme n'étoit point sa femme, elle était de bonne maison d'Angleterre et bien apparentée, qui avoit suivi Law par amour, en avoit eu un fils et une fille, et qui passoit pour sa femme et en portoit le nom sans l'avoir épousé. On s'en doutoit sur les fins : après leur départ cela devint certain. Cette femme avoit un œil et le haut de la joue couverts d'une vilaine tache de vin, du reste bien faite, haute, altière, impertinente en ses discours et en ses manières, recevant les hommages, rendant peu ou point, et faisant rarement quelques visites choisies, et vivoit avec autorité dans sa maison. Je ne sais si son crédit étoit grand sur son mari; mais il paroissoit plein d'égards, de soins et de respect pour elle. Tous deux avoient lors de leur départ entre quarante-cinq et cinquante ans. Law laissa en partant sa procuration générale au grand prieur de Vendôme et à Bully, qui avoient bien gagné avec lui. Il avoit fait force acquisitions de toutes sortes, et encore plus de dettes, de façon que ce chaos n'est pas encore débrouillé par une commission du conseil nommé pour régler ses affaires avec ses créanciers. J'ai dit ici ailleurs, et je le répète, qu'il n'y eut ni avarice ni friponnerie en son fait. C'étoit un homme doux, bon, respectueux, que l'excès du crédit et de la fortune n'avoit point gâté, et dont le maintien, l'équipage, la table et les meubles ne purent scandaliser personne. Il souffrit avec une patience et une suite singulière toutes les traverses qui furent suscitées à ses opérations, jusqu'à ce que vers la fin, se voyant court de moyens, et toutefois en cherchant et voulant faire face, il devint sec, l'humeur le prit, et ses réponses furent souvent mal mesurées. C'étoit un homme de système, de calcul, de comparaison, fort instruit et profond en ce genre, qui, sans jamais tromper, avoit partout gagné infiniment au jeu à force de posséder, ce qui me semble incroyable, la combinaison des cartes.

Sa banque, comme je l'ai dit ailleurs, étoit une chose excellente dans une république ou dans un pays comme l'Angleterre, où la finance est en république. Son Mississipi, il en fut la dupe, et crut de bonne foi faire de grands et riches établissements en Amérique. Il raisonnoit comme un Anglois, et ignoroit combien est contraire au commerce et à ces sortes d'établissements la légèreté de la nation, son inexpérience, l'avidité de s'enrichir tout d'un coup, les inconvénients d'un gouvernement despotique, qui met la main sur tout, qui n'a que peu ou point de suite, et où ce que fait un ministre est toujours détruit et changé par son successeur. Sa proscription d'espèces, puis de pierreries, pour n'avoir que du papier en France, est un système que je n'ai jamais compris ni personne, je pense, dans tous les siècles qui se sont écoulés depuis celui d'Abraham, qui acheta un sépulcre en argent pour Sara quand il la perdit, pour lui et pour ses enfants. Mais Law étoit un homme à système, et si profond, qu'on n'y entendoit rien, quoique naturellement clair et d'une élocution facile, quoiqu'il y eût beaucoup d'anglois dans son françois. Il vécut plusieurs années à Venise avec fort peu de bien, et y mourut catholique, ayant vécu honnêtement, quoique fort médiocrement, sagement et modestement, et reçut avec piété les sacrements de l'Église. Ainsi se termina l'année 1720.

CHAPITRE V.

Année 1721. — Chaos des finances. — Retraite de Pelletier de Sousy. — Conseil de régence curieux sur les finances et la sortie de Law du royaume. — Réflexions sur ce conseil de régence. — Prince de Conti débanque Law. — Continuation de ce conseil de régence, orageux entre le régent et M. le Duc à l'occasion de la retraite de Law. — M. le duc d'Orléans veut de nouveau ôter au maréchal de Villeroy la place de gouverneur du roi et me la donner. — Il s'y associe M. le Duc. — Je refuse. — Le combat dure plus d'un mois. — Je demeure si ferme que le maréchal de Villeroy conserve sa place auprès du roi, faute de qui la remplir. — Sa misère là-dessus. — Le maréchal de Villeroy découvre le péril qu'il a couru pour sa place. — Il ne me pardonne pas d'avoir pu la remplir, si je l'avois voulu. — Je le méprise.

Depuis le changement du ministère des finances et la disjonction de tous les droits et revenus royaux d'avec la compagnie des Indes, excepté la ferme du tabac qui lui demeura unie, tout étoit resté dans l'inaction qui, jointe au défaut de confiance, achevoit de perdre le crédit du roi et laissoit une incertitude extrême dans la fortune des particuliers. Tout en ce genre se passoit entre le régent et La Houssaye, nouveau contrôleur général qui, outre le chaos des finances, n'y avoit trouvé ni registres, ni notions, ni qui que ce fût en aucune place, ni personne qui s'y présentât, parce qu'avec Law étoient tombés ceux qu'il y avoit mis. Toute circulation se trouvoit arrêtée, enfin un épuisement et une confusion au delà de tout ce qu'il s'en [peut] imaginer. Le duc de Noailles, lorsqu'il étoit chargé des finances, avoit montré l'exemple d'en communiquer les affaires tout le moins qu'il le pouvoit au conseil de régence, quoique vrai conseil alors, surtout dans la fin de son administration que ce conseil commençoit à tomber. Argenson qui lui succéda, avec l'autorité des sceaux, l'imita par une soustraction entière qui fut incontinent suivie de celle de toutes les autres véritables matières. Law, qui dans la suite administra les finances en diverses façons, passa jusqu'à ne donner pas même connoissance au conseil de régence des édits, des déclarations ni des arrêts qui étoient affichés en foule par les rues. La Houssaye commença son administration de la même manière, et notamment par disjoindre de la compagnie des Indes tout ce qui y avoit été uni des droits et revenus royaux.

[1721] CONSEIL DE RÉGENCE. 87

Résolu d'aller plus avant, il crut apparemment devoir s'appuyer du nom du conseil de régence, quelque vain que ce conseil fût devenu, tellement que la première fois qu'il y entra en qualité de contrôleur général des finances, ce fut un jour où il se passa des choses qui méritent bien d'être rapportées, que j'écrivis dès que j'en fus sorti pour n'en pas perdre une exacte mémoire, le voici :

CONSEIL DE RÉGENCE TENU AUX TUILERIES LE DIMANCHE 24 JANVIER 1721, A QUATRE HEURES APRÈS-MIDI; PRÉSENTS ET SÉANTS EN CETTE SORTE :

LE ROI.

M. le duc d'Orléans, régent.
M. le Duc, chef du conseil de régence.
M. le comte de Toulouse.
M. le duc de Saint-Simon.
M. le maréchal duc de Grammont.
M. le duc de Saint-Aignan.
M. le maréchal duc de Villars.
M. le maréchal duc de Tallard.
M. le maréchal d'Huxelles.
M. de Torcy.
M. l'archevêque de Rouen (Besons).
M. de La Houssaye, contrôleur général, mandé.
M. le marquis de Canillac.
M. le duc de Chartres.

M. le prince de Conti.
M. le chancelier.
M. le duc de La Force.
M. le maréchal duc de Villeroy.
M. le duc de Noailles.
M. le duc d'Antin.
M. le maréchal d'Estrées.
M. le maréchal de Besons *étoit malade et absent.*
M. l'ancien évêque de Troyes (Bouthillier).
M. de La Vrillière, secrétaire d'État.
M. l'archevêque de Cambrai (Dubois), secrétaire d'État.
M. d'Armenonville, secrétaire d'État.
M. Le Blanc, secrétaire d'État.

M. Le Pelletier de Sousy, doyen du conseil, qui étoit aussi du conseil de régence, avoit obtenu depuis quatre jours la permission de ne plus faire aucune fonction de ses emplois, à cause de son âge, qui passoit quatre-vingts [ans], mais avec la tête bonne et la santé aussi, chagrin contre des Forts[1], son [frère], avec qui il logeoit, et alla se retirer à

1. Pelletier ou Le Pelletier des Forts devint contrôleur général des finances en 1726.

Saint-Victor, où l'ennui le gagna bientôt et peut-être le repentir.

Tout le monde assis, M. le duc d'Orléans dit au roi qu'il y avoit une affaire fort importante à délibérer qui regardoit la compagnie des Indes, et qui concernoit les papiers royaux, laquelle méritoit toute l'attention du conseil, dont M. de La Houssaye alloit rendre compte. Il ajouta vaguement deux périodes, après quoi M. le comte de Toulouse rapporta une bagatelle concernant une augmentation à la ville de Saint-Malo, laquelle finie, le régent donna la parole à La Houssaye.

En cet instant, M. le Duc se leva, contre l'usage de ceux qui opinent ou qui veulent parler, fit signe à La Houssaye d'attendre, se rassit et dit au roi qu'il n'étoit informé que de ce matin même de ce qui se devoit présentement proposer au conseil; qu'intéressé comme il l'étoit avec la compagnie des Indes, il s'étoit d'abord proposé de ne point opiner, pour éviter que ce qu'il diroit pût être interprété d'intérêt particulier; mais que depuis il avoit estimé plus convenable de se mettre en liberté pour pouvoir dire ce qu'il croyoit utile pour le bien de l'État; qu'il avoit eu et déposé quinze cents actions; qu'en outre il en avoit encore quatre-vingt-quatre sous son nom qui ne lui appartenoient pas; que, si celui qui en étoit chargé se fût trouvé chez lui, il auroit déjà porté les siennes à M. le duc d'Orléans pour qu'il eût la bonté de les remettre à Sa Majesté, ou à la compagnie, ou bien de les brûler, comme il auroit voulu; que ce qu'il n'avoit pu exécuter cejourd'hui il le feroit le lendemain dans la matinée, et que, le déclarant en si bonne compagnie, il se croyoit dès lors pouvoir compter hors d'intérêt et en état de pouvoir dire son sentiment sur la matière qu'on avoit à traiter, d'autant plus qu'il n'avoit jamais été pour la compagnie qu'autant qu'il avoit cru le devoir pour le service de Sa Majesté et pour le bien de ses sujets.

M. le prince de Conti prit alors la parole et dit que tout

le monde savoit bien que depuis longtemps il n'avoit point d'actions, que ce qu'il en avoit eu il l'avoit rendu à Law, et qu'il offroit de remettre le duché de Mercœur qui en étoit le bénéfice. M. le Duc répondit assez bas que des offres vagues ne suffisoient pas, qu'il en falloit la réalité et l'exécution.

La Houssaye commença son discours sur les comptes de la compagnie avec le roi : tout son rapport fut parfaitement beau. Il conclut que la compagnie fût déclarée redevable de tous les billets de banque, et que ceux qui ne seroient point éteints par les quinze cents millions de récépissés retirés par la compagnie, elle devroit au roi l'excédant, attendu que le roi s'en charge; que c'étoit une suite naturelle de l'union qui avoit été faite de la banque à la compagnie des Indes au mois de février dernier, où le roi avoit donné à la compagnie le bénéfice et la charge de la banque.

M. le Duc prit alors la parole, et dit que, par la même assemblée de la compagnie, il avoit été réglé qu'on ne feroit plus d'achats d'actions, et qu'il ne seroit point fait de billets de banque, sinon par une assemblée générale; qu'il n'y en a point eu; que, s'il a été fait des achats d'actions et de billets, ç'a été par ordres du roi et arrêts du conseil du propre mouvement, qu'ainsi c'est le roi qui en doit être tenu.

M. le duc d'Orléans a répliqué que M. Law étoit l'homme de la compagnie, aussi bien que celui du roi; que ce qu'il avoit fait, il le croyoit du bien de la compagnie; que cela est si vrai que dans l'arrêt qui ordonne l'achat des actions, il est dit que la dividende[1] accroîtra aux autres actionnaires; que c'étoit aussi Law qui avoit fait faire des billets de banque pour cet emploi, afin de faire valoir les actions.

M. le Duc a répondu que M. Law ne pouvoit pas engager la compagnie, puisqu'il étoit l'homme du roi comme contrô-

---

1. Saint-Simon fait ce mot féminin, sous-entendant le substantif *partie*.

leur général; qu'il n'y avoit d'arrêts que pour douze cents millions de billets de banque; qu'il avoit même été dit dans l'assemblée générale qu'on supprimeroit les billets de banque de dix livres; que, loin de cela, on en avoit fait pour plus de cent millions des mêmes, et qu'il y avoit dans le public pour plus de deux milliards sept cents millions de billets de banque; que cela ne pouvoit jamais être regardé comme un fait de la compagnie.

M. le duc d'Orléans expliqua que l'excédant des billets de banque avoit été fait par des arrêts du conseil, rendus sous la cheminée; que le grand malheur venoit de ce que M. Law en avoit fait pour douze cents millions au delà de ce qu'il en falloit; que les premiers six cents millions n'avoient pas fait grand mal, parce qu'on les avoit enfermés dans la banque; mais qu'après l'arrêt du 21 mai dernier, lorsqu'on donna des commissaires à la banque, il se trouva pour autres six cents millions de billets de banque que Law avoit fait faire et répandu dans le public, à son insu de lui régent, et sans y être autorisé par aucun arrêt, pour quoi M. Law méritoit d'être pendu; mais que, lui régent l'ayant su, il l'avoit tiré d'embarras par un arrêt qu'il fit expédier et antidater, qui ordonnoit la confection de cette quantité de billets.

Là-dessus M. le Duc dit à M. le régent : « Mais, monsieur, comment, sachant cela, l'avez-vous laissé sortir du royaume? — C'est vous, monsieur, répliqua le régent, qui lui en avez fourni les moyens. — Je ne vous ai jamais demandé, répondit M. le Duc, de le faire sortir du royaume. —Mais, insista le régent, c'est vous-même qui lui avez envoyé les passe-ports. — Il est vrai, monsieur, répondit M. le Duc, mais c'est vous qui me les avez remis pour les lui envoyer; mais je ne vous les ai jamais demandés, ni qu'il sortît du royaume. Je sais qu'on m'a voulu jeter le chat aux jambes dans le public là-dessus, et je suis bien aise d'expliquer ici ce qui en est puisque j'en ai l'occasion. Je me suis opposé qu'on mît M. Law à la Bastille, ou dans quelque autre prison, comme on le vouloit, parce que je ne croyois pas qu'il fût de votre intérêt de l'y laisser mettre après vous en être servi comme vous avez fait; mais je ne vous ai jamais demandé qu'il sortît du royaume, et, je vous prie, monsieur, de vouloir bien dire en la présence du roi, et devant tous ces messieurs, si je vous l'ai jamais demandé. — Il est vrai, répondit M. le régent, que vous ne me l'avez pas demandé; je l'ai fait sortir, parce que j'ai cru que sa présence en France nuiroit au crédit public et aux opérations qu'on vouloit faire. — Je suis, reprit M. le Duc, si éloigné, monsieur, de vous l'avoir demandé, que, si vous m'aviez fait l'honneur de m'en demander mon avis, je vous aurois conseillé de vous bien garder de le laisser sortir du royaume. »

La Houssaye continua ensuite son rapport. Il lut la requête de la compagnie à ce que la banque lui fût unie, et que tous les profits d'icelle lui fussent donnés. On lut aussi les deux articles de l'arrêt du conseil qui intervint le lendemain de la requête qui faisoient à la question, et La Houssaye conclut que la compagnie seroit débitrice envers le roi des billets de banque.

Armenonville proposa là-dessus une opinion que la compagnie fût entendue. Le maréchal d'Estrées appuya cet avis; le régent y fit des objections très-fortes, et tout le conseil, excepté ces deux, furent de l'avis de M. de La Houssaye.

Ensuite il proposa que, comme il y avoit plusieurs particuliers qui avoient mis tout leur bien dans les actions sur la foi publique, il n'étoit pas juste que par la dette immense de la compagnie envers le roi ils se trouvassent ruinés, et que réciproquement ceux qui étoient sortis de la compagnie dans le bon temps, qui avoient converti leurs actions en billets ou qui les avoient achetées à vil prix sur la place, ou employées en rentes perpétuelles ou viagères, ou en comptes en banque, profitassent du malheur des actionnaires de bonne foi; qu'ainsi il falloit nommer des commissaires pour liquider tous ces papiers et parchemins, et annuler ceux qui ne procéderoient point de biens réels.

M. le Duc dit à cela : « Il y a quatre-vingt mille familles au moins dont tout le bien consiste en ces effets : de quoi vivront-elles pendant cette liquidation? » La Houssaye répondit qu'on nommeroit tant de commissaires, que cela seroit bientôt fait.

M. le Duc dit ensuite que, s'il y avoit des gens à liquider, ce n'étoient pas ceux qui étoient anciens porteurs des effets publics; que le discrédit les ruineroit assez; mais qu'il falloit chercher ceux qui avoient réalisé en argent ou en terres ou en maisons, ou qui avoient vendu leurs meubles à des prix exorbitants, ou qui avoient arrangé leurs affaires aux dépens de leurs créanciers.

La Houssaye dit qu'on les taxeroit aussi par rapport à ceux qui avoient des immeubles, mais que, par rapport à ceux qui avoient réalisé en argent, c'étoit une chose fâcheuse par la peine qu'il y avoit à les connoître; qu'il arriveroit cependant un bien de l'arrangement qu'on proposoit aujourd'hui, parce que le roi reprenant un nouveau crédit par la liquidation, et absorbant une partie des dettes, les réaliseurs en argent le mettroient au jour pour le prêter au roi, vu la facilité des billets payables au porteur.

M. de La Houssaye continua son discours. Après qu'il fut fini, il fut arrêté tout d'une voix qu'il seroit nommé des commissaires pour liquider les rentes sur le roi tant perpétuelles que viagères, les actions rentières et intéressées, les comptes en banque et les billets de banque.

M. le duc d'Orléans dit qu'il falloit faire un règlement qui seroit porté au premier conseil de régence pour prescrire aux commissaires les règles qu'on devoit tenir, après quoi il ne s'en mêleroit en aucune façon, renverroit tout aux commissaires, et ne feroit grâce à personne.

M. le Duc lui dit là-dessus que ce seroit le moyen que tout se passât dans la règle; sur quoi le régent, s'adressant au roi, le supplia de lui permettre de dire qu'il lui avoit défendu de s'en mêler, et ordonné de laisser tout faire par les commissaires.

Le maréchal de Villeroy s'écria, en s'adressant à M. le duc d'Orléans : « N'êtes-vous pas revêtu de toute son autorité, parlant de celle du roi, et n'en avez-vous pas aussi toute la confiance ? » et à l'instant on leva le conseil.

On a omis plusieurs propos de ceux qui n'ont aucune importance, mais il ne faut pas oublier que le comte de Toulouse offrit ses actions, que le régent ne voulut pas accepter, comme provenant effectivement des remboursements qu'il avoit reçus.

Le duc d'Antin déclara aussi qu'il en avoit quatre cents qu'il rapporteroit le lendemain.

L'étonnement fut grand dans tous ceux qui se trouvèrent à ce conseil. Personne n'ignoroit en gros le désordre des finances ; mais le détail de tant de millions factices, qui ruinoient le roi ou les particuliers, ou pour mieux dire l'un et l'autre, effraya tout le monde. On vit alors à découvert où avoit conduit un jeu de gobelets, dont toute la France avoit été séduite, et quelle avoit été la prodigalité du régent, par la facilité de battre monnoie avec du papier, et de tromper ainsi l'avidité publique. Il y falloit un remède, parce que les choses étoient arrivées à un dernier période, et ce remède, qui alloit au dernier détriment des actionnaires et des porteurs des billets de banque, ne se pouvoit trouver que par le dévoilement de tout le mal, si longtemps tenu caché, autant qu'il avoit été possible, pour que chacun vît enfin où on en étoit au vrai, et la nécessité pressante aussi bien que les difficultés du remède.

Depuis l'arrêt du 22 mai, qui fut l'époque de la décadence de ce qui étoit connu sous les noms de Mississipi et de banque, et la perte de toute confiance par la triste découverte qu'il n'y avoit plus de quoi faire face au payement des billets, par leur excédant prodigieux au delà de l'argent, chaque pas n'avoit été qu'un trébuchement, chaque opération qu'un palliatif très-foible. On n'avoit pu chercher qu'à gagner des jours et des semaines, dans des ténèbres qu'on épaississoit à dessein, dans l'horreur qu'on avoit de laisser voir au jour tant de séduction et de monstres de ruine publique. Law ne pouvoit se laver à la face du monde d'en avoir été l'inventeur et l'instrument, et il auroit couru grand risque, au moment de ce terrible et public dévoilement; et M. le duc d'Orléans, qui, pour suffire à sa propre facilité et prodigalité, et satisfaire à l'avidité prodigieuse de chacun, avoit forcé la main à Law et l'avoit débanqué de tant de millions, au delà de tous moyens d'y faire face, et l'avoit précipité dans cet abîme, ne pouvoit se mettre au hasard de l'y laisser périr, et moins encore, pour le sauver, se déclarer le vrai coupable. Ce fut donc pour se tirer de ce premier et si mauvais pas, qu'il fit sortir Law du royaume, lorsqu'il se vit acculé et forcé de montrer à la lumière l'état des finances et de cette énorme gestion qui n'étoit que tromperie. Cette manifestation qui intéressoit si fort les actionnaires et les porteurs de billets de banque en général, mais bien plus vivement ceux qui les tenoient de leur autorité ou de leur faveur, et qui n'en pouvoient montrer d'autre origine, les mit tous au désespoir. Les plus importants, comme les princes du sang, les plus avant dans ces affaires, comme d'Antin, le maréchal d'Estrées, Lassai, Mme la Duchesse, Mme de Verue et d'autres en petit nombre, qui y avoient si gros, et dont les profits jusqu'alors avoient été immenses, avoient, de force ou d'industrie, arrêté cette manifestation tant qu'ils avoient pu, soutenu ce puissant mur qui s'écrouloit malgré eux, et suspendu le moment si funeste pour eux. Comme ils savoient à peu près le fond des choses, ils voyoient que le moment qu'elles seroient connues finiroit ces gains prodigieux et mettroit à néant les papiers dont ils s'étoient farcis à toutes mains et pur profit, sans y avoir mis un sou du leur pour les acquérir. C'est ce qui engagea M. le duc d'Orléans à leur cacher le jour de cette manifestation, pour éviter d'être importuné d'eux pour différer ce qui ne pouvoit plus l'être, et pour, en les surprenant, leur ôter le temps de se préparer à former des difficultés et des réponses aux opérations que La Houssaye avoit à proposer à leurs dépens. C'est aussi ce qui mit M. le Duc en fureur, et qui causa cette scène étrange entre lui et M. le duc d'Orléans, qui scandalisa et qui effraya tous ceux qui dans ce conseil en furent témoins ; tous deux y firent un mauvais personnage.

M. le Duc débuta par une vaine parade de la remise de ses actions, qu'il ne pouvoit plus garder, parce qu'elles étoient sans origine, et il ne fit qu'en manifester l'énorme quantité. Il crut par là imposer et se mettre en liberté de protéger la compagnie de toutes ses forcees, parce qu'il y avoit le plus gros intérêt personnellement, ainsi que Mme la Duchesse sa mère. Personne ne l'ignoroit, aussi n'imposa-t-il à personne. Il haïssoit et méprisoit le prince de Conti au dernier point. Il est vrai qu'en cela il étoit du sentiment unanime. Aussi ne put-il pas s'empêcher de relever l'offre de la remise du duché de Mercœur, volé à Lassai par un retrait[1] et un procès indigne, offre qu'il étoit bien sûr qui ne seroit pas acceptée. Ce prince avoit raison d'avancer que tout le monde savoit bien qu'il n'avoit point d'actions. Mais un peu de jugement l'auroit retenu de faire une protestation qui faisoit souvenir tout le monde qu'il avoit porté le premier et le plus mortel coup à la banque, en se faisant tout à coup rembourser en argent de tout son papier, dont Law ne s'est pu relever depuis. On vit arriver publiquement à à l'hôtel de Conti quatre surtouts[2] chargés d'argent, et le prince de Conti pendu à ses fenêtres pour les voir entrer chez lui.

1. Action en justice, par laquelle on retirait un héritage qui avait été vendu.
2. Charrettes qui servaient à porter les bagages.

M. le duc d'Orléans, qui de goût et depuis par nécessité vivoit de ruses et de finesses, crut avoir fait merveilles d'avoir chargé M. le Duc des passe-ports de Law, et d'avoir caché ce qui se devoit traiter dans ce conseil de régence. Il vouloit affubler M. le Duc de la retraite de Law hors du royaume, et le prendre au dépourvu en ce conseil, pour lui ôter les moyens de contredire. Il en fut cruellement la dupe ; la matière touchoit à M. le Duc d'un si grand intérêt, qu'il étoit par lui, et par d'autres principaux intéressés, continuellement alerte sur ce qui devoit se proposer, et il arriva qu'il fut assez tôt averti pour bien apprendre sa leçon. La hardiesse et la fermeté ne lui manquoient pas ; il n'avoit rien à craindre, il connoissoit d'ailleurs par une expérience continuelle l'extrême foiblesse de M. le duc d'Orléans, il en voulut profiter, et puisque tout ce mystère d'iniquité se devoit enfin révéler en présence du roi et du conseil (et nombreux comme il l'étoit c'étoit dire au public), il se proposa de ne garder aucun ménagement pour tirer son épingle du jeu, faire retomber tout sur M. le duc d'Orléans, et se montrer soi comme le beau personnage, piqué de plus du secret qui lui avoit été fait de ce qui se devoit proposer en ce conseil, plus encore peut-être de la proposition même si contraire à la compagnie, et au grand intérêt qu'il y avoit ; piqué de plus de ce que M. le duc d'Orléans avoit adroitement fait passer à Law ses passe-ports par lui, pour donner lieu au monde de se persuader que M. le Duc les avoit demandés, conséquemment que c'étoit lui qui avoit obtenu de M. le duc d'Orléans sa sortie du royaume. Aussi fut-ce là-dessus qu'il pressa impitoyablement M. le duc d'Orléans, qu'il l'interpella, et qu'il le força d'avouer qu'il ne lui avoit jamais demandé cette sortie, qu'il protesta que, s'il en avoit été consulté, il n'en auroit jamais été d'avis, et qu'il reprocha si durement à M. le duc d'Orléans d'avoir laissé sortir Law du royaume, après avoir fait de son chef pour six cents millions de billets de banque contre les défenses si expresses de les multiplier davantage. Ce conseil donc nous apprit deux choses : que Law étoit mis à la Bastille sans M. le Duc, et qu'à l'insu du régent Law avoit fait et répandu dans le public pour six cents millions de billets de banque, non-seulement sans y être autorisé par aucun arrêt, mais contre les défenses expresses.

Pour la première, je ne sais qui avoit pu donner un conseil si dangereux à M. le duc d'Orléans, qui au ton qu'il avoit laissé prendre au parlement, et que le parlement ne quittoit point malgré le lit de justice et son voyage de Pontoise, auroit profité du désordre connu des finances et de leur incroyable déprédation, et plus encore du mécontentement public pour en prendre connoissance et se venger enfin de Law, qui depuis si longtemps étoit sa bête, et par lui de M. le duc d'Orléans, qui se seroit trouvé bien empêché, et peut-être hors d'état de le tirer de prison, après l'y avoir mis, et de l'arracher au parlement qui se seroit fait honneur et délice de le faire pendre malgré le régent. Il y avoit bien de quoi, puisque le régent acculé par M. le Duc, l'avoua en plein conseil, et que, pour le tirer de péril, il avoit fait rendre un arrêt du conseil antidaté, qui ordonnoit cette confection si prodigieuse de billets de banque faits et répandus par Law de sa propre autorité. Mais quel aveu d'un régent du royaume, en présence du roi et d'un si nombreux conseil, dont la plupart ne lui étoient rien moins qu'attachés! Et à qui espéra-t-il avec quelque raison de persuader que Law eût fait un coup si hardi, et de cette importance, à l'insu de lui régent, son seul appui contre le public ruiné, et contre le parlement, qui ne cherchoit qu'à le perdre, et cela, pour la première opération qu'il eût jamais faite, sans l'aveu et l'approbation du régent ? Voilà pourtant où les finesses dont ce prince se repaissoit le conduisirent, et le dépit et la férocité de M. le Duc le forcèrent à un si étonnant aveu, et si dangereux, en présence du roi et d'une telle assemblée. J'en frémis en l'entendant faire, et il est incroyable que ce terrible aveu n'ait pas eu la moindre des suites que j'en craignis.

Pour la personne de Law, M. le Duc, tout bouché qu'il fût de soi-même, étoit trop éclairé par le grand intérêt qu'il avoit au papier, et trop bien conseillé par les siens qui n'y en avoient pas un moindre, qui étoient habiles et avoient les yeux bien ouverts, pour laisser mettre Law en prison, exposé à des suites aisément funestes, à tout le moins destructives de ce qu'ils comptoient bien sauver du naufrage et que par l'événement ils en sauvèrent en effet. A l'égard de la sortie de Law hors du royaume, c'est une obscurité entre M. le duc d'Orléans et M. le Duc, que je n'ai pu démêler. Bien ai-je expliqué ci-dessus les raisons qui m'ont paru celles qui engagèrent M. le duc d'Orléans à faire sortir Law du royaume, et sa petite finesse de lui en faire mettre les passe-ports entre les mains par M. le Duc, pour se décharger sur lui de cette sortie : car de tout cela M. le duc d'Orléans ne m'en dit rien, et la chose faite, je ne cherchai pas à en rien apprendre de lui; mais que M. le Duc, qui avoit pour ses trésors de lui et des siens le même intérêt de ne pas exposer Law, non-seulement à sa perte, mais encore à la nécessité de répondre juridiquement, et de parler, comme on dit des criminels, fût contraire à sa sortie du royaume, j'avoue que c'est ce que je n'entends pas; moins encore qu'y étant si contraire, il ne l'ait pas témoigné à M. le duc d'Orléans, et fait effort pour l'empêcher lorsqu'il reçut de lui les passe-ports pour les remettre à Law, dont l'occasion étoit si naturelle, puisqu'il savoit bien que ces passe-ports étoient pour sortir du royaume; qu'il ne l'ait pas fait alors, cela est clair, puisqu'il ne s'en seroit pas tu en ce conseil, et d'autre part, que M. le duc d'Orléans, si malmené par lui sur cette sortie, ne lui ait pas reproché ce silence en lui remettant les passe-ports, c'est encore ce que je ne puis comprendre.

Autre chose encore difficile à entendre. Quelque bouché

et peu préparé que pût être M. le Duc à cette remise des passe-ports entre ses mains pour les donner à Law, comment voulut-il s'en charger, et comment ne sentit-il pas le but de ce passage par ses mains? Quelle autre raison de ce passage put-elle se présenter à lui? et tout homme en place de finance, ou Le Blanc, ou un autre secrétaire d'État, n'étoient-ils pas aussi bons et bien plus naturels que non pas M. le Duc, pour remettre à Law ses passe-ports? En un mot, ce sont des ténèbres que j'avoue que je n'ai pu percer. Du reste, M. le Duc étoit venu bien préparé pour soutenir la compagnie en laquelle lui et les siens se trouvoient si grandement intéressés. Aussi faut-il convenir qu'il plaida bien cette cause, et qu'il n'obtint rien de plausible de tout ce qu'il se pouvoit dire en sa faveur. Le rare est qu'après une scène si forte, si poussée, si scandaleuse, si publique, il n'y parut pas entre M. le Duc et M. le duc d'Orléans. Le régent sentoit le poids énorme dont sa gestion étoit chargée par la confiance aveugle jusqu'au bout, et la protection si déclarée qu'il avoit donnée à Law envers et contre tous. Il étoit foible, je le dis à regret; il craignoit M. le Duc, ses fougues, sa férocité, son peu de mesure, quoique d'ailleurs il connût bien le peu qu'il étoit. Cette débonnaireté, que je lui ai si souvent reprochée, lui fit avaler ce calice comme du lait, et le porta à vivre à l'ordinaire avec M. le Duc pour ne le point aigrir davantage, et à ne l'aliéner pas de lui. A l'égard de M. le Duc, ce n'étoit pas à lui à se fâcher, il avoit poussé M. le duc d'Orléans à bout sans le plus léger ménagement, toujours l'attaquant, toujours le faisant battre en retraite, jusqu'à lui avoir arraché l'aveu le plus étonnant et le plus dangereux. Il étoit donc content de l'issue de ce combat d'homme à homme, mais il n'avoit garde de l'être des résolutions prises au conseil, quoi qu'il eût pu dire en faveur de la compagnie, et par là il sentit le besoin qu'il auroit de M. le duc d'Orléans pour soi et pour les siens, pour n'être pas enveloppés dans la fortune commune des porteurs de

papiers, et pour sauver les leurs du naufrage, comme il
arriva en effet; car ces quinze cents actions de la remise desquelles il fit tant de parade, quelque énorme qu'en fût le
nombre, n'étoient rien en comparaison de celles qui lui restoient sous d'autres formes, et pareillement à Mme la Duchesse, à Lassai, à Mme de Verue, et à d'autres des siens,
et qui profitèrent depuis si furieusement et pour longtemps
encore. Ce n'est donc pas merveilles si, après une si étrange
scène où il avoit eu tout l'avantage sur M. le duc d'Orléans,
il ne chercha depuis qu'à la lui faire oublier.

La fin de ce conseil ne fut pas plus heureuse pour M. le
duc d'Orléans. Il s'y montra battu de l'oiseau, en protestant, je n'oserois dire bassement, qu'il laisseroit faire aux
commissaires la liquidation dont ils seroient chargés, en
pleine liberté, sans s'en mêler; encore pis, quand M. le Duc
lui fit comme une nouvelle injure par la façon dont il l'approuva et l'y exhorta en deux mots si énergiques, de se
tourner au roi, et lui demander permission de publier que
Sa Majesté lui avoit défendu de se mêler des liquidations.
C'étoit avouer le peu de confiance que le public pouvoit
prendre en lui et s'en moquer en même temps, en demandant cette permission ridicule à un roi sans pouvoir, par le
défaut de son âge, d'ordonner ni de défendre rien d'important, et moins encore qu'à qui que ce fût, au dépositaire de
toute son autorité[1]. Aussi le maréchal de Villeroy ne put-il
contenir cette exclamation également ironique et satirique
qui marquoit combien il trouvoit l'autorité du roi mal déposée, et le ridicule d'une confiance que le roi n'étoit pas en
état d'accorder ni de refuser.

Je ne sais si cette dérision du maréchal de Villeroy, si
impertinente et si publique, réveilla dans M. le duc d'Orléans le désir de le déplacer, mais peu après il me fit en gé-

---

1. Il faut entendre par cette phrase un peu obscure, que le roi ne pouvait donner aucun ordre important, et moins encore qu'à personne, au duc d'Orléans, dépositaire de toute son autorité.

néral ses plaintes de la conduite du maréchal de Villeroy à son égard, de ses liaisons, de ses vues folles, mais dangereuses, et du péril pour lui régent de laisser croître le roi entre ses mains, et les conclut par me déclarer résolûment qu'il me vouloit mettre en sa place. Je lui opposai les mêmes raisons que je lui avois alléguées les autres fois que cette même tentation l'avoit surpris. Je le fis souvenir combien il avoit approuvé le conseil que je lui avois donné vers la fin de la vie du feu roi, qu'au cas qu'avant sa mort, ou par testament, il ne disposât pas de la place de gouverneur de son successeur, lui, M. le duc d'Orléans, après toutes les horreurs qu'on avoit eu tant de soin de répandre partout, devoit se garder sur toutes choses de mettre en une place si immédiate à la personne du jeune roi aucun de ceux qui étoient publiquement ses serviteurs particuliers, moi moins que pas un, qui, dans tous les temps, ne m'étois jamais caché de l'être, et le seul qui eût continué à le voir hardiment, publiquement et continuellement dans l'abandon général où il s'étoit trouvé. J'insistai que ces mêmes raisons qui m'avoient engagé à le remercier avec opiniâtreté les autres fois qu'il m'avoit pressé d'accepter cette place, subsistoient toutes pour me la faire encore refuser. J'ajoutai que, convenant avec lui de tout sur le maréchal de Villeroy, ces mêmes raisons qui m'éloignoient de lui vouloir succéder, militoient toutes pour l'y faire conserver; que, de plus, le désordre dévoilé des finances, et la sortie de Law du royaume, auquel le maréchal de Villeroy s'étoit opposé dans tous les temps avec éclat, n'étoit pas le moment de l'ôter d'auprès du roi, et qu'il seroit tôt ou tard trop dangereux, après avoir renvoyé le duc du Maine, de réunir en faveur du maréchal de Villeroy et contre Son Altesse Royale le renouvellement des plus affreux soupçons, et le spécieux martyr du bien public, et de l'ennemi de Law et des ruines dont il avoit accablé l'État, mettre en furie Paris qui croyoit la vie du roi attachée à sa vigilance, le parti du duc du Maine caché sous la cendre, tout ce qui s'appeloit la vieille cour, c'est-à-dire presque tous les plus grands seigneurs, enfin le parlement et toute la robe que le maréchal de Villeroy avoit toujours bassement courtisée, et qui l'aimoit et le considéroit comme un protecteur.

Quelque fortes que fussent ces raisons, elles ne persuadèrent point M. le duc d'Orléans : il ne sut trop que répondre, parce qu'elles étoient péremptoires, mais le maréchal de Villeroy étoit une guêpe qui l'infestoit et que la vue du futur auprès du roi lui rendoit encore plus odieuse. Voir, par rapport à Son Altesse Royale, ce jeune monarque entre les mains du maréchal de Villeroy ou entre les miennes, étoit un contraste si puissant sur lui qu'il ne s'en put déprendre, et qui forma deux longues conversations fort vives entre lui et moi. Depuis le lit de justice des Tuileries, j'étois demeuré en grande familiarité, et même fort en confiance avec M. le Duc. Le régent en étoit bien aise, et tous deux se servoient de moi l'un envers l'autre assez souvent. M. le duc d'Orléans espéra apparemment plus de force sur moi en joignant M. le Duc à lui ; car je vis entrer Millain chez moi un matin deux jours après, qui, à ma grande surprise, me dit que M. le Duc l'avoit chargé de me dire que M. le duc d'Orléans ne lui avoit pas caché son désir de me faire gouverneur du roi, et ma résistance ; qu'il trouvoit que M. le duc d'Orléans avoit toutes sortes de raisons les plus solides d'ôter le maréchal de Villeroy d'auprès du roi, et n'avoit pas un meilleur choix, ni un autre choix à faire que de moi pour mettre en cette place, ni de qui que ce pût être que lui, M. le Duc, désirât davantage. Là-dessus, Millain se mit sur son bien-dire, tant pour l'expulsion du maréchal de Villeroy que pour me cajoler, m'enivrer, s'il avoit pu, de louanges et de persuasions, sans avoir pu faire ni l'un ni l'autre. Je le priai d'abord de témoigner à M. le Duc combien j'étois sensible à une si grande marque de son estime et de sa bienveillance, et que, si quelque chose, après la volonté de M. le duc d'Orléans et son service, me pouvoit tenter d'accepter la place de gouverneur du roi, [ce] seroit d'avoir à compter d'une éducation si importante avec un surintendant, non bâtard, mais prince du sang, et tel que M. le Duc; mais que je le suppliois de considérer toutes les raisons que j'avois alléguées à M. le duc d'Orléans, tant contre le déplacement du maréchal de Villeroy que contre le choix à faire de moi pour remplir sa place. Je les détaillai toutes à Millain, je n'oubliai ni force ni étendue, et je conclus par le prier de faire observer à M. le Duc que je méritois d'autant plus d'être cru, qu'il n'ignoroit pas que, si je m'opposois au déplacement du maréchal de Villeroy, ce n'étoit ni par estime ni par amitié, et que, si je tenois ferme au refus, ce n'étoit pas que je ne sentisse tout l'honneur du choix des deux princes, et tout l'avantage et la considération que cette grande place, et si importante, apporteroit à moi et aux miens.

Millain, bien instruit par M. le Duc, qui m'aimoit depuis que je l'avois connu chez le chancelier de Pontchartrain, et qui, depuis le lit de justice des Tuileries, étoit demeuré dans l'habitude de suppléer, tant que cela se pouvoit, aux conférences entre M. le Duc et moi, contesta mes raisons plus de deux grosses heures sans me faire perdre une ligne de terrain. Les deux princes furent étonnés et fâchés de cette résistance, tous deux me le témoignèrent. La dispute recommença, M. le duc d'Orléans s'y prit de toutes les façons et à force reprises; Millain m'assiégeoit sans cesse chez moi. Enfin, ils me déclarèrent qu'ils ne quitteroient point prise que je n'eusse accepté, et que cette lutte dureroit tant qu'il me plairoit, et jusqu'à ce que je la voulusse finir de la sorte : elle dura ainsi cinq semaines. J'en étois excédé, et en même temps peiné de répondre si durement à l'amitié, à la confiance, à leur sentiment intime de la nécessité, surtout pour l'avenir si délicat et si important pour M. le duc d'Orléans. Ces considérations toutefois, quelque fortes qu'elles fussent, n'ébranlèrent aucune de mes raisons : elles ne faisoient qu'accroître mon malaise, et l'importunité que je recevois d'entendre et de répéter les mêmes raisons presque tous les jours.

A la fin je voulus terminer une contestation si journalière et si longue, et finir par Millain pour finir avec plus de mesure et moins durement. Je dis donc à Millain que, sans me départir d'aucune des raisons que j'avois si souvent alléguées aux deux princes et à lui, tant contre le déplacement du maréchal de Villeroy que contre le choix à faire de moi pour remplir sa place auprès du roi, que je croyois péremptoires et sans réplique devant tout homme éclairé et indifférent, je lui en dirois une autre, à moi plus personnelle et plus intime, que j'avois expliquée à M. le duc d'Orléans, et qu'il falloit donc aussi que M. le Duc sût, puisqu'il me pressoit avec tant de force et de persévérance. C'étoit en deux mots que, quelque attaché que je fusse à M. le duc d'Orléans, et quelque serviteur que je fusse de M. le Duc, mon honneur m'étoit plus cher que l'un ni l'autre, et que tout ce que la plus grande fortune me pourroit présenter ; qu'il savoit lui Millain, que personne n'ignoroit ce que de tout temps j'étois à M. le duc d'Orléans ; qu'il n'ignoroit pas aussi les horreurs si souvent renouvelées et répandues contre ce prince depuis leur première invention ; que, mis par lui en la place du maréchal de Villeroy, l'effroi factice des joueurs de ressorts de ces horreurs éclateroit de plus belle contre le régent, et le contre-coup sur moi ; que nul ne pouvoit me garantir que le roi fût exempt de tout accident et de toute maladie tant qu'il seroit entre mes mains ; que cette garantie se pouvoit étendre aussi peu sur sa vie, puisqu'il étoit mortel comme tous les autres hommes de son âge ; que, s'il lui arrivoit accident ou maladie, je me sentois incapable de soutenir tout ce qui se répandroit sur M. le duc d'Orléans, et qui en plein rejailliroit sur moi ; que, si malheur arrivoit au roi, je courois toutes sortes de risques d'entendre publier qu'il n'auroit été mis entre mes mains que pour avoir plus de liberté de s'en défaire, soit par ma négligence, soit par ma connivence, à quoi je me sentois radicalement incapable de survivre un moment; par conséquent qu'il voyoit, et que M. le Duc verroit à plein par le compte qu'il alloit lui rendre, combien radicalement aussi j'étois incapable de me laisser vaincre par quoi que ce pût être pour accepter la place de gouverneur du roi, même quand elle vaqueroit par mort.

Millain, tout consterné qu'il me parût d'une résistance si ferme et si bien causée, ne se tint point battu; il se mit à tâcher de m'éblouir, à vanter ma réputation, qui ne pouvoit être attaquée; à m'alléguer qu'elle étoit demeurée intacte à la mort de nos princes, lors de la plus grande fureur et des discours les plus horribles répandus contre M. le duc d'Orléans; et lorsqu'il avoit été si longtemps dans le décri et dans un abandon si général, que qui que ce soit, sans exception, n'osoit le voir ni même lui parler, tandis que moi, unique, n'avois jamais cessé un moment de le voir et de l'entretenir chez lui et jusque sous les yeux du roi, dans le salon et dans les jardins de Marly, à Versailles, et partout, sans que pas un de ceux qui m'aimoient le moins ait jamais ni dit ni laissé entendre quoi que ce pût être qui pût m'intéresser. Il pressa tant qu'il put cet argument qu'il trouvoit si fort. En effet, ce qu'il disoit étoit vrai, et j'eus ce rare bonheur que les inventeurs, les instigateurs, les prôneurs de ces horreurs contre M. le duc d'Orléans, qui d'ailleurs et de plus, par mon attachement pour lui, étoient mes ennemis, n'imaginèrent jamais de laisser tomber sur moi l'ombre du soupçon le plus léger, ni le public à qui ils donnoient l'impulsion. Je convins avec Millain de cette vérité, mais je pus être persuadé que cette vérité, pour flatteuse qu'elle pût être, me mît à couvert sur ce qui pouvoit arriver du roi entre mes mains. Raisonnant un moment comme les inventeurs et les semeurs des bruits horribles si étrangement répandus contre M. le duc d'Orléans à la mort de nos princes, M. le duc d'Orléans non-seulement n'avoit aucun besoin de moi pour l'exécution de tels crimes, mais au contraire grand besoin de s'en cacher de moi. « Je laisse, dis-je à Millain, la religion, l'honneur, la probité ; je ne toucherai que l'intérêt. »

Monseigneur étoit mort : le roi avoit pris toute confiance dans le nouveau Dauphin, il lui renvoyoit les ministres et les affaires, il donnoit les plus grandes charges à son choix, témoin le duc de Charost. Ce prince par ses vertus, son application, l'autorité que le roi lui faisoit prendre ; la Dauphine par ses charmes envers tout le monde, qu'elle animoit partout, étoit l'objet de la tendresse de son époux, de celle du roi, de celle de tout le monde. Le duc de Beauvilliers se trouvoit dans la plus grande splendeur, par l'influence entière qu'il avoit conservée sur son ancien pupille. Personne n'ignoroit à la cour, et M. le duc d'Orléans moins qu'aucun, que le duc de Beauvilliers m'aimoit plus qu'un fils et me confioit presque toutes choses, depuis bien des années que sa confiance alloit toujours croissant. Il avoit transpiré malgré toutes nos précautions qu'il m'avoit initié dans celle du Dauphin, que la Dauphine vouloit que Mme de Saint-Simon succédât à la duchesse du Lude, fort âgée déjà, et accablée de goutte. La couronne ne pouvoit tarder longtemps à tomber sur la tête du Dauphin. Que n'avois-je donc point à perdre en le perdant, comme j'y ai tout perdu en effet, sans compter ce qui est mille fois plus cher que les fortunes. C'étoit cette perspective charmante que le monde voyoit s'ouvrir devant moi, qui m'en attiroit l'envie et la jalousie, et qui étoit incompatible avec le partage ou la confidence des crimes dont on accabloit la réputation de M. le duc d'Orléans, dont le règne, s'il fût arrivé même sans trouble, quelque favorable qu'il me pût être, ne pouvoit jamais me dédommager du personnel incomparable du Dauphin, ni pour la fortune de ce que j'en pouvois attendre, sans compter ce

que m'eût été de voir la couronne sur la tête d'une bâtarde
de Mme de Montespan, au lieu de cette Dauphine si aimable,
et de là sur les petits-fils de cette Montespan. Par conséquent
quel rejaillissement sur ses frères, sur ses neveux, et quel
éternel désespoir pour l'antipode si déclaré de la bâtardise!
M. le Duc étoit trop éloigné de la couronne, pour que ce
propos fût déplacé, et M. le duc d'Orléans, trop frivole, trop
peu touché par soi-même de la possibilité de régner, enfin
trop accoutumé à moi, à mes sentiments, à mes manières
pour en être embarrassé avec lui. J'ajoutai à Millain qu'il prît
garde à la différence des temps et des circonstances pour en
faire la comparaison, et porter un jugement sain de mon
refus; qu'il étoit clair que j'avois tout à perdre en perdant
le Dauphin et la Dauphine; qu'il ne l'étoit guère moins, pour
continuer à ne traiter que l'intérêt et faire abstraction de
toute autre considération, [que] je n'avois rien à perdre que
de commun avec toute la France, si le roi lui étoit ravi,
tandis qu'en mon particulier je ne perdrois que l'espérance
très-légère du crédit, qu'un gouverneur nouveau venu pourroit fonder de s'acquérir auprès d'un enfant qui avant quatorze ans seroit son maître, environné de gens qui ne songeroient qu'à l'entraîner, et à lui rendre son gouverneur
odieux, tout au moins contraignant, importun et ridicule,
tandis que j'avois tout à me promettre de M. le duc d'Orléans
devenu roi. J'insistai avec raison et force sur cette si extrême
différence des temps et des circonstances; d'où je conclus
que si ma réputation étoit demeurée intacte à la mort de
nos princes, j'avois tout lieu de craindre qu'elle ne la demeurât pas si, étant gouverneur du roi, j'avois le malheur
de le perdre de quelque accident et de quelque maladie que
ce pût être, pour palpablement naturelle qu'elle fût et qu'elle
parût. Enfin qu'il fît considérer à M. le Duc une raison si
touchante, que rien dans le monde ne me feroit passer par-dessus.

Millain, étourdi de la solidité de cette raison finale, ne

laissa pas de se reprendre aux branches et d'insister sur ma réputation, qui ne pouvoit jamais être tant soit peu attaquée. Je lui répondis que je m'en flattois parce que je m'étois conduit toute ma vie principalement vers ce but, mais que le moyen le plus certain de la conserver entière, sans tache et sans rides, étoit de ne l'exposer pas à aucun des cas qui pourroit la gâter quelque injustement que ce pût être, et de n'être ni assez présomptueux à cet égard, ni assez ambitieux pour risquer quoi que ce pût être, qui pût entraîner sur elle le doute le plus léger, quoique le plus visiblement mal fondé. Je finis une conversation qui consomma presque toute cette matinée, par l'assurer que je ne serois ébranlé par rien, que j'étois las de tant de redites, sur une matière plus qu'épuisée ; que je conjurois M. le Duc que je n'en entendisse plus parler et que je ferois la même déclaration à M. le duc d'Orléans ; je la lui fis en effet deux jours après, sur ce qu'il me pressa encore. Néanmoins, il se fonda encore en raisonnements, c'est-à-dire que les mêmes sur le maréchal de Villeroy et sur moi furent amplement rebattus, parce qu'il n'y avoit plus rien de nouveau à en dire. Il me demanda plusieurs fois si je le voulois livrer en proie au maréchal de Villeroy, et je vis combien il étoit touché et frappé de la différence, pour lui, de voir le roi entre de telles mains ou entre les miennes. En cela il n'avoit pas tort ; mais, comme je l'ai déjà dit, d'autres considérations plus fortes par un grand malheur devoient l'emporter pour conserver le maréchal de Villeroy dans sa place ; et quoique véritablement sensible à la peine de M. le duc d'Orléans de mon refus, ma réputation et mon honneur m'étoient trop chers pour les exposer le moins du monde, outre mes autres raisons, qui ont été expliquées.

Je comptai donc l'affaire finie à mon égard, et que faute de trouver quelque autre bien à point, le maréchal de Villeroy conserveroit sa place, comme en effet il arriva. Mais à mon égard, la persécution, si j'ose me servir de ce terme, n'étoit pas finie. Millain eut ordre de revenir encore à la charge, et il s'en acquitta si bien qu'il me mit enfin en colère; je lui dis que c'étoit une tyrannie qu'exiger d'un serviteur, sur qui on a raison de compter, d'exposer son honneur et sa réputation, au hasard d'un futur contingent que j'espérois bien qui n'arriveroit pas, mais qui n'étoit que trop possible par les accidents communs à tous les hommes, et par la rougeole et la petite-vérole que le roi n'avoit point eues, et qui tourneroient la tête aux médecins. Qu'outre un si cher intérêt que celui de mon honneur et de ma réputation, j'avois allégué plusieurs fois à ces princes des raisons qui regardoient M. le duc d'Orléans, si péremptoires pour laisser le maréchal de Villeroy dans sa place, et pour, quoi qu'il arrivât de lui, ne me la jamais donner, que je ne pouvois attribuer cette opiniâtreté qu'à une espèce d'ensorcellement; mais qu'en un mot, je l'avertissois pour le rendre à M. le Duc, et M. le Duc à M. le duc d'Orléans, si bon lui sembloit, que je ne me défendrois plus; que de mon silence, ils en inféreroient tout ce qu'il leur plairoit; que, si le maréchal de Villeroy étoit ôté d'auprès du roi, je ne dirois pas une parole, mais que, si j'étois nommé pour la remplir, je refuserois ferme et net; que ce refus m'attireroit les applaudissements de tout le monde aux dépens de M. le duc d'Orléans, et peut-être de M. le Duc, qui pourroient bien m'envoyer à la Bastille et me retirer l'honneur de leurs bonnes grâces; que je serois au désespoir d'être loué à leurs dépens, mais que, ne me restant plus que ce moyen pour me garantir d'une place qui pouvoit devenir funeste à mon honneur et à ma réputation, quelque faussement et injustement que ce pût être, je l'embrasserois comme un fer rouge, plutôt que de m'y exposer, que je ne les trompois point en cela, puisque je le lui disois à lui, pour qu'ils en fussent avertis, après quoi je n'ouvrirois plus la bouche sur une affaire si longuement rebattue, et qui auroit dû être finie et abandonnée depuis longtemps. Cela dit avec quelque force, je me levai, et par ma contenance, je fis entendre à Millain que tout étoit épuisé, et civilement qu'il n'avoit qu'à s'en aller. Telle fut la fin finale de cette affaire dont les deux princes ni Millain ne me parlèrent plus. M. le duc d'Orléans fut un peu fâché; mais avec moi surtout ses fâcheries étoient légères et courtes. Pour M. le Duc, il me parut qu'il se paya, quoique à regret, de raison. Mon refus opéra la conservation du maréchal de Villeroy auprès du roi, faute, comme je l'ai dit, de trouver de qui la remplir.

M. le duc d'Orléans conta tout cela à l'abbé Dubois; je l'appelle toujours ainsi, quoique sacré archevêque de Cambrai. On a vu ailleurs ici que souvent les choses intérieures les plus secrètes transpiroient du Palais-Royal et se savoient au dehors. Le maréchal de Villeroy apprit le risque qu'il avoit couru, et qu'il n'avoit tenu qu'à moi d'avoir sa place. Tout autre que lui auroit pu en être piqué contre M. le duc d'Orléans et contre M. le Duc, mais m'auroit su gré de mon refus et de ma conduite qui l'avoit conservé, d'autant que ce n'étoit pas pour la première fois, ni même pour la seconde, que pareil cas étoit arrivé, comme on l'a pu voir ici en son temps, quoique avec moins de dispute et de longueur.

Ce sentiment à mon égard ne fut pas celui du maréchal de Villeroy. Trop fâché pour se contenir, trop bas et trop timide pour s'en prendre au régent, quoique si hardi en d'autres choses, mais qui alloient à ses projets, dont la cheville ouvrière étoit sa place auprès du roi, qu'il ne vouloit pas hasarder par une scène avec M. le duc d'Orléans, des intentions duquel et de celles de M. le Duc il ne pouvoit douter, il s'en prit honteusement à la partie foible, dont pourtant l'opiniâtre refus l'avoit sauvé. Il renouvela donc ses anciennes plaintes là-dessus et son ancien dépit contre moi. Malheureusement pour lui il ne sut et ne put par où me prendre. Il eut recours à de misérables généralités et à aboyer à la lune. Cela me revint bientôt et de plusieurs côtés. Je ne voulois pas avouer, non plus que les précédentes fois, que la place de gouverneur du roi m'avoit été offerte; je ne crus pas aussi devoir, comme la dernière fois, rassurer le maréchal de Villeroy, qui payoit si mal le service si essentiel que je lui avois rendu, et dont la basse jalousie allumoit l'ingratitude. Je pris le parti de mépriser ses discours, comme je faisois de tout temps sa personne, mais sans me lâcher sur lui en rien. Je me contentai d'en hausser les épaules et de traiter de radotage ce qu'on m'en contoit. Je n'avois jamais eu de commerce avec lui que de rare et légère bienséance pendant et depuis le dernier règne, excepté les derniers temps de la vie du feu roi, qu'on a vu en son lieu qu'il se jeta à moi pour essayer de me pomper avec une importunité extrême. J'allois peu chez le roi, dont l'âge ne comportoit pas l'assiduité du mien, et où encore je ne le rencontrois presque point, tellement que je ne le voyois qu'au conseil, où nous ne nous abordions guère, au plus que des moments, et où il étoit difficile, par l'ordre de la séance, que nous nous trouvassions l'un auprès de l'autre; je n'eus donc rien à changer dans ma conduite à son égard, et je me contentai de piquer de plus en plus, par mon parfait silence, son orgueil et sa vanité blessée.

CHAPITRE VI.

Forte conversation entre M. le duc d'Orléans et moi, qui ébranle l'abbé Dubois fortement, mais inutilement. — Foiblesse étrange de M. le duc d'Orléans, qui dit tout à l'abbé Dubois, se laisse irriter contre moi jusqu'à me faire de singuliers reproches, dont à la fin il demeure honteux ; m'avoue sa foiblesse et défend à l'abbé Dubois de lui jamais parler de moi. — Étrange trait sur le chapeau de Dubois entre M. le duc d'Orléans et Torcy. — Naissance du prince de Galles à Rome. — Sentiments anglois sur cette naissance. — Mort du comte de Stanhope et de Craggs, secrétaires d'État d'Angleterre, succédés (sic) par Townsend et Carteret. — Leur caractère. — Mort du docteur Sachewerell. — Mort et caractère de Huet, ancien évêque d'Avranches ; de la duchesse de Luynes ; de la duchesse de Sully (Coislin) ; de la duchesse de Brissac (Vertamont). — Embrasement de Rennes. — Cailloux singuliers.

Quoique M. le duc d'Orléans ne me mît plus au fait de tout comme avant que l'abbé Dubois se fût entièrement et ouvertement rendu le maître de toutes les affaires du dehors et du dedans, et fût parvenu à tenir de court son maître et à le resserrer avec ses plus sûrs serviteurs, avec moi surtout dont il craignoit la liberté et l'ancienne habitude avec ce prince, il ne put néanmoins le tenir de si court à mon égard, que, quelque réservé que je me rendisse depuis que j'avois aperçu la réserve insolite de M. le duc d'Orléans avec moi, l'abbé Dubois, dis-je, ne put si bien faire qu'il n'échappa toujours quelque chose à l'habitude et à la confiance pour moi. Je l'ai déjà dit et il faut le répéter ici, les petits chagrins que ce prince avoit quelquefois contre moi, étoient légers et courts. Ainsi celui qu'il avoit pris de mon opiniâtre refus de la place de gouverneur du roi tomba incontinent après. Une après-dînée que je travaillois avec lui, seul à mon ordinaire, il me parla du traité entre l'Espagne et l'Angleterre qui s'avançoit fort, et m'en apprit les détails qui donnoient les plus grands avantages au commerce de l'Angleterre, aux dépens de l'Espagne qui avoit grand'peine à y consentir, et qui ruinoient celui de France, en transportant aux Anglois tous les avantages que les François y avoient eus depuis l'avénement de Philippe V à la couronne, la plupart conservés de façon ou d'autre depuis la paix d'Utrecht. Nous y avions perdu à la vérité la traite des nègres ; mais le vaisseau de permission et beaucoup d'autres avantages nous étoient restés, que l'Angleterre prétendoit nous faire ôter et les obtenir, et desquels l'abbé Dubois ne leur faisoit pas moins litière qu'il ne pressoit l'Espagne de se couper la gorge à elle-même en faveur des Anglois.

Dès les commencements de la régence, on a pu voir ici et plusieurs fois depuis combien ce joug anglois me pesoit; plus il s'appesantissoit, plus il me devenoit insupportable. Je ne pus donc tenir au récit que me fit M. le duc d'Orléans. Je lui fis sentir le préjudice extrême que le commerce de France alloit recevoir et l'Espagne elle-même si elle se laissoit entraîner aux conditions qu'il m'exposoit, et combien lui-même seroit un jour comptable au roi et à la nation d'avoir souffert que l'abbé Dubois vendît des intérêts si grands et si chers à l'Angleterre, qui sauroit bien dans tous les temps se conserver ce qui lui seroit accordé. Je l'exhortai du moins à laisser traiter cette affaire au congrès de Cambrai qui s'alloit ouvrir, où presque tous les ministres des premières puissances étrangères étoient arrivés, duquel l'objet n'étoit pas moins de régler les difficultés entre l'Angleterre et l'Espagne sur le commerce et avec nous-mêmes, que de tâcher d'ajuster l'Espagne avec l'empereur et de parvenir à une paix entre eux. Que là, en présence de tant de ministres, des Hollandois surtout, quoique si liés à l'Angleterre par terre, mais jaloux et si las de leurs progrès au delà des mers, l'Espagne trouveroit des secours et l'Angleterre des embarras et des difficultés très-profitables; à tout le moins lui, régent, éviteroit le blâme de s'être hâté d'égorger la France et l'Espagne sous la cheminée, en procurant à l'Angleterre toutes ses nouvelles et très-injustes prétentions. Le détail fut long sur les plaies qui étoient portées par les conditions demandées par les Anglois à l'Espagne; et au commerce de France qu'elles ruinoient, et à celui de toute l'Europe qu'elles attaquoient et qui en demeureroit extrêmement affoibli si elles étoient accordées, et sur la certitude qu'elles demeureroient toujours aux Anglois, si elles tomboient une fois entre les serres d'une nation si avide, si avantageuse, si puissante par mer, si fort née pour les colonies et pour le commerce, si jalouse d'y dominer, si suivie, si pénétrée de son intérêt, du commerce, dis-je, qui intéresse chaque particulier et qui est tout entier et dans toutes ses parties entre les mains de la nation, dans les parlements et absolument hors de prise à leur roi et à ses ministres. J'insistai donc sur le grand intérêt de la France et de l'Espagne de laisser porter ces prétentions au congrès de Cambrai, où l'intérêt palpable du commerce de toute l'Europe tiendroit les yeux de tous les ministres ouverts, et formeroit des obstacles et des entraves aux Anglois, dont le régent n'auroit point le démérite, tout au plus ne feroit que le partager avec toutes les autres puissances, et sauveroit ainsi en tout ou en la plus grande partie le commerce de France, celui d'Espagne et le commerce de toute l'Europe dont l'Angleterre se vouloit emparer, et deviendroit enfin la maîtresse de l'Europe, puisqu'elle en posséderoit seule tout l'argent, qui par le commerce s'est jusqu'ici distribué en toutes ses parties plus ou moins inégalement à proportion du commerce de chacune.

Ce discours plus fort et bien plus détaillé, et plus long que je ne le rapporte, fit une grande impression à M. le duc d'Orléans. Il entra en discussion, il convint avec moi de beaucoup de choses, et peu à peu que j'avois raison. Cela m'encouragea, de sorte qu'après l'avoir battu sur ses objections par rapport à ses entraves avec l'Angleterre, je lui dis qu'il n'avoit qu'à voir où l'intérêt personnel de l'abbé Dubois l'avoit conduit; que je lui avois souvent dit qu'il ne songeoit qu'à être cardinal, et que toujours, lui régent, s'étoit récrié d'indignation, vraie ou feinte, et qu'il le feroit mettre dans un cul de basse-fosse s'il le surprenoit dans une telle pensée; que néanmoins rien n'étoit plus vrai; que je ne lui envious le cardinalat en aucune sorte, qu'il ne seroit pas le premier cuistre ni le centième qui le seroit devenu; qu'un régent de France, tel qu'il l'étoit, devoit assez se sentir et être en effet assez considérable pour pouvoir récompenser d'un chapeau qui que ce fût, surtout un homme qui avoit le vernis d'avoir été son précepteur, et acquis depuis le caractère épiscopal d'un grand siége et celui de ministre très-principal; mais qu'il étoit vrai que je ne pouvois souffrir que l'abbé Dubois se fît cardinal par l'autorité que l'empereur exerçoit despotiquement à Rome, et par le crédit tout-puissant du roi d'Angleterre sur l'empereur. Que pour se rendre le roi d'Angleterre et ses ministres non-seulement favorables à Vienne, mais pour leur faire épouser son intérêt par le leur, il n'avoit songé qu'à lier lui régent à l'Angleterre, à se rendre nécessaire pour serrer cette union, faire plusieurs voyages à Hanovre et à Londres parce qu'on dit ce qu'on n'ose écrire, peu après engager la rupture, puis la guerre entre la France et l'Espagne, sans autre intérêt que le sien, pour flatter Londres et Vienne, non-seulement contre l'intérêt de la France, mais en exposant lui régent personnellement, aux derniers dangers, comme je le lui avois prédit dans le temps, comme il en [a] éprouvé une partie dans l'affaire de Cellamare, et comme il a hasardé bien pis, si la guerre eût duré et se fût échauffée. Que lui seul n'avoit pas voulu voir ce qui fut clair alors à toute l'Europe, que cette guerre n'eut jamais d'autre objet que de satisfaire la jalousie des Anglois sur la marine renaissante d'Espagne dont le maréchal de Berwick eut l'ordre, qu'il exécuta, de brûler tous les vaisseaux, tous les chantiers, tous les magasins des ports du Ferrol et des autres voisins, ce qui anéantit toute la marine d'Espagne; tout aussitôt après quoi l'abbé Dubois termina cette déplorable guerre. « De là, ajoutai-je, il vous a fait entièrement passer sous le joug des Anglois, a été leur homme auprès de vous plus que ne le fut jamais l'impudent Stairs, son bon ami; et maintenant il vend, pour son chapeau, la France, l'Espagne, le commerce de toutes les nations de l'Europe à l'Angleterre sans le moindre retour; se vend en même temps à eux et s'applaudit de sa trahison et de sa ruse, qui lui va incessamment procurer le chapeau auquel votre considération n'aura pas la moindre part, mais la seule autorité de l'empereur, par la vive et pressante entremise du roi d'Angleterre, ou plutôt en vertu du traité secret de ses ministres avec l'abbé Dubois. »

L'impression de ce vif et trop vrai raccourci de la conduite de l'abbé Dubois, si pourpensée et si bien suivie, frappa le régent au delà de ce que je l'ai jamais vu. Il s'appuya les coudes sur la table qui étoit entre lui et moi, se prit la tête entre ses deux mains et y demeura quelque peu en silence, le nez presque sur la table. C'étoit sa façon quand il étoit assis et fort agité. Enfin il se leva tout à coup, fit quelques pas sans parler, puis se prit à se dire à soi-même : « Il faut chasser ce coquin. — Mieux tard que jamais, repris-je ; mais vous n'en ferez rien. » Il se promena un peu en silence avec moi. Je l'examinois cependant, et je lisois sur son visage et dans toute sa contenance la vive persuasion de son esprit, même de sa volonté, combattue par le sentiment de sa foiblesse, et de l'empire absolu qu'il avoit laissé prendre sur lui. Il répéta ensuite deux ou trois fois : « Il faut l'ôter, » et comme l'habitude me le faisoit connoître très-distinctement, je croyois à son ton et à son maintien entendre tout à la fois l'expression la plus forte d'une nécessité instante et de l'insurmontable embarras d'avoir la force de l'exécuter ; dans cet état, je vis clairement qu'il ne me restoit plus rien à dire pour arriver à la conviction parfaite de la nécessité urgente de chasser l'abbé Dubois ; mais que pour lui en inspirer la force, mes paroles seroient inutiles, et ne feroient qu'affoiblir celles qui lui avoient fait une si forte impression, parce qu'elles ne feroient que le dépiter en lui faisant sentir plus fortement sa foiblesse, sans lui donner la force de la surmonter. Cela m'engagea à me retirer pour le laisser à lui-même, et le soulager de la peine et de la honte de me voir le témoin de ce combat intérieur. Je lui dis donc que je n'avois plus rien à ajouter à une matière si importante à l'État, à toute l'Europe, singulièrement à lui-même, que je le laissois à ses réflexions, et qu'il ne me restoit qu'à désirer qu'elles eussent sur lui tout le pouvoir qu'elles devoient avoir. Il étoit si occupé qu'à peine me répondit-il je ne sais quoi, et me laissa aller sans peine contre son ordinaire toutes les fois qu'il se trouvoit fort agité. Je m'en allai content d'avoir rempli mon devoir par une conversation si forte et si nécessaire, mais avec peu d'espérance du fruit qu'elle devoit si naturellement produire.

Achevons cette matière tout de suite trop intéressante et trop curieuse pour être interrompue et en faire à deux fois ; trois semaines à peu près se passèrent sans que j'aperçusse rien que d'ordinaire en M. le duc d'Orléans avec moi. Dans mes jours de travail, il ne me parla ni d'affaires étrangères ni de l'abbé Dubois; de mon côté, je me gardai bien de lui en ouvrir la bouche. Néanmoins, j'avois su que le lendemain de la conversation que je viens de raconter, il y avoit [eu] tant de bruit et si long par reprises entre M. le duc d'Orléans et l'abbé Dubois, que les chambres voisines s'en étoient fortement aperçues, malgré des pièces vides entre-deux, et je fus informé aussi que M. le duc d'Orléans avoit paru longtemps occupé et de mauvaise humeur, lui qui n'en montroit et n'en avoit même comme jamais; en même temps que l'abbé Dubois étoit plus furieux et plus intraitable qu'il ne l'avoit jamais paru. J'en conclus de plus en plus la volonté et la foiblesse; qu'il y avoit eu des reproches et des éclats qui ne menoient à rien, car il n'y avoit qu'à le chasser sans le voir et sans donner prise à la foiblesse; enfin que cette foiblesse l'emporteroit sur les plus importantes considérations, et que l'abbé Dubois demeureroit le maître. Je ne me trompai pas.

Vers la fin des trois semaines depuis la conversation, allant travailler avec M. le duc d'Orléans, je le trouvai seul qui se promenoit dans la pièce de son grand appartement la plus proche du passage de son petit appartement. Il me reçut contre son ordinaire d'un air si froid et si embarrassé, qu'après quelque peu de mots indifférents je lui demandai franchement à qui il en avoit, et que je voyois bien qu'il y avoit quelque chose sur mon compte. Il balança, il tergiversa. Je le pressai, l'apostume creva. Il me dit donc, puisque je voulois le savoir, qu'il étoit fort peiné contre moi, et tout de suite me débagoula, car c'est le terme qui convient à la façon dont il se déchargea, que je voulois qu'il fît tout ce qu'il me plaisoit, et que je refusois de faire tout ce qui ne me plaisoit pas; que j'avois refusé les finances, la place de chef du conseil des affaires du dedans, depuis de me trouver avec lui et tous les pairs et les maréchaux de France au grand conseil, les sceaux après, et trois fois de le délivrer de la plus fâcheuse épine en refusant autant de fois la place de gouverneur du roi. « N'y a-t-il que cela, lui répondis-je, qui vous mette en cette humeur contre moi? — Non, reprit-il vivement, il me semble que c'est bien assez. — Or bien, monsieur, lui dis-je, il faut commencer par les refus que vous me reprochez, parce que ce sont des faits; nous viendrons après à la plainte vague de vouloir vous faire faire tout ce qu'il me plaît. Des deux premiers refus, souvenez-vous s'il vous plaît qu'il n'y en a qu'un qui porte, qui est celui des finances. Il est vrai que vous fûtes fâché, il est plus vrai encore que vous l'auriez été davantage, si je les avois acceptées; ma raison de les refuser fut mon incapacité et mon dégoût naturel de ces matières, j'y aurois fait autant de fautes que de pas, et en finances il n'y a point de petites fautes. Si je n'entends rien aux finances ordinaires, comment aurois-je pu comprendre les diverses opérations de Law, et tenir ce timon qui a enfin rompu entre vos mains à vous-même; et si la souplesse et la bassesse du duc de Noailles pour le parlement, jusqu'à rendre compte des finances à ses commissaires, n'a pu émousser ses entreprises à cet égard, pensez-vous que ma conduite lui eût été plus agréable avec l'affaire du bonnet et ma rupture sans nul ménagement avec le premier président? Voilà donc, monsieur, pour les finances. A quoi on n'a jamais imputé à mal à personne le refus d'une place grande par son autorité, son importance et ce qu'elle vaut, ni l'aveu d'une incapacité véritable. J'oserois dire, s'il s'agissoit d'un autre, que ce refus mériteroit louange et estime, et qu'il n'est pas commun. La place de président du conseil des affaires du dedans, il est vrai que je la refusai, parce que je la trouvois trop forte et trop laborieuse à me charger du détail de tout ce qui vient de procès, de disputes, de règlements au conseil de dépêches, et de les rapporter au conseil de régence; souvenez-vous du peu d'ambition que je témoignai dans la formation des conseils : vous me demandâtes sur ces deux refus ce que je voulois donc prendre, et j'eus l'honneur de vous répondre que c'étoit à moi à vous laisser disposer de moi, mais que, si vous vouliez m'employer à quelque chose, et me mettre à ce dont je croirois m'acquitter le moins mal, ce seroit de me donner une place dans ce même conseil des affaires du dedans, sur quoi vous vous moquâtes de moi, et me dîtes avec bonté, que, ne voulant ni des finances ni de la place de chef de ce conseil du dedans, il n'y en avoit point d'autre pour moi, que dans le conseil où vous seriez vous-même. J'ai donc raison de dire que ce refus-ci ne porte pas, puisque je me contentois de bien moins dans le même conseil et que vous n'avez pas eu lieu de vous plaindre du travail, de l'onction, de la capacité de d'Antin, que je vous proposai pour chef de ce conseil, et que vous en chargeâtes. Quant au grand conseil, dites-moi, monsieur, en avez-vous sitôt perdu la mémoire? Si cela est, rappelez-vous, s'il vous plaît, que je ne savois pas un mot de cette belle séance, lorsque j'arrivai de Meudon, pour travailler avec vous; que je vous trouvai dans cette même pièce-ci, donnant vous-même des commissions à des garçons rouges et à d'autres de vos gens; que je vous demandai ce que c'étoit que tout cela que je n'entendois qu'à bâtons rompus ; que vous me l'expliquâtes, et tout de suite me dîtes en souriant qu'à mon égard ce seroit le contraire des autres pairs mandés ; que vous me priiez de ne me pas trouver au grand conseil, parce que sûrement je ne serois pas de l'avis que vous vouliez qui y passât et que je disputerois contre comme un diable; à quoi j'eus l'honneur de vous répondre que je réputois à grâce très-particulière cette défense qui me délivroit de la nécessité de vous déplaire en public, et peut-être de vous embarrasser beaucoup, pour suivre le mouvement de ma conscience et de mon honneur pour le service de l'État, et en particulier de l'Église et de la vérité. Vous vous mîtes à rire de ma réponse avec votre légèreté ordinaire; là-dessus la conversation se fit ensuite sur cette séance du lendemain, que je ne pus approuver; j'eus ensuite l'honneur de travailler avec vous. Vous ne fûtes fâché ni alors ni depuis, et aujourd'hui est la première fois que vous vous en avisez : franchement, monsieur, pardonnez-moi si je vous le dis, cela est-il raisonnable? Passons maintenant aux sceaux, permettez-moi de vous dire que je n'ai jamais compris quelle a été la fantaisie de me les vouloir donner, et une fantaisie aussi opiniâtre : faire une sorte d'insulte à toute la magistrature de les donner à un homme d'épée, à un homme entièrement ignorant du sceau et de tout ce qui y a rapport, à un homme pour être entre vous et le parlement, répondre à ses remontrances et à ses entreprises, y présider, y parler, y prononcer, en cas de lit de justice, toutes choses très-difficiles à allier, pour ne pas dire incompatibles, avec la séance et la fonction de pair; et de tous les pairs choisir l'ennemi déclaré du premier président, avec qui, en tant d'occasions, il faut conférer, et de plus des moins agréables au parlement, et, par rapport à vous, montrer une légèreté singulière en ôtant les sceaux au chancelier à qui vous veniez si nouvellement de les rendre, et de le rappeler de Fresnes où vous l'aviez exilé. Mon refus, que j'ose dire avoir été sage, fit laisser les sceaux au chancelier, et vous avez vu qu'il ne vous en est pas arrivé le moindre inconvénient ni le moindre embarras. Reste donc la place de gouverneur du roi ; mais cette place n'est-elle pas assez importante, assez brillante? ne tire-t-elle pas naturellement d'assez grandes suites pour tenter un homme de mon âge, qui a une famille, qui n'est revêtu que de sa dignité de duc et pair, et qui n'a jamais été avec le maréchal de Villeroy sur aucun pied de sentir le moindre embarras de recevoir sa place, avec la satisfaction de ne l'avoir ni demandée ni désirée. Enfin, cette place, en honneur, en confiance, en considération, en toutes sortes d'avantages réels, peut-elle [être] refusée et refusée jusqu'à trois différentes fois sans des considérations de contre-poids les plus fortes et les plus démontrées? Leur base est une suite d'horreurs dont il a fallu vous remettre trop souvent [le tableau] devant les yeux pour vous les renouveler encore. Mais au nom de Dieu, monsieur, faites-y réflexion, et je m'assure que vous me rendrez justice. »

Jusqu'ici M. le duc d'Orléans m'avoit laissé parler sans m'interrompre. Ou il n'avoit pas trouvé de réplique à mes réponses, ou ces refus ne l'avoient affecté que dans le moment que l'abbé Dubois l'avoit poussé, dont mes réponses effaçoient l'impression ; mais l'importunité qu'il recevoit du maréchal de Villeroy, que rien de sa part n'avoit pu gagner, et ce qu'il en craignoit auprès du roi dans les suites, lui tenoient au cœur. Il ne put donc se satisfaire de mes réponses sur mon refus si opiniâtre et si constant de la place de gouverneur du roi. Il m'en fit des plaintes amères, et me contraignit de reprendre avec lui les raisons de mon refus, qu'on a vues ici, avec beaucoup plus d'étendue. Comme cette longue explication ne roula que sur les mêmes principes, tant à l'égard des raisons de ne point ôter le maréchal de Villeroy de cette place, quelque mal qu'il s'en acquittât, quelque incapable qu'il en parût, et qu'il en fût, quelque dangereux qu'il y pût être au régent, et sur celles de ne m'y point mettre quand même elle deviendroit vacante par mort, je n'en allongerai pas ce récit. Je me contenterai de dire que je mis enfin M. le duc d'Orléans à bout sur cet article, après une longue et forte discussion, et que je le forçai de convenir que tous mes refus ne méritoient point de reproches, et que j'avois eu raison de les faire. De là, j'eus beau jeu sur le reproche général que je ne voulois rien faire que ce qui me plaisoit, et que je voulois lui faire faire tout ce que bon me sembloit.

Sur la première partie, je le fis souvenir de la façon dont je m'étois conduit chez le chancelier dans ce comité de finances dont il voulut si absolument que je fusse, quoi que j'eusse pu dire et supplier au contraire plusieurs fois dans son cabinet de ma juste répugnance, par mon incapacité sur les finances où je n'entendois rien, de mon ignorance de la gestion du duc de Noailles qui en cachoit tout au conseil de régence, et sur le personnel du duc de Noailles, avec lequel j'étois hors de toute mesure, qui avoit apparemment ses raisons pour vouloir que je fusse de ce comité, et que je ne me rendis qu'au commandement inattendu et absolu qu'il m'en fit en nommant les commissaires de ce comité au conseil de régence, dans lequel je protestai de mon incapacité en cette matière, et de mon inutilité en choses où je n'entendois rien. Je le priai encore de se souvenir de diverses autres choses qu'il avoit exigées de mon obéissance, à quoi je m'étois soumis malgré moi, et du commerce qu'il avoit si fortement voulu que j'eusse une fois au moins la semaine avec Law sur sa banque et son Mississipi, auxquels il savoit que je m'étois si fort opposé dans son cabinet, et en plein conseil de régence, lorsqu'il fut question de les établir. « Vous m'avez, malgré tout ce que je pus faire, dire et prédire, forcé par une violence d'autorité absolue d'aller apprendre à Mme la duchesse d'Orléans la chute de son frère, au sortir du lit de justice des Tuileries, ce qui depuis m'a brouillé entièrement avec elle, comme je le prévis et ne pus vous en persuader. Enfin, monsieur, ajoutai-je, je n'ai refusé rien de tout ce que vous avez désiré de moi, en choses générales et faisables, tant qu'il m'a été possible, et vous ne m'en sauriez citer une seule que j'aie refusée, sans que vous ayez trouvé que j'eusse raison : voilà pour la première partie de votre reproche général. A l'égard de la seconde, vous savez si je vous ai importuné pour moi ou pour les miens. Pour ce qui est des autres, je ne vous ai jamais rien demandé que de juste ou de convenable à votre réputation pour les choix, et à votre intérêt, très-souvent sans égard à mon amitié pour les personnes, témoin les chefs des conseils et plusieurs membres que je vous ai proposés et que vous avez faits. Si vous et moi pouvions nous souvenir de quantité de grâces que j'ai procurées, par les représentations que j'ai cru vous devoir faire, vous trouveriez que le même principe m'a conduit, et que vous en trouveriez fort peu, et encore de celles-là de conséquence indifférente, où mon amitié ou ma considération pour les gens aient eu toute la part ; si de là vous passez à vous rappeler les affaires, vous trouverez que celles que j'ai eues le plus à cœur ne sont pas celles qui ont réussi, comme le rang des bâtards, l'affaire du bonnet, si criantes et si souvent et solennellement promises, les autres querelles du parlement, ses entreprises sur vous-même, les dangereuses et folles démarches de cette prétendue noblesse, toutes choses où vous vous êtes laissé abuser, dont vous vous êtes très-mal tiré, qui en ont enfanté de pires, comme je vous l'avois prédit, et dont vous ne sauriez me nier que vous ne vous soyez repenti de la conduite que vous y avez tenue, puisque vous me l'avez avoué vous-même, et traité de fripons ceux qui vous y ont entraîné. Souvenez-vous donc, s'il vous plaît, que rien ne m'a jamais si vivement intéressé que ces choses-là, mais qu'après vous avoir pressé à mesure sur chacune, et remontré tout ce que j'ai cru vous devoir être représenté, j'ai embrassé tellement le parti du silence que je ne vous en ai depuis ouvert la bouche une seule fois, et que, quand vous avez voulu quelquefois me mettre sur ces chapitres, je n'y ai jamais pris, et toujours détourné la conversation à autre chose sur-le-champ. Est-ce donc là, monsieur, vouloir vous faire faire tout ce qui me plaisoit, et quand vous a plu à vous de faire si souvent tout l'opposé de ce qui m'affectoit le plus, m'avez-vous vu après moins attaché à vous et moins occupé de votre intérêt et de votre avantage ? Sur les affaires publiques, vous m'avez trouvé également fidèle à ce que j'ai cru de l'intérêt de l'État, à vous le représenter, tout le plus fortement de raisons qu'il m'a été possible, à demeurer inébranlable dans mon avis quand ce que vous ou vos ministres y ont opposé ne [m'a] pas paru solide, à vous proposer de m'abstenir du conseil quand vous y craindriez que mon opposition préjudiciât à ce que vous aviez à cœur d'y faire passer, et à m'en abstenir en effet, sous prétexte de quelque incommodité ; toutes les fois que vous l'avez désiré ; il me semble donc, monsieur, que mes réponses à vos reproches, tant en gros qu'en détail, sont catégoriques, plus que suffisantes et sans aucune sorte de réplique. J'attends la vôtre, si tant est que vous en trouviez, et cependant je n'en puis être en peine. »

M. le duc d'Orléans demeura quelque temps sans parler. Il étoit la tête basse comme quand il se sentoit embarrassé et peiné, tantôt marchant, tantôt nous arrêtant pendant cette conversation. Rompant enfin le silence, il se tourna à moi, et me dit en souriant que tout ce que j'avois dit étoit vrai, et qu'il ne falloit plus penser à tout cela ; qu'il étoit vrai que ce groupe de refus s'étoit présenté à lui sous une autre face, et l'avoit fâché, et que je voyois qu'il n'avoit pas été longtemps sans me le dire franchement ; mais qu'encore une fois il n'y falloit plus penser et parler d'autre chose. « Très-volontiers, lui répondis-je, monsieur, mais qu'il me soit permis aussi de vous parler franchement à mon tour. Vous avez été conter à l'abbé Dubois ce que je vous dis dernièrement du traité d'Angleterre et d'Espagne, et de sa conduite énorme pour obtenir un chapeau par le ricochet du roi d'Angleterre à l'empereur et de l'empereur au pape, et de là cet honnête prêtre et si désintéressé vous a mis dans la tête tous ces potages réchauffés que vous venez si bien de m'étaler et que j'ai encore mieux fait fondre. Avouez-moi la vérité. — Mais, me répondit-il d'un air honteux et embarrassé au dernier point, cela est vrai, c'est l'abbé Dubois qui m'a rabâché tous ces refus, qui m'a poussé et qui m'a fâché contre vous. — Hé bien! monsieur, lui répliquai-je, mes réponses vous ont-elles pleinement satisfait? — Oui, me dit-il, il n'y a rien à y répondre; je le savois bien, mais il m'a embrouillé l'esprit. »

La même foiblesse qui lui avoit fait tout dire à l'abbé Dubois, et recevoir de lui, malgré toute sa connoissance, les impressions qu'il avoit voulu lui donner contre moi, fit le même effet lorsqu'à mon tour je le tins tête à tête, opéra le renouvellement de sa première conviction sur ma conduite, dès que je la lui justifiai ainsi en détail, enfin l'aveu implicite d'avoir révélé à l'abbé Dubois ce que je lui avois dit de lui, et l'aveu formel que c'étoit l'abbé Dubois qui lui avoit aigri l'esprit contre moi et fourni les reproches qu'il m'avoit faits. Alors je le suppliai de réfléchir en quelles mains il s'étoit livré, et si qui que ce soit leur pouvoit échapper, si son plus ancien et son plus assuré serviteur n'en étoit pas hors de prise, et sur choses hors de toute sorte de raison et connues pour telles par Son Altesse Royale, et ce que pourroit devenir tout homme hors de portée de sa privance et d'explications avec elle, toutes les fois qu'il plairoit à l'abbé Dubois de l'écarter et de le perdre. « Vous avez raison, me répondit M. le duc d'Orléans dans la dernière honte, à ce qu'il me parut; je lui défendrai si bien et si sec de me parler de vous que cela ne lui arrivera plus. Allons, qu'avez-vous pour aujourd'hui? » J'eus pitié, si je l'ose dire, de l'état où je le vis. Je ne répondis rien, et je me mis à lui rendre compte de ce que j'avois pour ce jour-là. Peu après il entra dans son petit cabinet. J'y travaillai avec lui assez courtement, parce que l'entretien que je viens de rapporter avoit été fort long ; et sans plus en rien remettre en avant, nous nous séparâmes le mieux du monde sans qu'il y ait du tout paru depuis, et j'eus lieu de croire par la suite que M. le duc d'Orléans m'avoit tenu parole, et défendu à l'abbé Dubois de lui parler de moi. On peut juger des dispositions de ce bon ecclésiastique à mon égard, après une pareille confidence de son maître, de ce que je lui avois dit de lui, entées sur tant d'autres choses, qui m'avoient mis fort mal avec lui. Le récit simple, tel qu'on vient de le voir de cette dernière, supplée à toute réflexion, et peint au naturel quels étoient le maître et le valet à l'égard l'un de l'autre.

Mais, pour achever le coup de pinceau, je joindrai ici ce qui arriva peu après à Torcy, et qu'il m'a conté lui-même. Quelques mesures que prît Dubois pour cacher ses machines à Rome, Torcy vit tant de choses par le secret de la poste, qu'il crut devoir avertir M. le duc d'Orléans des menées de l'abbé Dubois à Rome. Il lui dit donc, avec sa mesure accoutumée, que si cet abbé y travailloit pour son chapeau de l'aveu de Son Altesse Royale, il n'avoit rien à dire ; mais que, dans l'incertitude, il avoit cru de son devoir de l'avertir de ce qu'il en voyoit. M. le duc d'Orléans se mit à rire. « Cardinal ! répondit-il, ce petit faquin ! vous vous moquez de moi ; il n'oseroit y avoir jamais songé. » Et sur ce que Torcy insista et montra les preuves, le régent se mit en colère, et dit que, si ce petit impudent se mettoit cette folie dans la tête, il le feroit mettre dans un cul de basse-fosse. Ce même propos fut répété à Torcy deux ou trois fois, c'est-à-dire toutes celles que Torcy lui rendoit un nouveau compte de ce qu'il trouvoit dans les lettres étrangères sur la continuation de l'intrigue pour ce chapeau. Enfin, la dernière fois, qui fut proche du temps que ce chapeau fut obtenu, Torcy reçut la même réponse avec la même colère ; mais le lendemain précis de cette réponse, Torcy étant allé au Palais-Royal, M. le duc d'Orléans l'appela, le tira dans un coin et lui dit : « A propos, monsieur, il faut écrire de ma part à Rome pour le chapeau de M. de Cambrai ; voyez à cela, il n'y a pas de temps à perdre. » Torcy demeura sans parole comme une statue, et le régent le quitta dès qu'il lui eut donné cet ordre avec le même sang-froid que s'il ne se fût pas emporté là-dessus avec Torcy, la veille, et qu'il eût toujours été question entre lui et Torcy de favoriser l'abbé Dubois à Rome. C'est bien de ceci qu'on peut dire ce mauvais proverbe : Cela lève la paille[1]. Aussi Torcy n'en pouvoit-il revenir, non de la conduite actuelle de M. le duc d'Orléans sur ce chapeau, non qu'il n'eût toujours soupçonné de la comédie dans les réponses menaçantes de M. le duc d'Orléans là-dessus, mais de la transition en vingt-quatre [heures] de ces mêmes menaces de cul de basse-fosse, tout archevêque qu'il fût, à ordonner à Torcy, qui ne lui en donnoit aucune occasion, et qu'il appela exprès, d'écrire à Rome en son nom, de lui régent, pour favoriser le chapeau de l'abbé Dubois, avec la tranquillité la plus parfaite : tel étoit le terrain d'alors.

Rome me fait souvenir qu'on apprit alors la naissance du prince de Galles, le dernier décembre 1720. Les cardinaux Paulucci, secrétaire d'État, Barberin, chef de l'ordre des cardinaux-prêtres, Sacripanti, protecteur d'Écosse, Gualterio, protecteur d'Angleterre, Imperiali, protecteur d'Irlande, Ottoboni, protecteur de France et vice-chancelier de l'Église, n'y ayant point de chancelier, et Albane, neveu du pape et camerlingue de l'Église, tous cardinaux des plus distingués du sacré collége, se trouvèrent à ces couches, par ordre et de la part du pape. Le sénat romain y fit assister de sa part les évêques de Segni et de Monte-Fiascone, Falconieri, gouverneur de Rome, depuis cardinal, Colligola et Ruspoli,

---

1. On dit figurément et proverbialement de certaines choses qui excellent en leur genre, que *cela lève la paille*.

protonotaires apostoliques[1]. Les ambassadeurs de Bologne et de Ferrare s'y trouvèrent aussi. Les princesses des Ursins, Piombino, Palestrine et Giustiniani, et les duchesses de Fiano et Salviati. Le prince fut baptisé sur-le-champ par l'évêque de Monte-Fiascone, et nommé Charles. Le pape envoya complimenter ces Majestés Britanniques, et porter au roi d'Angleterre dix mille écus romains, un brevet à vie de jouissance de la maison de campagne jusqu'alors prêtée à Albano, et deux mille écus pour la meubler. On chanta un *Te Deum* dans la chapelle du pape, en sa présence, et il y eut des réjouissances à Rome. Lorsque la reine d'Angleterre vit du monde, le cardinal Tanara la fut complimenter en cérémonie de la part du sacré collége. Le décanat vaquoit alors, contesté entre Tanara, qui l'emporta enfin, et Giudice, par un jugement contradictoire du pape et du sacré collége. Cette naissance fut très-sensible à la cour d'Angleterre et aux papistes et jacobites de ce pays, en sentiments fort différents : non-seulement les catholiques et les protestants, ennemis du gouvernement, en furent ravis, mais presque tous les trois royaumes en marquèrent de la joie autant qu'ils osèrent, non par attachement pour la maison détrônée, mais par la satisfaction de voir continuer une lignée dont ils pussent toujours menacer leurs rois et leur famille, et la leur pouvoir opposer. On n'osa en France rien marquer là-dessus, on y étoit trop sujet de l'Angleterre, et le régent et Dubois trop grands serviteurs de la maison d'Hanovre, dans le point surtout où Dubois en étoit pour son chapeau.

L'Angleterre perdit en ce même temps deux ministres, dont on a vu ci-devant beaucoup de choses en rapportant les affaires étrangères, le comte Stanhope et Craggs, les deux

---

1. Officiers de la cour de Rome, qui ont un degré de prééminence sur tous les notaires de la même cour; ils reçoivent les actes des consistoires publics et les expédient en forme.

secrétaires d'État, qui moururent à peu de jours l'un de l'autre. Craggs étoit violent et emporté; Stanhope ne perdoit point le sang-froid, rarement la politesse, avoit beaucoup d'esprit, de génie et de ressources. Ils furent remplacés par Townsend et Carteret, deux grands ennemis de la France, indépendamment de la raison d'État. Un autre personnage singulier qui avoit fait grand bruit en son temps, les suivit de fort près, le docteur Sachewerell qui, par ses sermons sous la reine Anne, commença à attaquer le ministère et le système d'alors, qui ne vouloit que la guerre, dont la reine se défit après.

En même temps, il y eut aussi en ce pays-ci plusieurs morts : Huet, si connu de toutes sortes de savants, à quatre-vingt-huit ans, avec la tête encore entière et travaillant toujours. Sa science vaste et nette, et sa sage et sûre critique, avec de très-bonnes mœurs, l'avoient fait associer au célèbre Fléchier, depuis évêque de Nîmes, dans la place de sous-précepteur de Monseigneur. Huet eut ensuite l'évêché de Soissons, qu'il troqua pour celui d'Avranches avec Sillery, frère de Puysieux, qui se vouloit rapprocher de la cour. L'étude, qui étoit la passion dominante d'Huet, comme la fortune étoit celle de Sillery, le fit défaire enfin de son évêché d'Avranches pour une abbaye; il se retira à Paris dans un appartement que lui donnèrent les jésuites, dans leur maison professe, pour y jouir à son aise de leur belle bibliothèque et de la conversation de leurs savants. Il y mourut après y avoir passé un grand nombre d'années, toujours dans l'étude, sans presque sortir, et menant une vie très-frugale. Il y voyoit beaucoup de savants, et n'avoit point d'autre plaisir ni de commerce.

La duchesse de Luynes à vingt-quatre ans, dont ce fut grand dommage, qui laissa des enfants et beaucoup de regrets. Elle étoit fille unique d'un bâtard obscur du dernier comte de Soissons, prince du sang, tué à la bataille de Sedan ou la Maffée. Mme de Nemours, irritée contre M. le prince de Conti et contre tous ses héritiers, fit légitimer ce bâtard, lui donna tout ce qu'elle put, qui fut immense, et lui fit épouser la fille du maréchal duc de Luxembourg.

La duchesse de Sully à cinquante-six ans : elle étoit fille et nièce du duc et du cardinal de Coislin, la meilleure femme du monde, et qui seroit morte de faim sans son frère l'évêque de Metz. Sa mort ne démentit point son nom : il lui vint un abcès en lieu que la modestie ne lui permit pas de montrer à un chirurgien. Une femme de chambre la pansa quelque temps en cachette, puis expliqua le mal aux chirurgiens. Ce n'étoit rien s'ils eussent pu la traiter comme une autre ; mais jamais personne ne put gagner cela sur elle. La femme de chambre disoit l'état du mal à travers la porte aux chirurgiens, et faisoit ce qu'ils lui prescrivoient ; mais cette manière de traiter par procureur la conduisit bientôt au tombeau. Elle étoit veuve sans enfants.

La duchesse de Brissac à soixante-trois ans. C'étoit une petite bossue, sœur de Vertamont, premier président du grand conseil, extrêmement riche, que le duc de Brissac, frère de la dernière maréchale de Villeroy, veuf sans enfants de ma sœur, avoit épousée pour son bien, qu'il mangea. Devenue veuve et parfaitement ruinée, son frère la prit chez lui et lui donnoit jusqu'à des souliers. Elle avoit beaucoup de vertu, infiniment d'esprit, de conversation agréable et de lecture. La duchesse de Lesdiguières-Gondi, qui l'aimoit fort, lui avoit donné en mourant une pension assez honnête.

On n'a jamais su par quel accident l'embrasement d'une maison d'artisan embrasa toute la ville de Rennes ; le malheur fut complet pour la vie et les biens. La ville a été rebâtie depuis beaucoup mieux qu'elle ne l'étoit auparavant, et avec bien plus d'ordre et de commodités publiques. Il se trouva parmi l'ancien pavé des cailloux précieux par leurs couleurs et leur vivacité et variété, dont on fit beaucoup de tabatières de différentes formes, qui égalèrent presque les plus belles de ces sortes de beaux cailloux.

CHAPITRE VII.

Affaire du duc de La Force. — Saint-Contest et Morville, plénipotentiaires au congrès de Cambrai. — Mort, fortune et caractère de Foucault, conseiller d'État. — Méliant, Harlay, Ormesson, conseillers d'État. — Alliance des Neuville et des Harlay. — Mort de Coettenfao; de Joffreville; d'Ambres; son caractère. — Mort de la comtesse de Matignon. — Ambassadeur extraordinaire du Grand Seigneur à Paris. — Son entrée. — Sa première audience. — Vienne, en Autriche, archevêché. — Mort de la reine de Danemark (Mecklembourg). — Dix-huit jours après, le roi épouse la Rewenclaw, sa maîtresse. — Duperie étrange du cardinal de Rohan par Dubois. — Mort de Clément XI (Albane). — Innocent XIII (Conti) élu. — Condition étrange de son exaltation. — Albéroni à Rome et rétabli. — Intérêt des cardinaux. — Robert Walpole comme grand trésorier d'Angleterre. — M. le duc de Chartres colonel général de l'infanterie. — Survivance [de la charge] de premier écuyer et du gouvernement de Marseille au fils de Beringhen, et des bâtiments au fils de d'Antin. — Perfidie du maréchal de Villeroy à Torcy et à moi.

En ce temps-ci commença une affaire si honteuse à la foiblesse de M. le duc d'Orléans, si fort ignominieuse à celle des pairs, si scandaleuse au parlement, à son animosité et à ses entreprises, si scélérate au premier président, si abominable à l'avarice du prince de Conti, en un mot si infâme en toutes ses parties, que je crois devoir me contenter de l'énoncer et tirer le rideau sur les horreurs qui s'y passèrent pendant le reste de cette année. Les apparences très-prochaines de la déroute de Law et de ses suites nécessaires, hâtèrent ceux qui étoient le plus à portée de les prévoir de réaliser promptement leurs papiers. Le prince de Conti, qui en avoit amassé à toutes mains, et à qui il en restoit encore après avoir asséché Law du plus gros par les quatre surtouts d'argent en espèces qu'on a vu naguère qu'il se fit payer tout à la fois à la banque et voiturer tout à la fois chez lui, cherchoit à employer encore des papiers qui lui restoient. Il sut que le duc de La Force étoit prêt d'acheter une terre obscure, mais considérable pour sa valeur ; il courut sur son marché déjà conclu. Il trouva de la résistance, et l'orgueil joint à l'avarice ne la put pardonner. Il avoit toujours fait une cour basse au parlement et au premier président de Mesmes, pour essayer de donner de l'ombrage à M. le Duc et à M. le duc d'Orléans même, qui le méprisèrent trop pour en prendre jamais. Mesmes et le parlement, bien aises d'avoir un client prince du sang, le cultivoient ; il se promettoit tout d'eux. Law parti et la banque et la compagnie en désarroi, le prince de Conti imagina de faire faire une insulte juridique au duc de La Force, sous prétexte de monopole, bien assuré que Mesmes et le parlement se porteroient de grand cœur à faire cet affront à un duc et pair. Il ne se trouva à la fin que de la Chine, des paravents et quelques autres colifichets semblables, qui montrèrent en plein l'iniquité, l'excès et l'abus de la passion. Il ne s'en fallut rien dans le cours de l'affaire que le maréchal d'Estrées ne fût attaqué ; la prise y étoit tout entière, quoiqu'il n'y eût jamais pensé mal ; mais M. le duc d'Orléans imposa, et comme il n'étoit pas duc et pair, et ne le fut qu'en juillet 1723, par la mort du dernier duc d'Estrées, en directe[1] gendre du duc de Nevers, le parlement ni le premier président ne se soucièrent pas de cette poursuite.

Saint-Contest, qui avoit été troisième ambassadeur plénipotentiaire à Bade, et Morville, ambassadeur à la Haye, furent nommés plénipotentiaires au congrès de Cambrai, et partirent incontinent pour s'y rendre.

La mort de Foucault, qui avoit été intendant de Caen et

---

1. En ligne directe.

chargé des affaires de Madame, fit vaquer une troisième place de conseiller d'État. On a vu en son lieu combien j'avois été content de Méliant, maître des requêtes, dans une grande affaire que je gagnai au conseil, contre le duc de Brissac, la duchesse d'Aumont, etc., dont il étoit rapporteur, et que je gagnai depuis au fond au parlement de Rouen. Je désirois depuis longtemps qu'il fût conseiller d'État. Il avoit été intendant de l'armée en Espagne sous M. le duc d'Orléans, et l'étoit alors de Lille. Cette place et son ancienneté l'y portoient naturellement. Il étoit, de plus, sans aucun reproche. Il avoit déplu en Espagne aux valets de M. le duc d'Orléans, qui lui en avoient donné de mauvaises impressions, en sorte que j'eus toutes les peines du monde à lui faire rendre cette justice. Le maréchal de Villeroy, qui dans le mécontentement extrême dont étoit M. le duc d'Orléans de lui, en obtenoit d'autorité tout ce qu'il vouloit, fit donner la seconde de ces trois places à Harlay, fils du premier ambassadeur plénipotentiaire à Ryswick. Celui-ci étoit un fou plein d'esprit, plaisant, dangereux, et peut-être la plus indécente créature qu'on pût rencontrer, de plus ivrogne, crapuleux et d'une débauche débordée ; il avoit été intendant de Metz, puis d'Alsace ; la capacité ne lui manquoit pas, mais il ne prenoit pas la peine de rien faire ; ses secrétaires faisoient tout ; il lui étoit arrivé partout mille scandales publics, et il étoit si accoutumé et si heureux à s'en tirer, et à monter toujours de place en place jusqu'à l'intendance de Paris, qu'il disoit : « Encore une sottise, et je serai secrétaire d'État. » Le maréchal de Villeroy le protégeoit hautement ; il avoit été fort ami du premier président Harlay, et parent des Harlay, qui s'en faisoient honneur réciproquement. Alincourt, fils de Villeroy, secrétaire d'État, avoit épousé la fille unique de Mandelot, gouverneur de Lyon, etc., et d'une Robertet. La Ligue avoit fait ce mariage, et Alincourt eut la survivance du gouvernement de son beau-père. Il n'eut qu'une fille unique de ce mariage, qui épousa le marquis de Courtenvaux, chevalier du Saint-Esprit, premier gentilhomme de la chambre, fils du maréchal de Souvré, dont une fille unique, que le premier maréchal de Villeroy sacrifia à la faveur, et maria, étant son tuteur, à M. de Louvois.

M. d'Alincourt, veuf de la Mandelot, épousa la fille aînée du célèbre Harlay-Sancy, dont il eut le premier maréchal de Villeroy; enfin le chancelier, à qui les sceaux avoient pensé être ôtés, comme on l'a vu, depuis si peu de temps, ne laissa pas d'avoir le crédit de faire donner la troisième place à d'Ormesson, intendant des finances, frère de sa femme.

Foucault, conseiller d'État, qui venoit de mourir, étoit un honnête homme, savant en antiquités et en médailles, dont il avoit un beau cabinet. Ce goût commun avec le P. de La Chaise lui en acquit la connoissance, puis l'amitié, qui l'avança et le protégea toujours[1]. Il étoit père de ce Magny, dont il a été parlé en son lieu, et qui passa en Espagne, où je le trouvai.

Je perdis en ce temps-là Coettenfao, brave gentilhomme et très-galant homme, fort mon ami, lieutenant général, que j'avois fait chevalier d'honneur de Mme la duchesse de Berry. Il n'étoit point vieux et n'eut point d'enfants.

Joffreville, lieutenant général distingué, mourut aussi. Il étoit fort bien avec M. le duc d'Orléans et fort ami du maréchal de Berwick, sous qui il avoit servi en Espagne. Le feu roi l'avoit nommé, par son testament, sous-gouverneur du roi d'aujourd'hui; il étoit aussi fort bien avec le duc du Maine; il vit promptement la difficulté de ce double attachement dans cette place auprès du jeune roi. C'étoit un honnête homme et sage; il refusa sous prétexte de sa santé; et Ruffey, qui se disoit Damas et ne l'étoit point, eut cette

---

1. Il a été question plusieurs fois de Joseph Foucault, et nous avons cité en note (t. XII, p. 494, des extraits des Mémoires qu'il a laissés et qui sont encore inédits.

place : il étoit du pays de Dombes, extrêmement attaché à M. du Maine.

Le marquis d'Ambres mourut en même temps à quatre-vingt-deux ans. C'étoit un grand homme très-bien fait, du nom de Gelas, très-brave homme, qui avoit grande mine, de l'esprit, beaucoup de hauteur, qui quitta le service pour ne pas écrire *monseigneur* à Louvois, qui ne lui pardonna jamais, ni le roi non plus. Il avoit de grandes terres, où il fit le petit tyran de province, comme autrefois, s'y fit des affaires désagréables, et eut force dégoûts dans sa charge de lieutenant général de Guienne. Son père fut chevalier de l'ordre en 1633; il ennuyoit souvent le peu de monde qu'il voyoit à la cour, où, quoique mal, il alloit souvent. Après la mort du roi, il tint chez lui, à Paris, quelques jours de la semaine, une petite assemblée de vieux ennuyeux comme lui, où se débitoient les nouvelles et la critique d'esprits chagrins.

Le comte de Matignon, chevalier de l'ordre, dont le fils épousa Mlle de Monaco, avec de nouvelles lettres de duc et pair de Valentinois, comme on l'a vu en son lieu, promises par le feu roi et depuis exécutées, perdit sa femme, fille aînée de son frère aîné, qui lui en avoit apporté tous les biens. C'étoit une femme peu propre au monde, et qui vécut toujours fort retirée.

Paris vit un spectacle peu accoutumé, le dimanche 28 mars, qui donna beaucoup de jalousie aux premières puissances de l'Europe. Le Grand Seigneur, qui ne leur envoie jamais d'ambassades, sinon si rarement à Vienne, à quelque grande occasion de traité de paix, en résolut une, sans en être sollicité, pour féliciter le roi sur son avénement à la couronne, et fit aussitôt partir Méhémet-Effendi Tefderdar, c'est-à-dire grand trésorier de l'empire, en qualité d'ambassadeur extraordinaire, avec une grande suite, qui s'embarquèrent sur des vaisseaux du roi, qui se trouvèrent fortuitement dans le port de Constantinople. Il débarqua au port de Cette, en Languedoc, parce que la peste étoit encore en Provence. Il fit même quarantaine et le détour par Bordeaux pour venir à Paris, défrayé de tout depuis son débarquement, où il fut reçu par un gentilhomme ordinaire du roi et des interprètes de langues, qui l'accompagnèrent jusqu'à Paris. Il y arriva le 8 mars, au faubourg Saint-Antoine, où il demeura huit jours, complimenté de la part du roi, etc., comme les ambassadeurs extraordinaires des monarques de l'Europe.

Le dimanche 16 mars, le maréchal d'Estrées et Rémond, introducteur des ambassadeurs, l'allèrent prendre à une heure après midi. Dès qu'ils furent arrivés, ils montèrent à cheval avec l'ambassadeur entre eux deux. Deux carrosses du maréchal, force valets de pied, pages, gentilshommes, chevaux de main, la police avec trompettes et timbales, trois escadrons d'Orléans-Dragons, douze chevaux de main des écuries du roi, trente-six Turcs à cheval deux à deux, portant des fusils et des lances, Merlin, aide introducteur, à cheval, puis les principaux officiers de l'ambassade, quatre trompettes de la chambre du roi, six chevaux de main de l'ambassadeur, harnachés à la turque, et tout cela extrêmement magnifique; enfin l'interprète du roi, précédant immédiatement l'ambassadeur, dont le cheval étoit harnaché à la turque. Il marchoit de front avec le maréchal et l'introducteur, environnés de leur livrée et de valets de pied turcs. L'écuyer de l'ambassadeur marchoit à cheval derrière lui, portant son sabre, et vingt maîtres du Colonel-général les côtoyoient à droite et à gauche; venoient ensuite les grenadiers à cheval, le régiment Colonel-général, puis les carrosses du roi et les autres qui vont aux entrées, côtoyés par la connétablie[1]. Le régiment d'infanterie du roi, la compagnie de la Bastille, celle des fusiliers, se trouvèrent en haie jusqu'à la place

1. Archers chargés de faire exécuter les sentences du tribunal des maréchaux de France appelé connétablie.

Royale; l'ambassadeur fut conduit par de longs détours à la rue Saint-Denis, Saint-Honoré, etc., et partout des pelotons, des escouades du guet. Il trouva la compagnie du prévôt de la monnoie en haie dans cette rue, le guet à cheval sur le pont Neuf bordé du régiment des gardes, et force trompettes et timbales autour de la statue d'Henri IV. La compagnie du lieutenant de robe courte[1], et celle du prévôt de l'île[2], se trouvèrent dans les rues Dauphine et de Vaugirard. Arrivés à l'hôtel des ambassadeurs extraordinaires, rue Tournon, ils mirent pied à terre dans la cour. Le maréchal accompagna l'ambassadeur jusque dans sa chambre, qui aussitôt après, lui donnant la main, le conduisit à son carrosse, et le vit sortir de sa cour. Tous les chevaux que montèrent l'ambassadeur et sa suite étoient des écuries du roi, et les chevaux de main de l'ambassadeur aussi, menés par des Turcs à cheval.

Le vendredi 21 du même mois, le prince de Lambesc et Rémond, introducteur des ambassadeurs, allèrent dans le carrosse du roi prendre l'ambassadeur à l'hôtel des ambassadeurs extraordinaires, où il fut toujours logé et défrayé avec toute sa nombreuse suite, tant qu'il fut à Paris, et aussitôt ils se mirent en marche pour aller à l'audience du roi : la compagnie de la police avec ses timbales et ses trompettes à cheval, le carrosse de l'introducteur, celui du prince de Lambesc, entourés de leur livrée, précédés de six chevaux de main, et de huit gentilshommes à cheval, trois escadrons d'Orléans, douze chevaux de main, menés par des palefreniers du roi à cheval, trente-quatre Turcs à cheval, deux à deux, sans armes, puis Merlin, aide introducteur, et huit

1. Lieutenant du prévôt de Paris qui poursuivait les vagabonds et meurtriers. Il commandait une compagnie d'archers. On l'appelait *lieutenant de robe courte* pour le distinguer des lieutenants de robe longue, dont la fonction se bornait à juger les procès.
2. Prévôt des maréchaux chargé de maintenir l'ordre dans toute l'étendue de l'Ile-de-France.

des principaux Turcs à cheval, le fils de l'ambassadeur à cheval, seul, portant sur ses mains la lettre du Grand Seigneur dans une étoffe de soie, six chevaux de main, harnachés à la turque, menés par six Turcs à cheval, quatre trompettes du roi à cheval; l'ambassadeur entre le prince de Lambesc et l'introducteur, tous trois de front à cheval, environnés de valets de pied turcs et de leurs livrées, côtoyés de vingt maîtres du régiment Colonel-général; ce même régiment, précédé des grenadiers à cheval, suivoit; puis le carrosse du roi et la connétablie. Les mêmes escouades et compagnies ci-devant nommées à l'entrée se trouvèrent postées dans les rues du passage, dans la rue Dauphine, sur le pont Neuf, dans les rues de la Monnoie et Saint-Honoré, à la place de Vendôme, devant le Palais-Royal, à la porte Saint-Honoré, avec leurs trompettes et timbales; depuis cette porte en dehors jusqu'à l'esplanade, le régiment d'infanterie du roi en haie des deux côtés, et dans l'esplanade les détachements des gardes du corps, des gens d'armes, des chevau-légers, et les deux compagnies entières des mousquetaires. Arrivés en cet endroit, les troupes de la marche et les carrosses allèrent se ranger sur le quai, sous la terrasse des Tuileries : l'ambassadeur, avec tout ce qui l'accompagnoit et toute sa suite à cheval, entra par le pont tournant dans le jardin des Tuileries, depuis lequel jusqu'au palais des Tuileries, les régiments des gardes françoises et suisses étoient en haie des deux côtés, les tambours rappelant et les drapeaux déployés. L'ambassadeur et tout ce qui l'accompagnoit passa ainsi à cheval le long de la grande allée, entre ces deux haies, jusqu'au pied de la terrasse, où il mit pied à terre, et fut conduit dans un appartement en bas, préparé pour l'y faire reposer en attendant l'heure de l'audience.

A midi, l'ambassadeur, accompagné du prince de Lambesc et de l'introducteur, sortit de cet appartement avec tout son cortége, précédé de son fils, qui portoit la lettre du

Grand Seigneur sur ses mains élevées, et suivoit l'aide introducteur. Il trouva, comme les autres ambassadeurs extraordinaires, le grand maître et le maître des cérémonies au bas de l'escalier, bordé jusqu'au haut par les Cent-Suisses; il en trouva d'autres en haie dans leur salle, leur drapeau déployé, et Courtenvaux à l'entrée pour le recevoir, qui faisoit la charge de leur capitaine pour son neveu enfant. Le duc de Noailles, capitaine des gardes en quartier, le reçut à l'entrée de la salle des gardes, en haie et sous les armes. Il traversa le grand appartement jusqu'à la galerie. Elle étoit tendue des plus belles tapisseries de la couronne; les dames fort parées remplissoient les gradins magnifiquement ornés, et la galerie, couverte de beaux tapis de pied, étoit fort remplie d'hommes. Au fond, elle étoit traversée de trois marches, et au bout de quelque espace, de deux autres sur lesquelles étoit le trône du roi; à ses côtés étoient, à droite et à gauche, M. le duc d'Orléans et les princes du sang, debout et toujours découverts. Le grand chambellan, le premier gentilhomme de la chambre, le grand maître de la garde-robe et le maréchal de Villeroy, étoient tous quatre derrière le roi; l'archevêque de Cambrai au bas des deux premières marches; à droite et plus reculés, les trois autres secrétaires d'État sur le même plain-pied.

Dès que l'ambassadeur put être aperçu du roi, il s'inclina très-profondément à l'orientale, sa main droite sur sa poitrine. Alors le roi se leva sans se découvrir, et l'ambassadeur s'avança au pied des trois premières marches, où il fit sa seconde révérence. Il monta ensuite ces trois degrés, ayant à sa droite le prince de Lambesc et le duc de Noailles ensemble de front, à gauche l'introducteur et l'interprète, derrière lui son fils, portant la lettre du Grand Seigneur en la manière qu'on a dit; l'ambassadeur fit là sa troisième révérence, prit des mains de son fils la lettre du Grand Seigneur, qu'il éleva sur sa tête, puis la remit à l'archevêque de Cambrai, comme secrétaire d'État des affaires étrangères, lequel la posa sur une table près et à la droite du trône, couverte de brocard d'or. L'ambassadeur fit au roi son compliment de très-bonne grâce, d'un air fort respectueux, mais point timide ni embarrassé. L'interprète l'expliqua. Le roi ne parla point ni M. le duc d'Orléans; le maréchal de Villeroy fit une courte réponse que l'interprète rendit à l'ambassadeur. Alors il fit sa révérence et se retira à reculons, sans tourner le dos tant qu'il put être vu du roi, fit ses deux autres révérences où il les avoit faites en venant, puis s'en alla lentement, regardant fort et d'un air très-assuré tout ce qui s'offroit à sa vue. Le prince de Lambesc le conduisit à l'appartement où il étoit entré d'abord et y prit congé de lui. L'ambassadeur s'y reposa un peu; puis l'introducteur à côté de lui, à sa gauche, il traversa la terrasse du palais des Tuileries, monta à cheval avec tout ce qui l'accompagnoit, trouva dans la grande allée, au pont tournant, à l'esplanade, les mêmes troupes dans les mêmes postes et les mêmes honneurs qu'en venant, le régiment du roi d'infanterie en haie jusqu'à la porte de la Conférence, les troupes qui l'avoient accompagné rangées sur le quai des Tuileries, et les carrosses, qui se remirent en marche dans le même ordre qu'en venant. Il passa sur le pont Royal, le quai des Théatins, devant le collége Mazarin, la rue Dauphine, et trouva partout, jusqu'à la porte de l'hôtel des ambassadeurs extraordinaires, les mêmes troupes et détachements, instruments de guerre qu'il avoit trouvés allant à l'audience, pendant laquelle elles s'étoient postées sur les lieux de son retour. La singularité de la cérémonie m'a engagé à l'insérer ici, quoiqu'elle se trouve dans les gazettes.

On approuva fort le chemin qu'on fit prendre à cet ambassadeur, surtout celui du jardin des Tuileries, avec tout cet air si martial de ce grand nombre des plus belles troupes, et de l'avoir fait retourner par le quai des Tuileries et par celui des Théatins, qui sont les endroits où Paris paroît le mieux. Que seroit-ce si on dépouilloit le pont Neuf de ces misérables échoppes, et tous les autres ponts de maisons et les quais de celles qui sont du côté de la rivière? Peu de jours après l'ambassadeur turc fut au Palais-Royal, à l'audience de M. le duc d'Orléans, mais tout simplement, et reçu comme les ambassadeurs extraordinaires, conduit sans troupes et avec peu de cortége par l'introducteur de M. le duc d'Orléans.

L'empereur obtint enfin l'érection de l'évêché de Vienne en archevêché, avec un petit démembrement des diocèses de Passau et de Saltzbourg. Ces deux prélats et leurs chapitres s'y étoient longuement opposés à Vienne et à Rome.

La reine de Danemark mourut à Copenhague d'une longue maladie, à cinquante-quatre ans. Elle étoit fille de Gustave-Adolphe de Mecklembourg-Gustrow et d'une Holstein-Gottorp. Elle avoit épousé, en décembre 1695, Frédéric IV, roi de Danemark, le même qui voyagea et vint en France étant prince royal. Elle mourut le 15 mars de cette année 1721. Elle ne laissa que le feu roi de Danemark, Christian-Frédéric, mort en 1746, père du régnant, gendre du roi d'Angleterre, et Charlotte-Amélie, encore vivante sans alliance. Frédéric, amoureux depuis longtemps de la fille du comte de Rewenclaw, chancelier de Danemark, dont il avoit eu une bâtarde en 1709, donna en 1712 le titre de duchesse de Sleswig à cette maîtresse, et n'eut pas honte de déclarer son mariage avec elle le 4 avril, c'est-à-dire dix-huit jours après la mort de la reine sa femme, et l'épousa en effet publiquement à Copenhague le même jour. Le 7 du même mois, c'est-à-dire trois jours après, le prince et la princesse ses enfants se retirèrent à Jarespries en Jutland. Tels sont les funestes effets des amours des rois; plût à Dieu que ceux-ci fussent les plus grands!

Il y avoit déjà quelque temps que l'abbé Dubois avoit persuadé au cardinal de Rohan qu'il le feroit premier ministre, s'il vouloit aller à Rome presser son chapeau, et Rohan se préparoit au départ avec de grandes sommes que Dubois lui faisoit donner par M. le duc d'Orléans, pour le défrai de son voyage, lorsqu'on apprit par un courrier du jésuite Lafitau, évêque de Sisteron, que Dubois tenoit à Rome avec d'autres agents encore, la mort du pape Clément XI, le 19 mars, n'ayant guère été que vingt-quatre heures malade, à soixante et onze ans, près d'onze ans de cardinalat et un peu plus de vingt ans de pontificat. Il étoit de Pezaro, où les Albani étoient peu de chose. La manière dont il a gouverné se voit si bien dans ce qui a été rapporté ici des affaires étrangères par Torcy, qu'il seroit superflu de s'étendre sur son caractère. Nos cardinaux se pressèrent d'arriver à Rome, où Rohan trouva le pape fait[1]. Tencin et Lafitau avoient fait leur cabale et tiré un billet de la main du cardinal Conti, par lequel il promettoit, s'il étoit élu pape, de faire incontinent après Dubois cardinal; ce billet fut donné assez longtemps avant la maladie du pape pour avoir le loisir de former la cabale.

Clément XI, qui avoit plusieurs descentes, menaçoit d'une fin prochaine et prompte. Il étoit fort gros, rompu aussi au nombril, relié de partout et soutenu par une espèce de ventre d'argent, en sorte que l'accident le plus léger et le plus imprévu suffisoit pour l'emporter brusquement, comme il arriva en effet. Dubois, informé du billet et du succès de la cabale, fut si transporté de joie de la mort du pape, qu'il ne la put contenir ni l'imprudence de dire qu'il ne falloit point d'autre pape que Conti. M. le duc d'Orléans m'en parla aussi comme d'un sujet qu'il désiroit passionnément, sur lequel il pouvoit compter, et qui, selon toutes les mesures et les apparences, seroit élu, mais sans me rien dire de la convention du cardinalat. Conti fut élu en effet le 8 mai au matin, le trente-huitième jour du conclave. La joie de M. le duc d'Orléans parut grande à cette nouvelle; Dubois

---

1. Michel-Ange Conti, né le 15 mai 1655, fut élu pape le 8 mai 1721. Il prit le nom d'Innocent XIII et mourut le 7 mars 1724.

ne se possédoit pas, et ne fut pas trois mois sans recevoir cette calotte si ardemment désirée et si monstrueusement procurée.

La mort de Clément XI termina les affaires d'Albéroni à Rome, où on travailloit à le priver juridiquement du chapeau. Il fut mandé au conclave errant encore et caché en Italie. La voix au conclave, qui fait la base de la grandeur et de l'importance des cardinaux, leur est trop chère pour souffrir qu'aucun en soit privé pour quelque cause que ce puisse être. Albéroni étoit l'opprobre du sacré collége qui le sentoit vivement; il étoit actuellement *in reatu*[1], puisqu'à Rome son procès s'instruisoit juridiquement pour le dépouiller de la pourpre. Le roi et la reine d'Espagne poursuivoient publiquement et ardemment cette affaire. Le pape, indignement outragé par Albéroni dès qu'il eut son chapeau, et qu'il n'eut plus besoin de lui, le poussoit sous main de toutes ses forces; il n'étoit protégé d'aucune couronne ni d'aucune puissance, qu'il avoit toutes insultées; mais il avoit le chapeau, et ses collègues, devant qui son procès s'instruisoit, quelque indignés qu'ils fussent de sa promotion contre laquelle devant et depuis ils avoient tous si fortement et si unanimement crié, excepté les Espagnols et les François par la crainte de leurs maîtres, mais qui sous main l'avoient éloignée tant qu'ils avoient pu, ne s'accommodoient point du dépouillement d'un cardinal de la pourpre. Ils en regardoient l'exemple comme très-funeste qui les rendoit trop dépendants de leurs rois et des papes.

L'indépendance est leur point capital; ils y étoient peu à peu parvenus; ils n'avoient garde de contribuer à en déchoir pour quelque considération que ce pût être. Qu'un cardinal prince ou fort grand seigneur remette le chapeau pour se marier quand l'état de sa maison l'exige, à la bonne heure; mais de voir un cardinal se priver du chapeau par

---

1. En accusation.

pénitence et comme mal acquis (comme le voulut faire le cardinal de Retz, quand Dieu l'eut touché, et qu'il se retira), c'est ce que les cardinaux ne veulent pas souffrir (comme il arriva au même cardinal de Retz, dont la demande fut rejetée, et qui demeura cardinal, malgré lui), beaucoup moins par privation du chapeau. C'est ce qui fit marcher si lentement la congrégation établie pour le jugement d'Albéroni qui, malgré tous les efforts de l'Espagne, secondés de toute la volonté et de tout ce que le pape put faire, prolongea ce procès dans l'espérance des futurs contingents, de la mort du pape surtout, comme il arriva. Question se mut alors si Albéroni fugitif, caché, actuellement, bien qu'absent, sur la sellette devant cette congrégation établie pour le juger, le procès fort avancé, il pouvoit être admis ou exclu du conclave. Ce même intérêt des cardinaux les engagea tout aussitôt à déclarer que la situation en laquelle il se trouvoit ne pouvoit l'exclure du conclave; que, s'il en étoit déclaré exclu, il seroit en droit d'en appeler, et cependant de protester contre toute élection de pape, faite sans lui; que cet acte rendroit l'élection irrégulière et douteuse, et pouvoit conduire à un schisme, tellement qu'il fut invité à deux reprises de venir au conclave, et d'y donner sa voix. Il différa pour éviter l'air d'empressement, et montrer la prétendue justice de sa cause, en ne venant au conclave qu'après une invitation réitérée de ceux-là même qui étoient naguère ses juges en privation du chapeau. Il arriva donc à Rome, mais sans entrée, dans son propre carrosse, et fut reçu dans le conclave avec les mêmes honneurs que tous les autres cardinaux où il fit toutes les fonctions de sa dignité.

Peu de jours après l'élection, il s'absenta de Rome comme pour voir s'il seroit encore question de son affaire, mais elle tomba d'elle-même. Le nouveau pape n'y avoit nul intérêt. Celui des cardinaux étoit tout entier qu'il ne s'en parlât plus. L'Espagne comprit enfin l'inutilité désormais de ses cris. Dubois sentoit qu'il n'alloit pas moins déshonorer le

sacré collége et le pape qui l'y alloit mettre, qu'avoit fait
Albéroni; avoit intérêt que le rideau fût tiré sur ce confrère,
tellement qu'après une courte absence, Albéroni loua dans
Rome un magnifique palais, et y revint pour toujours avec
une suite, une dépense et une hauteur que lui fournissoient
les dépouilles de l'Espagne. Il s'y trouva donc vis-à-vis du
cardinal del Giudice et tous deux vis-à-vis de la princesse
des Ursins, triangle rare qui fit souvent à Rome un spectacle singulier. Dans les suites Albéroni qui les vit mourir
tous deux parvint à être légat de Ferrare, et s'y faire continuer longtemps, toutefois peu compté et peu considéré à
Rome, où il est encore vivant et sain de tête et de corps à
quatre-vingt-six ans [1].

Quant au nouveau pape, il avoit soixante-six ans et quatorze de cardinalat, avoit été nonce en Suisse; puis en Portugal, pour lequel il avoit conservé un grand attachement.
Il étoit d'une des quatre premières maisons romaines, allant
de pair sans difficulté avec les Ursins, les Colonne et les
Savelli; ces derniers sont éteints et ayant donné beaucoup
de papes et de cardinaux. Sa naissance avoit un peu suppléé
à ses talents. C'étoit un homme doux, bon, timide, qui
aimoit fort sa maison, et qui parut peu sur le siége aposto-
lique. Tencin dès lors pensoit au cardinalat. Trop petit compagnon pour oser montrer y prétendre, il se renferma dans
les basses ruses qui l'avoient porté jusqu'où il se trouvoit.
Il agit donc sous terre; il fut amusé; il s'en aperçut enfin et
menaça le pape, s'il ne le contentoit, de rendre public
l'écrit qu'il avoit de sa main, qui l'avoit fait pape, par lequel
il s'engageoit, s'il le devenoit, de faire incontinent après
Dubois cardinal. Le pape se trouva donc dans de doubles
horreurs, ou de faire Tencin cardinal *motu proprio* sans
qu'aucune puissance s'y intéressât, sur l'autorité de laquelle

1. Albéroni est mort en 1752 à quatre-vingt-sept ans. Saint-Simon dit
que ce cardinal avait quatre-vingt-six ans, au moment où il écrit; c'est
donc en 1751 qu'il a composé cette partie de ses mémoires.

il pût excuser une promotion de tous points si indigne, ou de se voir déshonoré en plein par la publicité de ce billet de sa main. L'embarras, le dépit, la douleur de se voir réduit en de si cruelles extrémités, altérèrent tellement sa santé qu'il en mourut, et finit ainsi sa vie sans être tombé dans aucune des deux infamies, dont la juste frayeur et horreur le précipita dans le tombeau un peu plus de deux ans après qu'il fut monté sur la chaire de saint Pierre.

Ce fut vers ce temps-ci que Robert Walpole fut fait premier commissaire de la trésorerie d'Angleterre et chancelier de l'Échiquier; c'est-à-dire, grand trésorier sans en avoir le titre, et n'y en ayant point. Ce ministre l'a été si longtemps[1], et a fait tant de bruit dans le monde par sa capacité, que j'ai cru devoir marquer cette époque.

Le maréchal de Villeroy fit en ce temps-ci un tour de courtisan supérieur à lui. Je ne sais qui lui en donna le conseil trop fort pour que je l'aie cru pris de lui-même. Dans la situation où il se voyoit avec M. le duc d'Orléans et dans le mépris qu'il faisoit de la timidité et de la foiblesse de ce prince, qui, en même temps qu'il mouroit d'envie et d'impatience de le chasser, ne savoit lui refuser aucune chose et le recevoit avec ouverture et respect, il l'entraîna dans la plus grande faute qu'il pût faire, pour du même coup lui persuader son attachement et le rendre odieux au roi et suspect à toute la France. Il proposa à M. le duc d'Orléans de ressusciter le puissant office de la couronne de colonel général de l'infanterie, en faveur de M. le duc de Chartres, et l'assomma de tant d'autorité et d'exclamations qu'il en vint à bout sur-le-champ, et dans le plus grand secret pour éviter que quelqu'un n'ouvrît les yeux au régent, si, avant que cette affaire fût faite, il venoit à en parler à qui que ce fût. Parler au roi et l'obtenir ne fut comme on

---

1. Robert Walpole devint ministre pour la seconde fois en 1721 et le resta vingt et un ans jusqu'en 1742.

peut le croire, que l'affaire d'un instant. Le Blanc eut ordre d'en dresser l'édit et les patentes dans le même secret et avec la même diligence. Personne ne le sut donc que par le remerciement que M. le duc de Chartres en fit publiquement au roi, mené par M. le duc d'Orléans en même temps que le parlement l'enregistroit.

Cette compagnie, conduite par le premier président, à qui sans doute le maréchal de Villeroy avoit parlé à l'oreille, n'eut garde de faire la moindre difficulté et de ne pas faire sa cour au régent, d'une chose qui pouvoit si aisément servir dans la suite de matière à l'étrangler. En effet on a vu quelle importante figure a su faire le fameux duc d'Épernon, par cette charge qui dispose de tous les emplois de l'infanterie, et des états-majors des places et des régiments d'infanterie, seule alternativement avec le roi, même de celui des gardes, qui décide souverainement de tous les détails des corps et des garnisons et avec qui il faut que la cour compte sur tout ce qui regarde l'infanterie. On laisse à penser ce qu'une telle charge pouvoit devenir entre les mains d'un premier prince du sang, fils unique du régent, et à l'âge de l'un et de l'autre, avec le gouvernement du Dauphiné et la parenté si proche de Savoie. Il est vrai que le régiment des gardes et celui du roi furent soustraits à cet office par sa réérection. Mais cela marquoit plus la foiblesse du régent que la diminution d'un pouvoir énorme sans cela, et que M. de Chartres seroit toujours en état de reprendre dans la suite sur ces deux corps exceptés sans droit de leur part. La surprise générale fut grande, et les réflexions peu avantageuses qui ne furent ni tues ni épargnées. Le maréchal de Villeroy n'avoit pas l'esprit d'en cacher sa maligne joie, et M. le duc d'Orléans fut longtemps à s'apercevoir du tort extrême qu'il s'étoit fait. Il ne me parla point de l'affaire avant qu'elle fût faite, parce qu'elle la fut dans un tourne-main. Peut-être attendit-il après que je lui en fisse mon compliment, comme tout le monde : s'il l'attendit, il se trompa ; je ne lui en dis jamais une parole, et je n'allai point chez M. son fils. On a pu voir ici en plusieurs endroits que j'avois pour maxime de ne lui parler jamais des choses qu'il avoit mal faites, quand il ne m'en parloit pas le premier. Je me contentai donc sur celle-ci de lui montrer par mon silence combien je la désapprouvois. Ainsi nous ne nous en sommes jamais parlé l'un à l'autre.

Ce prince donna en même temps à Beringhen la survivance de sa charge de premier écuyer et de son gouvernement des forts et citadelle de Marseille, pour son fils. D'Antin obtint en même temps pour le sien sa survivance des bâtiments.

L'autorité de Dubois devenoit tous les jours plus extrême. C'étoit un premier ministre en plein, qui gardoit même peu de bienséance pour son maître. Tout le monde en souffroit et en gémissoit ; ceux qui voyoient les choses de plus près, ceux qui aimoient l'État, ceux qui étoient vraiment attachés à M. le duc d'Orléans, plus que les autres. Ce trait de malice du maréchal de Villeroy, et d'autorité sur M. le duc d'Orléans, frappa Torcy. Peu de jours après sortant du conseil de régence, il me demanda une conversation particulière et prompte. J'allai chez lui le lendemain, pour être moins interrompu que chez moi, ou [de crainte] que fermant ma porte, ce tête-à-tête pût faire bruit. Torcy me parla sur l'excès de l'abandon de M. le duc d'Orléans à Dubois, avec cette sagesse, cette lumière, cette précision qui lui étoient si naturelles, et m'en exposa tous les dangers pour les dehors et pour les dedans. Je ne m'arrêterai point à ce qu'il m'en dit : cent endroits de ces Mémoires marquent assez ce qu'il m'en put dire ; nous ne nous apprenions rien l'un à l'autre là-dessus, et nos avis étoient très-uniformes ; mais la question fut du remède ; nous nous contâmes réciproquement ce qui nous étoit arrivé avec M. le duc d'Orléans, à l'égard de Dubois, et nous conclûmes aisément qu'il n'y avoit que quelque chose de fort qui frappât M. le duc d'Orléans, non quant aux choses, après toutes celles que je lui avois dites, mais quant au poids des personnes réunies à lui en parler. Torcy s'étendit sur la foiblesse du régent pour le maréchal de Villeroy, dont les preuves se voyoient sans cesse et nouvellement par cette charge de l'infanterie, dont la plus légère réflexion lui auroit fait sentir le piége, et sur la crainte qu'il prenoit si aisément de M. le Duc, témoin nouvellement l'étrange scène qui se passa entre eux à ce conseil de régence, que j'ai rapportée ci-dessus. M. de Torcy me proposa donc de nous concerter avec M. le Duc, et avec le maréchal de Villeroy, pour parler tous quatre ensemble à M. le duc d'Orléans sur l'abbé Dubois, pour essayer en dernier remède l'impression que ce groupe ainsi réuni pourroit faire. Lui et moi étions lors à portée de tout avec M. le Duc, lui anciennement par les liaisons intimes, et de tout temps de Mme de Bouzols, sa sœur, avec Mme la Duchesse mère, et avec les Lassai, moi par les raisons qu'on a vues.

M. le Duc ne pouvoit souffrir le grand vol que prenoit Dubois, et d'être obligé lui-même de compter sur toutes choses avec lui; et le maréchal de Villeroy le haïssoit à mort, et ne s'en cachoit à personne. On a vu que de tout temps j'étois peu à portée de lui, et nouvellement moins que jamais, par le travers que son orgueil lui avoit fait prendre, au lieu de me savoir gré de n'avoir jamais voulu le déplacer ni être gouverneur du roi. Je le dis alors à Torcy, pour éviter de fausses mesures. Cela ne l'arrêta point, il trouvoit le maréchal si frivole qu'il étoit persuadé que cette aventure de gouverneur du roi ne feroit aucun obstacle quand il s'agiroit de servir sa haine contre Dubois, étayé du poids de M. le Duc sur M. le duc d'Orléans, de ma privance avec ce prince et de la confiance qu'il avoit en moi, et de lui, Torcy, fondé sur les lettres étrangères. Je ne pouvois me rendre à cette pensée; je lui représentai fortement que je gâterois tout, et que le récent dépit de cette place de gouverneur, qu'il rageoit de devoir à mes refus, l'emporteroit chez lui sur toute autre considération. Je voulois donc qu'ils parlassent tous trois, et n'en être pas avec eux; mais Torcy s'opiniâtra à contester que tout échoueroit sans moi, parce que M. le duc d'Orléans regarderoit cet effort comme venant de mains ennemies, et Torcy entraîné par elles, bien de tout temps avec M. le Duc et avec le maréchal de Villeroy, ce qui n'arriveroit pas s'il me voyoit avec eux, parce qu'il ne présumeroit jamais que j'eusse agi de concert avec eux à mauvaise intention ni par entraînement, et qu'il ne pourroit méconnoître ce que je lui avois dit souvent tête à tête, et récemment cette dernière fois si forte que j'ai rapportée; qu'il ne pourroit dire méconnoître ces mêmes choses dans ce que nous lui dirions ensemble, et qu'il verroit, au contraire, l'homme du monde en moi, duquel il se pouvoit le moins méfier, s'unir à eux pour lui tenir le même langage, qui appuieroit si fortement ce que le secret de la poste avoit fourni, à lui Torcy, de raisons qui lui seroient alors étalées avec plus de force et moins de ménagement que Torcy n'avoit osé employer avec lui tête à tête.

Après un long débat, je me rendis, malgré moi, à l'autorité de Torcy, l'homme du monde le plus sage, le plus prudent, le plus modéré, le plus éloigné des partis forts tant qu'il en pouvoit prendre d'autres, et par lui-même naturellement fort retenu et timide; bref, je ne me rendis point, mais je cédai. Il voulut commencer par le maréchal de Villeroy pour entraîner plus facilement M. le Duc, dont la férocité n'empêchoit pas toujours la timidité, surtout dans un intérêt d'État général et non un intérêt particulier fort grand. Nous convînmes donc que nous irions, Torcy et moi, parler au maréchal de Villeroy au sortir du premier conseil de régence, parce qu'il logeoit aux Tuileries, et que cette visite ensemble seroit moins remarquée en y allant ainsi de plain-pied, et nous trouvant tous deux naturellement ensemble. Nous nous amusâmes donc tous deux exprès après le conseil de régence pour laisser écouler le monde, et donner le temps au maréchal de rentrer dans son appartement, avec convention que Torcy porteroit la parole.

Le hasard fit que nous trouvâmes le maréchal de Villeroy seul dans sa chambre. Dès qu'il nous vit il se douta de quelque chose d'extraordinaire, et nous demanda ce qui nous amenoit ainsi tous deux. Nous avancions cependant vers lui; il répéta sa demande; le valet de chambre qui nous avoit ouvert la porte sortit, et avant de nous asseoir, Torcy, comme pour lui répondre, commença à lui faire entendre le sujet de notre visite. Au premier mot que le maréchal en sentit : « Messieurs, dit-il, je suis votre serviteur, mais point de cabale, vous ferez sans moi tout ce que bon vous semblera. Mais d'aller ainsi en cohorte, c'est ce que vous ne me persuaderez point, et je ne sais d'où cette idée vous est entrée dans la tête. Je vois sur l'abbé Dubois tout ce qu'il y a à voir, j'en parle peut-être autant, et plus fortement que vous au régent, mais tête à tête, car autrement ce sont cabales que je n'entends point, et où vous ne me ferez jamais entrer. » De là, il se met en colère, balbutie, interrompt, ne veut rien écouter, et nous éconduit avec hauteur. Hors de sa chambre, nous nous regardâmes Torcy et moi, confondus de la sottise et de l'impertinence de l'homme, et Torcy découragé ne jugea pas à propos de voir M. le Duc, ni d'aller plus loin; il convint que j'avois mieux jugé du maréchal que lui. « Mais après tout, me dit-il, il n'y a rien de gâté, c'est un coup d'épée dans l'eau. » Pour moi, je n'avois été qu'acolyte sans qu'il me fût sorti un seul mot de la bouche.

Trois jours après, allant travailler avec M. le duc d'Orléans, je le trouvai d'abordée, instruit par le maréchal de Villeroy qui, en vil courtisan qu'il étoit, avec toute son arrogance et sa morgue, étoit allé se faire un mérite de son refus et sacrifier son ancien ami Torcy, qui toutefois le connoissoit bien, et ne l'estimoit guère, pour me nuire, et me perdre s'il avoit pu. Quelque surpris que je fusse d'une si basse et si noire trahison, je dis à M. le duc d'Orléans qu'après tout ce que je lui avois si souvent fait toucher au doigt de l'abbé Dubois sans aucun fruit qu'une conviction inutile, et pénétré du tort extrême que cet homme faisoit à Son Altesse Royale et aux affaires pour son unique intérêt, il étoit vrai que je m'en étois ouvert à Torcy, qui, par ce qu'il voyoit du secret de la poste, en étoit encore plus touché et plus convaincu que moi ; que la raison d'État si manifeste, et notre attachement particulier pour sa personne nous avoit fait chercher quelque moyen de lui faire enfin une impression utile dont il nous devoit savoir gré, et sentir la différence de gens qui comme Torcy et moi lui disions ce que nous voyions sur l'abbé Dubois, sans jamais crier contre l'autorité dont il abusoit, et qui uniquement poussés par l'intérêt pressant de l'État et le sien, voulions lui faire une impression plus forte, d'avec un chien enragé comme le maréchal de Villeroy, qui crioit à tout le monde contre le maître et le valet, ravi du mécontentement public qu'il ne cherchoit qu'à augmenter, et qui, au lieu de chercher comme nous à y apporter un remède respectueux, secret, utile, venoit à lui faire le bon valet, et un infâme et misérable rapport pour l'éloigner de ses vrais serviteurs, et en profiter s'il pouvoit à sa ruine.

Cette réponse ferme et sans balancer fit une si grande impression sur M. le duc d'Orléans qu'il se rasséréna tout d'un coup, et me parla du maréchal de Villeroy avec le dernier mépris, qui fut tout ce qu'il remporta d'une délation si misérable. M. le duc d'Orléans n'en conserva aucune mauvaise impression contre moi ni contre Torcy, à qui il parla la première fois qu'il le vit en mêmes termes du maréchal de Villeroy. Je ne fis jamais depuis aucun semblant au maréchal de sa perfidie ni Torcy non plus, et il ne nous a jamais aussi reparlé de notre proposition. Au sortir d'avec le régent, j'allai trouver Torcy, je lui rendis ce qui se venoit de passer entre ce prince et moi, et quoi que je lui pusse dire pour le rassurer, il en demeura fort en peine, et s'exclama fort, tout sage et tout mesuré qu'il fût, sur la trahison du maréchal de Villeroy. A son tour, dès qu'il eût vu M. le duc d'Orléans, il me vint dire combien cela s'étoit passé à souhait, et à cette fois, il demeura parfaitement rassuré. Il faut convenir que voilà une étrange et bien vilaine aventure, et qui ne se pouvoit pas imaginer; mais ce qu'elle eut de triste, c'est que Dubois contre qui elle devoit porter en plein, même manquée comme elle le fut, n'en diminua pas d'une ligne, et fut sans doute instruit du fait par le régent qui lui disoit tout : aussi verrons-nous bientôt qu'il la garda bonne à Torcy, que jusque-là il avoit fait profession d'estimer et de considérer, apparemment pour se faire honneur à lui-même : quant à moi, on a pu voir que j'étois avec lui de manière que cette façon de plus n'y pouvoit guère ajouter.

CHAPITRE VIII.

Le duc de Sully déclare son mariage secret avec Mme de Vaux. — Leur caractère. — Mort de Chamillart; raccourci de sa fortune et de son caractère. — Mort de Desmarest; abrégé de son caractère. — Mort d'Argenson; abrégé de son caractère. — Mort de Maupertuis; abrégé de son caractère. — Mort de Mezières; son caractère. — Mort de Sérignan; de l'abbé de Mornay; son caractère et sa fortune. — Mort de l'abbé de Lyonne; de Bullion. — Le grand écuyer se sépare pour toujours de sa femme, qu'il renvoie au duc de Noailles, son père. — Breteuil, maître des requêtes, prévôt et maître des cérémonies de l'ordre. — La Houssaye, contrôleur général, en a le râpé. — Breteuil, frère du précédent, tué en duel par Gravelle. — Traité d'Angleterre, à son mot[1], avec l'Espagne.

1. A son avantage.

— M. le duc d'Orléans me confie le traité fait du mariage du roi avec l'infante d'Espagne, et de sa fille avec le prince des Asturies. — Conversation curieuse entre lui et moi là-dessus. — J'obtiens l'ambassade d'Espagne pour faire mon second fils grand d'Espagne. — J'obtiens pour ma dernière belle-sœur l'abbaye de Saint-Amant de Rouen. — Audience de congé, caractère et traitement de l'ambassadeur turc. — Prince de Lixin fait grand maître de Lorraine en épousant une fille de M. et de Mme de Craon. — Son caractère et sa fin. — Mariage du marquis de Villars avec une fille du duc de Noailles. — Caractère de cette dame. — Mariage du duc de Boufflers avec une fille du duc de Villeroy.

Le chevalier de Sully, devenu duc et pair par la mort, sans enfants, de son frère aîné, dont la veuve venoit de mourir, étoit depuis bien des années amoureux de la fille de la fameuse Guyon, dont il a été parlé ici en son temps, qu'elle avoit mariée à de Vaux, fils aîné de l'infortuné surintendant Fouquet, dont elle étoit veuve sans enfants depuis plusieurs années. Il y avoit longtemps que la duchesse du Lude, veuve, riche, sans enfants, qui avoit été dame d'honneur de Mme la duchesse de Bourgogne pressoit et faisoit presser le duc de Sully, fils de son frère, de se marier. Son attachement pour Mme de Vaux la désoloit, elle en craignoit la vile alliance qui par l'âge, plus encore par l'excessif embonpoint, ne promettoit pas d'enfants, qu'elle souhaitoit passionnément de voir à son neveu. Elle lui promettoit de lui donner tout son bien par un mariage sortable, et le menaçoit de l'en priver, s'il poussoit à bout un attachement si disproportionné et apparemment stérile ; mais l'affaire en étoit faite dans le plus grand secret, pour ne pas révolter la duchesse du Lude, et couler ainsi le temps en écartant tous les mariages jusqu'à sa mort, que l'âge et une goutte continuelle laissoient voir peu éloignée. Ce manége dura si longtemps, qu'il les ennuya tous trois. Sully, plus attaché que jamais à celle qu'il avoit épousée, ne pouvoit plus user sa vie dans la contrainte de ce secret. L'épouse aimée l'y poussoit dans l'extrême désir du rang et de l'état qui seroit la suite nécessaire et immédiate de la déclaration du mariage. Enfin la duchesse du Lude, excédée de la fermeté de son neveu, à esquiver et à rejeter tous les mariages, aima mieux savoir enfin où elle en étoit là-dessus. Il fallut employer bien des amis, des préparations, des motifs de conscience pour disposer la duchesse du Lude à souffrir un aveu si amer. Toutefois on y parvint, elle prit la chose en pénitence, reçut froidement son neveu, lui permit de déclarer son mariage et ne lui fit point de mal.

On eut plus de peine à la résoudre de voir la nouvelle duchesse de Sully, qui se hâta de prendre son tabouret, et qui prit sans peine tout le maintien d'une grande dame avec assez d'esprit pour ne blesser personne par un si grand changement. Elle en avoit en effet beaucoup, beaucoup de monde, de la lecture et de l'ornement, une beauté romaine, de beaux traits, un beau teint, et la conversation très-aimable, avec beaucoup d'amis de tous les genres, et assez choisis en hommes et en femmes. Sa réputation fut toujours sans reproche; elle n'eut jamais d'autre attachement que celui qui fut couronné par la persévérance, et depuis même que le mariage secret leur avoit tout permis, les bienséances et les dehors furent si exactement observés qu'il ne se put rien apercevoir entre eux. Le commerce de l'un et de l'autre avec leurs amis étoit honnête, et sûr; le duc de Sully en avoit beaucoup et avoit toujours été fort au goût du monde, mais jamais de celui du roi. Quoique gros, c'étoit le meilleur danseur de son temps, son visage et sa figure étoient agréables, avec beaucoup de grâce et de douceur. Toujours pauvre, toujours rangé, et se soutenant de peu avec honneur, peu d'esprit mais sage, et avoit servi toute sa vie avec beaucoup de valeur, et peu de fortune. Je n'ai jamais su pourquoi le roi l'avoit pris en une sorte d'aversion, si ce n'est qu'il ne fut jamais fort assidu à la cour, et qu'il étoit fort des amis de M. le prince de Conti. A la fin, les respects, les mesures, la patience de la duchesse de Sully, gagnèrent la duchesse du

Lude, qui s'accoutuma à elle, et la vit chez elle avec une sorte d'amitié.

Plusieurs personnages et quelques autres moururent cette année. Chamillart commença, à soixante et dix ans. On a vu ailleurs sa fortune et sa chute, et en plusieurs endroits son caractère. Il succéda à Pontchartrain aux finances, lorsque ce dernier devint chancelier par la mort de Boucherat en septembre 1699; ministre d'État, septembre 1700, par la mort de Pomponne; secrétaire d'État au département de la guerre, sans quitter les finances, en janvier 1701 par la mort de Barbezieux, cinq ans après grand trésorier de l'ordre; remit les finances en juin 1709 à Desmarest; fut congédié un an après, et sa charge de secrétaire d'État donnée à Voysin. On a vu aussi avec quel courage et quelle tranquillité il soutint sa disgrâce, et il la soutint également jusqu'à sa mort. C'étoit un homme aimable, obligeant, modeste, compatissant, doux dans le commerce et sûr, jamais enflé, encore moins gâté par la faveur et l'autorité, d'abord facile et honnête à tous, mais à la vérité *impar oneri*, peu d'esprit et de lumière, peu de discernement, aisé à prévenir, à s'entêter, à croire tout voir et savoir, du plus parfait désintéressement, tenant au roi par attachement de cœur en tous les temps, et point du tout à ses places. Depuis son retour à Paris, il y vécut toujours en la meilleure compagnie de la cour et de la ville; donnoit tous les jours à dîner et à souper sans faste, mais bonne chère; ne sortoit presque point de chez lui, sinon quelquefois pour venir chez moi, et chez un nombre fort étroit d'amis particuliers; passoit deux mois à Courcelles où toute la province abondoit, et sans rien montrer, pensoit solidement à son salut. Toutes les fois que je venois à Paris, je mangeois une fois chez lui et le voyois tous les jours, que j'y demeurois, qui étoient toujours rares et courts. J'étois à la Ferté lorsqu'il mourut à Paris, et je le regrettai beaucoup.

Le 4 mai suivant, mourut à Paris Desmarets, à soixante-treize ans, dix-huit jours après Chamillart. On a vu ailleurs ses revers et sa fortune. Bon Dieu, dans quel étonnement seroit-il de celle de son fils¹! Je le vis toujours jusqu'à sa mort depuis que nous nous étions raccommodés, comme on l'a vu en son lieu. C'étoit un homme qui avoit plus de sens que d'esprit, et qui montroit plus de sens qu'il n'en avoit en effet; quelque chose de lourd et de lent, parlant bien et avec agrément, dur, emporté, dominé par une humeur intraitable, et l'antipode de Chamillart en ce que ce dernier avoit une qualité bien rare d'être excellent ami, et point du tout ennemi. Desmarets n'étoit ami que par intérêt, et souvent beaucoup moins que son intérêt le vouloit. On a vu ici son carractère en plusieurs endroits.

Deux jours après, le 6 mai, mourut d'Argenson dans sa singulière retraite, au dehors de la maison des Filles de la Croix, au faubourg Saint-Antoine. C'étoit un homme de beaucoup d'esprit, de connoissance du monde, de nulle d'affaires d'État, de finances, de magistrature, qui pensoit noblement et honnêtement, et qui auroit été bon en grand s'il y avoit été élevé. Mais son esprit s'étoit rétréci et tellement accoutumé au petit qu'il ne put jamais s'étendre et s'élever. Il avoit passé sa jeunesse dans le chétif exercice de la charge de lieutenant général d'Angoulême qu'avoit eue son père. Il étoit pauvre et de meilleure condition que la plupart des gens de robe, aussi s'en piquoit-il, aussi respectoit et aimoit à obliger les gens de qualité et la noblesse dont il se prétendoit avant que ses pères eussent pris la robe. Devenu maître des requêtes, il épousa une sœur de Caumartin qui s'en fit honneur, et qui, par le chancelier de Pontchartrain, alors contrôleur général, le fit lieutenant de police. C'est où il ex-

---

1. Jean-Baptiste-François Desmarets, marquis de Maillebois, né en 1682, lieutenant général en 1731, maréchal de France en 1741, gouverneur d'Alsace en 1748, mort en 1762. Le marquis de Pezay a publié l'*Histoire des campagnes du maréchal de Maillebois en Italie*, pendant les années 1745-46 (Paris, 1775, 3 vol. in-4°).

cella[1], et où il sauva bien des gens de qualité et des enfants de famille. Il étoit obligeant, poli, respectueux, sous une écorce quelquefois brusque et dure, et une figure de Rhadamante, mais dont les yeux petilloient d'esprit et réparoient tout le reste. Il ne put soutenir sa chute, et ne sortit plus de sa chambre ou du parloir. On a suffisamment parlé de lui ailleurs. Il commença sur les fins à signer *de* Voyer au lieu de *Le* Voyer, qui est son nom. Ses enfants, qui ont depuis fait une si grande fortune et qui veulent pousser leurs enfants dans une d'un autre genre, imitent soigneusement la dernière façon de signer de leur père et de faire appeler leurs enfants.

---

1. Fontenelle a retracé avec l'ingénieuse et élégante précision de son style les services que rendit d'Argenson dans la charge de lieutenant de police : « Les citoyens d'une ville bien policée jouissent de l'ordre qui y est établi, sans songer combien il en coûte de peine à ceux qui l'établissent ou le conservent, à peu près comme tous les hommes jouissent de la régularité des mouvements célestes, sans en avoir aucune connoissance; et même plus l'ordre d'une police ressemble par son uniformité à celui des corps célestes, plus il est insensible; et par conséquent il est toujours d'autant plus ignoré qu'il est plus parfait. Mais qui voudroit le connoître, l'approfondir, en seroit effrayé : entretenir perpétuellement dans une ville telle que Paris une consommation immense, dont une infinité d'accidents peuvent toujours tarir quelques sources; réprimer la tyrannie des marchands à l'égard du public, et en même temps animer leur commerce; empêcher les usurpations naturelles des uns sur les autres, souvent difficiles à démêler; reconnoître dans une foule infinie ceux qui peuvent aisément y cacher une industrie pernicieuse; en purger la société, ou ne les tolérer qu'autant qu'ils peuvent être utiles par des emplois dont d'autres qu'eux ne se chargeroient pas ou ne s'acquitteroient pas si bien; tenir les abus nécessaires dans les bornes précises de la nécessité, qu'ils sont toujours prêts à franchir; les renfermer dans l'obscurité à laquelle ils doivent être condamnés, et ne les en tirer pas même par des châtiments trop éclatants; ignorer ce qu'il vaut mieux ignorer que punir, et ne punir que rarement et utilement; pénétrer par des souterrains dans l'intérieur des familles et leur garder les secrets qu'elles n'ont pas confiés, tant qu'il n'est pas nécessaire d'en faire usage; être présent partout sans être vu; enfin mouvoir ou arrêter à son gré une multitude immense et tumultueuse, et être l'âme toujours agissante et presque inconnue de ce grand corps; voilà quelles sont en général les fonctions du magistrat de police. Il ne semble pas qu'un homme seul y puisse suffire ni par la quantité des choses dont il faut être instruit, ni par celle des vues qu'il faut suivre, ni par l'application qu'il faut apporter, ni par la variété des conduites qu'il faut tenir et des caractères qu'il faut prendre. »

Maupertuis, des bâtards de Melun, mourut à quatre-vingt-sept ans, jusqu'alors dans une santé parfaite. Il étoit lieutenant général, grand'croix de Saint-Louis, gouverneur de Toul, et avoit été longtemps capitaine de la première compagnie des mousquetaires, où il étoit parvenu rapidement de maréchal des logis. C'étoit un homme dont j'ai parlé tout au commencement de ces Mémoires, plein d'honneur, de valeur et de vertu; de petitesses aussi, d'exactitude et de pédanterie, fort court d'esprit, par conséquent fort au goût du feu roi. Il ne laissa point d'enfants.

Mezières, lieutenant général et gouverneur d'Amiens et de Corbie. C'étoit un petit bossu devant et derrière à faire peur, avec un visage très-livide, qui ressembloit fort à une grenouille. De la valeur, assez d'esprit, encore plus d'effronterie, de hardiesse, de confiance, d'impudence, l'avoient poussé. Il s'ajustoit et se regardoit avec complaisance dans les miroirs, étoit galant, attaquoit les femmes, se croyoit digne et prétendoit à toutes les fortunes de la guerre, de la cour, même de la galanterie. Il étoit frère de la mère du marquis, depuis duc de Lévi, et n'étoit pas éloigné de prétendre que cette alliance honoroit ce neveu. Boulainvilliers m'a pourtant dit que ces Béthisy, c'étoit le nom de Mezières, étoient anoblis, mais pas trop anciennement; lui et sa femme, maîtresse et dangereuse intrigante, dont j'ai parlé lors de son mariage, s'étoient bien nantis au Mississipi. Il laissa des fils et des filles, lesquelles n'ont pas été moins intrigantes ni moins dangereuses que leur mère. Canillac, lieutenant général et capitaine de la seconde compagnie des mousquetaires, eut le gouvernement d'Amiens.

Sérignan, gouverneur de Ham, qui avoit passé la plupart de sa vie aide-major des gardes du corps, et qui fort au goût du roi avoit eu le secret de bien des choses, mourut à quatre-vingt-quatorze ans, depuis longtemps retiré, ayant jusqu'au bout conservé sa tête et santé.

L'abbé de Mornay, passant à Madrid, revenant de Lisbonne, où il étoit ambassadeur depuis longtemps. Il étoit fils de M. et de Mme de Montchevreuil, l'un et l'autre si favoris de Mme de Maintenon et du roi, desquels j'ai parlé en leur temps. Toutefois cette faveur si grande ne put faire leur fils évêque; c'étoit pourtant un homme d'esprit et de mérite, sage et capable, et qui n'avoit point fait parler de ses mœurs; mais sa figure le perdit, et le commerce ordinaire et tout simple des dames de la cour comme des hommes. C'étoit un grand homme blond, fort bien fait, de visage agréable, qui capriça le roi et que rien ne put vaincre. Cette opiniâtreté d'une part, et la considération du père et de la mère de l'autre, lui firent donner l'ambassade de Portugal, où il réussit très-bien et s'y fit fort estimer. M. le duc d'Orléans lui avoit donné l'archevêché de Besançon. Peu avant de partir de Lisbonne, il perdit presque les yeux d'une fluxion, et en chemin il les perdit tout à fait. Arrivant à Madrid il se trouva mal, et en peu de jours y mourut, dont ce fut grand dommage. Son archevêché fut donné au frère du prince de Monaco, qui avoit été prêtre de l'Oratoire, puis jésuite, qui en étoit sorti béat fort glorieux et très-ignorant, qui n'étoit propre ni au monde ni à l'Église.

L'abbé de Lyonne peu après, fils du célèbre ministre et secrétaire d'État, auquel il ne ressembla en rien. Il avoit les abbayes de Marmoutiers, de Chalis et de Cercamp; avec le prieuré de Saint-Martin des Champs dans Paris, où il avoit passé sa vie, sans voir presque personne, et où il mourut aussi obscurément qu'il avoit vécu. Il avoit été débauché et accusé de vendre ses collations[1]. J'en ai parlé ailleurs. Il buvoit tous les matins plus de vingt pintes d'eau de la Seine depuis fort longtemps.

Bullion, duquel j'ai parlé ailleurs. Il avoit fait plusieurs folies à Versailles, où on sut qu'il en étoit attaqué depuis longtemps. Il étoit enfermé depuis quelques années dans une

---

1. Droit de conférer un bénéfice.

de ses maisons en Beauce, où personne ne le voyoit. Son fils aîné obtint, par la duchesse de Ventadour, leur proche parente, son gouvernement du Perche et du Maine. Un de ses cadets étoit dès lors prévôt de Paris sur sa démission.

Le grand écuyer, qui, dédaignant de s'appeler M. le Grand, comme son père l'avoit toujours été, se faisoit nommer le prince Charles et sa femme Mme d'Armagnac, se brouilla avec elle sur quelque jalousie qu'il en prit à Saint-Germain, chez le duc de Noailles son père, à qui, un beau matin, il la renvoya sans autre façon, sans en avoir voulu ouïr parler depuis ni d'aucun Noailles. On prétendit que le duc d'Elbœuf, à qui la soif de l'argent avoit fait faire ce mariage, en voyant la source tarie par le déplacement du duc de Noailles, contribua fort à cet éclat. Il n'y avoit guère qu'un an qu'elle étoit chez son mari, parce qu'elle étoit fort jeune ; personne ne la crut coupable, et sa conduite y a fort bien répondu depuis. Elle voulut se retirer auprès de sa tante, fille de Sainte-Marie, au faubourg Saint-Germain, où elle est demeurée, sans en vouloir sortir, plusieurs années. Toute la maison de Lorraine, jusqu'à Mlle d'Armagnac, sœur du prince Charles et ses autres proches, le blâmèrent publiquement et virent toujours sa femme, excepté le duc d'Elbœuf, ce qui les brouilla avec lui. En sorte qu'il n'a pas vu depuis Mlle d'Armagnac, avec qui il avoit toujours été fort uni. Il faut pourtant dire que, sans esprit du tout, le prince Charles est un très-honnête homme, et dont partout ailleurs les procédés ont toujours été fort bons et surtout fort nobles dans sa charge.

Le Camus, premier président de la cour des aides, qui avoit acheté, en 1709, de Pontchartrain fils, la charge de prévôt et maître des cérémonies de l'ordre, eut permission en ce temps-ci de la vendre à Breteuil, maître des requêtes, et de conserver le cordon bleu. La Houssaye, contrôleur général des finances et surintendant des maisons, affaires et finances de M. le duc d'Orléans, en eut le râpé. Breteuil est celui qui fut depuis secrétaire d'État de la guerre à deux reprises.

Il avoit un frère dans le régiment des gardes, avec qui Gravelle, autre officier aux gardes, querelleur et fort en gueule, eut des paroles. Breteuil en seroit demeuré là sans ses camarades et sans sa famille qui le forcèrent à se battre. Ils n'y firent pas grande façon, le combat se fit en plein midi, dans la rue de Richelieu; en un tourne-main Breteuil fut tué, et il n'en fut pas autre chose. M. le duc d'Orléans, pour le dire foiblement, ne haïssoit pas les duels. Gravelle étoit capitaine aux gardes; Breteuil, qui l'étoit aussi, venoit de vendre sa compagnie.

Enfin l'Espagne, non-seulement abandonnée par la France, mais pressée à l'excès de signer son accommodement avec l'Angleterre, y consentit, ne pouvant mieux, par lequel les Anglois obtinrent tous les avantages qu'ils s'étoient proposés pour leur commerce et la ruine de celui de toutes les autres nations, singulièrement de celui de France et au grand détriment de l'Espagne. Les Anglois, en outre, eurent l'*asiento*[1] à leur mot, un vaisseau de permission; conservèrent Port-Mahon et toute l'île avec Gibraltar. Véritablement ils restituèrent quelques vaisseaux nouvellement pris à l'Espagne, et la gratifièrent d'autres bagatelles. Moyennant ce traité, l'empereur, à l'ardente prière du roi d'Angleterre, redoubla ses instances à Rome, qui, aidées de l'étrange engagement qu'on vient de voir qu'avoit pris le pape pour son exaltation, mirent enfin les choses au point où Dubois les désiroit pour recevoir incessamment la pourpre.

Ayant mis ainsi le couteau à la gorge de l'Espagne pour l'entière et l'énorme satisfaction des Anglois, ou plutôt pour celle de Dubois, j'avoue que je ne comprends pas comment le traité du double mariage entre la France et l'Espague put suivre si brusquement. Le secret en fut si entier qu'aucune

---

1. Il a déjà été question de ce traité.

puissance ni aucun particulier ne s'en douta. Depuis longtemps l'abbé Dubois avoit fermé la bouche à mon égard à son maître sur les affaires étrangères, et plus étroitement encore depuis ce que j'ai raconté ici il n'y a pas longtemps. Cela n'empêchoit pourtant pas qu'il n'en échappât toujours à M. le duc d'Orléans quelque bribe avec moi, mais avec peu de détail et de suite, et de mon côté je demeurois fort réservé. Étant allé les premiers jours de juin pour travailler avec M. le duc d'Orléans, je le trouvai qui se promenoit seul dans son grand appartement. Dès qu'il me vit : « Ho çà! me dit-il me prenant par la main, je ne puis vous faire un secret de la chose du monde que je désirois et qui m'importoit le plus et qui vous fera la même joie; mais je vous demande le plus grand secret. » Puis, se mettant à rire : « Si M. de Cambrai savoit que je vous l'ai dit, il ne me le pardonneroit pas. » Tout de suite il m'apprit sa réconciliation faite avec le roi et la reine d'Espagne; le mariage du roi et de l'infante, dès qu'elle seroit nubile, arrêté, et celui du prince des Asturies conclu avec Mlle de Chartres.

Si ma joie fut grande, mon étonnement la surpassa. M. le duc d'Orléans m'embrassa, et après les premières réflexions des avantages personnels pour lui d'une si grande affaire, et sur l'extrême convenance du mariage du roi, je lui demandai comment il avoit pu faire pour la faire réussir, surtout le mariage de sa fille. Il me dit que tout cela s'étoit fait en un tourne-main, que l'abbé Dubois avoit le diable au corps pour les choses qu'il vouloit absolument; que le roi d'Espagne avoit été transporté que le roi son neveu demandât l'infante; et que le mariage du prince des Asturies avoit été la condition *sine qua non* du mariage de l'infante qui avoit fait sauter le bâton au roi d'Espagne. Après nous être bien étendus et bien éjouis[1] là-dessus, je lui dis qu'il falloit que le secret du mariage de sa fille fût entièrement gardé jusqu'au

1. Il y a dans le manuscrit *éjouis* et non *réjouis*.

moment de son départ, et celui du mariage du roi jusqu'au moment où les années permettroient son exécution, pour empêcher la jalousie de toute l'Europe de cette réunion si grande et si étroite des deux branches de la maison royale, dont l'union avoit toujours été [sa] terreur, et la désunion l'objet de toute [sa] politique, à laquelle les souverains n'étoient que trop et trop longtemps parvenus, et dans la confiance de laquelle il les falloit laisser aussi longtemps qu'il seroit possible, l'infante surtout n'ayant que trois ans, car elle est née à Madrid le 30 mars 1718 au matin, ce qui donnoit des années devant soi à laisser calmer les inquiétudes de l'Europe sur le mariage de sa fille avec le prince des Asturies, qui même par rapport à l'âge, se pouvoit un peu différer, le prince étant de 1707 en août, ce qui ne faisoit que quatorze ans, et Mlle de Chartres, car elle avoit pris ce nom depuis la profession de Mme de Chelles, n'en ayant pas douze, étant de décembre 1709. « Vous avez bien raison, me répondit M. le duc d'Orléans, mais il n'y a pas moyen, parce qu'ils veulent en Espagne la déclaration tout à l'heure, et envoyer ici l'infante, dès que la demande sera faite et le contrat de mariage signé. — Quelle folie m'écriai-je, et à quoi ce tocsin peut-il être bon qu'à mettre toute l'Europe en cervelle et en mouvement? Il leur faut faire entendre cela, et y tenir ferme, rien n'est si important. — Tout cela est vrai, répliqua M. le duc d'Orléans ; je le pense tout comme vous, mais ils sont têtus en Espagne, ils l'ont voulu de la sorte, on l'a accordé. C'est une chose faite, convenue et arrêtée ; l'affaire est si grande pour moi à tous égards que vous ne m'auriez pas conseillé de rompre sur cette fantaisie. » J'en convins en haussant les épaules sur une impatience si à contre-temps.

Après quelques raisonnements là-dessus, je lui demandai ce qu'il prétendoit faire de cette enfant, quand elle seroit ici. Il me dit qu'il la mettroit au Louvre. Je lui répondis qu'à mon sens il falloit en faire toute autre chose ; qu'au Louvre, table, suite, etc., seroient d'une grande dépense, et très-inutile; qu'en croissant la dépense croîtroit, et qu'elle verroit nécessairement des compagnies à éviter le plus longtemps qu'il seroit possible. Pis que tout cela, il faudroit que le roi lui rendît des soins; qu'il en verroit des enfances; elle, en croissant, en remarqueroit de lui; qu'il y auroit entre eux ou trop de familiarité, ou trop de contrainte, qu'ils se rebuteroient l'un de l'autre, s'ennuyeroient, se dégoûteroient, le roi surtout, [ce] qui seroit le souverain malheur; qu'il seroit de plus impossible que la petite princesse, croissant au milieu du monde et de la cour, ne fût gâtée; qu'il étoit bien difficile que tout cela ne causât de grands maux; que pour moi, mon avis seroit, puisque le sort en étoit jeté, et qu'il falloit qu'elle arrivât bientôt, qu'on la mît au Val-de-Grâce, dans le bel appartement de la reine mère qu'il connoissoit et moi aussi, pour y être entré allant y voir Mme de Chelles; que le dedans et le dehors de ce monastère étoient magnifiques, le monastère royal, fondé par la reine mère, et bâti par elle à plaisir; que le jardin étoit beau, très-grand, en très-bon air; qu'il falloit mettre auprès d'elle la duchesse de Beauvilliers, veuve et sans famille, dont le mari avoit été gouverneur du roi d'Espagne; que sa vertu, sa piété, son esprit, sa connoissance de la cour et du monde, où elle avoit passé sa vie, dans la plus haute considération et réputation, la rendoient l'unique personne à choisir; que je croyois bien qu'elle s'en défendroit tant qu'elle pourroit, mais qu'elle ne résisteroit pas aux instances du roi d'Espagne, à qui il falloit représenter toutes ces choses, ne mettre personne en dames ni en officiers principaux, et laisser la duchesse de Beauvilliers mettre et ôter les femmes de chambre et celles-ci en petit nombre, être seule maîtresse de l'éducation en tout genre, même de la cuisine. Ni chevaux, ni carrosses, ni gardes, ni quoi que ce soit; une ou deux fois l'année une visite du roi d'un quart d'heure, autant d'elle au roi, et alors lui envoyer des carrosses et des gardes du roi, et lui faire faire quelques tours dans Paris, ou au Cours, en allant ou revenant, et lorsque peu à peu elle sera en âge de commencer à voir quelques dames, qu'elles soient du choix de la duchesse de Beauvilliers, ainsi que pour le nombre et le temps; que de cette manière elle recevra une éducation à souhait, en lieu digne et décent, à couvert des mauvaises compagnies, sans dépense, en un lieu de s'amuser, se promener, et faire des enfances qui ne porteront aucun coup, et le roi et elle hors de portée de se familiariser ou de s'ennuyer l'un de l'autre, de se mépriser par leurs enfances, de se dégoûter; et ne la sortir du Val-de-Grâce que la veille de la célébration de son mariage, où elle trouveroit toute sa maison faite, et toute, quant aux dames et aux femmes, de l'avis de la duchesse de Beauvilliers.

M. le duc d'Orléans écouta tout fort tranquillement, me dit que j'avois raison, que ce seroit bien le mieux, mais que cette place ne se pouvoit ôter à la duchesse de Ventadour, gouvernante des enfants de France. « Mais elle ne l'est pas des enfants d'Espagne, repris-je vivement. — Non, me dit-il, mais elle l'a été du roi, et l'infante élevée ici pour l'épouser ne sauroit être mise en d'autres mains, et Mme de Ventadour n'est pas femme à s'enfermer au Val-de-Grâce. — C'est donc à dire, répliquai-je, qu'il faut sacrifier l'infante, et tout ce qui en peut arriver, que je vous viens de représenter, avec toute la dépense, à Mme de Ventadour, à sa charge, à ses complexions, qui la gâtera et en fera tout ce que l'enfant et les femmes qui l'obséderont en voudront être; Mme de Ventadour votre ennemie, elle et tous ses entours et son maréchal de Villeroy qui, de votre aveu à moi et du su de chacun, vous ont fait et vous font encore tout du pis qu'ils ont pu et qu'ils peuvent et sûrement qu'ils pourront. » Je contestai encore un peu et fort inutilement, puis je me tus, sentant bien que ce choix venoit de l'abbé Dubois, par rapport aux Rohan et à ce qu'il espéroit du cardinal de Rohan pour accélérer son chapeau, et qui lors étoit tout porté à Rome.

Pendant tous ces raisonnements divers, je ne laissois pas de penser à moi, et à l'occasion si naturelle de faire la fortune de mon second fils. Je lui dis donc que, puisque les choses en étoient nécessairement au point qu'il me les apprenoit, il devenoit donc instant d'envoyer faire la demande solennelle de l'infante, et en signer le contrat de mariage, qu'il y falloit un seigneur de marque et titré, et que je le supplios de me donner cette ambassade avec sa protection et sa recommandation auprès du roi d'Espagne pour faire grand d'Espagne le marquis de Ruffec; qu'il avoit fait pair La Feuillade, son plus grand et son plus insolent ennemi, parce qu'il l'avoit plu ainsi à son ami Canillac, au grand scandale de tout le monde, le seul homme contre qui je l'avois jamais vu outré jusqu'à lui vouloir faire donner des coups de bâton, dont il pouvoit se souvenir que je l'avois empêché avec peine, et de plus lui avoit donné beaucoup d'argent sous le frivole prétexte de l'ambassade de Rome où il ne fut jamais question de l'envoyer; qu'en même temps il avoit aussi fait pair le duc de Brancas; que je lui avouois que ni du côté du monde ni par rapport à lui je n'avois pas l'humilité de m'estimer de niveau ni du père ni du fils; que tout à l'heure il venoit de faire duc et pair M. de Nevers, à côté duquel je ne croyois pas être; que j'omettois les grâces sans nombre qu'il avoit répandues à pleines mains, en particulier la capitainerie de Saint-Germain et de Versailles, qu'avoit eue mon père, au duc de Noailles et à ses enfants; que revêtu de rien que de petits gouvernements dont j'avois eu la survivance comme tout l'univers en avoit obtenues, je ne voyois pas ce qu'il me pourroit donner; que je ne lui avois pas demandé de faire mon second fils duc, quoiqu'il ne l'eût pas offensé en cent façons éclatantes comme La Feuillade, quoique MM. de Brancas et de Nevers n'eussent que point ou peu, et comment, servi; ce qui ne se pouvoit reprocher à l'âge de mon fils : « Mais je vous demande pour lui une chose sans conséquence pour qui que ce soit, qui lui donne le rang et les honneurs de duc, qui est une suite naturelle d'une ambassade pour faire le mariage du roi, et que personne ne peut qu'approuver que vous me la donniez et en vue de cette grandesse. » M. le duc d'Orléans eut peine à me laisser achever, me l'accorda tout de suite et tout ce qu'il falloit de sa part pour obtenir la grandesse pour le marquis de Ruffec, l'assaisonna de beaucoup d'amitié, et m'en demanda un secret sans réserve et de ne rien montrer par aucun préparatif qu'il ne m'avertît d'en faire.

J'entendis bien qu'outre le secret de l'affaire même il vouloit avoir le temps de tourner son Dubois et de lui en faire avaler la pilule. Mes remercîments faits, je lui demandai deux grâces, l'une de ne me point donner d'appointements d'ambassadeur, mais de quoi en gros en faire la dépense sans m'y ruiner, l'autre de ne me charger d'aucune affaire, ne voulant pas le quitter, et d'une affaire à l'autre prendre racine en Espagne, d'autant que je n'y voulois aller que pour avoir la grandesse pour mon second fils et revenir tout court après. C'est que je craignis que Dubois, ne pouvant empêcher l'ambassade, m'y retînt en exil pour se défaire de moi ici, sous prétexte d'affaires en Espagne, et je vis bien par l'événement, que la précaution n'avoit pas été inutile. M. le duc d'Orléans m'accorda l'un et l'autre avec force propos obligeants sur ce qu'il ne désiroit pas que mon absence fût longue. Je crus ainsi avoir fait une grande affaire pour ma maison et me retirai chez moi fort content. Mais, mon Dieu, qu'est-ce des projets et des succès des hommes !

Peu de jours après il m'accorda l'abbaye de Saint-Amand dans Rouen pour la dernière sœur de Mme de Saint-Simon, religieuse du même ordre à Conflans, très-bonne religieuse, qui eut bien de la peine à se résoudre à l'accepter, et qui tant qu'elle a eu quelque santé a été une excellente abbesse, fille d'esprit et de sens, parfaitement bien faite et d'un visage fort agréable.

Le 12 juillet l'ambassadeur turc eut son audience de congé. L'après-dînée le prince de Lambesc et le chevalier Sainctot, introducteur des ambassadeurs, l'allèrent prendre chez lui, dans le carrosse du roi, dans lequel il monta, ayant le prince de Lambesc à sa gauche, l'introducteur vis-à-vis de lui, le fils de l'ambassadeur vis-à-vis du prince de Lambesc, et l'interprète à la portière, du côté de l'ambassadeur. L'accompagnement fut comme à la première audience, mais sans troupes qu'un détachement des dragons d'Orléans devant et derrière le carrosse du roi entouré de la livrée de l'introducteur à droite, et de celle du prince de Lambesc à gauche. Le carrosse de l'ambassadeur suivoit, puis la connétablie. La marche gagna le quai de Conti jusqu'au pont Royal, puis le long des galeries du Louvre, passa par le premier guichet et par la rue Saint-Nicaise aux Tuileries. Les mêmes pelotons qui avoient garni les rues de son passage pour sa première audience les garnirent de même pour celle-ci, les régiments des gardes françoises et suisses tenoient le pont Royal, le quai des galeries du Louvre, la rue Saint-Nicaise ; la garde du roi à l'ordinaire sous les armes, les tambours rappelant, les deux compagnies des mousquetaires en bataille dans la place du Carrousel.

L'ambassadeur se reposa dans un appartement bas qu'on lui avoit préparé jusqu'à quatre heures et demie qu'il fut conduit à l'audience comme la première fois. Il y fut reçu de même partout, et la galerie et le trône du roi disposés comme ils l'avoient été et environnés de même des princes du sang, etc.; et comme la première fois, le roi se leva sans se découvrir et personne ne se couvrit. L'ambassadeur marcha, salua, se plaça comme à sa première audience, fit son compliment, le maréchal de Villeroy la réponse, le roi mot; après quoi le maréchal de Villeroy prit, sur une table couverte de brocart d'or, la lettre du roi au Grand Seigneur, enveloppée dans une étoffe d'or, et la présenta au roi, qui la donna à l'archevêque de Cambrai, et celui-ci à l'ambassadeur, qui la porta sur sa tête, la baisa et la donna à son fils à porter qui étoit derrière lui, puis l'ambassadeur se retira à reculons, comme la première fois, et retourna dans l'appartement où il étoit descendu, où le prince de Lambesc prit congé de lui; un peu après l'ambassadeur monta dans le carrosse du roi, l'introducteur à sa gauche, le fils de l'ambassadeur et l'interprète sur le devant; il retourna chez lui par le même chemin qu'il étoit venu, avec le même cortége, et trouva dans tous les lieux de son passage les mêmes troupes et les mêmes pelotons qu'il y avoit trouvés en venant. Il fut encore un mois à Paris.

Pendant ces quatre mois de séjour il vit avec goût et discernement tout ce que Paris lui put offrir de curieux et les maisons royales d'alentour, où il fut magnifiquement traité et reçu. Il parut entendre les machines, les manufactures, surtout les médailles et l'imprimerie; il vit aussi avec grand plaisir les plans en relief des places du roi et sa bibliothèque, où il parut savoir et avoir beaucoup de connoissance de l'histoire et des bons livres. Il étoit ami particulier du grand vizir, et se proposoit à son retour d'établir à Constantinople une imprimerie et une bibliothèque, malgré l'aversion des Turcs, et il y réussit. Les dames de la cour et de la ville se familiarisèrent à l'aller voir; il les régala souvent de café et de confitures, et, moyennant l'interprète, il fournissoit très-galamment à la conversation. Il en visita aussi quelques-unes. M. de Lauzun, qui aimoit les choses singulières et tous les étrangers, lui donna chez lui, à Paris, une grande collation avec un biribi[1]. Ce fut là où je le vis à mon aise. Il me parut au plus de moyenne taille, gros et d'envi-

---

1. Jeu de hasard où l'avantage du banquier est de six sur soixante-dix.

ron soixante ans, un beau visage et majestueux, la démarche fière, le regard haut et perçant. Il entra où étoit la compagnie comme le maître du monde; de la politesse, mais plus encore de grandeur; il se mit sans façon à la première place, au milieu des dames, qu'il sut fort bien entretenir, sans le moindre embarras et l'air fort à son aise. Il ne savoit ce que c'étoit que le biribi et n'en avoit jamais vu. Ces tableaux l'amusèrent fort; il se divertit à voir jouer; on lui fit entendre ce jeu comme on put; il voulut jouer après, il gagna deux ou trois pleins et en parut ravi. On lui avoit préparé un cabinet avec un tapis pour l'heure de sa prière. Nous la lui vîmes faire très-dévotement avec leurs prostrations et toutes leurs façons. Elle fut courte; il but et mangea très-bien, et toute sa suite fut magnifiquement régalée. Tout cela dura bien deux heures. Il s'en alla fort content de la réception et de la compagnie, et la laissa très-satisfaite de lui.

Il fut très-exact à ne boire ni vin ni liqueur; mais retiré dans sa chambre, on dit qu'il ne se faisoit faute de bien avaler du vin en secret; son fils et sa suite en usoient avec moins de réserve. Sa suite ne commit pas le plus léger désordre, et il se comporta en tout très-décemment et en homme d'esprit; quelques ministres le régalèrent. La procession de la petite Fête-Dieu de Saint-Sulpice passa devant sa porte. Il ne fit aucune difficulté de tendre tout le devant de sa maison, et d'orner ses fenêtres de tapis d'où il vit passer la procession. Pendant toute cette matinée, il tint tout son monde enfermé chez lui et sa grande porte à la clef. Il eut, peu de jours après son audience de congé du roi, celle de M. le duc d'Orléans, qui se passa comme la première. Il ne vit point Madame, ni Mme la duchesse d'Orléans, ni pas un prince ni princesse du sang. Comme il n'avoit vu le roi qu'à ses audiences, il eut grande envie de le voir plus à son plaisir. On lui proposa d'aller voir les pierreries de la couronne chez le maréchal de Villeroy. Il y alla, et sur la fin le roi y vint et y demeura quelque temps, dont l'ambassadeur fut charmé. Il fut reconduit à son embarquement, comme il en avoit été amené. On lui donna des fêtes dans les villes les plus considérables. Lyon s'y surpassa, où il alla droit de Paris. Des vaisseaux du roi le portèrent avec sa suite à Constantinople où il ne sut quelle chère faire et procurer à tous les officiers de son passage et à tous les autres François. La fortune lui rit tant que son ami demeura grand vizir; il eut part à sa disgrâce; mais il se raccrocha, et a vécu plusieurs années depuis en place et en considération, toujours ami des François.

Le chevalier de Lorraine, frère du prince de Pons, quitta la croix de Malte, pour épouser Mlle de Beauvau, fille de M. et de Mme de Craon, qui pouvoient tout en Lorraine, moyennant quoi M. de Lorraine le fit grand maître de sa maison, comme l'avoit été le feu prince Camille, son cousin germain, fils de M. le Grand. Il prit le nom de prince de Lixin, et continua de servir en France. C'étoit un homme très-poli et fort brave, mais haut et pointilleux à l'excès. Sur une dispute d'un point d'histoire fort indifférent qu'il eut avec M. de Ligneville, frère de Mme de Craon, sa belle-mère, aussi peu endurant que lui, ils se battirent, et le prince de Lixin le tua. Il fut payé en même monnoie pour s'être avisé seul, et dernier cadet de sa maison, de trouver mauvais que le duc de Richelieu sur la naissance duquel il s'espaça, eût épousé une fille de M. de Guise, sœur de la duchesse de Bouillon. M. de Richelieu, après avoir fait tout ce qu'il avoit pu pour le ramener, se lassa enfin de ces procédés, se battit avec lui, et le tua tout au commencement du siége de Philipsbourg par le maréchal de Berwick, qui y fut tué lui-même.

Le maréchal de Villars maria son fils unique à une fille du duc de Noailles, extrêmement jolie, et depuis dame du palais, et après dame d'atours de la reine, femme de beaucoup d'esprit et d'agrément, devenue dévote à ravir, et dans tous les temps intrigante et cheminant à merveille.

Le duc de Boufflers épousa en même temps une fille du duc de Villeroy, dont le maréchal de Villeroy fit magnifiquement la noce.

CHAPITRE IX.

Dubois enfin cardinal. — Sa conduite en cette occasion. — Conduite réciproque entre lui et moi. — Il sort à merveille de ses audiences. — Croix pectorale. — Embarras de M. de Fréjus. — Imprudence de Mme de Torcy. — Dubois, informé de mon ambassade, me rapproche par Belle-Ile pour me tromper et me nuire. — Je le sens et ne puis l'éviter. — Liaison plus qu'intime de Belle-Ile avec Le Blanc. — Leur servitude sous Dubois. — Maladie du roi. — Audace pestilentielle de la duchesse de La Ferté. — Conduite étrange du maréchal de Villeroy. — Affectation de *Te Deum* sans fin. — Instruction abominable et publique du maréchal de Villeroy au roi. — Excellente conduite de M. le duc d'Orléans et des siens dans la maladie du roi. — Mort de Trudaine; du duc de Bouillon; son caractère. — Mort de Thury; son caractère. — Mort du P. Lelong, de l'Oratoire. — Armenonville obtient la survivance de sa charge de secrétaire d'État pour son fils; la duchesse de Ventadour celle de gouvernante des enfants de France pour Mme de Soubise, sa petite-fille; Saumery, de la sienne de sous-gouverneur du roi pour son fils aîné, chose sans exemple. — Leur caractère. — Mort et caractère, vie et conduite de Mme la grande-duchesse [de Toscane]. — La conduite avec moi du cardinal Dubois m'affranchit des conditions de notre raccommodement. — Familiarité, liberté, confiance conservée entre M. le Duc et moi, depuis le lit de justice des Tuileries. — Conversation importante et très-curieuse entre M. le Duc et moi.

A mesure que le temps s'écouloit depuis l'exaltation du pape, et qu'il étoit vivement pressé de tenir à l'abbé Dubois la parole qu'il lui avoit donnée par écrit au cas qu'il fût élu pape, l'impatience de Dubois croissoit avec ses espérances, et ne lui laissoit plus de repos. Il se trouva bien étourdi

quand il apprit que le pape avoit fait cardinal tout seul, le
16 juin, son frère, évêque de Terracine depuis dix ans,
moine bénédictin du mont Cassin. Dubois s'attendoit qu'il
ne se feroit point de promotion sans qu'il en fût, et jeta feu
et flammes. Son attente ne fut pas longue : un mois après,
le 16 juillet, le pape le fit cardinal avec don Alexandre Albane, neveu du feu pape et frère du cardinal camerlingue.
Il en reçut la nouvelle et les compliments avec une joie
extrême, mais qu'il sut contenir dans quelque décence, et
en donner tout l'honneur à la protection de M. le duc d'Orléans, qui, comme on l'a vu, y eut peu ou point de part.
Mais il ne se put empêcher de débiter à tout le monde que
ce qui l'honoroit plus que la pourpre romaine étoit le vœu
unanime, et l'empressement de toutes les puissances à la
lui procurer, à en presser le pape, et à désirer que sa promotion fût avancée sans attendre leur nomination ni la promotion des couronnes. Il s'éventoit là-dessus, et ne pouvoit
finir sur ce chapitre qu'il recommençoit à tout moment, et
dont personne ne fut la dupe.

Quoique nous fussions au point où on l'a vu ici, je crus
devoir mettre M. le duc d'Orléans à son aise entre Dubois et
moi, avec lequel j'allois avoir un commerce nécessaire et
forcé dans mon ambassade. J'allai donc chez lui où il me
combla de respects, de compliments, de protestations de
reconnaissance de l'honneur que je lui faisois, sans parler
du passé. Quoi[qu']à la façon dont nous étions ensemble, et
à l'occasion qui m'amenoit chez lui, la visite fût de cérémonie, et qu'il y eût un monde infini, il en usa avec sa
calotte rouge qu'il venoit de recevoir des mains du roi,
comme si elle eût été encore noire, me fit litière de la main,
de termes de respect, de conduite jusque tout bout de son
appartement, et à la petite cour où il aboutissoit. M. le duc
d'Orléans me témoigna beaucoup de gré de cette démarche
de ma part, et je ne rencontrai plus le nouveau cardinal
chez ce prince qu'il ne vînt à moi, se reculât aux portes et

ne me fît merveilles, auxquelles je n'avois garde de me fier. En recevant sa calotte des mains du roi, il détacha de son cou sa croix épiscopale, la présenta à l'évêque de Fréjus, lui dit qu'elle portoit bonheur, et que c'étoit pour cela qu'il le prioit de la porter pour l'amour de lui. Fréjus rougit et la reçut avec beaucoup d'embarras. Cette croix, quoique faite comme toutes les autres avoit pourtant une façon très-remarquable, et qui la faisoit parfaitement distinguer. Fréjus, exposé à rencontrer très-fréquemment le cardinal nouveau chez le roi, n'osa ne pas porter cette croix assez souvent.

Dînant dans ces premiers jours, ayant cette croix à son cou chez la duchesse du Lude, avec M. et Mme de Torcy et bonne compagnie, Mme de Torcy qui n'aimoit pas Dubois, et qui fort Arnauld étoit fort mécontente de l'ardente conduite de Fréjus sur la constitution, et contre ce qu'on taxoit de jansénisme, et accoutumée à l'avoir vu si longtemps poirier[1], commensal et complaisant de sa maison, l'entreprit sur cette croix à table avec beaucoup d'esprit, de licence et d'aigreur, tombant sur tous les deux avec une finesse aiguë, et mit Fréjus dans un tel désordre qu'il ne savoit plus où il en étoit, sans que la compagnie qui s'en aperçut et qui souffroit de cette scène en pleine table, pût rompre les chiens de cette chasse qui dura fort longtemps, et que Fréjus n'a jamais pardonnée à Mme de Torcy, ni même à son mari, quoiqu'il n'y eût rien mis du sien. Il étoit trop sage et trop mesuré pour n'en avoir pas été très-embarrassé lui-même, et à la vérité ce fut une grande imprudence à Mme de Torcy.

L'abbé Passarini, camérier d'honneur du pape, étant ar-

---

1. Expression proverbiale qui s'appliquait à un homme élevé en fortune, mais pour lequel on n'avait pas une grande considération, parce qu'on l'avait vu autrefois dans une position misérable. On prétend que cette expression vient de ce qu'un paysan ne voulait pas saluer la figure d'un saint de son village, parce qu'elle avait été faite avec un poirier de son jardin.

rivé avec le bonnet, le nouveau cardinal le reçut des mains du roi, et fit ses visites au sang royal avec les cérémonies accoutumées. Il avoit eu près de deux mois à s'y préparer, et il faut avouer qu'il en profita bien. Il avoit un compliment à faire à Madame et à M. [le duc] et à Mme la duchesse d'Orléans, dans l'audience de cérémonie qu'il en eut; car pour les visites aux princes et princesses du sang, ce ne sont que visites et compliments en cérémonie, mais ce ne sont pas des audiences avec un compliment en forme qui est une petite harangue. Il devoit bien s'attendre à ce que Madame souffriroit de le recevoir en cérémonie, de le saluer et de lui donner un tabouret, et Mme la duchesse d'Orléans, de lui donner un siége à dos, après l'avoir vu si longtemps si petit compagnon, et Madame qui ne lui avoit jamais pardonné le mariage de son fils, qui l'avoit traité toujours avec le plus grand mépris, parlé de lui sans mesure, et demandé comme on l'a vu pour toute grâce à M. le duc d'Orléans, le jour de sa régence de n'employer à rien ce petit fripon-là qui le vendroit et le déshonoreroit. Le cardinal Dubois se composa, parut devant Madame pénétré de respect et d'embarras. Il se prosterna comme elle s'avança pour le saluer, s'assit au milieu du cercle, se couvrit un instant de son bonnet rouge qu'il ôta aussitôt, et fit son compliment. Il commença par sa propre surprise de se trouver en cet état devant Madame, parla de la bassesse de sa naissance et de ses premiers emplois, les employa avec beaucoup d'esprit et en termes fort choisis à relever d'autant plus la bonté, le cœur et la puissance de M. le duc d'Orléans, qui de si bas l'avoit élevé où il se voyoit, se fit une leçon de n'oublier jamais ce qu'il avoit été, pour sentir toujours plus vivement ce qu'il devoit à ce prince, et employer tout ce qui pouvoit être en lui, sans se louer ni s'applaudir le moins du monde, pour le servir, car la modestie surnagea toujours dans ses discours d'audiences, donna un encens délicat à Madame, enfin se confondit en respects les plus profonds et en reconnoissance. Il parla si judicieusement et si bien que quelque indignation qu'on eût contre sa personne et sa fortune, tous ceux qui l'entendirent en furent charmés, et Madame elle-même ne put s'empêcher, après qu'il fut sorti, de louer son discours et sa contenance, tout en ajoutant qu'elle enrageoit de le voir où il étoit.

Ses audiences de M. le duc d'Orléans et de Mme la duchesse d'Orléans se passèrent avec le même succès; ce fut le même fond en d'autres termes. Je me suis étendu sur celle de Madame comme la plus difficile et la plus curieuse, et j'ai voulu rapporter tout de suite ce qui regarde cette réception du cardinalat.

Il ne fut pas longtemps sans que M. le duc d'Orléans lui apprît qu'il m'avoit promis l'ambassade d'Espagne et de me protéger pour une grandesse pour mon second fils. A chose faite point de remède. Le cardinal Dubois le comprit bien, il en fut outré et résolut bien de me faire du pis qu'il pourroit en tous genres. Pour cela il fallut couvrir son jeu, ne point montrer de mécontentement à M. le duc d'Orléans et me combler de gentillesses pour me mieux tromper. Il n'étoit pas encore cardinal lorsque cela arriva, mais il le fut tôt après. Il avoit fait de Le Blanc comme son secrétaire, pour ne pas dire comme son valet, l'avoit rendu assidu auprès de lui jusqu'à l'esclavage, tout secrétaire d'État de la guerre qu'il étoit, et s'en servoit à toutes mains, surtout depuis l'affaire de M. et de Mme du Maine, dont il eut seul tout le secret parce qu'il fut l'instrument dont il se servit uniquement.

Belle-Ile étoit ami de Le Blanc. Le commerce des femmes et leur attachement commun au char de Mme de Plénœuf les avoit liés. Le Blanc étoit un esprit doux, fort inférieur à celui de Belle-Ile, qui s'attacha de plus en plus à lui pour le gouverner et en tirer, dès qu'il le vit en place, et qui en serra les liens à mesure qu'il le vit dans tout ce qu'il étoit en Dubois de donner de confiance. Par Le Blanc, il s'approcha de

Dubois, et si bien que Dubois ne les regarda plus que comme ne faisant qu'un et qu'il eut part à la même confiance, jusque-là que tous les soirs ils entroient tous deux seuls chez Dubois, et que, entre eux trois, il se disoit et se passoit bien des choses. Dubois, qui n'ignoroit rien en matière de commerce et de liaisons, connoissoit les miennes avec Mme de Lévi et le duc de Charost, conséquemment avec Belle-Ile, tellement que ce fut de lui qu'il se servit pour me rapprocher.

Je ne savois point encore que M. le duc d'Orléans eût parlé de mon ambassade à Dubois, et je n'en avois moi-même ouvert la bouche à qui que ce soit, lorsque je vis entrer Belle-Ile chez moi, qui, après un court préambule, me parla de mon ambassade en homme qui n'en ignoroit rien. Ma surprise fut grande, elle ne m'empêcha pas de demeurer ignorant et boutonné. Alors Belle-Ile me dit que je pouvois lui en parler franchement, parce qu'il savoit tout par l'abbé Dubois, à qui M. le duc d'Orléans l'avoit dit, et tout de suite me demanda comment j'entendois me conduire là-dessus avec l'abbé Dubois, qui avoit seul les affaires étrangères, qui n'attendoit que le moment de sa promotion, dont je ne pouvois me dissimuler le crédit et l'ascendant entier sur M. le duc d'Orléans, qui, après mon départ, demeureroit sans contre-poids le maître de son maître, et qui me pouvoit servir ou nuire infiniment; qu'au demeurant il ne me dissimuleroit pas qu'il m'apportoit le choix de la paix ou de la guerre; que Dubois étoit infiniment ulcéré de tout ce que j'avois dit tant de fois à M. le duc d'Orléans contre lui; que, malgré cela, il ne s'éloigneroit pas de revenir à moi, et de se raccommoder, d'y vivre sur l'ancien pied, mais à de certaines conditions, et de me servir utilement et franchement dans le cours de mon ambassade, et pour l'objet qui me l'avoit fait désirer. L'exhortation amicale suivit, et cependant je faisois mes réflexions.

Je connoissois trop le terrain pour ne pas sentir que

Belle-Ile disoit vrai en tout, excepté sur la sincérité d'une
âme si double et offensée; mais que ne me pas prêter à un
raccommodement offert donneroit beau jeu à Dubois auprès
de M. le duc d'Orléans, qui seroit également embarrassé et
importuné de ce contraste, et qui surtout en mon absence,
je veux dire Dubois, [en] sauroit bien profiter; de plus,
comment éviter le commerce réglé de lettres avec l'homme
chargé seul des affaires étrangères, et comment le soutenir
avec un homme avec qui on est brouillé et avec qui on n'a
pas voulu se raccommoder? Ces considérations si évidentes
ployèrent ma roideur; mais je voulus savoir ce que c'étoit
que les conditions dont il m'avoit parlé. Belle-Ile me dit
qu'elles n'étoient pas difficiles : d'oublier de part et d'autre
tout ce qui s'étoit passé, ne nous en jamais parler, promesse
de ne plus rien dire en public contre lui ni en particulier à
M. le duc d'Orléans, nous revoir et traiter ensemble à
l'avenir avec ouverture et liberté, et que je verrois que
Dubois, ravi de n'avoir plus à me compter au nombre de
ses ennemis, iroit au-devant de tout ce qui me pourroit
plaire. Belle-Ile, tout de suite, sans me laisser le temps de
parler, me fit l'analyse de ces conditions telle que je la sentois moi-même : la nécessité du raccommodement avec un
homme qui me l'offroit, avec qui il falloit concerter tout ce
qui pouvoit regarder mon ambassade, et avoir avec lui un
commerce de lettres réglé toutes les semaines, tant qu'elle
dureroit, sans possibilité de le faire passer par un autre; le
raccommodement fait, l'indécence de parler mal en public
d'un homme avec qui on s'est raccommodé, enfin d'en parler
mal à M. le duc d'Orléans en particulier; l'expérience de
l'inutilité, même du danger, me devoit convaincre là-dessus
et la raison me démontrer qu'il étoit déjà le maître des
affaires, des grâces de tout l'intérieur; combien plus l'alloit-il
devenir quand il seroit élevé à la pourpre, qui peut-être
étoit déjà en chemin par un courrier ! A l'égard de la bonne
foi, quelque difficulté que je pusse avoir d'y prendre con-

fiance, je lui liois les bras par ce raccommodement, quitte à marcher avec les précautions raisonnables, et à voir de jour à autre comment il se conduiroit avec moi, parti sage en tous ses points, dont je ne pourrois jamais me faire de reproche dans ma position présente, et bien différent d'une brouillerie ouverte dans la situation où je me trouvois.

Ces mêmes raisons m'avoient déjà sauté aux yeux, de sorte que je renvoyai Belle-Ile content de sa négociation, qui, deux jours après, me vint dire merveilles de la part de Dubois. Là-dessus sa calotte arriva. Je fus le voir comme je l'ai dit, et le surlendemain il vint chez moi. Sa barrette arrivée, il ne tarda pas à y revenir encore en habit long et rouge. On peut juger quelle put être notre confiance réciproque : aussi n'eûmes-nous pas sitôt entamé les propos de l'ambassade, et ils le furent dès lors, que je vis clairement son venin et sa duplicité. Aussi me crus-je dispensé à son égard de tout ce que la prudence me pouvoit permettre. Pour ne point interrompre ce qui se passa sur mon ambassade, avant mon départ, je le remettrai tout de suite au temps de mon départ même, quoique les propos et la tyrannie en aient commencé dès ce temps-ci, presque aussitôt que nous nous fûmes vus. Passons à un événement qui fut court, mais qui effraya beaucoup.

Le dernier juillet, le roi, jusqu'alors dans une santé parfaite, se réveilla avec mal à la tête et à la gorge; un frisson survint, et sur l'après-midi, le mal de tête et de gorge yant augmenté, il se mit au lit. J'allai le lendemain, sur le midi, savoir de ses nouvelles. Je trouvai que la nuit avoit été mauvaise et qu'il y avoit depuis deux heures un redoublement assez fort. Je vis partout une grande consternation. J'avois les grandes entrées, ainsi j'entrai dans sa chambre. Je la trouvai fort vide, M. le duc d'Orléans, assis au coin de la cheminée, fort esseulé et fort triste. Je m'approchai de lui un moment, puis j'allai au lit du roi. Dans ce moment Boulduc, un de ses apothicaires, lui présentoit quelque chose à prendre. La duchesse de La Ferté, qui, par la duchesse de Ventadour sa sœur, avoit toutes les entrées comme marraine du roi, étoit sur les épaules de Boulduc, et s'étant tournée pour voir qui approchoit, elle me vit, et tout aussitôt me dit entre haut et bas : « Il est empoisonné, il est empoisonné. — Taisez-vous donc, madame, lui répondis-je, cela est horrible! » Elle redoubla et si bien et si haut, que j'eus peur que le roi ne l'entendît. Boulduc et moi nous nous regardâmes, et je me retirai aussitôt d'auprès du lit et de cette enragée avec qui je n'avois nul commerce. Pendant cette maladie, qui ne dura que cinq jours, mais dont les trois premiers furent violents, j'étois fort fâché et fort en peine; mais en même temps si aise d'avoir opiniâtrément refusé d'être gouverneur du roi, et si agité en me représentant l'être, et en quel état je serois, que je m'en réveillois la nuit en sursaut, et ces réveils étoient pour moi de la joie la plus sensible de ne l'être pas. La maladie ne fut pas longue et la convalescence fut prompte, qui rendit la tranquillité et la joie, et causa un débordement de *Te Deum* et de réjouissances. Helvétius en eut tout l'honneur, les médecins avoient perdu la tête; il conserva seul la sienne, il opiniâtra une saignée au pied dans une consultation où M. le duc d'Orléans fut présent; il l'emporta : le mieux très-marqué suivit incontinent et la guérison bientôt après.

Le maréchal de Villeroy ne manqua pas cette occasion de signaler tout son venin et sa bassesse; il n'oublia rien pour afficher des soupçons, des soins, des inquiétudes extrêmes, et pour faire sa cour à la robe. Il ne vint point si petit magistrat aux Tuileries qu'il ne se fît avertir pour lui aller dire lui-même des nouvelles du roi et le caresser, tandis qu'il étoit inaccessible aux premiers seigneurs. Les magistrats plus considérables, j'entends toujours du parlement, ou les chefs des autres compagnies, ou leurs gens du parquet, il les faisoit entrer à toute heure dans la chambre du roi et tout auprès de son lit pour qu'ils le vissent, tandis qu'à peine ceux qui avoient les grandes entrées joüissoient de la même privance. Il en usa de même dans la première convalescence, qu'il prolongea le plus qu'il put pour donner la même distinction aux magistrats à quelque heure qu'il en vînt, et privativement aux plus grands de la cour et aux ambassadeurs ; il se croyoit tribun du peuple et aspiroit à leur faveur et à leur dangereuse puissance. De là il se tourna à une autre affectation, qui avoit le même but contre M. le duc d'Orléans. Il multiplia les *Te Deum*, qu'il incita les divers états des petits officiers du roi de faire chanter en différents jours et en différentes églises, assista à tous, y mena tout ce qu'il put, et courut encore plus de six semaines les *Te Deum* qui se chantèrent dans toutes les églises de Paris. Il ne parloit d'autre chose, et sur sa joie véritable de la guérison, il en entoit une fausse qui puoit le parti et le dessein à ne s'y pouvoir méprendre. Il fit faire force fêtes à Lyon et à son fils l'archevêque, dont il eut soin de faire répandre les relations.

Le roi alla en cérémonie remercier Dieu à Notre-Dame et à Sainte-Geneviève. Ces momeries, ainsi allongées, gagnèrent la fin du mois d'août et la Saint-Louis. Il y a tous les ans ce jour-là un concert le soir dans le jardin. Le maréchal de Villeroy prit soin que ce concert devînt une manière de fête, à laquelle il fit ajouter un feu d'artifice. Il n'en faut pas tant pour attirer la foule ; elle fut telle, qu'une épingle ne seroit pas tombée à terre dans tout le parterre. Les fenêtres des Tuileries étoient parées et remplies, et tous les toits du Carrousel pleins de tout ce qui put y tenir, ainsi que la place. Le maréchal de Villeroy se baignoit dans cette affluence, qui importunoit le roi qui se cachoit dans des coins à tout moment ; le maréchal l'en tiroit par le bras et le menoit tantôt aux fenêtres d'où il voyoit la cour et la place du Carrousel toute pleine, et tous les toits jonchés de monde ; tantôt à celles qui donnoient sur le jardin, et sur cette innombrable foule qui y attendoit la fête. Tout cela crioit *vive le roi !* à mesure qu'il en étoit aperçu, et le maréchal retenant le roi qui se vouloit toujours aller cacher : « Voyez donc, mon maître, tout ce monde et tout ce peuple, tout cela est à vous, tout cela vous appartient, vous en êtes le maître; regardez-les donc un peu pour les contenter, car ils sont tous à vous; vous êtes maître de tout cela. » Belle leçon pour un gouverneur, qu'il ne se lassoit point de lui inculquer à chaque fois qu'il le menoit aux fenêtres, tant il avoit peur qu'il l'oubliât! Aussi l'a-t-il très-pleinement retenue. Je ne sais s'il en a reçu d'autres de ceux qui ont eu la charge de son éducation. Enfin le maréchal le mena sur sa terrasse, où dessous un dais il entendit la fin du concert et vit après le feu d'artifice. La leçon du maréchal de Villeroy si souvent et si publiquement répétée, fit grand bruit et à lui peu d'honneur. Lui-même a éprouvé le premier effet de ses belles instructions.

M. le duc d'Orléans se conduisit d'une manière si simple et si sage qu'il y gagna beaucoup. Des soins et une inquiétude raisonnable mais mesurée, une grande réserve dans ses discours, une attention exacte et soutenue en propos et en contenance, qui [ne] laissa rien échapper qui sentît le moins du monde qu'il étoit le successeur, surtout à ne jamais montrer croire le roi trop bien ni trop mal, et laisser aucun lieu qu'il le craignît trop bien et qu'il le souhaitât mal. Il ne pouvoit douter qu'une conjoncture si critique pour lui ne fixât sur lui les regards les plus perçants et l'attention de tout le monde, et comme dans la vérité il ne souhaita jamais la couronne, quelque peu vraisemblable que cela paroisse, il n'eut besoin que de s'observer et point du tout de se contraindre; aussi n'eut-il besoin d'aucun conseil là-dessus, et son intérieur le plus libre et le plus familier, moi par exemple, le vit toujours là-dessus tel que le public le vit. Cela fut aussi fort remarqué, et la cabale opposée fut entièrement réduite au silence, qui se préparoit bien à faire valoir jusqu'aux riens qu'elle auroit aperçus. Il fut heureux que ceux qui lui étoient particulièrement attachés et qui auroient pu se flatter le plus d'un événement sinistre aient tous gardé toute la même conduite que lui, sans qu'aucun d'eux, jusqu'aux valets, et c'est une merveille, aient laissé échapper de quoi faire naître le plus léger soupçon.

Trudaine, conseiller d'État, à qui M. le duc d'Orléans avoit fort mal à propos ôté la prévôté des marchands, dont il a été parlé ici en son lieu, mourut à soixante-deux ans. Ce n'étoit pas un aigle, mais un très-honnête homme, intègre, désintéressé, vertueux.

Le duc de Bouillon mourut en même temps, à quatre-vingt-deux ans, s'étant démis, depuis la régence, de sa charge de grand chambellan et de son gouvernement d'Auvergne en faveur du duc d'Albret, son fils aîné, qui prit le nom de duc de Bouillon, à qui le feu roi ne les auroit jamais laissé passer, et qui, comme on l'a vu ici en son temps, avoit eu de grands procès contre son père et avoit été fort mal avec lui. Le père étoit fort bon homme, prince tant qu'il pouvoit, du reste fort valet, mais du roi seulement, et d'une assiduité qui, jointe avec un esprit extrêmement court, lui avoit entièrement gagné le roi, quoique des aventures de sa femme et du cardinal son frère l'eussent fait éloigner plus d'une fois de la cour. On a vu ici en son lieu que beaucoup d'art, quelque chose de pis de la part du procureur général d'Aguesseau, depuis chancelier, l'habitude et l'affection du roi, sauvèrent sa prétendue principauté, à l'évasion du cardinal de Bouillon du royaume.

Thury mourut aussi à soixante-deux ans, sans avoir été marié, ayant donné ou plutôt trafiqué tout ce qu'il avoit avec le maréchal d'Harcourt. Ils étoient fils des deux frères, mais totalement différents. Thury étoit noir, méchant, cynique, atrabilaire, avec beaucoup d'esprit insolent et dangereux; et quoique avec méchante réputation à la guerre et dans le monde, reçu en de bonnes compagnies. Il est pourtant vrai qu'un soufflet que le duc d'Elbœuf lui appliqua à table, avec une épaule de mouton, dont il ne fut autre chose, étoit resté imprimé sur sa mauvaise physionomie.

Ils furent suivis du P. Lelong, prêtre de l'Oratoire, bibliothécaire de leur maison de Saint-Honoré, à Paris, où il mourut, à cinquante-six ans, regretté de tous les gens de bien, des savants et des hommes de lettres. Il avoit donné, sous le nom de *Bibliothèque historique*, [un ouvrage] contenant avec une grande exactitude, une liste, en différentes classes, de tous les ouvrages qui ont rapport à l'histoire de France, sacrée ou profane [1], et un autre sous le titre latin de *Bibliotheca sacra*, où il a donné le catalogue des manuscrits et des éditions des textes originaux de la Bible et des versions, en toutes sortes de langues, et des auteurs qui ont écrit sur la Bible.

Armenonville obtint pour son fils Morville la survivance de sa charge de secrétaire d'État, et Mme de Ventadour celle de sa charge de gouvernante des enfants de France, pour Mme de Soubise, femme de son petit-fils, quoique très-jeune, mais très-sage et très-convenable à cette place.

Saumery, l'un des sous-gouverneurs du roi, dont il a été parlé ici en plus d'un endroit, comblé déjà de grâces, avec tout ce qu'il falloit pour n'en obtenir aucune en aucun temps, et qui en celui-ci étoit lié avec toute la cabale opposée à M. le duc d'Orléans, en obtint de lui une sans exemple : ce fut la survivance de sa place de sous-gouverneur du roi pour son fils aîné, qui valoit en tout mieux que lui, car il étoit fort honnête homme, avec du sens, avoit bien servi et étoit envoyé du roi quelque temps à Munich. C'étoit grossièrement lui faire passer les entrées et les appointements de sous-gouverneur, parce que le père étoit de santé à n'y avoir pas besoin d'aide, et à achever, et bien au delà, comme il fit, le temps que le roi avoit à être sous des gouverneurs.

---

1. La *Bibliothèque historique* du P. Lelong parut en 1719 en un vol. in-fol. Fevret de Fontette en a donné une édition beaucoup plus complète, en 5 vol. in-fol., 1768.

Mme la grande-duchesse [de Toscane] mourut à soixante-dix-sept ans, après plusieurs apoplexies, et fut enterrée, comme elle l'avoit ordonné, parmi les religieuses de Picpus, dans leur cloître. Elle étoit fille aînée du second mariage de Gaston, frère de Louis XIII, avec la sœur de Charles IV, duc de Lorraine. Mme la grande-duchesse avoit été fort belle, et très-bien faite et grande : on le voyoit bien encore; bonne et peu d'esprit, mais arrêtée en son sens sans pouvoir être persuadée. Elle épousa, en 1661, Cosme de Médicis, grand-duc de Toscane, avec un esprit de retour que rien ne put amortir. Elle vécut fort mal avec le grand-duc, dont la patience et les soins pour la ramener furent continuels, plus mal encore avec la grande-duchesse sa belle-mère, qui étoit La Rovère-Urbin, morte en 1694, à soixante-douze ans.

Elle vouloit vivre en liberté à la françoise, et se moquoit de toutes les manières italiennes. Elle eut assez promptement trois enfants : l'aîné qui mourut longtemps avant son père, sans enfants de la sœur de Mme la dauphine de Bavière; J. Gaston, marié à une fille du dernier duc de Saxe-Lauenbourg, et dernière elle-même de cette grande et si ancienne maison, avec qui il se brouilla, n'en eut point d'enfants, succéda au grand-duc son père, mort à quatre-vingt-deux ans, en 1723, et mourut sans postérité en [1737] et finit les Médicis, grands-ducs de Toscane, après avoir vu souvent et diversement disposer, pour après lui, de ses États, de son vivant; enfin l'électrice Palatine, veuve sans enfants, et depuis son veuvage retirée à Florence.

Après avoir eu ces enfants, la grande-duchesse redoubla d'humeur exprès, et de conduite étrange en Italie, avec tant d'éclat que le roi y mit la main, par ses envoyés, diverses fois, et par les cardinaux d'Estrées et Bonzi, allant et revenant de Rome, sans pouvoir lui rien persuader. Elle en fit tant que le grand-duc consentit enfin à son retour en France, mais sous des conditions qui lui donnèrent plus de contrainte qu'elle n'en auroit eue à Florence en vivant bien avec son mari et sa belle-mère, et que le roi lui fit scrupuleusement observer toujours, parce qu'il étoit informé de sa conduite et très-content de toute celle que le grand-duc avoit eue avec elle. Il lui assigna une pension telle qu'il plut au roi, voulut qu'elle fût dans un couvent hors de Paris, qu'elle ne couchât jamais à Paris et qu'elle y vînt rarement, qu'elle n'allât jamais à la cour que mandée ou pour quelque devoir très-nécessaire de famille, dont à chaque fois le roi décideroit, et sans y coucher, à moins que cela ne fût indispensable, au jugement du roi, et encore pour une seule nuit. Elle revint donc de la sorte, vers 1669, fort peu accueillie, confinée au couvent de Picpus, où elle vit très-peu de monde. Après bien des années, elle se mit à venir souvent à Paris, chez qui elle pouvoit passer quelques heures, ou à quelques dévotions, sans crédit et avec peu ou point de considération.

Sur la fin de la vie de Monsieur, qui en avoit pitié, elle obtint la liberté de passer à Saint-Cloud le temps qu'il y étoit. Madame, M. [le duc] et Mme la duchesse d'Orléans lui firent toujours fort bien. Mademoiselle, sa sœur de père, la méprisa toujours parfaitement, et Mme de Guise, sa sœur de père et de mère, n'en fit jamais grand cas; elle jouit de son rang de petite-fille de France et de tous les honneurs qui y sont attachés. Sur les fins, elle quitta Picpus pour le couvent de Saint-Mandé, et après la mort du roi, le grand-duc son mari accorda à M. le duc d'Orléans qu'elle pût loger à Paris. Elle y loua en très-simple particulière une maison à la place Royale, où elle mourut dans une grande dévotion à sa manière depuis longtemps, et, quoique avare, fort appliquée aux bonnes œuvres; elle étoit fort polie et bonne avec tout le monde.

J'étois alors aux prises avec le cardinal Dubois sur ce qui regardoit mon ambassade, et je voyois en plein ses bonnes intentions qui n'alloient à rien moins qu'à me ruiner et me perdre, en me suscitant des embarras en Espagne les plus ridicules, les plus fous et les plus difficiles à m'en tirer. Je ne dis que ce mot à cause de ce qui va suivre, pour en raconter le détail de suite lors de mon départ, et ne plus interrompre la matière de l'ambassade. Le cardinal, depuis fort peu après que nous nous fûmes revus, comme je l'ai dit plus haut, me montra à découvert ce que j'en devois attendre, et me délivra ainsi des conditions de notre raccommodement, sur quoi néanmoins il fallut me conduire avec la prudence que demandoit la nécessité de passer sans cesse par lui, jusqu'à mon départ, et dans tout le cours de mon ambassade, et l'incroyable ascendant dont il étoit en pleine possession sur M. le duc d'Orléans. Depuis le commerce étroit et plein de confiance que l'affaire du lit de justice des Tuileries m'avoit procuré avec M. le Duc, il avoit toujours duré le même. M. le duc d'Orléans et M. le Duc l'avoient tous deux désiré, et j'étois souvent entre eux deux pour conserver leur union nécessaire.

Un jour que je causois fort librement avec M. le Duc, il me parla fort librement aussi de beaucoup de choses de sa famille. Nous avions souvent traité ensemble le fameux chapitre de l'enfant de treize mois, dans les temps que la duchesse du Maine ne se faisoit faute d'en parler dans ses grands éclats du procès de la succession de M. le Prince et des disputes sur la qualité de prince du sang que la maison de Condé fit rayer au duc du Maine, et lorsque les bâtards perdirent leur prétendue habilité de succéder à la couronne, que le duc du Maine et Mme de Maintenon avoient arrachée à la mourante foiblesse du feu roi. M. le Duc, à la mort de Mme sa femme, arrivée dans les premiers mois de l'année précédente, avoit retenu des actions et force pierreries de sa succession, malgré les plaintes de Mlle de La Roche-sur-Yon, sa belle-sœur, qui avoient fait et faisoient encore grand bruit dans le monde, et qu'il lui rendit longtemps après quand il commença à songer à sa manière sérieusement à son salut. Ce chapitre avoit été effleuré entre lui et moi, et j'étois peiné qu'il se fît ce tort dans le monde. Je lui proposai donc la nécessité de se remarier pour avoir des enfants, puisque MM. ses frères n'y vouloient point entendre, et pour couper court à toute cette affaire de la succession de Mme sa femme, d'épouser Mlle de La Roche-sur-Yvon. Il se mit à sourire, et me répondit que, pour des Conti, il en avoit sa suffisance, et me parla de la conduite de feu Mme la Duchesse, qui en effet ne s'étoit pas contrainte sur les mesures, et qu'il avoit soufferte avec une patience qu'on n'auroit pas attendue de lui, et qu'il n'étendit pas depuis à celle de sa seconde femme. De propos en propos, il me fit des plaintes du peu de confiance de M. le duc d'Orléans, qui d'ordinaire ne lui disoit les choses que lorsqu'elles ne se pouvoient plus cacher. J'excusai cela comme je pus, tant qu'enfin acculé par les faits qu'il m'allégua, je me mis à sourire, et lui dis que, s'il me promettoit de ne le point trouver mauvais, je lui en dirois bien la raison, et le moyen d'établir la plus entière confiance. Après quelques propos généraux et réciproques là-dessus, et qu'il m'eut fort pressé de lui parler en ami, et avec une franchise dont il n'auroit garde de se déplaire je lui dis que, s'il vouloit en user comme faisoit M. le duc d'Orléans, ils seroient bientôt contents l'un de l'autre. Après l'avoir un peu tenu là-dessus, je lui dis qu'il avoit une maîtresse la plus parfaitement choisie pour les charmes du corps et de l'esprit ; qu'à cela je n'avois rien à lui dire; que c'étoit l'affaire de son confesseur; mais que M. le duc d'Orléans étoit persuadé qu'il n'avoit point de secrets pour elle; que cela faisoit qu'il en avoit pour lui; que, s'il pouvoit être comme M. le duc d'Orléans, qui s'amusoit avec ses maîtresses, avec qui il ne lui échappoit jamais rien de sérieux, je lui répondois qu'il seroit content de la confiance de ce prince. Il se défendit de ce soupçon du régent assez mal, et avec un air peiné dit que c'étoit excuse et prétexte, en sorte que je lui dis que, si je m'étois expliqué si ouvertement avec lui, ce n'étoit que par le désir que j'avois de voir leur union parfaite, si utile au bien de l'État, mais qui au fond lui étoit bien plus nécessaire qu'à M. le duc d'Orléans. On verra dans la suite qu'il rapporta ce point jaloux de notre conversation à Mme de Prie, sa maîtresse, qui ne me le pardonna pas. Revenu bien à lui de ce petit nuage, il jeta tout ce défaut de confiance sur le cardinal Dubois, qui, tant qu'il pouvoit, n'en permettoit que pour soi à son maître, et se mit à pleurer l'aveuglement et la foiblesse de M. le duc d'Orléans pour ce valet indigne, qui en abusoit sans cesse si énormément. Ces propos me firent naître la pensée de revenir par un autre biais à ce que Torcy avoit pensé, et que la sottise du maréchal de Villeroy avoit fait manquer, comme je l'ai expliqué il n'y a pas longtemps.

Il paroissoit dans ce temps-là que le roi aimoit M. le Duc. Je lui en parlai comme en étant fort aise, et tout de suite je lui dis qu'il devroit bien profiter de cette affection du roi pour le bonheur de l'État et de M. le duc d'Orléans lui-même, en faisant bien connoître au roi le danger de cette autorité que le cardinal Dubois avoit usurpée; la facilité que Sa Majesté avoit de montrer de l'aversion pour lui, et d'engager M. le duc d'Orléans, qui avoit si grandement fait pour lui, de l'envoyer à Cambrai avec sa calotte rouge, et gorgé d'abbayes pour ne plus revenir à la cour et n'avoir plus aucune part aux affaires. M. le Duc se mit à rire à cette proposition. « Je suis bien aise, me dit-il, qu'on croie que le roi a de l'amitié pour moi et de la confiance, et en effet il m'en témoigne autant qu'il en est capable. Mais tout cela roule sur des riens, et je le connois bien, sans se soucier de moi que par l'habitude de me voir et de me parler, et je puis vous répondre que, si je venois à mourir aujourd'hui, il ne s'en soucieroit non plus que de Mme la grande-duchesse, dont nous portons le deuil, et ne parleroit que des causes de mort qu'on m'auroit trouvées avec la même indifférence qu'il s'entretient de l'ouverture de cette princesse qu'à peine avoit-il vue. » Tout de suite il me parla de ce qu'il remarquoit du roi que son assiduité lui faisoit sentir, quelque peu d'esprit qu'il eût, ce qui n'est pas matière de ces Mémoires. Mais le résultat de la conversation fut la parfaite et très-certaine inutilité, peut-être même le danger de cette tentative à laquelle le roi étoit radicalement incapable de prendre, quoiqu'on vît bien qu'il avoit une sorte d'éloignement du cardinal Dubois.

CHAPITRE X.

Mort, caractère, conduite du cardinal de Mailly. — Il obtient que son neveu de Nesle porte la queue du grand manteau de l'ordre du roi à Reims. — Il ne va point à Rome, arrêté par une opération instante au moment de son départ. — Réflexions. — Reims persévéramment offert à Fréjus, obstinément refusé. — Motifs de l'un et de l'autre. — Sa conduite à l'égard du roi, du régent, du maréchal de Villeroy, du monde. — Raison à moi particulière de désirer que Fréjus acceptât Reims. — Sagacité très-singulière d'une femme de chambre. — Fréjus accepte à grand'peine l'abbaye de Saint-Étienne de Caen. — Fréjus point avide de biens. — Fréjus, parfaitement ingrat, empêche que Reims soit donné à Castries, archevêque d'Albi. — Abbé de Guéméné archevêque de Reims. — Retraite et caractère du duc de Brancas. — Mort, fortune et caractère de l'abbé de Camps. — Mort de l'évêque-duc de Laon, Clermont-Chattes. — Ses deux premiers successeurs. — Mort et caractère de l'archevêque de Rouen, Besons. — Son successeur. — Mort du duc de Fitz-James; de Mlle de La Rochefoucauld; de Mme de Polignac, mère du cardinal; de Prior, à Londres.

Le cardinal de Mailly étoit mort quatre jours avant Mme la grande-duchesse dans l'abbaye de Saint-Thierry, unie à l'archevêché de Reims, à soixante-trois ans. Cette mort étoit bien propre à faire faire de grandes réflexions. J'ai parlé plus d'une fois de ce prélat, de ma liaison étroite avec lui, de ses causes et de ses suites, quoique lui et moi pensassions bien différemment sur l'affaire de la constitution; du peu de vocation à son état, de son ambition et de sa passion démesurée pour le cardinalat dès ses premiers commencements; de ses démarches hardies et continuelles pour y parvenir; de sa haine jusqu'à la fureur pour le cardinal de Noailles, et de ses foibles et injustes causes; de son déchaînement forcené pour la coustitution, par toutes ces raisons, et uniquement de son aveu à moi par ces raisons, jusqu'à m'avoir dit, dans ses plus grands emportements sur cette affaire, que, si le cardinal de Noailles avoit été pour la constitution, lui Mailly auroit été contre avec la même rage qu'il étoit pour cette bulle. Un léger abrégé suffira donc sur ce qui le regarde, puisqu'on a vu en son lieu comment d'aumônier du roi, et vieux pour cet emploi, avec une abbaye fort mince, il devint tout d'un coup archevêque d'Arles, puis de Reims, par quels étranges chemins cardinal, puis reconnu tel en France, enfin abbé de Saint-Étienne de Caen. Il eut Arles en 1697, Reims en 1710; le chapeau, 19 novembre 1719, reconnu cardinal plusieurs mois après par le régent et le roi avec grand'peine. Quoique d'une santé ferme et que je n'ai vue altérée en rien jusqu'à l'événement dont je vais parler, il vivoit depuis qu'il fut cardinal dans le plus exact régime, et sur ses heures, et sur le choix et la mesure de son manger et sur mille sortes de bagatelles, tant il désiroit jouir longtemps de sa fortune. Il voyoit le sacre instant et un conclave peu éloigné. Ces cérémonies et la figure qu'il y alloit faire le transportoient. Il ne songea qu'à partir brusquement dès qu'on eut la nouvelle de la mort du pape; mais il eut l'avisement de profiter de la circonstance. En prenant congé du régent, il lui représenta que le sacre étoit fort proche, qu'il auroit l'honneur de le faire, et de conférer le lendemain l'ordre du Saint-Esprit au roi qui ne l'avoit pas encore reçu; que le roi choisissoit toujours un seigneur pour porter ce jour-là, et le lendemain qu'il faisoit des chevaliers, la queue de son grand manteau de l'ordre, ce qui lui donnoit droit, quelque âge qu'il eût, d'être compris dans la promotion suivante, comme il étoit arrivé de M. de Nevers en 1661, à la première fleur de son âge, et là-dessus demanda et obtint que son neveu le marquis de Nesle fût choisi pour cette fonction. La promesse en fut si publique que, quoique le cardinal de Mailly fût mort lorsque le roi fut sacré, la parole fut tenue, et le marquis de Nesle fut chevalier de l'ordre de la promotion de 1724, si nombreuse et si peu choisie, quelques années avant l'âge.

Je passai avec le cardinal de Mailly toute la soirée de la veille qu'il devoit partir pour Rome; je ne vis jamais un homme si content. Je le quittai tard, se portant très-bien. Le lendemain sur le midi, je fus bien étonné d'apprendre par un homme qu'il m'envoya qu'il s'étoit trouvé si mal la nuit, que dès le grand matin, il avoit envoyé chercher du secours, lequel lui avoit trouvé la fistule, et si pressée à y travailler que sans autre préparation l'opération lui avoit été faite fort heureusement, qu'il étoit aussi bien qu'il étoit possible, et qu'il me prioit de l'aller voir. Je le trouvai en effet fort bien pour son état, mais bien touché de n'aller point à Rome. Le sacre prochain le consoloit et l'espérance de voir un autre conclave. Je ne m'étois jamais aperçu qu'il fût attaqué d'aucun mal, et lui-même n'en avoit jamais parlé; il croyoit de temps en temps avoir des hémorroïdes à ce qu'il dit depuis, et n'en faisoit point de cas. Je ne sais comment cette opération fut faite; mais on apprit depuis sa mort qu'il lui étoit demeuré un écoulement qu'on lui avoit bien recommandé d'entretenir. Il vit bientôt le monde, tant sa guérison s'avança sans aucun accident, et en peu de temps reprit sa vie accoutumée. Cinq mois se passèrent de la sorte. Il s'en alla à Reims où il n'étoit pas à son aise, et qu'il avoit accablé de lettres de cachet. Il se retira bientôt après à Saint-Thierry qui n'en est qu'à quelques lieues, qui lui servoit de maison de campagne, ne respirant que feu et sang contre les opposants à la constitution, et sa vengeance particulière de ceux qui osoient encore lui résister, lorsque tout à coup cet écoulement s'arrêta, et fit une révolution à la tête, où il sentit des douleurs à crier les hauts cris. A peine ce tourment eut-il duré quatorze ou quinze heures, malgré les saignées et tout ce qu'on put employer, qu'il perdit la connoissance et la parole, et mourut dix ou douze heures après, sans avoir eu un moment à penser à sa conscience. Quelle fin de vie dans un prêtre et dans un évêque, toute d'ambition et persécuteur effréné par ambition et par haine! Il passionna les honneurs, il goûta seulement des plus grands comme pour s'y attacher davantage. Ce qu'ils avoient pour lui de plus flatteur lui fut montré et porté, pour ainsi dire, jusqu'au bord de ses lèvres. La coupe lui en fut subitement retirée sans qu'il y pût toucher au moment d'y mettre la bouche et d'en boire à longs traits. Livré à des douleurs cruelles, puis à un état de mort, et paroître devant Dieu tout vivant de la vie du monde, sans avoir eu un moment à penser qu'il l'alloit quitter et paroître devant son juge : voilà le monde, son tourbillon, ses faveurs, sa tromperie et sa fin!

Fréjus tout appliqué au futur, mais au futur de ce monde, ne songeoit qu'à s'attacher le roi et y faisoit les plus grands progrès et les plus visibles. Quoique au fond très-contraire au régent, il se conduisoit à son égard avec une grande circonspection; et en cultivant le parti opposé, il le faisoit avec une grande mesure. Le maréchal de Villeroy en étoit le coryphée. Il étoit l'objet de la plus jalouse attention de Fréjus; il ne vouloit pas sa grandeur, qu'il regardoit comme ruineuse à ses projets de s'emparer du roi avec une autorité sans partage; il sentoit toute la disproportion et le poids du maréchal d'avec lui, et personnellement empêtré de tout ce qu'il lui devoit d'attachement et de reconnoissance, parce que personne n'en ignoroit les raisons. Il n'étoit pas temps de sortir de ces liens, mais il n'avoit garde de travailler à les augmenter, en servant et encourageant contre le gouvernement et la personne de M. le duc d'Orléans, un parti timide au fond, et mal organisé pour les exécutions, abattu de celles qu'il avoit essuyées, mais plein de la plus ardente volonté, et qui, pouvant compter sur le roi par Fréjus, auroit bientôt repris forces et courage, mais dont le fruit principal seroit recueilli par le maréchal de Villeroy, et par sa place auprès du roi, et parce qu'il étoit à la tête de ce parti, ce qui étoit fort éloigné de l'intérêt et de la volonté de Fréjus, qui travailloit de loin à se rendre le maître, et qui se seroit vu asservi sous le maréchal, dont il regardoit la ruine dans l'esprit du roi comme essentielle à la grandeur qu'il méditoit dès lors pour soi-même.

Ses progrès auprès du roi étoient si visibles qu'ils commençoient à faire de lui un personnage que chacun vouloit ménager de loin. S'il sentoit toute la supériorité d'état que le maréchal de Villeroy avoit sur lui, à plus forte raison sentoit-il celle de M. le duc d'Orléans, le poids de sa naissance, de sa place, de ses talents, de son âge, qui devoient naturellement perpétuer son autorité encore plus de trente ans après la fin de sa régence, et qui, ayant ôté le duc du Maine d'auprès du roi, pouvoit quand il voudroit l'en chasser lui-même, sans craindre d'exciter aucun mouvement dans l'État, comme il y avoit eu lieu de l'appréhender sur M. du Maine, et de renverser par là ses espérances et ses projets pour toujours. C'est ce qui le contenoit à l'égard du régent dans de si exactes mesures; c'est ce qui l'engageoit à me cultiver avec tant de soin et tant d'écorce de confiance, parce que j'étois le seul dans l'intime confiance du régent que pût fréquenter sur le pied d'amitié particulière un évêque qui vouloit se parer des vertus et d'une conduite de son état, et en tirer un grand parti dans la suite. C'est aussi ce qui redoubloit son application et son activité pour s'attacher le roi de plus en plus et parvenir, s'il le pouvoit, au point de se faire un bouclier assuré de l'affection du roi pour lui en cas qu'il prît envie au régent de le chasser.

Je voyois clairement tout ce manége de cour, et j'en instruisois les négligences de M. le duc d'Orléans. Il lui importoit de ménager le seul homme pour qui l'amitié et la confiance du roi se déclaroit de plus en plus, et qui intérieurement étoit plus que détaché du maréchal de Villeroy. Je le savois par les choses qu'il m'en disoit souvent, et je n'en pouvois douter par mille traits journaliers de bagatelles intérieures, qui nous revenoient par les valets du dedans, qui étoient à M. le duc d'Orléans, parce qu'il les traitoit fort bien, et qu'outre les miches[1] qu'il leur élargissoit volontiers, ils sentoient, avec toute la disproportion des personnes, toute la différence de la hauteur du maréchal de Villeroy avec eux, et de la douceur, pour ne dire pas la politesse et la facilité qu'ils éprouvoient dans l'accès de M. le duc d'Orléans. Je conseillai à ce prince de donner à Fréjus l'archevêché de Reims, pour faire une chose agréable au roi, pour s'attacher Fréjus par un présent si disproportionné de lui, au moins pour lui montrer amitié et bonne volonté et le tenir par là hors de mesure de lui être contraire, sans que cette grandeur lui pût donner rien de réel qui ajoutât rien à l'amitié et à la confiance du roi, qui, avec ou sans Reims, étoit la seule chose qui pût le rendre considérable présentement et plus encore à mesure que le roi avanceroit en âge, et par son âge deviendroit le maître. Le régent me crut, alla trouver le roi, et le lui proposa pour que lui-même eût le plaisir de le donner et de l'apprendre à M. de Fréjus. Il l'envoya querir sur-le-champ dans son cabinet, où en présence de M. le duc d'Orléans et du maréchal de Villeroy, il le lui dit. Fréjus témoigna sa gratitude, sa disproportion d'un siége si relevé, l'incompatibilité des fonctions épiscopales avec les siennes auprès du roi, et refusa avec fermeté, appuyant de

---

1. Les grâces.

plus sur son âge, qui ne lui permettoit plus le travail du gouvernement d'un nouveau diocèse. Le roi parut mortifié. M. le duc d'Orléans insista qu'on ne prétendoit pas que Reims l'éloignât du roi; qu'il auroit des grands vicaires qui lui rendroient compte de tout et gouverneroient par ses ordres et un évêque *in partibus*, qu'on pourvoieroit d'abbayes, qui feroit sur les lieux les ordinations et les autres fonctions réservées aux évêques; que plusieurs prélats avoient des évêques *in partibus* pour faire ces fonctions pour eux dans leurs diocèses; que cela étoit en usage de tout temps pour ceux qui croyoient en avoir besoin; qu'entre ces besoins, il n'y en avoit pas un plus légitime que ses fonctions auprès du roi, et qu'il n'en devoit faire aucune difficulté. Fréjus se confondit en remercîments; mais toujours ferme au refus, répondit qu'il étoit plus court et plus dans l'ordre de ne point acquérir de pareils besoins que de s'en servir, et qu'il ne se tiendroit point en sûreté de conscience d'accepter un évêché dans l'intention de le laisser gouverner par d'autres, et de n'y point faire de résidence. Le bon prélat n'avoit pas pensé, et n'en avoit pas usé ainsi pour Fréjus, où il ne résida comme point, et n'osant être à Paris, couroit sans cesse le Languedoc et la Provence. Quoi que le roi, le régent et le maréchal de Villeroy pussent dire et faire, ils ne purent ébranler Fréjus, tellement que M. le duc d'Orléans finit ce long débat par lui dire que le roi ne recevoit point son refus; qu'il vouloit au moins qu'il y pensât et se consultât à loisir, et qu'il prît pour cela tout le temps qu'il voudroit.

Au sortir de là, je fus instruit par M. le duc d'Orléans de ce qui s'étoit passé, et quoique je n'en fusse pas surpris par quelques mots qui s'en étoient auparavant jetés entre Fréjus et moi, mais en courant, parce que tout se fit sur-le-champ, j'en fus très-fâché. Je fis sentir à ce prince combien Fréjus estimoit plus le futur que le présent, puisqu'il n'étoit pas ébloui d'une telle place ni entraîné par les instances du roi et par les siennes; que cela méritoit une grande réflexion sur les projets de cet évêque à conscience devenue si délicate, qu'il étoit clair qu'il ne vouloit pas accepter, pour éviter tout prétexte de quitter le roi de vue et un moyen si facile et si naturel de l'en séparer, le temps de l'éducation fini, en l'envoyant dans son diocèse, ce que sans cela la moindre bienséance exigeroit de lui, et l'y retenant après, ce qui le borneroit à cette fortune qu'il auroit faite et lui feroit perdre terre, moyens et toute espérance de celle qu'il se préparoit par l'amitié et la confiance du roi, et qu'il ne se pouvoit bâtir que par la continuation et l'augmentation de cette même confiance, qu'il ne se pouvoit entretenir que par une présence et une habitude continuelle, après le temps de l'éducation fini, et qui se détruiroit sans ressource par l'absence; enfin que cela même étoit la plus forte de toutes les raisons, qui devoit presser M. le duc d'Orléans de ne rien oublier pour forcer Fréjus à l'acceptation, et s'ouvrir par là, en le comblant et en ravissant le roi, s'ouvrir, dis-je, une porte légitime et simple d'éloigner du roi cet évêque, sans que ni l'un ni l'autre s'en pussent plaindre d'abord, et en le tenant dans son diocèse laisser détruire au temps et à l'absence ce que les soins et l'assiduité auroient édifié, et que la continuation de la présence auroit pu achever, et donner trop d'ombrages à Son Altesse Royale, trop foible peut-être alors contre un homme si adroit qui se trouveroit en pleine possession du roi et sans partage.

Ces raisons frappèrent M. le duc d'Orléans et le résolurent à faire tout ce qui lui seroit possible pour engager Fréjus à daigner être archevêque de Reims; de mon côté je ne m'y oubliai pas; j'avois pour cela des raisons particulières, outre les générales que je viens d'expliquer; je les rapporterai ici naturellement avec la vérité qui fait l'âme de ces Mémoires. A la conduite et aux progrès de Fréjus que je viens de représenter, le moins à quoi il pouvoit tendre en attendant mieux, si les conjectures s'en offroient, étoient le chapeau et une place dans le conseil à la majorité, et quelque prodi-

gieux que cela fût pour un homme de sa sorte, il avoit déjà
su se mettre avec le roi de façon que cette énorme fortune
en devenoit une suite toute naturelle, à quoi M. le duc d'Orléans ne pourroit s'opposer, surtout après ce qu'il avoit fait
de tout semblable, et bien plus encore pour Dubois, son précepteur, plus bas encore de naissance que Fréjus, et dont le
personnel indigne ne pouvoit se comparer en rien au personnel de Fréjus. La calotte rouge, en arrivant à ce dernier,
s'amalgamoit à celle de Dubois.

Je ne désespérois pas que le temps, les incartades, le poids
de son autorité sur la foiblesse de M. le duc d'Orléans, quelques manéges même auprès du roi majeur qui avoit un éloignement pour Dubois; que celui de Fréjus qui envioit,
haïssoit et méprisoit Dubois, le renvoyassent à Cambrai,
soit par le dégoût, peut-être même la jalousie que M. le duc
d'Orléans en pourroit enfin prendre, soit parce que, n'étant
plus régent, il n'oseroit soutenir un homme si infime et si
reconnu pour tout ce qu'il étoit d'ailleurs, contre le dégoût
du roi poussé par Fréjus, qui en enhardiroit d'autres, et
qui rendroient le cri public plus fort. Défait ainsi de lui, je
ne sortois point d'embarras, Fréjus ayant la pourpre. Mais
il tomboit entièrement s'il étoit archevêque de Reims, et je
pouvois dignement, moi et tout autre duc, me trouver avec
lui au conseil et partout, parce que je cédois non au cardinal mais à la dignité de son siége qui nous précède tous
sans difficulté, ainsi que les cinq autres siéges dont les
évêques sont pairs bien plus anciens que nous. J'avois déjà
gagné que Dubois depuis sa promotion n'entroit plus au
conseil de régence; je comptois bien en faire une planche
pour le conseil à la majorité, mais j'en espérois foiblement
si Fréjus cardinal, ou assuré de l'être bientôt, appuyoit la
pourpre de Dubois en considération de la sienne, et qu'il ne
seroit pas facile d'exclure du conseil pour la difficulté du
rang, avec le roi en croupe, au lieu que toute difficulté cessant par Reims et n'ayant plus affaire qu'à Dubois, Fréjus

hors de cause contribueroit de tout son pouvoir à l'exclure pour son intérêt particulier. Plein donc de tant de motifs généraux et particuliers, j'attaquai Fréjus de toutes mes forces pendant plusieurs jours, et voyant bien à quoi il tenoit le plus, qui étoit de n'avoir point de diocèse où la bienséance l'obligeât d'aller et de faire de hasardeuses absences, et qui pis encore pouvoit devenir une occasion toute naturelle de l'y envoyer et de l'y retenir, je lui proposai d'accepter Reims, de le garder un an ou dix-huit mois, puis de le remettre, dont il auroit mille bonnes raisons à alléguer : l'avoir pris par n'avoir pu résister au roi et au régent, le rendre après avoir, par l'acceptation, marqué son respect, sa déférence, son obéissance; par ne pouvoir se résoudre, dans un âge avancé, de se charger du gouvernement d'un grand diocèse, moins encore de le faire gouverner par autrui; que par cet expédient si simple et si plausible, il évitoit tout ce qui l'empêchoit d'accepter, et conservoit un rang qui le mettoit à la tête des pairs, et qui, le chapeau lui venant, l'affranchissoit de toutes sortes d'embarras et de difficultés.

J'eus beau étaler tout le bien-dire que je pus, tâcher à l'ébranler, par la crainte que le refus si opiniâtre d'une place si unique ne persuadât au régent qu'il ne vouloit rien tenir de lui, et les conséquences et les suites qui en résultoient, tout fut inutile. Il se tint ferme au refus entier, et me dit dévotement que sa conscience ne lui pouvoit permettre d'accepter Reims, dans le dessein de le rendre, de n'y aller jamais, et de se revêtir seulement du rang de ce grand siége, qu'il n'auroit accepté que dans cette vue d'orgueil et de vanité, et non d'y servir l'Église dans la conduite effective et sérieuse de cette portion du troupeau, qui étoit la seule voie canonique dans laquelle on dût marcher lorsqu'on acceptoit un évêché. L'hypocrite me paya de cette monnoie; c'est qu'il vouloit demeurer libre à l'égard de M. le duc d'Orléans, et qu'à l'égard de la préséance il méprisoit Reims, parce qu'à la manière dont il avoit vu les ducs se conduire, et être traités dans toute cette régence, il les regardoit comme nuls ; que tôt ou tard ils seroient crossés par Dubois, et céderoient à sa pourpre, au pis aller à la sienne à lui dès que le roi seroit le maître, dont M. le duc d'Orléans, quelque crédit qu'il conservât, lui feroit litière à son accoutumée. Ce combat qui dura plus de quinze jours avant que M. le duc d'Orléans, à bout de voies, eût enfin admis son refus, fit l'entretien de tout le monde. Un matin que j'en parlois avec regret à Mme de Saint-Simon, comme elle se coiffoit, car rien n'étoit alors si public, une femme de chambre qui s'appeloit Beaulieu, familière parce qu'elle étoit à elle depuis notre mariage, et qui avoit de l'esprit et du sens, prit tout d'un coup la parole. « Je ne m'en étonne pas, dit-elle, il ne veut point de Reims, il ne veut qu'être roi de France, et il le sera. » Quoique j'en pensasse bien quelque chose, le propos de cette fille nous surprit et s'est enfin trouvé une prophétie.

Une résistance si invincible nous fit aisément comprendre que Fréjus ne vouloit rien de la main de M. le duc d'Orléans. Il le sentit comme moi, quoique Fréjus eut aussi d'autres raisons plus fortes. Je crus qu'il le falloit pousser à bout là-dessus et lui donner la riche abbaye de Saint-Étienne de Caen, que la mort du cardinal de Mailly laissoit aussi vacante, et qui n'avoit point la raison de refus d'un diocèse à conduire, ni la bienséance d'y aller, ni la crainte d'y pouvoir être envoyé et retenu sous le spécieux prétexte du devoir épiscopal. M. le duc d'Orléans goûta tout aussitôt ce que je lui en représentai et alla chez le roi, qui comme l'autre fois envoya chercher Fréjus. Le roi lui annonça l'abbaye, et M. le duc d'Orléans ajouta que, n'y ayant là ni gouvernement d'âmes ni personne à conduire et point de résidence, il ne croyoit pas qu'il pût ni voulût refuser. Ce n'étoit pas le compte de Fréjus, il voulut l'honneur du refus. Quoiqu'il n'eût que très-peu de bénéfices, il protesta qu'il en avoit assez et se fit battre plusieurs jours, soit qu'en effet il ne voulût rien de M. le duc d'Orléans, bien sûr qu'après la régence il recevroit du roi tout ce qu'il voudroit, soit que résolu de ne pas laisser échapper ce gros morceau, il voulût se faire honneur de cette momerie. Je me mis après lui comme j'avois fait pour Reims, non dans le même désir, parce qu'il n'y avoit plus d'intérêt général ni particulier à l'égard de cette abbaye, mais pour la curiosité de ce qu'il en arriveroit; enfin, après avoir bien fait le béat et le réservé sur les biens d'Église, il eut la complaisance de se laisser forcer et même de laisser employer le nom du roi à Rome pour le gratis entier qu'il obtint aussitôt. Il faut pourtant avouer qu'il ne fut jamais intéressé. Depuis il a été longtemps à même de toutes choses, il n'a jamais pris aucun bénéfice, et il n'a pas paru qu'il se fût beaucoup récompensé d'ailleurs. Aussi dans le plus haut point de la toute-puissance, avec le cardinalat, son domestique, son équipage, sa table, ses meubles furent toujours au-dessous même de ceux d'un prélat médiocre.

Achevons de suite ce qui regarde l'archevêché de Reims. J'étois fort des amis de Castries, et l'abbé son frère, l'un chevalier d'honneur de Mme la duchesse d'Orléans, l'autre qui avoit été premier aumônier de Mme la duchesse de Berry, que j'avois fait mettre dans le conseil de conscience, qui avoit été sacré archevêque de Tours, par le cardinal de Noailles, et qui, sans y être allé, passa tout aussitôt à Albi, comme l'abbé d'Auvergne, qui eut Tours après lui, passa incontinent après à Vienne. Les Castries avec raison désiroient passionnément Reims. Outre le rang et la décoration, l'extrême éloignement d'Albi et la proximité de Reims étoit un grand motif pour deux frères toujours infiniment unis, qui avoient passé toute leur vie ensemble, et qui se voyoient séparés dans un temps où l'âge et les infirmités de l'aîné et sa solitude domestique, ayant perdu sa femme et son fils unique, lui rendoient la présence de son frère plus nécessaire. Fréjus dès lors avoit saisi assez de part dans la distribution des grands bénéfices.

La constitution, la foiblesse, l'incurie de M. le duc d'Orléans, lui en avoient frayé le chemin, de sorte que pour Reims il fallut compter avec l'un et l'autre. On a vu ici ailleurs, par occasions, qui étoit Fréjus, et qu'il devoit tout au cardinal Bonzi, qui étoit frère de la mère des Castries, et qui les avoit toujours aimés et traités comme ses enfants. Fréjus en avoit été témoin, leur avoit fait sa cour, en avoit été recueilli, en avoit reçu des services importants et qui l'avoient sauvé de sa perte. Il avoit passé sa vie avec eux, souvent logé et défrayé chez eux, dans une intimité parfaite avec mêmes amis et même société à la cour. Il étoit donc bien naturel qu'il les servît en chose pour eux de tous points si désirable. Je me chargeai de M. le duc d'Orléans, ils furent surpris de trouver en cette occasion leur ami un ministre prématuré qui se montra fort peu porté à les servir. J'y trouvai aussi M. le duc d'Orléans fort peu disposé. Il n'y avoit rien à dire sur la conduite des Castries; d'ailleurs le régent n'y étoit ni difficile ni scrupuleux. Il m'alla chercher des difficultés sur la naissance, pour une place telle que Reims, et la proximité encore du sacre du roi. J'y répondis par le collier de l'ordre de leur père, par sa charge de lieutenant général de Languedoc et de gouverneur de Montpellier, par l'alliance de Mortemart. Le débat fut souvent réitéré, et je dis à M. le duc d'Orléans que je m'étonnois fort qu'il fût plus délicat que moi pour Reims, lui qui l'étoit si peu pour ces sortes de choix; et je tâchai de lui faire honte de tant faire le difficile pour le frère d'un homme en charge principale chez Mme la duchesse d'Orléans depuis si longtemps, dont il avoit toujours été content, qui avoit épousé sa cousine germaine, si longtemps et morte sa dame d'atours et cousine germaine, fille du frère de Mme de Montespan, dont avec tant de raison elle se faisoit honneur. J'en dis tant que je vainquis la répugnance de M. le duc d'Orléans, qui me dit qu'il falloit gagner Fréjus, qui y étoit fort opposé. Je tâchai de lui faire honte de prendre une telle dépendance, et lui demandai s'il vouloit morceler sa régence et en abandonner une portion aussi considérable, aussi agréable, aussi importante que l'est la nomination des bénéfices. Peu à peu, je vins encore à bout de cette difficulté à toute reste, mais en me recommandant toujours de tâcher de gagner Fréjus. Ce prélat, qui devoit par ce qui a été dit être le grand arc-boutant des Castries en cette occasion, se montra si contraire que ni les Castries, ni moi qui lui en parlai souvent et fortement, n'en pûmes jamais tirer une seule bonne parole, tellement que je me résolus à l'emporter de force, et malgré lui, de M. le duc d'Orléans; je mis l'affaire au point où je la pouvois désirer.

Mais mon départ s'approchoit, et les Castries, que j'avertissois à mesure que j'avançois, me dirent que sans mon départ ils tiendroient la chose faite, mais que ce départ la feroit manquer. Elle se fût faite en effet au point où je la laissai, si j'avois pu demeurer davantage, et avoir le loisir d'achever de forcer M. le duc d'Orléans. Mais il fallut partir et laisser le champ libre à Fréjus, qui dans sa rage de constitution, écartoit Albi, ami du cardinal de Noailles, et vouloit s'attacher le cardinal de Rohan, pour le chapeau, auquel il pensoit déjà beaucoup, et qui étoit à Rome, et au cardinal Dubois, à qui les Castries, droits et fort honnêtes gens, n'avoient point fait leur cour, lequel, pour entretenir les Rohan dans l'erreur de faire premier ministre le cardinal de Rohan à son retour de Rome, vouloit, de concert avec Fréjus, mettre l'abbé de Guéméné à Reims, comme ils firent bientôt après que je fus parti.

Poursuivons le peu qui reste à dire de cette année pour ne point interrompre ce qui regarde mon ambassade. Il a été quelquefois mention ici du duc de Brancas, et de la façon dont il étoit avec M. le duc d'Orléans, qui s'amusoit fort de ses saillies, et qui l'avoit presque toujours à ses soupers.

C'étoit un homme d'une imagination vive, singulière, plaisante, plein de traits auxquels on ne pouvoit s'attendre, qui avoit sacrifié sa fortune à ses plaisirs, et à une vie obscure, pauvre d'ailleurs, et fort intéressé, tout à fait incapable de rien de sérieux, en quoi il se faisoit justice lui-même, et n'étoit pas sans esprit. Au travers de ses débauches, il avoit eu de fois à autres de foibles retours qui n'avoient eu aucune suite. Enfin Dieu le toucha. Il s'adressa fort secrètement au P. de La Tour, général de l'Oratoire, grand et sage directeur, dont il a été parlé ici quelquefois, qui jugea qu'il avoit besoin d'une forte pénitence et d'une entière séparation du monde. Il l'y résolut, et se chargea de lui choisir et de lui préparer une retraite. Pendant tout le temps de ce commerce secret, le duc de Brancas avoit quitté ses débauches, mais conservé tout l'extérieur de sa vie, et soupoit tous les soirs avec M. le duc d'Orléans et ses roués, avec sa gaieté ordinaire. Au commencement d'octobre, il disparut tout d'un coup, ayant soupé la veille avec M. le duc d'Orléans, sans qu'il eût paru en lui aucun changement; et on sut quelques jours après qu'il étoit allé se retirer dans l'abbaye du Bec en Normandie, où sont les bénédictins de la congrégation de Saint-Maur. M. le duc d'Orléans, également surpris et fâché de sa retraite, espéra en sa légèreté, et lui écrivit une lettre tendre et pressante pour le faire revenir. Le duc de Brancas lui fit une réponse d'abord plaisante, puis sérieuse, sage et ferme, édifiante et belle, qui ôta toute espérance de retour. Il y passa fort saintement plusieurs années ; plût à Dieu qu'il eût persévéré jusqu'à la fin !

Il y eut plusieurs morts : l'abbé de Camps, qui fit une fortune singulière, et qui fut quelque peu de temps une sorte de personnage. Il étoit d'Amiens, fils d'un quincaillier et cabaretier, fut amené à Paris fort jeune, et mis à servir les messes aux jacobins du faubourg Saint-Germain. Le P. Serroni du même ordre, qui avoit gagné l'évêché d'Orange à être le conducteur du P. Mazarin, archevêque d'Aix, cardinal et frère fort imbécile du fameux cardinal Mazarin, se trouva à Paris logé dans ce couvent. Devenu évêque de Mende, il prit ce petit garçon, qui lui avoit plu, le tint quelque temps clerc chez un notaire, en fit après un sous-secrétaire, et enfin son secrétaire. Il s'en servit en beaucoup d'affaires avec succès. Il lui donna et lui fit donner des bénéfices, le fit députer à une assemblée du clergé où il montra beaucoup d'esprit et de capacité. Serroni, toujours en crédit et en considération, et pour lequel Albi qu'on lui avoit donné fut érigé en archevêché, le fit coadjuteur de Glandèves, et bientôt après nommer à l'évêché de Pamiers. C'étoit au temps de l'affaire de la *régale* en faveur de laquelle de Camps écrivit fortement, et s'y intrigua tellement que, lorsque cette affaire fut terminée, Rome ne put jamais se résoudre à lui donner les bulles de Pamiers, et que le roi eut la complaisance de retirer sa nomination, et d'en faire une autre. Il l'en dédommagea par l'abbaye de Signi, en Champagne, de plus de quarante mille livres de rente, outre les bénéfices qu'il avoit. Il s'acquit une grande connoissance des médailles et de l'histoire, et a beaucoup écrit sur celle de France qu'il a fort éclaircie[1]. Il ne fut pas content avec raison de celle que le P. Daniel, jésuite, publia vers la fin du dernier règne, et de laquelle j'ai parlé ici en son temps. Le P. Daniel le trouva mauvais; ils écrivirent l'un contre l'autre, et l'auteur mercenaire et menteur fut battu par l'abbé qui aimoit la vérité. Il savoit en effet beaucoup, avec de l'esprit et du jugement, de la vivacité et quelquefois de l'âcreté. Il passa sa longue vie de quatre-vingt-deux ans à Paris, la plupart du temps dans sa belle bibliothèque, à travailler et à étudier; voyoit bonne compagnie, force savants aussi, et se faisoit honneur de son bien, mais avec mesure et sagesse, estimé et considéré, bien reçu

---

1. Les manuscrits de l'abbé de Camps sont conservés à la Bibl. Imp.

partout. Il alloit assez souvent faire sa cour au feu roi, et il n'y alloit presque jamais sans que le roi lui parlât, et lui témoignât bienveillance. Il passa toute sa vie jusqu'au bout dans une santé parfaite de corps et d'esprit.

L'évêque-duc de Laon dans son diocèse, médiocrement vieux : il étoit Clermont-Chattes, fort du monde, et toutefois bon évêque, assez résidant et appliqué au gouvernement de son diocèse. Il étoit frère du chevalier de Clermont, perdu pour l'affaire de Mme la princesse de Conti et de Mlle Choin, dont il [a] été ici amplement parlé en son temps, et qui, après un long exil en Dauphiné, obtint de l'être à Laon, d'où M. le duc d'Orléans le tira à la mort du roi, et lui donna depuis ses Cent-Suisses. C'étoit un très-honnête homme et galant homme. Il a été suffisamment parlé de cet évêque de Laon, en différents endroits. Il s'étoit dignement et sagement signalé au commencement de l'affaire de la constitution ; mais le pauvre homme n'eut pas le courage d'essuyer la pauvreté dont il fut menacé. D'ailleurs bon homme et honnête homme, et fort estimé jusqu'à cette chute, lui-même en fut si honteux qu'il ne reparut presque plus depuis, et demeura presque toujours dans son diocèse, où il fut fort regretté. Il eut pour successeur l'opprobre non-seulement de l'épiscopat, mais de la nature humaine, et pleinement connu pour tel quand il fut nommé. Il continua et augmenta dans l'épiscopat les horreurs de sa vie, qui, quoique assez courte, ne fut que trop longue. Je n'en dirai pas davantage sur un si infâme sujet. Toutefois il faut observer qu'il ne fut pas successeur immédiat. Il avoit acheté à deniers comptants un autre évêché d'un évêque qui se démit, et il passa tôt après à Laon, que M. le duc d'Orléans avoit donné, après M. de Clermont-Chattes, à un bâtard fort bien fait, et qui en a fait depuis grand usage, qu'il avoit eu de la comédienne Florence, et qu'il n'a jamais reconnu, que les jésuites élevèrent et gouvernèrent, et n'en firent pourtant qu'un parfait ignorant. Il fit au sacre les fonctions de son siége; mais quand il voulut se faire recevoir au parlement, il fut arrêté tout court sur ce qu'il n'avoit point de nom, et ne pouvoit montrer ni père ni mère. Cet embarras le fit passer à l'archevêché de Cambrai, à la mort du cardinal Dubois, avec un brevet de continuation de rang et d'honneurs d'évêque-duc de Laon, et ce monstre dont je viens de parler lui succéda à Laon.

Trois jours après M. de Laon, Clermont-Chattes, mourut à Gaillon l'archevêque de Rouen, frère du maréchal de Besons, qui avoit été évêque d'Aire, puis archevêque de Bordeaux et adoré dans tous ses diocèses : il a été souvent parlé de lui ici en plusieurs occasions. C'étoit l'homme du clergé qui en savoit mieux les affaires, et il entendoit très-bien à en manier d'autres. Sous une écorce rustre il n'en avoit rien; il étoit doux, poli, respectueux, point enflé de sa fortune, de son esprit, de sa capacité, et il en avoit beaucoup; bon, doux, obligeant, sage et gai, de fort bonne compagnie, mesuré partout, bon évêque, et entendant mieux qu'aucun le gouvernement d'un diocèse. Il fut toujours estimé et considéré, aussi ne vouloit-il déplaire à personne, et son défaut étoit un peu de patelinage et grand'peur de se mettre mal avec les gens en place et de crédit. M. le duc d'Orléans, qui aimoit les deux frères, dont l'union étoit intime, l'avoit fait passer dans le conseil de régence, comme on a vu à la chute de celui de conscience dont il étoit. Son âge n'étoit pas extrèmment avancé. Tressan, évêque de Nantes, qui avoit sacré Dubois, fut son successeur.

Le maréchal de Berwick perdit en même temps son fils, le duc de Fitz-James, à dix-neuf ans, qu'il avoit marié à la fille aînée du duc de Duras. Elle n'en eut point d'enfants et se remaria depuis au duc d'Aumont.

Mlle de La Rochefoucauld à quatre-vingt-quatre ans : elle étoit sœur du duc de La Rochefoucauld, qui toute sa vie avoit eu tant de part à la faveur du feu roi. Elle avoit passé toute sa vie fille dans l'hôtel de La Rochefoucauld, fut considérée dans le monde et dans sa famille, toujours très-vertueuse et très-peu de bien. Du côté de l'esprit, elle tenoit tout de son père.

La vicomtesse de Polignac, qui étoit sœur du feu comte du Roure. Son mari et son frère étoient chevaliers de l'ordre, et elle étoit mère du cardinal de Polignac : c'étoit une grande femme, qui avoit été belle et bien faite, sentant fort sa grande dame qu'elle étoit fort dans le grand monde dans son temps. Beaucoup d'esprit, encore plus d'intrigue, fort mêlée avec la comtesse de Soissons et Mme de Bouillon dans l'affaire de la Voysin, dont elle eut grand'peine à se tirer, et en fut exilée au Puy et en Languedoc, d'où elle ne revint qu'après la mort du roi. Elle avoit quatre-vingts ans.

Prior mourut en même temps à Londres, en disgrâce et en obscurité, après avoir échappé pis ; si connu pour avoir apporté à Paris les préliminaires de la paix d'Utrecht, longtemps chargé des affaires d'Angleterre à Paris, et dans l'intime secret des ministres qui gouvernoient sous la reine Anne, qui furent recherchés après sa mort avec tant de fureur, et que Prior, arrêté et menacé des supplices, trahit complétement pour se sauver ; il ne mena depuis qu'une vie misérable, obscure, méprisée de tous les partis. C'étoit un homme extrêmement capable, savant d'ailleurs, d'infiniment d'esprit, de bonne chère et de fort bonne compagnie.

CHAPITRE XI.

Raisons qui terminent les longs troubles du nord. — Paix de Nystadt entre la Russie et la Suède. — Réflexions. — Mesures pour apprendre au roi son mariage et le déclarer. — Le régent, en cinquième seulement dans le cabinet du roi, lui apprend son mariage, et le déclare en sa présence au conseil de régence. — Détail plus étendu de la scène du cabinet du roi sur son mariage. — Déclaration du mariage du prince des Asturies avec une fille de M. le duc d'Orléans. — Réflexions. — Abattement et rage de la cabale opposée au régent. — Ses discours; son projet. — Frauduleux procédé du cardinal Dubois avec moi, qui veut me ruiner et me faire échouer. — Mon ambassade déclarée. — Ma suite principale. — Sartine; quel. — Je consulte utilement Amelot et les ducs de Berwick et de Saint-Aignan. — Utilité que je tire des ducs de Liria et de Veragua. — Leur caractère. — Mon instruction. — Remarques sur icelle. — Valouse; son caractère et sa fortune. — La Roche; sa fortune; son caractère. — Estampille; ce que c'est. — Laullez; sa fortune; son caractère. — Mon utile liaison avec lui. — Scélératesse du cardinal Dubois et foiblesse inconcevable de M. le duc d'Orléans, dans les ordres nouveaux et verbaux que j'en reçois sur préséance et visites. — Duc d'Ossone; quel. — Nommé ambassadeur d'Espagne pour le mariage du prince des Asturies. — On lui destine le cordon bleu. — Je ne veux point profiter de la nouveauté de cet exemple. — Continuation de l'étrange procédé du cardinal Dubois à mon égard, qui fait hasarder à M. le duc d'Orléans une entreprise d'égalité avec le prince des Asturies. — La Fare envoyé en Espagne de la part de M. le duc d'Orléans. — Son caractère. — Malice grossière à mon égard du cardinal Dubois, suivie de la plus étrange impudence. — Il prend à Torcy la charge des postes. — Bon traitement fait à Torcy. — La duchesse de Ventadour, et Mme de Soubise en survivance, gouvernantes de l'infante, et le prince de Rohan chargé de l'échange des princesses.

Il y avoit longtemps que les alliés du nord, las de cette longue guerre, et jaloux respectivement, se démanchoient les uns après les autres; et chacun, dans la crainte de l'augmentation de la puissance déjà trop formidable de la Russie prête d'envahir la Suède, s'étoit contenté de ce qu'il en avoit pu tirer, et avoit cessé la diversion. Le czar avoit des raisons domestiques de finir cette guerre, et s'y portoit d'autant plus volontiers qu'il la pouvoit terminer à son mot et donner la loi à la Suède. Les plénipotentiaires russiens et suédois, assemblés à Nystadt en Finlande, y conclurent la paix telle que la Suède la put obtenir dans l'état de ruine et de dernier abattement où le règne de son dernier roi l'avoit mise, et que la continuation de la guerre contre tant d'ennemis acharnés à profiter de ses dépouilles avoit consommé. C'est cette paix qui a si tristement mis la Suède dans l'état stable où elle est demeurée depuis, et duquel il n'y a pas d'apparence qu'elle se puisse relever sans des révolutions qu'on ne sauroit attendre. C'est aussi ce qui m'engage à la donner ici. La mort de Charles XII avoit rendu l'autorité première aux états et au sénat, et la couronne élective, et totalement énervé l'autorité de leurs rois, dont les deux derniers avoient fait un si funeste usage, et réglé le dedans de manière à ne plus retomber dans ces malheurs. Voici comment la paix de Nystadt en régla le dehors déjà si affoibli par la perte des duchés de Brême et de Verden, envahi sans retour par la maison de Hanovre, et par le peu que le Danemark et le Brandebourg en avoient su tirer. Je ne parlerai ici que des articles principaux de cette paix entre la Russie et la Suède, qui termina entièrement cette longue et cruelle guerre du nord.

La Suède céda à la Russie la Livonie, l'Esthonie, l'Ingrie[1], une partie de la Carélie et le district de Wiborg, les îles d'OEsel, Dagoë, de Moen, et quelques autres. Le czar rendit la Finlande, excepté une petite partie fixée et dénommée, et s'obligea de payer à la Suède dans les termes convenus deux millions de rixdales[2], d'évacuer la Finlande un mois après l'échange des ratifications, de permettre aux Suédois d'acheter tous les ans pour cinquante mille roubles de grains dans les ports de Riga, Revel et Wiborg, excepté dans les années de disette, ou lorsqu'il y aura des raisons importantes d'empêcher le transport des grains; et de ne payer aucun droit de sortie de ces grains; le renvoi de part et d'autre des prisonniers sans rançon, mais qui seront tenus de payer les

---

1. L'Ingrie est maintenant comprise dans la province de Saint-Pétersbourg.
2. Le mot *rixdale* ou *risdale* vient de *Reichsthaler* (thaler ou écu de l'empire). C'est une monnaie d'argent, dont la valeur se rapproche de notre pièce de 5 fr. Elle vaut maintenant, en Suède, 5 fr. 75 c.

dettes qu'ils auront faites; que les habitants de la Livonie, de l'Esthonie et de l'île d'OEsel jouiront de tous les priviléges qu'ils avoient sous la Suède; que l'exercice de la religion y sera libre, mais que la grecque y sera tolérée; que les fonds de terre y demeureront à ceux qui en prouveront la possession légitime; que les biens confisqués pendant la guerre seront rendus à leurs propriétaires, mais sans restitution de fruits et de revenus; que les gentilshommes et autres habitants des provinces cédées pourront prêter serment de fidélité au czar sans que cela les empêche de servir ailleurs; que ceux qui refuseront de le prêter auront trois ans pour vendre leurs biens en remboursant les hypothèques dont ils se trouveront chargés; que les contributions de la Finlande cesseront du jour de la signature du traité, mais que la province fournira des vivres aux troupes du czar jusqu'à ce qu'elles soient sur la frontière, et les chevaux nécessaires pour emmener tout le canon; que les prisonniers seront libres de demeurer au service du prince dans les États duquel ils seront détenus. Le czar promet de ne se mêler en aucune manière des affaires domestiques de la Suède (cet article déroge formellement au précédent traité d'Abo, où le czar se fit garant qu'il ne pourroit être rien changé en Suède à ce qui y fut établi pour la forme du gouvernement après la mort de Charles XII); que dans le règlement des différends qui pourroient arriver dans la suite, il ne sera dérogé en rien au présent traité; enfin, que les ambassadeurs de part et d'autre et les autres ministres sous quelque nom que ce soit, ne seront plus défrayés comme ils l'étoient auparavant dans la cour où ils résideront. Le roi de Pologne fut compris dans le traité, et le czar engagé de procurer aux Suédois d'être traités en Pologne pour le commerce comme la nation la plus favorisée; liberté au czar et au roi de Suède de nommer dans trois mois après les ratifications ceux qu'ils voudront comprendre dans cette paix.

On voit aisément que cette paix si démesurément avantageuse à la Russie fut la loi du vainqueur au vaincu, et que, outre tant d'États vastes et riches dont la Suède se dépouilloit pour obtenir cette paix, elle demeuroit encore ouverte et à découvert en bien des endroits. De plus rien de plus clair et de plus nettement exprimé que toutes les cessions de la Suède, rien de moins que les détails qui lui sont favorables, et sur lesquels elle essuya bien des chicanes et des injustices, et ses sujets, dans l'exécution. Aussi le czar dans l'excès de sa joie voulut-il des fêtes et des réjouissances publiques dans toute la Russie, et il en fit lui-même d'extraordinaires. Pour la Suède si près de sa dernière ruine, elle se crut heureuse encore de s'en rédimer par de si immenses pertes, qui, en la jetant dans le dernier affoiblissement et la dernière pauvreté, lui ôtoient toute considération effective dans l'Europe, reléguée qu'elle demeuroit au delà de la mer Baltique, après avoir vu ses rois, même un moment le dernier, en être les dictateurs, et si puissants en Allemagne. Que de choses politiques à dire et à prévoir là-dessus qui ne sont pas matière de ces Mémoires; mais le funeste fruit de l'intérêt personnel de Dubois qui avoit enchaîné la France à l'Angleterre, et qui malgré tout ce que je pus représenter bien des fois au régent, et que le régent sentit lui-même, ne voulut jamais lui permettre [de profiter] du désir passionné que le czar eut de s'unir étroitement avec la France, et que l'avarice et les ténèbres du cardinal Fleury achevèrent de livrer la Russie à l'empereur et à l'Angleterre.

Il est enfin temps de venir à ce qui regarde mon ambassade, pour la continuer de suite, comme je me le suis proposé en racontant, comme je viens de faire, plusieurs choses postérieures à ce qui s'est passé là-dessus entre M. le duc d'Orléans, le cardinal Dubois et moi, et à la déclaration des mariages. Je commencerai par celle-ci, pour n'en pas interrompre ce qui me regarde en particulier jusqu'à mon départ. Il commençoit à être temps de déclarer le mariage du roi, et M. le duc d'Orléans ne laissoit pas d'être en peine comment il seroit reçu de ce prince, que les surprises effarouchoient, et du public, à cause de l'âge de l'infante encore dans la première enfance. Le régent résolut enfin de prendre un jour de conseil de régence, et le moment avant de le tenir, pour apprendre au roi son mariage et le déclarer sans intervalle au conseil de régence, pour que tout de suite ce fût une affaire passée et consommée.

Il arriva par hasard que ce même conseil de régence, où la déclaration du mariage ne se pouvoit plus différer par rapport à l'Espagne, se trouvoit destiné à une proposition d'affaire de papier que j'avois fort combattue dans le cabinet de M. le duc d'Orléans, avec lequel j'étois enfin convenu que je m'abstiendrois ce jour-là du conseil, comme on a vu ici que cela arrivoit quelquefois. Mais les lettres d'Espagne, qui arrivèrent entre cette convention et la tenue du conseil, ayant obligé M. le duc d'Orléans à y déclarer le mariage, et l'affaire du papier ne se pouvant différer, il voulut que je me trouvasse au conseil. Je m'en défendis, mais il craignoit quelque mouvement de ceux du conseil qu'on appeloit de la vieille cour, qui étoit la cabale opposée à M. le duc d'Orléans, et ce fut cette raison qui l'empêcha de déclarer les deux mariages en même temps. Nous disputâmes donc tous deux sur la manière dont j'opinerois sur l'affaire du papier, et après avoir bien tourné et retourné, et cédé à la volonté absolue de M. le duc d'Orléans, qui voulut que j'y assistasse à cause de la déclaration du mariage du roi, je compris que, quoi que j'y pusse dire contre l'affaire du papier, elle n'en passeroit pas moins, et que, dans la nécessité où je me trouvois de ne m'absenter pas de ce conseil et d'y opiner, je pouvois, pour cette fois, m'abstenir de m'étendre et de disputer, et me contenter d'opiner contre brèvement. M. le duc d'Orléans s'en contenta, mais je le suppliai de se persuader que je me rendois à cette complaisance que pour cette seule fois, à cause de la déclaration du mariage du roi, où il exigeoit si absolument que je me trouvasse, dans ce conseil, et de continuer à trouver bon ou que je m'opposasse de toutes mes raisons aux choses qu'il y voudroit faire passer dont je ne croirois pas en honneur et en conscience pouvoir être d'avis, ou de m'ordonner de m'abstenir du conseil où il les voudroit proposer, comme il lui étoit arrivé plusieurs fois de me le défendre, à quoi j'avois obéi sans qu'on se fût aperçu de la vraie raison de mon absence, comme je le ferois toujours quand le cas en arriveroit. Cette convention entre lui et moi fut donc renouvelée de la sorte, et je me trouvai à cet important conseil duquel je craignis moins que lui, sans toutefois que je le pusse bien rassurer.

L'embarras, à mon avis, fut plus grand du côté du roi, qui comme je l'ai dit s'effarouchoit des surprises. Quelque coup d'œil ou quelque geste du maréchal de Villeroy pouvoit le jeter dans le trouble, et ce trouble l'empêcher de dire un seul mot. Il falloit pourtant un *oui* et un consentement exprimé de sa part, et s'il s'opiniâtroit à se taire, que devenir pour le conseil de régence ? Et si par dépit d'être pressé il alloit dire *non*, que faire et par où en sortir ? Cet embarras possible nous tint M. le duc d'Orléans, le cardinal Dubois et moi, en consultations redoublées. Enfin il fut conclu que, dans la fin de la matinée du jour du conseil de régence, qui ne seroit tenu que l'après-dînée, M. le duc d'Orléans manderoit séparément M. le Duc et M. de Fréjus : M. le Duc, dont il n'y avoit rien à craindre, et à qui ce secret ne pouvoit être, à ce qu'il étoit, caché plus longtemps, qui même pouvoit se blesser d'une si tardive confidence; Fréjus pour le caresser par cette distinction sur le maréchal de Villeroy, l'avoir présent lorsque M. le duc d'Orléans apprendroit au roi son mariage, et qu'il fût là tout prêt à servir le régent de tout ce qu'il pouvoit sur le roi. M. le Duc fut surpris, mais ne se fâcha point, et fit très-bien auprès du roi. Fréjus fut froid, il parut sentir que le besoin lui valoit la confidence, loua l'alliance, par manière d'acquit, que M. le Duc avoit fort approuvée, trouva l'infante bien enfant, ce qui n'avoit fait aucune difficulté à M. le Duc, dit néanmoins qu'il ne croyoit pas que le roi résistât, ni qu'il en fût ni aise ni fâché, promit de se trouver auprès de lui quand la nouvelle lui seroit apprise, et fut modeste sur le reste. Le secret sans réserve, et nommément pour le maréchal de Villeroy, leur fut fort recommandé à tous deux. Je doute par ce qu'on va voir que Fréjus y ait été fidèle, et qu'il n'en ait pas fait sur-le-champ sa cour au maréchal, qu'il avoit soigneusement l'air de cultiver en choses qui n'intéressoient point ses vues.

Le moment venu nous arrivâmes tous aux Tuileries, où M. le duc d'Orléans, qui, pour laisser assembler tout le monde, étoit arrivé le dernier, me conta dans un coin avant d'entrer chez le roi ce qui s'étoit passé quelques heures auparavant entre lui, M. le Duc et Fréjus, l'un après l'autre. Il pirouetta un peu dans le cabinet du conseil, en homme qui n'est pas bien brave et qui va monter à l'assaut. Je ne le perdois point de vue, et à le voir de la sorte, j'etois inquiet; enfin il entra chez le roi, je le suivis; il demanda qui étoit dans le cabinet avec le roi, et sur ce qu'on ne lui nomma point Fréjus, il l'envoya chercher. Il s'amusa là comme il put, peu de temps, puis il entra dans le cabinet où étoit M. le Duc, qui y étoit entré en même temps que M. le duc d'Orléans s'étoit arrêté dans la chambre, le maréchal de Villeroy et quelques gens intérieurs, comme sous-gouverneur, etc. Je restai dans la chambre où je petillois de la lenteur de Fréjus, qui ne me paroissoit pas de bon augure. Enfin il arriva, l'air empressé comme un homme mandé et qui a fait attendre. Fort peu après qu'il fut entré dans le cabinet, j'en vis sortir le peuple, c'est-à-dire qu'il n'y demeura que M. le duc d'Orléans, le cardinal Dubois, qui étoit entré dans le cabinet avec lui, M. le Duc, le maréchal de Villeroy et Fréjus. Alors, me trouvant seul de ma sorte et du conseil de régence dans cette chambre, et ma curiosité satisfaite de les savoir aux mains, je rentrai dans le cabinet du conseil, sans toutefois m'éloigner de la porte par où je venois d'y rentrer.

Peu après, les maréchaux de Villars, d'Estrées et d'Huxelles, vinrent l'un après l'autre à moi, surpris de cette conférence secrète qui se tenoit dans le cabinet du roi. Ils me demandèrent si je ne savois point ce que c'étoit. Je leur répondis que j'en étois dans la même surprise qu'eux et dans la même ignorance. Ils demeurèrent tous trois à causer avec moi, pendant un bon quart d'heure, ce me semble, car le temps me parut fort long, et cette longueur me faisoit craindre quelque chose de fort fâcheux et de fort embarrassant. A la fin le maréchal de Villars dit : « Entrons là dedans en attendant; nous y serons aussi bien qu'ici ; » et là-dessus nous entrâmes jusque dans la chambre du roi, où il n'y avoit que de ses gens et les sous-gouverneurs.

Très-peu de temps après que nous y fûmes, la porte du cabinet s'entr'ouvrit, je ne sais ni pourquoi ni comment, car je causois le dos tourné à la porte avec le maréchal d'Estrées; un peu de bruit me fit tourner, et je vis le maréchal d'Huxelles qui entroit dans le cabinet. A l'instant le maréchal de Villars qui étoit avec lui nous dit : « Il entre, pourquoi n'entrerions-nous pas? » et nous entrâmes tous trois. Le dos du roi étoit vers la porte par où nous entrions ; M. le duc d'Orléans en face, plus rouge qu'à son ordinaire ; M. le Duc auprès de lui, tous deux la mine allongée ; le cardinal Dubois et le maréchal de Villeroy en biais; et M. de Fréjus tout près du roi, un peu de côté, en sorte que je le voyois de profil d'un air qui me parut embarrassé. Nous demeurâmes comme nous étions entrés derrière le roi, moi tout à fait derrière. Je m'avançai la tête un instant pour tâcher de le voir de côté, et je la retirai bien vite, parce que je le vis rouge, et les yeux, au moins celui que je pus voir, pleins de larmes. Aucun de ce qui étoit avant nous ne branla pour notre arrivée ni ne nous parla. Le cardinal Dubois me parut moins empêtré, quoique fort sérieux, le maréchal de Villeroy secouant sa perruque tout à son ordinaire, au moins c'est ce qui me frappa au premier coup d'œil en entrant. « Allons, mon maître, disoit-il, il faut faire la chose de bonne grâce. » Fréjus se baissoit et parloit au roi à demi bas, et l'exhortoit, ce me sembla, sans entendre ce qu'il lui disoit. Les autres étoient en silence très-morne, et nous derniers entrés fort étonnés du spectacle, moi surtout qui savois de quoi il s'agissoit. A la fin je démêlai que le roi ne vouloit point aller au conseil de régence, et qu'on le pressoit là-dessus, je n'osai jamais faire aucun signe à M. le duc d'Orléans ni au cardinal Dubois, pour tâcher d'en découvrir davantage. Tout ce manége dura presque un quart d'heure. Enfin M. de Fréjus ayant encore parlé bas au roi, il dit à M. le duc d'Orléans que le roi iroit au conseil, mais qu'il lui falloit quelques moments pour le remettre.

Cette parole remit quelque sérénité sur les visages. M. le duc d'Orléans répondit que rien ne pressoit, que tout le monde étoit fait pour attendre ses moments; puis s'approchant entre le roi et Fréjus, tout contre, il parla bas au roi, puis dit tout haut : « Le roi va venir, je crois que nous ferons bien de le laisser ; » sortit et nous tous, tellement qu'il ne demeura avec le roi que M. le Duc, le maréchal de Villeroy et l'évêque de Fréjus. En chemin pour aller dans le cabinet du conseil, je m'approchai de M. le duc d'Orléans qui me pris sous le bras et se jeta dans mon oreille, s'arrêta dans un détroit de porte, et me dit que le roi, à la mention de son mariage, s'étoit mis à pleurer, qu'ils avoient eu toutes les peines du monde, M. le Duc, Fréjus et lui, d'en tirer un oui, et après cela qu'ils avoient trouvé la même répugnance à aller au conseil de régence, dont nous avions vu la fin. Il n'eut pas loisir de m'en dire là davantage, et nous rentrâmes dans le cabinet du conseil avec lui. Or, il étoit essentiel que le roi y déclarât, ou du moins y fût présent à la déclaration de son mariage, qui étoit chose si personnelle qu'elle n'y pouvoit passer sans lui. Ceux qui le composoient et qui étoient demeurés dans le cabinet du conseil, surpris de cette longue et inusitée conférence dans le cabinet du roi, nous voyant rentrer, s'approchèrent avec curiosité, sans toutefois oser demander ce que c'étoit; tous avoient l'air occupé. M. le duc d'Orléans s'amusa comme il put avec les uns et les autres, disant que le roi alloit venir. Les trois maréchaux et moi qui rentrions avec M. le duc d'Orléans, nous séparâmes sans nous trop mêler avec personne. Cela fut court. Le roi entra avec M. le Duc et le maréchal de Villeroy, et tout aussitôt on se mit en place. Le cardinal Dubois, qui n'entroit plus au conseil de régence depuis qu'il portoit la calotte rouge s'en étoit allé tout de suite au sortir du cabinet du roi.

Assis tous en place, tous les yeux se portèrent sur le roi, qui avoit les yeux rouges et gros, et avoit l'air fort sérieux. Il y eut quelques moments de silence pendant lesquels M. le duc d'Orléans passa les yeux sur toute la compagnie qui paroissoit en grande expectation; puis les arrêtant sur le roi, il lui demanda s'il trouvoit bon qu'il fît part au conseil de son mariage. Le roi répondit un oui sec, en assez basse note, mais qui fut entendu des quatre ou cinq plus proches de chaque côté, et aussitôt M. le duc d'Orléans déclara le mariage et la prochaine venue de l'infante, ajoutant tout de suite la convenance et l'importance de l'alliance, et de resserrer par elle l'union si nécessaire des deux branches royales si proches, après les fâcheuses conjonctures qui les avoient refroidies. Il fut court, mais nerveux, car il parloit à merveilles et demanda les avis; on peut bien juger quels ils furent. Presque aucun n'étendit le sien, sinon les maréchaux de Besons et d'Huxelles un peu; l'évêque de Troyes, le maréchal d'Estrées un peu davantage. Le maréchal de Villeroy n'approuva qu'en deux mots, ajoutant d'un air chagrin qu'il étoit bien fâcheux que l'infante fût si jeune. Je m'étendis plus qu'aucun, mais toutefois sobrement. Le comte de Toulouse approuva en deux mots de fort bonne grâce, M. le Duc aussi; puis M. le duc d'Orléans parla encore un peu sur l'unanimité des suffrages à laquelle il s'étoit bien attendu sur un mariage si convenable, sur quoi il s'étendit encore un peu. Puis se tournant vers le roi, il s'inclina, et d'un air souriant, comme pour l'inviter à prendre le même, il lui dit : « Voilà donc, sire, votre mariage approuvé et passé, et une grande et heureuse affaire faite. » Puis tout aussitôt, il ordonna le rapport de l'affaire du papier, qui passa avec un grand air de regret de toute la compagnie, et dans laquelle j'opinai négativement en deux mots, comme j'en étois convenu avec M. le duc d'Orléans.

Le conseil levé, chacun se retira sans trop se joindre les uns les autres. Je démêlai sans peine que le gros approuvoit la réunion avec l'Espagne, mais étoit peiné de l'enfance de l'infante, qui retardoit si fort l'espérance d'en voir des enfants au delà du temps où le roi pouvoit devenir père, et j'en remarquai d'autres à qui rien n'en plaisoit, tels que les maréchaux de Villeroy, Villars, Huxelles et sournoisement Tallard.

Je laissai rentrer M. le duc d'Orléans au Palais-Royal, puis j'allai l'y trouver, curieux de savoir plus en détail ce qu'il n'avoit pu me dire qu'en gros à l'oreille entre ces deux portes. Il ne fit en effet qu'étendre ce qu'il m'avoit dit, parce que tout s'étoit passé avec peu de paroles. Il me dit qu'après avoir dit au roi la convention de son mariage sous son bon plaisir, il ne doutoit pas qu'il n'y voulût rien consentir, et qu'il ne l'approuvât; sur quoi voyant ses yeux rougir et s'humecter en silence, il n'avoit pas fait semblant de s'en apercevoir, et s'étoit mis à expliquer à la compagnie la nécessité et les avantages de ce mariage, tels qu'il avoit estimé devoir passer par-dessus l'inconvénient de l'âge de l'infante; que M. le Duc, après ce court discours, l'avoit repris et approuvé fort bien en deux mots; que le cardinal Dubois avoit étendu les raisons, et atténué l'inconvénient de l'âge, par l'avantage d'élever ici l'infante aux manières françoises, et d'accoutumer ensuite le roi et elle réciproquement, tout cela néanmoins en assez peu de mots, tandis que les larmes tomboient des yeux du roi assez dru, et que de fois à autre Fréjus lui parloit bas, sans en tirer aucune réponse; que le maréchal de Villeroy, avec force gestes et quelques phrases, avoit dit qu'on ne pouvoit s'empêcher de reconnoître l'utilité de la réunion des deux branches, ni aussi l'importance que le roi eût des enfants dès qu'il en pourroit avoir et que, dans une affaire aussi désirable, il étoit malheureux qu'il n'y eût point en Espagne de princesse d'un âge plus avancé; que néanmoins il ne doutoit point que le roi n'y donnât son consentement avec joie, et tout de suite lui en dit quelques paroles d'exhortation. M. le duc d'Orléans reprit là-dessus la parole sur les avantages et la nécessité incomparablement plus considérables que l'inconvénient de l'âge, mais en deux mots. Le cardinal Dubois ne parla plus et ils attendirent en grandes angoisses ce que l'affaire deviendroit entre les mains de Fréjus, qui étoit leur seule espérance. Ce prélat parla peu sur la chose. Il dit en s'adressant au roi qu'il devoit marquer sa confiance aux lumières de M. le duc d'Orléans, sur un mariage qui le réunissoit si heureusement avec le roi son oncle, comme il la lui donnoit sur le gouvernement de son royaume, puis parloit bas au roi à reprises, et par-ci, par-là quelques paroles d'exhortation sèches et tout haut du maréchal de Villeroy, jusqu'à ce que enfin le roi eût prononcé qu'il y consentoit. Tout cela s'étoit passé avant que les trois maréchaux et moi entrassions dans le cabinet. On en étoit alors à exhorter le roi d'aller au conseil de régence, où aussitôt après qu'il eut donné son consentement, M. le duc d'Orléans lui avoit dit que sa présence étoit nécessaire pour un consentement public, et pour que le mariage fût passé au conseil de régence, sur quoi le roi larmoyoit toujours et ne répondoit point. Le reste dont nous fûmes témoins, je l'ai expliqué.

Le cardinal Dubois arriva en tiers comme M. le duc d'Orléans raisonnoit avec moi sur tout ce détail qu'il venoit de me raconter, et tous deux convinrent que, sans l'évêque de Fréjus qui encore s'étoit fait attendre et n'avoit pas montré agir de trop bon cœur, ils ne savoient ce qui en seroit arrivé. L'angoisse en avoit été si forte, qu'ils s'en sentoient encore tous deux. Aussitôt on dépêcha un courrier en Espagne et un autre au roi de Sardaigne, grand-père du roi. La nouvelle courut Paris dès que ceux du conseil de régence en furent sortis; les Tuileries et le Palais-Royal furent bientôt remplis de tout ce qui venoit se présenter devant le roi et faire des compliments au régent de la conclusion de ce grand mariage, ce qui continua les jours suivants. Le roi eut peine à reprendre quelque gaieté tout le reste du jour, mais le lendemain il fut moins sombre, et peu à peu il n'y parut plus.

Rien ne fut plus marqué que le changement subit de cette cabale si opposée au régent, qui tenoit si fortement au duc du Maine et qu'on appeloit de la vieille cour, dont il a été parlé ici tant de fois. Elle avoit été jusqu'alors tout espagnole, et l'avoit bien montré dans ses liaisons avec le prince de Cellamare et dans son union avec lui dans tous ses projets. L'Espagne, alors dominée par Albéroni, ne respiroit que la chute du régent, et de gouverner la France par un vice-régent qu'elle nommeroit et qui devoit être le duc du Maine. Ainsi tant que l'Espagne fut contraire au régent, cette cabale ne prêchoit que l'Espagne et professoit un attachement public pour le roi d'Espagne. Sur quoi elle eut beau jeu par rapport à l'incroyable ensorcellement d'Angleterre, dû tout entier à l'intérêt personnel de l'abbé Dubois qui en devint cardinal, avec une pension d'Angleterre immense. Dès que la cabale vit le mariage d'Espagne fait par le régent, elle en fut outrée et ne le put cacher. Ce fut bien pis dix ou douze jours après.

M. le duc d'Orléans, comme on l'a vu, jugea fort prudemment qu'il ne devoit pas déclarer les deux mariages à la fois, et l'expérience qu'il eut de la déclaration de celui du roi, lui donna sujet de s'applaudir beaucoup d'avoir pris un conseil si sage. Il crut même avec raison devoir mettre cet intervalle avant de déclarer le second, pour laisser *raccoiser*[1] les humeurs, et refroidir les esprits, mais il falloit enfin finir cette seconde affaire; ainsi dix ou douze jours après celle qui vient d'être rapportée, il alla chez le roi, après l'avoir dite à M. le Duc, et à M. de Fréjus. Il les trouva dans le cabinet du roi, il en fit sortir tous les autres, et entrer le cardinal Dubois, et là il dit au roi l'honneur que le roi d'Espagne lui vouloit faire, et lui demanda la permission de l'accepter. Cela se passa tout uniment, sans la moindre difficulté, mais le maréchal de Villeroy ne put s'empêcher, dans le compliment qu'il fit sur-le-champ à M. le duc d'Orléans, de témoigner son étonnement, qui sentit fort le dépit. Le lendemain M. le duc d'Orléans en fit la déclaration au conseil de régence, le roi présent, qui y assistoit presque toujours, où les avis et les courts compliments de chacun au régent ne furent qu'une même chose. Les maréchaux de Villeroy, Villars et d'Huxelles y parurent le visage enflammé, car le mariage de la fille de M. le duc d'Orléans avec le prince des Asturies fut public dès qu'il eut été annoncé au roi, et ne purent cacher leur dépit, pour ne pas dire leur désespoir. Le maréchal de Tallard et quelques autres n'en étoient pas plus contents; mais à travers un embarras qu'ils ne purent cacher, ils se contraignirent davantage. Le lendemain le roi alla au Palais-Royal, puis à Saint-Cloud, faire compliment sur ce grand et incroyable mariage à M. [le duc] et à Mme la duchesse d'Orléans, à Mlle de Montpensier et à Madame, où toute la cour, tous les ministres étrangers et tout ce qu'il y eut de considérable à Paris accourut en foule.

Il faut avouer ici qu'il n'y eut rien en soi de si surprenant que le mariage du prince des Asturies avec une fille de M. le

---

1. Vieux mot qui signifie *calmer*, *apaiser*; il vient de *coi* (calme, tranquille).

duc d'Orléans, après tout ce qui s'étoit passé de personnel entre ce prince et le roi d'Espagne, tant pendant les dernières années du dernier règne, où il ne s'étoit agi de rien moins que de couper la tête à M. le duc d'Orléans, par les menées de la princesse des Ursins, du duc du Maine, de Mme de Maintenon, de la cabale de Meudon, comme on l'a vu en son temps; de le chasser depuis de la régence et de le perdre par les intrigues du duc du Maine qui vouloit régner en sa place, d'Albéroni et de l'ambassadeur Cellamare; enfin par tout ce qui s'étoit passé d'inique contre l'Espagne pour favoriser l'Angleterre même aux dépens de la France, par un aveuglement forcené pour l'intérêt unique et personnel de Dubois; et que ce même Dubois[1], qui devoit être si odieux à l'Espagne, ait osé concevoir le dessein d'y réconcilier son maître, encore plus odieux, comme en ayant été si cruellement offensé, et comme en ayant bien su depuis rendre l'offense; que Dubois, dis-je, non-seulement en soit venu à bout, mais encore de porter une fille de M. le duc d'Orléans sur le trône d'Espagne, il faut convenir que c'est un chef-d'œuvre de l'audace et d'un bonheur sans pareil! Le détail de la négociation n'est jamais venu à ma connoissance.

M. le duc d'Orléans étoit tenu de trop court depuis longtemps par Dubois, pour m'en faire part, et le secret du traité du double mariage ne m'auroit jamais été confié quand il fut conclu, sans ce reste d'amitié, de confiance, d'habitude, qui fut plus fort dans M. le duc d'Orléans que le poids de Dubois sur sa foiblesse, fatiguée de m'avoir caché le projet, tant qu'il ne fut pas arrêté et convenu. Je ne puis donc dire rien de toute cette négociation, dont M. le duc d'Orléans m'a laissé ignorer le détail après comme devant, et à qui aussi je n'en ai point fait de question, sinon qu'il me dit que le mariage de sa fille avoit été la condition absolue de celui du roi, et que le roi d'Espagne étoit si inti-

---

1. Passage omis dans les anciennes éditions depuis *par es menées*.

mement et si parfaitement François, qu'il n'avoit fait de
difficulté à rien moyennant le mariage de sa fille; de là je
juge que, s'il y eut de l'effronterie à tenter ce traité, il fut
conclu tout de suite par le bonheur sans pareil de l'inclination de Philippe V, si passionnément françoise, qu'elle surnagea à tout pour mettre sa fille sur le trône de ses pères.
Fortuna e dormire, dit l'Italien, ou pour mieux dire, la Providence qui règle tout et qui produit tout par des ressorts profondément cachés aux hommes. Car il faut dire que, quoi qu'il soit arrivé de ces mariages, par la mort de M. le duc
d'Orléans uniquement, il en a bien profité pendant le court
reste de sa vie, et lui et la France bien plus grandement, s'il
avoit vécu les années ordinaires des hommes, auquel cas
l'infante eût bien sûrement régné en France.

Si la nouvelle de la déclaration du mariage du roi avoit
bien étourdi et affligé la cabale opposée à M. le duc d'Orléans, celle de la déclaration de celui d'une des princesses
ses filles avec le prince des Asturies l'atterra. Ce fut un accablement si marqué dans toute leur contenance, qu'il les distinguoit aux yeux les moins perçants, et les tint plusieurs
jours dans un morne silence. Aucun de ce qui la composoit
ne s'étoit défié que le roi d'Espagne pût être réconcilié à
M. le duc d'Orléans; combien moins qu'il pût être capable
d'accepter une de ses filles pour lui faire porter sa couronne
après lui! Dans la pleine confiance de cette impossibilité en
effet si parfaitement apparente, ils avoient sans cesse les
yeux et le cœur tournés sur le roi d'Espagne comme étant
également le fils de la maison et le plus irréconciliable ennemi de M. le duc d'Orléans. Ils n'avoient donc aussi que
l'Espagne dans la bouche, qui étoit l'ancre de leurs espérances, la protection de leurs mouvements, le seul moyen de
l'accomplissement de leurs désirs, et par tout ce que Dubois n'avoit cessé de faire contre elle en faveur de l'Angleterre, l'occasion continuelle et sans indécence de fronder et
décrier le régent et son gouvernement qui, d'ailleurs, leur

avoit donné beau jeu du côté des finances et de celui de sa vie domestique. Toutes ces choses si flatteuses qui, malgré le peu de succès de leur malignité, de leur haine, de leurs efforts, faisoient toutefois encore la nourriture de leur esprit, de leur volonté, de leurs vues, non-seulement tomboient et disparoissoient par ce double mariage, mais se tournoient contre eux, et les laissoient, dans le moment même, en proie au vide, à la nudité, au désespoir, sans nul point d'appui, sans bouclier, sans ressources. L'horreur qu'ils conçurent aussi d'un revers si subit et si complétement inattendu, fut plus visible que facile à représenter, et plus forte qu'eux et que leurs plus politiques. J'avoue que c'étoit un plaisir pour moi d'en rencontrer hommes, femmes, gens de tous états. Je l'ai déjà dit, cette cabale s'étoit reconcertée depuis le rétablissement du duc du Maine et les nouvelles entreprises du parlement, depuis le lit de justice des Tuileries ; mais ce dernier coup l'écrasa. Néanmoins, ayant un peu repris ses esprits au bout de quelques jours, elle se mit à détester l'Espagne et à la même mesure qu'elle s'y étoit attachée, et ce contraste fut si subit, si entier, si peu mesuré, qu'il ne falloit que le voir et l'entendre pour en sentir la cause, même dans ceux dont le bas aloi avoit détourné tous soupçons.

Le premier président et sa cabale des gens du parlement frémissoient ouvertement, ainsi que beaucoup de gens de cette prétendue noblesse, dont le duc et la duchesse du Maine s'étoient si heureusement servis par leurs prestiges, comme on l'a vu ici en son temps, et dont l'imbécile aveuglement subsistoit encore pour eux. Force grands seigneurs, même du conseil de régence, même des mieux traités d'ailleurs, ne pouvoient cacher leur contrainte, en sorte que par le subit effet de la nouvelle de ces mariages, dont ils ne se purent défendre dans le premier étourdissement, qui fut même assez long, on en découvrit plus qu'on n'avoit fait par les perquisitions estropiées de l'affaire de Cellamare et du duc et de la duchesse du Maine, quoique dès lors on en eût plus trouvé, même parmi les grands et les considérables, qu'on n'auroit voulu, et qu'on crut devoir étouffer, comme il a été dit dans le temps. Aux cris contre l'Espagne, ils en joignirent contre M. le duc d'Orléans qui, disoient-ils, sacrifioit le roi à un enfant sorti à peine du maillot, pour marier si grandement sa fille, et pour la criminelle espérance qu'en retardant sa postérité, il pût manquer, avant l'âge de l'infante, et M. le duc d'Orléans régner sur lui et la sienne en sa place, après s'être fait un appui de l'Espagne si justement et si longuement son ennemie personnelle. Ainsi, de rage, ils crioient à l'habileté pour en donner l'impression la plus sinistre; mais la douleur vive excite les cris. On les méprisa et on ne songea plus qu'à exécuter promptement tout ce qui pouvoit l'être de ce traité de double mariage, et à jouir et profiter de ses fruits. On eut raison alors, après l'imprudence d'une déclaration si étrangement précoce et si propre à rallumer tous les mouvements du dehors et du dedans. On ne sera pas longtemps sans voir combien il étoit devenu instant d'achever ce qu'on avoit déclaré. La cabale, tout accablée qu'elle fût pendant les premiers jours, reprit encore quelque courage, et se mit à travailler à éloigner les mariages pour se donner le temps de les pouvoir rompre tout à fait. Ce fut aussi le coup de partie de ne lui en pas laisser le loisir.

J'étois, pendant toutes ces démarches si différentes, aux mains avec le cardinal Dubois. Il étoit enragé de mon ambassade, et comme tout me le montra manifestement dans tout son préparatif et sa durée, il avoit résolu, en gardant tous les dehors, de me ruiner et de me perdre. Je m'en défiois bien, et j'eus lieu tout aussitôt de n'en point douter. De lui à moi d'abord, profusions d'amitié, d'attachement, de chose à moi due que cette ambassade et ses suites pour mes enfants, de tout ce que M. le duc d'Orléans me devoit de reconnoissance et d'amitié, et lui-même de mes anciennes bontés pour lui de tous les temps. Avec ces propos et des généralités sur la chose, il évita tant qu'il put d'entrer en matière pour avoir lieu de tout précipiter et de ne me donner le loisir de rien discuter avec lui, pour me faire tomber dans tous les panneaux qu'il me tendroit, et d'ailleurs dans tous les inconvénients possibles. Ce fut une anguille qui glissa sans cesse entre mes mains tant qu'il sentit quelque distance jusqu'à mon départ. Comme il le vit s'approcher, il se mit à me prêcher la magnificence et à vouloir entrer dans le détail de mon train. Je le lui expliquai, et tout autre l'eût trouvé plus que convenable ; mais comme son dessein étoit de me ruiner, il s'écria donc et l'augmenta d'un tiers. Je lui représentai l'excès de cette dépense, l'état des finances, le déchet prodigieux du change ; j'en eus pour toute réponse que cela devoit être ainsi pour la dignité du roi dans une ambassade de cet éclat, et que c'étoit à Sa Majesté à en porter toute la dépense. J'en parlai à M. le duc d'Orléans, qui me donna plus de loisir à mes représentations ; mais qui, persuadé par le cardinal, me tint le même langage.

Cet article passé, ce dernier voulut savoir le nombre d'habits que j'aurois et que je donnerois à mes enfants, et quels ils seroient ; en un mot, il n'est détail de table et d'écurie où il n'entrât et qu'il n'augmentât du double. Embarrassé de ma résistance et de mes raisons, il me détachoit tantôt Belle-Ile, tantôt Le Blanc, qui, comme d'eux-mêmes et comme mes amis, m'exhortoient à ne pas m'opiniâtrer contre un homme si impétueux, si dangereux, si fort en totale possession de la facilité et de la foiblesse de M. le duc d'Orléans, qui, moi parti, demeuroit sans contre-poids et auroit beau jeu à profiter de mon absence, tandis que j'aurois à passer indispensablement par lui dans tout le cours de mon ambassade. Tout cela n'étoit que trop vrai. Il fallut donc céder, quoique je sentisse bien qu'une fois embarqué ils ménageroient la bourse du roi aux dépens de la mienne.

Dès que les mariages furent déclarés, je pressai pour

l'être, afin de pouvoir faire travailler à mes équipages. Cela m'avoit été très-expressément défendu jusque-là, et avec raison pour ne donner d'éveil à personne, mais la raison, cessant avec la déclaration des mariages, et d'ailleurs le temps pressant, je ne crus pas que cela pût recevoir aucune difficulté. Je m'y trompai. Les défenses subsistèrent quoi que je pusse alléguer. C'est que le cardinal vouloit qu'il m'en coûtât le double par la précipitation, ainsi qu'il arriva, et me mettre de plus dans l'impossibilité d'avoir tout, faute de temps, et cette faute me l'imputer tant auprès de M. le duc d'Orléans qu'il avoit entièrement prévenu, qu'en Espagne, et faire de plus crier les envieux après moi. Néanmoins je ne cessois de presser là-dessus, et en même temps d'entamer les instructions qui m'étoient nécessaires, et qui, se passant du cardinal et de M. le duc d'Orléans à moi, n'affichoient rien au public comme la préparation des équipages. Ce fut encore ce que je ne pus obtenir; ils me répondoient lestement qu'en une ou deux conversations la matière seroit épuisée. C'est que le cardinal vouloit que je ne fusse instruit qu'en l'air, m'ôter le loisir des réflexions, des questions, des éclaircissements, et me jeter dans les embarras et les occasions de faire des sottises qu'il comptoit bien de relever fortement. Enfin, lassé de tant et de si dangereuses remises, et comprenant bien que ma déclaration ne se différoit que pour les faire durer jusqu'à l'extrémité, j'allai le mardi 23 septembre trouver M. le duc d'Orléans, et pris exprès mon temps qu'il étoit dans son appartement des Tuileries; là, je lui parlai si bien, qu'il me dit qu'il n'y avoit qu'à monter chez le roi. Il m'y mena, et dans le cabinet du roi où il étoit avec ses sous-gouverneurs et peu de monde qu'on n'en fit point sortir, je fus déclaré. Au sortir du cabinet, M. le duc d'Orléans me fit monter dans son carrosse qui l'attendoit, et me mena au Palais-Royal où nous commençâmes à parler sérieusement d'affaires sur mon ambassade.

Je crois que le cardinal Dubois fut bien fâché de la déclaration qu'il vouloit encore différer, et qu'elle se fût faite de la sorte. Mais après cela, il n'y eut plus moyen de reculer. Dès le lendemain on se mit à travailler à mes équipages, sur lesquels le cardinal montra autant d'empressement et d'impatience qu'il avoit auparavant affecté de lenteur et de délais. Il envoyoit presser les ouvriers, voulut voir un habit de chaque sorte de domestiques, livrées et autres, en augmenta encore la magnificence, et se fit apporter tous les habits faits pour moi et pour mes enfants. Enfin la presse de me faire partir dès que je fus déclaré fut si grande, qu'il fit transporter tout ce qui put l'être sur des haquets en poste jusqu'à Bayonne, ce qui ne fut pas à bon marché pour moi. Il voulut savoir qui je mènerois, en m'exhortant à une grande suite. Je lui nommai le comte de Lorges, le comte de Céreste, mes deux fils, l'abbé de Saint-Simon, son frère, le major de son régiment, qni avoit servi en Espagne, étoit fort entendu, officier de grande distinction, et qui me fut infiniment utile; je le fis depuis lieutenant de roi de Blaye; un mestre de camp réformé dans le régiment de mon second fils, l'abbé de Mathan, ami de l'abbé de Saint-Simon, qui est toujours depuis demeuré des miens. On a vu ailleurs que je l'étois fort de M. de Brancas. Céreste, son frère de père et de mère, mais de vingt-cinq ans plus jeune, étoit aussi ami de mes enfants. Il eut envie de faire ce voyage; son frère aussi désira qu'il y vînt, et je le tins à honneur. Nous fîmes lui et moi grande connoissance dans ce voyage. Je trouvai en ce jeune homme un homme tout fait et fait également pour l'agréable et le solide. L'estime forma l'amitié qui a depuis subsisté intime.

Le cardinal approuva fort toute cette compagnie; mais je fus bien surpris lorsqu'il m'envoya Belle-Ile et Le Blanc me dire qu'il falloit que je menasse une quarantaine d'officiers des régiments de cavalerie de mes enfants et de celui d'infanterie du marquis de Saint-Simon, à quoi ils suppléeroient si ces corps ne m'en pouvoient fournir ce nombre. Je m'écriai à la folie et à la dépense. Je représentai au régent et au cardinal l'inutilité d'un accompagnement si nombreux, si coûteux, si embarrassant; qu'on n'avoit jamais fait d'accompagnement militaire à aucun ambassadeur, excepté le marquis de Lavardin, parce qu'il alloit à Rome, malgré le pape Innocent XI, soutenir à vive force les franchises des ambassadeurs que le pape avoit supprimées, et à quoi les autres puissances avoient consenti; qu'on savoit que le pape, tout autrichien, seroit soutenu par les forces que feroient couler dans Rome le vice-roi de Naples et le gouverneur de Milan, ce qui avoit obligé d'envoyer force gardes-marine et officiers à Rome, pour soutenir M. de Lavardin; que moi, au contraire, j'allois exercer une ambassade de paix, d'union, de ralliement intime, qui n'avoit aucun besoin d'escorte; qu'outre l'inutilité et la dépense extrême de mener et défrayer quarante officiers des troupes du roi, ces officiers ne pourroient être que de jeunes gens dont la tête, la galanterie indiscrète et françoise, les aventures me donneroient plus d'affaires que toutes celles de l'ambassade. Rien de plus évidemment vrai et raisonnable que ces représentations; rien de plus inutile et de plus mal reçu.

Le cardinal avoit entrepris de me ruiner et de me susciter tout ce qu'il pourroit d'embarras, d'affaires et de tracasseries en Espagne. Il crut avec raison que rien n'étoit plus propre à l'y faire réussir que de me charger de quarante officiers. Faute d'en trouver, je n'en menai que vingt-neuf, et si le cardinal réussit du côté de ma bourse, je fus si heureux, et ces messieurs si sages, qu'il n'en tira rien de ce qu'il s'en étoit proposé. Il manda à Sartine de faire en Espagne tout ce qui ne se pouvoit faire que là, pour mes équipages, mules, carrosses, domestiques espagnols, provisions, outre celles que je tirerois de France, lequel s'en acquitta à souhait.

Sartine étoit de Lyon, où il s'étoit mêlé de banque, et

avoit eu la direction générale des vivres des armées d'Espagne ; il s'y étoit stabilié, il y avoit eu force hauts et bas de la fortune. C'étoit un homme de figure agréable, d'esprit et de beaucoup d'entendement, d'intelligence, d'expédients, et beaucoup de facilité, d'agrément et d'expédition dans le travail. Il étoit souvent consulté sur les résolutions à prendre, personnellement bien avec le roi d'Espagne, et avec la plupart des ministres et des grands, sur un pied d'honnête homme et de considération. Je n'en ai jamais vu rien que de bon ni ouï dire aucun mal tant soit peu fondé. Des amis si considérables et les marques fréquentes de la confiance du roi, lui firent des ennemis. Il fut poussé à l'intendance générale de la marine par son ami Tinnaguas, qui en étoit secrétaire d'État, et eut aussi une place dans une junte formée pour le commerce. Albéroni, dès ses premiers commencements, perdit Tinnaguas, et Sartine remit son intendance qu'il sentit bien qu'on lui ôteroit ; mais Albéroni le poussa sur des comptes quoique apurés, et lui retint en même temps ses papiers. Il lui fit de plus un crime de ses liaisons avec le duc de Saint-Aignan, et quand il força cet ambassadeur à se retirer en France, de la façon qui a été racontée en son temps, il fit arrêter Sartine, lui fit très-inutilement subir divers interrogatoires, et Sartine ne sortit de prison que lorsque Albéroni sortit lui-même d'Espagne. Ce n'étoit pas un homme sans ambition, mais sage et sans se méconnoître, laborieux, actif, pénétrant, extrêmement au fait de la marine et du commerce d'Espagne et des Indes, d'ailleurs serviable et bon ami, doux, aimable dans le commerce, fort François sans s'en cacher, et néanmoins généralement aimé des Espagnols dans tous les temps. Il épousa une camariste [1] de la reine, qui étoit fort bien avec elle. Peu après mon départ, il fut intendant de Barcelone, l'a été longtemps, et est mort dans cet emploi. Je me suis étendu sur

---

1. Femme de chambre.

lui, parce qu'il m'a été très-utile en Espagne, et pour mes affaires, et pour mille choses de la cour et du gouvernement, en sorte que j'étois demeuré en liaison avec lui.

Mon premier soin, sitôt que ma déclaration me mit en liberté, fut d'écrire au duc de Berwick qui commandoit en Guyenne, et se tenoit pour lors à Montauban, et de voir Amelot et le duc de Saint-Aignan, pour tirer d'eux toutes les lumières et les instructions que je pourrois sur l'Espagne où ils avoient tous trois été longtemps. J'en tirai de solides d'Amelot, et du duc de Saint-Aignan un portrait des gens principaux en crédit, ou par leur état, ou par leur intrigue, très-bien écrit, et que j'ai reconnu parfaitement véritable; du duc de Berwick, quelque chose de semblable, mais fort en raccourci et avec plus de mesure; mais ce qui me fut infiniment utile, c'est ce qu'il fit de lui-même qui fut de mander au duc de Liria, son fils, établi, comme on l'a vu ici en son temps, en Espagne, de me servir en toutes choses; il le fit au point de ne dédaigner pas d'aider si bien Sartine sur ce qui regardoit mes équipages, que je dois avouer que, dans un temps si court pour la paresse et la lenteur espagnole, je n'aurois, sans lui, trouvé rien de prêt en arrivant.

Mais en quoi il me servit le plus utilement, ce fut à me faire connoître les personnages, les liaisons, les éloignements, les degrés de crédit et des caractères et mille sortes de choses qui éclairent et conduisent dans l'usage, et conduisent adroitement les pas. Il me valut de plus la familiarité du duc de Veragua, frère de sa femme, qui, bien que jeune, avoit passé par les plus grands emplois, avec grand sens et beaucoup d'esprit, qu'il avoit extrêmement orné et savoit infiniment, tant sur les personnages divers et les intrigues, que sur la naissance, les dignités, et toute espèce de curiosités savantes de cette nature qui m'en ont extrêmement instruit. Il étoit, comme d'avance on l'a vu ici, en traitant des grands d'Espagne (voy. tome III, p. 224 et suiv.), il étoit, dis-je, masculinement et légitimement d'une branche de la maison de Portugal, et descendoit, par sa grand'mère, du fameux Christophe Colomb. Une maîtresse obscure, avec qui il ne se ruinoit pas, car il étoit avare, et la lecture partageoient son temps et sa paresse, fort bien toutefois avec tout le monde, et considéré de la cour autant qu'elle en étoit capable. Vilain de sa figure, sale et malpropre à l'excès, avec des yeux pleins d'esprit, aussi en avoit-il beaucoup, et délié sous une apparence grossière, de bonne compagnie et quelquefois fort plaisant sans y songer, d'ailleurs doux, de bon commerce, entendant raillerie jusque-là que ses amis l'appeloient familièrement don Puerco[1], et que dînant une fois chez le duc de Liria, à Madrid, nous lui proposâmes de manger au buffet, parce qu'il étoit trop sale pour être admis à table. Tout cela se passoit en plaisanteries qu'il recevoit le mieux du monde. La duchesse de Liria, sa sœur, et lui s'aimoient extrêmement ; ils n'avoient point d'autre frère ni sœur et avoient perdu père et mère, de sorte qu'étant mort longtemps après sans s'être marié, ses grands biens passèrent à la duchesse de Liria et à ses enfants. Le duc de Liria avoit de l'esprit et des vues ; il étoit agissant et courtisan, connoissoit très-bien le terrain et les personnages, étoit autant du grand monde que cela se pouvoit en Espagne, bien avec tous, lié avec plusieurs, mais désolé de se trouver établi en Espagne, à la tristesse de laquelle il ne s'accoutumoit point ; il n'aspiroit qu'à s'en tirer par des ambassades, comme il fit à la fin, et il aimoit si passionnément le plaisir, qu'il en mourut longtemps après à Naples. Après être revenu de son ambassade d'Allemagne et de Moscovie, il passa, au retour, par la France, et me donna par écrit des choses fort curieuses sur la cour de Russie.

Ce ne fut pas sans peine et sans tous les délais que le cardinal Dubois y put apporter, que je tirai enfin de lui une instruction : j'y vis ce que je n'ignorois pas sur la position

---

1. Don Pourceau.

présente de l'Espagne. Après qu'on eut enfin arraché son accession aux traités de Londres, elle avoit signé une alliance défensive avec la France et l'Angleterre sur le fondement des traités d'Utrecht, de la triple alliance de la Haye, et des traités de Londres, laquelle alliance défensive contenoit une garantie réciproque des États dont la France, l'Espagne et l'Angleterre jouissoient, et tacitement confirmoit très-fortement les renonciations réciproques qui étoit le grand point de M. le duc d'Orléans, et la succession protestante de l'Angleterre dans la maison d'Hanovre, qui étoit le grand point du cardinal Dubois, et pas un des deux, celui personnel du roi et de la reine d'Espagne qui eurent toujours le plus vif esprit de retour. Par ce même traité d'alliance défensive, la France et l'Angleterre promirent leurs bons offices à l'Espagne, pour régler au congrès de Cambrai, où il ne se fit rien du tout, les différends qui restoient à ajuster entre l'empereur et le roi d'Espagne. Ce n'est pas qu'il y eût rien à négocier là-dessus à Madrid, mais j'ai cru à propos d'exposer la situation de l'Espagne, lorsque j'y allai, avec l'empereur, la France, l'Angleterre et la Hollande, pour ne pas la laisser oublier; avec cela le cardinal Dubois étoit fort en peine d'une nouvelle promotion de grands d'Espagne que l'empereur venoit de faire contre ses propres engagements, et chargea mon instruction de ce qu'il put, pour faire avaler cette continuation d'entreprise le plus doucement qu'il se pourroit à la cour d'Espagne. La chose finit, parce que le roi d'Angleterre obtint une déclaration de Vienne, que l'empereur n'avoit point entendu et ne prétendoit point faire des grands d'Espagne, que cette qualité ne se trouvoit point dans les lettres patentes qu'il avoit accordées à quelques seigneurs, mais seulement des distinctions et des honneurs, qu'il étoit maître de donner à qui lui plaisoit dans sa cour.

Cette instruction, après avoir relevé avec beaucoup d'affectation l'utilité pour l'Espagne de l'alliance d'Angleterre et les soins du régent pour y parvenir, qui toutefois fut au mot de l'Angleterre et au détriment de l'Espagne et même du commerce de France, pour favoriser en tout celui d'Angleterre, comme il a été expliqué ici ailleurs et fort insisté sur la passion du régent de servir en tout l'Espagne, a grand soin de me recommander de prendre bien garde qu'il ne prît envie au roi d'Espagne de porter de nouveau la guerre en Italie, comptant sur la France et l'Angleterre, et à ce propos donne faussement pour motif à l'invasion de la Sardaigne et à la guerre de Sicile l'emprisonnement de Molinez. On a vu ici, d'après M. de Torcy, combien peu de cas, et longtemps, Albéroni en fit, et qu'il [ne] réchauffa cette affaire que quand il eut résolu de porter la guerre en Italie, pour des raisons personnelles uniquement à lui. C'est ce que M. le duc d'Orléans avoit tant vu par les lettres de la poste qu'il étoit impossible que le cardinal Dubois le pût ignorer.

De son extrême attention à me munir de tout ce qu'il put pour faire bien valoir l'alliance d'Angleterre à l'Espagne, résultoit une injonction pathétique de vivre dans un commerce étroit à Madrid avec le colonel Stanhope, ambassadeur d'Angleterre, et de lui confier tout ce qui pourroit être relatif aux intérêts des trois couronnes; en même temps de n'en avoir aucun sous tel prétexte que ce pût être avec les personnes attachées au prétendant, surtout à l'égard des desseins ou projets que ce prince ou ses serviteurs pourroient former de troubler le gouvernement présent d'Angleterre; en particulier, d'éviter le duc d'Ormond, toutefois sans incivilité marquée.

Après ce que M. le duc d'Orléans m'avoit si précisément dit que c'étoit l'Espagne qui lui avoit forcé la main pour la déclaration actuelle des mariages et l'échange des princesses, je fus très-surpris de trouver le contraire dans le narré de mon instruction. J'y trouvai aussi une grossière ignorance qui regardoit la façon de me faire dispenser d'une entrée. Les ambassadeurs de l'empereur n'en faisoient point à Madrid sous les rois d'Espagne de la maison d'Autriche comme ambassadeur de famille. Sur cet exemple, aucun ambassadeur de France vers Philippe V n'y en a fait, et je n'ai pas compris comment un fait si public, et si fréquemment réitéré par le changement de nos ambassadeurs, a pu échapper au cardinal Dubois et même à ses bureaux.

L'instruction me défendoit de recevoir chez moi Magny et les Bretons réfugiés en Espagne, et Marsillac; de n'avoir pas la même incivilité pour ce dernier en lieux tiers que pour les autres, et de voir avec une civilité simplement extérieure le prince de Cellamare, qui portoit alors le nom de duc de Giovenazzo, et les parents et amis de la princesse des Ursins comme les autres.

Enfin, pour ne m'attacher qu'aux choses principales de l'instruction, elle ne me prescrivit rien en particulier sur les visites et le cérémonial, mais d'en user comme avoit fait le duc de Saint-Aignan, et le cardinal Dubois y joignit un extrait du cérémonial pratiqué par nos ambassadeurs en Espagne et à leur égard, depuis M. de La Feuillade, archevêque d'Embrun, mort évêque de Metz.

Je ne pouvois douter que je n'eusse affaire à un ennemi, et maître, après mon départ, de l'esprit de M. le duc d'Orléans. Je voulus donc avoir ma leçon faite jusque sur les plus petites choses, pour ne laisser à sa malignité que ce qu'il seroit impossible d'y dérober; ainsi je lui fis à mi-marge plusieurs observations et questions, tant sur des choses portées par l'instruction que sur d'autres qui ne s'y trouvoient pas. Il répondit à côté assez bien et assez nettement. On verra bientôt où il m'attendoit.

Le cardinal Dubois n'oublia pas le P. Daubenton. L'instruction me prescrivit des compliments, des témoignages de reconnoissance du régent, de ses désirs empressés de la lui témoigner; de lui dire que rien ne m'étoit plus recommandé que de prendre en lui une entière confiance. Cela fort étendu étoit accompagné d'un fort grand éloge. C'étoient deux fripons des plus insignes, dignes de se louer l'un l'autre et d'être abhorrés de tout le reste des hommes, surtout des gens de bien et d'honneur; l'instruction ne fit mention que de lui de toute la cour d'Espagne, de Valouse et de La Roche, pour lesquels elle me prescrivit de l'honnêteté, mais de les regarder comme des gens timides, inutiles, dont on n'avoit jamais tiré secours ni la moindre connoissance. Valouse, du nom de Boutin, étoit un gentilhomme du Comtat, élevé page de la petite écurie, très-médiocrement bien fait, d'esprit court, mais sage, appliqué, allant à son but et ne s'en écartant point, honnête homme et droit, mais qui craignoit tout. Du Mont, de qui il a été parlé plus d'une fois dans ces Mémoires, le proposa, sur son esprit sage, doux et timide, au duc de Beauvilliers pour écuyer de M. le duc d'Anjou, qu'il suivit depuis en Espagne, et qui le fit quelque temps après majordome, qui fut un grand pas. Au bout de plusieurs années, il l'avança bien davantage, car ayant fait don Lorenzo Manriquez grand écuyer, duc del Arco et grand d'Espagne, de premier écuyer qu'il étoit, il fit Valouse premier écuyer. Cette promotion étoit récente à mon arrivée en Espagne. Valouse fut premier écuyer jusqu'à sa mort, qui n'arriva que bien des années après, toujours très-bien avec le roi et la reine d'Espagne; aussi bien avec le duc del Arco, toujours ne se mêlant que de sa charge et d'aucune autre chose, toujours cultivant les gens en place, et honnêtement avec Mme des Ursins, Albéroni, et ceux qui ont succédé, parce qu'ils sentirent tous qu'ils n'en avoient rien à craindre; enfin sur les dernières années de Valouse, le roi d'Espagne lui donna la Toison d'or. Il avoit depuis longtemps une clef de gentilhomme de la chambre sans exercice. Cette Toison, ainsi que bien d'autres, parut un peu sauvage.

La Roche n'étoit ni moins borné, ni moins timide, ni moins en garde de se mêler de quoi que ce fût, que l'étoit Valouse, doux, poli et honnête homme comme lui, mais aussi parfaitement inutile. Sa mère veuve étoit au vieux Bontems ce que Mme de Maintenon étoit au roi, mais plus à découvert, tenant son ménage, et maîtresse de tout chez lui. Le plaisant est qu'on la courtisoit pour plaire à Bontems, et que, quand elle mourut, il fut au désespoir et que le roi prit soin de le consoler. Il avoit fait le fils de cette femme, tout jeune encore, valet de garde-robe du roi, et au départ du roi d'Espagne, il le fit être son premier valet de garderobe. Sa sagesse, sa retenue, son air de respect pour les Espagnols leur plut, et lui et Valouse furent par là toujours bien avec eux. L'estampille est une manière de sceau sans armes, où la signature du roi est gravée dans la plus parfaite imitation de son écriture; ce sceau s'applique sur tout ce que le roi devroit signer et lui en ôte la peine. Il sembleroit qu'un sceau de cette importance ne devroit être confié qu'à des personnes principales ; mais l'usage d'Espagne, depuis qu'il a été inventé, est qu'il ne soit remis qu'à des subalternes de confiance. La Roche en fut chargé peu après qu'il fut en Espagne, où il avoit suivi Philippe V; il s'en acquitta très-fidèlement et poliment au gré de tout le monde, et s'y maintint toute sa vie dans une sorte de confiance du roi d'Espagne, sous tous les divers ministères, parce que tous sentirent bien qu'ils n'avoient rien à craindre de lui. Il tenoit, pour son état, une maison honorable où alloit bonne compagnie, et toujours plusieurs personnes à manger, ce que ne faisoit pas Valouse qui ne dépensoit rien. A l'égard du P. Daubenton, je me réserve d'en parler ailleurs.

Laullez étoit alors à Paris de la part de l'Espagne, et l'abbé Landi de la part du duc de Parme. Le premier étoit un Irlandois, grand homme, très-bien fait et de bonne mine, qui avoit été à l'abbé d'Estrées. Il le donna au roi d'Espagne, à la formation de ses gardes du corps sur le pied et le modèle de ceux du roi, comme un garçon brave et intelligent, fort honnête homme, avec de l'esprit et de la sagesse. Laullez étoit tel en effet, et par les détails de ces compagnies de gardes du corps, il entra dans la familiarité du roi, de la reine sa première femme, de la princesse des Ursins, et bientôt dans leur confiance; en quoi, pour cette dernière qui lui valut celle des maîtres, sa nation, étrangère à l'Espagne et à la France, lui servit beaucoup; il fut souvent chargé de commissions secrètes et délicates qu'il exécuta toutes fort heureusement. Il devint ainsi major des gardes du corps et lieutenant général; c'est en cet état qu'il vint en France, où il reçut le caractère d'ambassadeur au même temps que Maulevrier le reçut à Madrid. Les vues qui m'avoient fait souhaiter d'aller en Espagne me firent aussi désirer liaison avec ces deux envoyés. Louville se trouva en avoir beaucoup avec l'abbé Landi; et le duc de Lauzun, qui attiroit fort les étrangers chez lui, et qui y voyoit Laullez, me facilita ce que je désirois auprès de lui. La connoissance fut bientôt faite : je voulois plaire au ministre d'Espagne, et lui ne le désiroit pas moins à un serviteur intime de M. le duc d'Orléans; les choses se passèrent tellement entre nous que l'amitié s'y mit, qui a duré au delà de sa vie. Je reçus de lui mille bons avis et toutes sortes de bons offices et de services en Espagne. Je le retrouvai à mon retour, et encore depuis la mort de M. le duc d'Orléans, et je fis inutilement l'impossible pour lui procurer l'ordre du Saint-Esprit. Enfin il retourna en Espagne avec l'infante, d'où il fut envoyé à Majorque, gouverneur de l'île et capitaine général, où il est mort très-longtemps après sans avoir été marié. Il y laissa deux sœurs filles qui y sont demeurées, qui s'adressèrent bien des années après à moi pour être payées d'avances faites par leur frère, et que j'ai servies de tout ce que j'ai pu dans cette affaire par mes amis. Par l'abbé Landi je voulois me concilier la petite cour de Parme qui avoit en beaucoup de choses du crédit sur la reine d'Espagne; je trouvai un homme poli, assez agréable dans le commerce, qui fut court par mon départ, mais je n'en tirai rien à Paris ni en Espagne; il n'étoit plus à Paris quand j'y revins.

J'ai rapporté ce qu'il y eut de plus important ou de plus remarquable de l'instruction en forme qui me fut donnée. Quelle qu'elle fût, elle satisfaisoit à tout avec le cérémonial de tous nos ambassadeurs en Espagne, depuis M. de La Feuillade, alors archevêque d'Embrun. J'eus plusieurs entretiens sur l'Espagne avec M. le duc d'Orléans et le cardinal Dubois ensemble ou séparément, et je n'imaginois pas qu'il se pût rien ajouter de nouveau, lorsque le cardinal Dubois me dit chez lui qu'il m'avertissoit de prendre la première place à la signature du contrat de mariage du roi, et à la chapelle aux deux cerémonies du mariage du prince des Asturies, et de ne la laisser prendre sans exception à qui que ce fût. Je lui représentai que cela ne se pouvoit entendre du nonce, à qui les ambassadeurs de France cédoient partout, même celui de l'empereur qui, sans difficulté, précédoit ceux du roi. Il répondit que cela étoit vrai et bon partout, excepté dans ce cas singulier et comme momentané, et que cela ne se pouvoit autrement. Ma surprise fut grande d'un ordre si étrange. J'essayai de le ramener peu à peu en le touchant par son orgueil, en lui demandant comment j'en userois avec les cardinaux, s'il s'en trouvoit quelqu'un en ces fonctions, et avec le majordome-major, qui répond, mais fort supérieurement, à notre grand maître de France. Il se mit en colère, me déclara qu'il falloit que j'y précédasse le majordome-major sans difficulté, et glissant sur celle des cardinaux, m'assura qu'il ne s'y en trouveroit point. Je haussai les épaules, et lui dis que je le priois d'y penser. Au lieu de me répondre, il me dit qu'il avoit oublié une chose essentielle, qui étoit de prendre bien garde à ne rendre la première visite à qui que ce fût sans exception. Je répondis que l'article des visites n'étoit point oublié dans mon instruction; qu'elle portoit que j'en userois à cet égard comme avoit fait le duc de Saint-Aignan, et que l'usage, lequel il

avoit suivi, étoit de rendre la première visite au ministre
chargé des affaires étrangères et aux conseillers d'État quand
il y en avoit, qui est ce que nous connoissons ici sous le
nom de ministres. Là-dessus il s'emporta, bavarda, brava
sur la dignité du roi, et ne me laissa plus loisir de rien dire.
J'abrégeai donc la visite et m'en allai.

Quelque étranges que me semblassent ces ordres si nouveaux et verbaux, je voulus en parler au duc de Saint-Aignan, surtout à Amelot, qui en furent fort étonnés, et qui tous deux, ainsi que les précédents ambassadeurs, avoient fait tout le contraire, et trouvèrent extravagante la préséance sur le nonce en quelque occasion que ce fût. Amelot me dit de plus que je jouerois à essuyer tous les dégoûts possibles et à ne réussir à rien si je refusois la première visite au ministre des affaires étrangères, car pour les conseillers d'État ce n'étoit plus qu'un nom, et la chose tombée en désuétude; mais que je devois aussi la première visite aux trois charges[1], qui seroient très-justement offensés et très-piqués si je leur refusois ce que tous ceux qui m'avoient précédé leur avoient rendu, et que je me gardasse bien de le faire si je ne voulois pas demeurer seul dans mon logis, et me faire tourner le dos au palais par tout ce que j'y trouverois de grands. J'expliquerai ailleurs ce que c'est que ces trois charges.

De cet avis d'Amelot, je compris aisément la raison de ces ordres nouveaux et verbaux. Le cardinal me vouloit faire échouer en Espagne et me perdre ici : en Espagne, en débutant par offenser tout ce qui étoit de plus grand, et le ministre par lequel seul j'aurois à passer pour tout ce qui regardoit mon ambassade; en attirer les plaintes ici, sûr de n'avoir rien écrit de ces ordres, nier me les avoir donnés, me désavouer, et en tirer contre moi tout le parti possible avec un prince qui n'auroit osé lui imposer, et soutenir que

---

1. C'est-à-dire aux trois grands officiers, au majordome-major du roi, au sommelier du corps et au grand écuyer.

ces ordres m'avoient été donnés ; que si, au contraire, je ne les exécutois pas, car il m'avoit bien prescrit de rendre compte de leur exécution, il se donneroit beau jeu à m'accuser d'avoir sacrifié l'honneur du roi et la dignité de sa couronne à l'intérêt de plaire en Espagne pour en obtenir grandesse et Toison, et me faire défendre de les accepter pour mes enfants. C'eût été moins de vacarme sur le nonce ; mais si j'avois pris place au-dessus de lui, il s'attendoit bien que la cour de Rome en demanderoit justice, et que cette justice entre ses mains seroit un rappel honteux.

Ce détroit me parut si difficile que je résolus de ne rien omettre pour faire changer ces ordres, et je ne crus pas que M. le duc d'Orléans pût résister à l'évidence de ce qui les combattoit, et à l'exemple constant de tous ceux qui m'avoient précédé dans le même emploi. Je me trompai : j'eus beau en parler à M. le duc d'Orléans, je ne trouvai que foiblesse sous le joug d'un maître, d'où je jugeai ce que je pouvois espérer pendant mon éloignement. J'insistai à plusieurs reprises, toujours inutilement, et tous deux se tinrent fermés[1] à me dire que, si les précédents ambassadeurs avoient fait les premières visites, ce n'étoit pas un exemple pour moi dans une ambassade aussi solennelle et aussi distinguée que celle que j'allois exercer ; et qu'à l'égard du nonce et du grand maître, l'exemple de précéder quiconque étoit formel au mariage de la reine Marie-Louise, fille de Monsieur, avec Charles II. Je représentai sur les visites que quelque solennelle et quelque distinguée que fût l'ambassade dont j'étois honoré, elle ne donnoit point de rang supérieur à celui des ambassadeurs extraordinaires ; que je l'étois, et que je ne pouvois prétendre rien de plus qu'eux, quelque différence qu'il y eût pour l'agrément entre l'affaire dont j'étois chargé et les autres sortes d'affaires. Sur l'exemple du mariage de

---

1. Il y a dans le manuscrit *fermés*, et non *fermes*; *fermés* est pris dans le sens de *résolus*, *affermis*.

Charles II avec la fille de Monsieur, que j'avois dans le cérémonial qui m'avoit été remis de tous les ambassadeurs depuis M. de La Feuillade, archevêque d'Embrun, j'y trouvai que le mariage s'étoit fait comme à la dérobée, dans un village, pour fuir la difficulté entre le prince d'Harcourt et le père du maréchal de Villars, ambassadeurs de France tous deux, d'une part, et les grands d'Espagne, de l'autre; que les ambassadeurs s'étoient rendus à l'église de ce village; qu'y ayant trouvé plusieurs grands arrivés avant eux, saisis des premières places, ils s'en étoient plaints sur-le-champ au roi qui leur fit céder les deux premières places par les grands; que le nonce n'y étoit point, et nulle mention du majordome-major. A cela point de réponse, mais l'opiniâtreté prévalut, et je vis en plein l'extrême malignité du valet et l'indicible foiblesse du maître. Ce fut donc à moi à bien prendre mes mesures là-dessus.

Le duc d'Ossone fut nommé par l'Espagne pour venir ici faire, pour le mariage du prince des Asturies, avec le même caractère, les mêmes fonctions que j'allois faire en Espagne pour le mariage du roi. Il étoit frère du duc d'Ossone qui avoit été ambassadeur d'Espagne au traité d'Utrecht, et qui mourut peu après sans enfans. Celui-[ci] portoit le nom de comte de Pinto du vivant de son frère. Leur père avoit été gouverneur du Milanois, conseiller d'État et grand écuyer de la reine d'Espagne : il mourut d'apoplexie étant en conférence avec le roi d'Espagne, en 1694. C'étoit le sixième duc d'Ossone, grand de première classe. Ils portoient le nom de Giron et de Tellez par une héritière entrée dans leur maison; mais ils étoient Acuña y Pacheco, une des premières d'Espagne en tout genre, et des plus nombreuses par ses diverses branches, qui, par des héritières, portent divers noms, entre autres, alors, le marquis de Villena, duc d'Escalona, majordome-major, et le comte de San Estevan de Gormaz, son fils, premier capitaine des gardes du corps, chef de toute cette grande maison; le duc d'Uzeda, le marquis de Mancera, le comte de Montijo, tous grands d'Espagne. Ce duc d'Ossone, ambassadeur ici, étoit donc un fort grand seigneur qui s'y montra très-magnifique et très-poli, mais il n'étoit que cela : on sut que M. le duc d'Orléans avoit résolu de lui donner le cordon bleu. Je m'exprime de la sorte parce que le roi, n'étant pas encore chevalier de son ordre, et ne faisant que le porter jusqu'à ce qu'il reçût le collier le lendemain de son sacre, il ne pouvoit faire de chevalier de l'ordre. Le duc d'Ossone ne pouvoit donc qu'avoir parole de l'être quand le roi en feroit, à quoi on voulut ajouter une chose, jusqu'alors sans exemple, dans le cas où étoit le roi, qui fut de lui faire porter l'ordre en attendant qu'il pût être nommé; on crut et il étoit vrai que M. le duc d'Orléans étant régent et maître des grâces, il devoit marquer par toute la singularité de celle-ci combien il étoit touché de l'honneur du mariage de sa fille.

Sur ce premier exemple, le duc de Lauzun me pressa fort de demander aussi le cordon bleu comme une décoration convenable à porter en Espagne, et qui, étant grâce d'ici, ne pourroit préjudicier à celles que je pouvois attendre d'Espagne pour mes enfans; mais je n'en voulus rien faire. Cette impatience de porter l'ordre, qui, dans la suite, ne pouvoit me manquer, me répugna. Je n'avois désiré cette ambassade que pour faire mon second fils grand d'Espagne, et, si l'occasion s'en offroit, de faire donner la Toison à l'aîné. Y réussissant et ayant en même temps pris le cordon bleu, cela me parut un entassement trop avide; d'ailleurs on ne pouvoit faire en France d'autre grâce au duc d'Ossone que celle-là, et moi j'en espérois une d'Espagne bien autrement considérable; ainsi je ne fus pas tenté un moment du cordon bleu. Qui m'eût dit alors que je ne serois pas de la première promotion qui s'en feroit m'auroit bien surpris; qui y eût ajouté que je serois de la suivante, où nous ne serions que huit avec Cellamare, les deux fils du duc du Maine et le duc de Richelieu, m'auroit bien étonné davantage.

Le cardinal Dubois pressoit ardemment mon départ et, en effet, il n'y avoit plus de temps à perdre. Il envoyoit sans cesse hâter les ouvriers qui travailloient à tout ce qui m'étoit nécessaire, fâché peut-être qu'il y en eût un si prodigieux nombre, qu'il ne pût trouver à les augmenter. Il ne s'agissoit plus de sa part qu'à me remettre les lettres dont je devois être chargé; il attendit à la dernière extrémité du départ pour le faire, c'est-à-dire à la veille même que je partis : on en verra bientôt la raison. Elles étoient pour Leurs Majestés Catholiques, pour la reine douairière, à Bayonne, et pour le prince des Asturies, tant du roi que de M. le duc d'Orléans. Mais bien avant de me les remettre, M. le duc d'Orléans me dit qu'il en écriroit deux pareilles au prince des Asturies avec cette seule différence qu'il le traiteroit de neveu dans l'une, et dans l'autre de frère et de neveu, et que je tâchasse de faire passer la dernière, ce qu'il souhaitoit passionnément; mais que, si après tout, j'y trouvois trop de difficulté, que je ne m'y opiniâtrasse point, et que je donnasse la première au prince des Asturies.

J'eus lieu de croire que ce fut encore un trait du cardinal Dubois pour me jeter dans quelque chose de personnellement désagréable à M. le duc d'Orléans et en faire usage. M. le duc d'Orléans étoit l'homme du monde qui avoit le moins de dignité et d'attachement à ces sortes de choses. Ce traitement de frère étoit un traitement d'égal, que le feu roi n'avoit relâché, que depuis peu, de donner aux électeurs princes, car M. de Savoie avoit depuis longtemps le rang de tête couronnée pour ses ambassadeurs; à prendre comme étranger il n'y avoit pas de proportion entre le fils aîné, héritier présomptif de la couronne d'Espagne, et un petit-fils de France, car la régence n'ajoutoit rien à son rang ni [à ses] traitements. A prendre comme famille, ils étoient l'un et l'autre petits-fils de France; mais, outre que le prince des Asturies avoit l'aînesse, il étoit fils de roi et héritier de la

couronne, et, par là, si bien devenu du rang de fils de
France, qu'ils étoient réputés tels en France, et que le
feu roi avoit toujours envoyé le cordon bleu à tous les fils
du roi d'Espagne aussitôt qu'ils étoient nés, ce qui ne se fait
qu'aux seuls fils de France. De quelque côté qu'on le regarde, M. le duc d'Orléans étoit extrêmement inférieur au
prince des Asturies, et c'étoit une véritable entreprise et
parfaitement nouvelle que de prétendre l'égalité du style et
du traitement. Ce fut pourtant ce dont je fus chargé, et je
crois, dans la ferme espérance du cardinal Dubois, que je
n'y réussirois pas, et de profiter d'un début fort désagréable.

J'étois près d'oublier que Belle-Ile me vint dire qu'il savoit que M. le duc d'Orléans devoit envoyer un de ses premiers officiers en Espagne, pour remercier, de sa part, en
particulier, de l'honneur du mariage de sa fille; que le choix
de cet officier principal n'étoit pas fait, et me demanda s'il
n'y en avoit point parmi eux que je voulusse plutôt que les
autres. Sur ce que je répondis, que je n'étois en liaison, ni
même en commerce, avec pas un, excepté Biron qui l'étoit
devenu et à qui ce voyage ne convenoit pas, et que le choix
m'étoit indifférent, il me pria de demander La Fare, son
ami, qui étoit capitaine des gardes de M. le duc d'Orléans.
Je le lui promis et je l'obtins : ce fut son premier pas de
fortune. C'est un fort aimable homme, de bonne compagnie,
qui m'en a toujours su gré depuis. Sans blesser l'honneur et
avec un esprit gaillard mais fort médiocre, il a su être bien
et très-utilement avec tous les gens en place et en première
place, se faire beaucoup d'amis, et faire ainsi peu à peu une
très-grande fortune qui a dû surprendre, comme elle a fait,
mais qui n'a fâché personne.

Enfin la veille de mon départ on m'apporta le matin toutes
les pièces dont je devois être chargé, dont je ne ferai point
le détail. Mais parmi les lettres il n'y en avoit point du roi
pour l'infante. Je crus que c'étoit oubli de l'avoir mise avec

les autres. Je le dis à celui qui m'apportoit ces pièces. Je fus surpris de ce qu'il me répondit qu'elle n'étoit pas faite, mais que je l'aurois dans la journée. Cela me parut si étrange que j'en pris du soupçon. J'en parlai au cardinal et à M. le duc d'Orléans, qui m'assurèrent que je l'aurois le soir. Il étoit minuit que je ne l'avois pas encore. J'écrivis au cardinal. Bref, je partis sans elle. Il me manda que je la recevrois avant que d'arriver à Bayonne; mais rien moins. Je pressai de nouveau. Il m'écrivit que je l'aurois avant que j'arrivasse à Madrid. Une lettre du roi à l'infante n'étoit pas difficile à faire : je ne pus donc douter qu'il n'y eût du dessein dans ce retardement. Quel il pût être, je ne pus le comprendre, si ce n'est d'en envoyer une après coup et pour me faire passer pour un étourdi qui avoit perdu la première.

Il me fit un autre trait de la dernière impudence sept ou huit jours avant mon départ. Il me fit dire de sa part, par Le Blanc et par Belle-Ile, que l'emploi où il étoit des affaires étrangères exigeoit qu'il eût les postes, dont il ne vouloit et ne pouvoit se passer plus longtemps; qu'il savoit que j'étois ami intime de Torcy, qui les avoit, dont il désiroit la démission ; qu'il me prioit de lui en écrire à Sablé, où il étoit allé faire un tour, et ce par un courrier exprès; qu'il verroit, par l'office que je lui rendrois en cette occasion et par son succès, de quelle façon il pouvoit compter sur moi, et se conduiroit en conséquence; à quoi ses deux esclaves joignirent du leur, mais avec très-apparente mission, tout ce qui me pouvoit persuader qu'il romproit mon départ et mon ambassade, si je ne lui donnois pas contentement là-dessus. Je ne doutai pas un moment, après ce que j'avois vu de l'inconcevable foiblesse de M. le duc d'Orléans pour ses plus folles volontés, telles que les premières visites et la préséance à prendre sur le nonce, et bien d'autres que je supprime, qu'il ne fût en pouvoir de me causer cet affront. En même temps je résolus d'en essuyer le hasard plutôt que de me prêter à la violence à l'égard d'un ami sûr, sage, vertueux, et qui avoit servi avec tant de réputation et si bien mérité de l'État.

Je répondis donc à ces messieurs que je trouvois la commission fort étrange, et beaucoup plus son assaisonnement; que Torcy n'étoit pas un homme à qui on pût ôter un emploi de cette confiance, et qu'il exerçoit depuis la mort de son beau-père si dignement, à moins qu'il ne le voulût bien lui-même; que tout ce que je pouvois faire étoit de le savoir de lui, et, au cas qu'il y voulût entendre, à quelles conditions; que pour l'y exhorter, encore moins aller au delà avec lui, je priois le cardinal de n'y pas compter, encore que je n'ignorasse pas ce qu'il pouvoit à l'égard de mon ambassade, et que quoi que ce pût être ne me feroit passer d'une seule ligne ce que je leur répondois. Ils eurent beau haranguer, ils ne remportèrent que cette très-ferme résolution.

Castries et son frère l'archevêque étoient de tous les temps intimes de Torcy et fort aussi de mes amis. Je les envoyai prier de venir chez moi dans ce tumulte de départ où je me trouvois. Ils vinrent sur-le-champ. Je leur racontai ce qui venoit de m'arriver. Ils furent plus indignés de la façon et du moment que de la chose, dont Torcy comptoit bien que le cardinal le dépouilleroit tôt ou tard pour s'en revêtir. Ils louèrent extrêmement ma réponse, m'exhortèrent à l'exécuter promptement pour hâter le retour de Torcy, qui étoit même ou parti ou sur le point de partir de Sablé, et qui feroit lui-même son marché avec M. le duc d'Orléans bien plus avantageusement qu'absent. Je leur fis lire la lettre que j'écrivis à Torcy en les attendant, qu'ils approuvèrent beaucoup, et par leurs avis réitérés je la fis partir sur-le-champ.

Torcy avoit naturellement avancé son retour. Mon courrier le trouva avec sa femme dans le parc de Versailles, ayant passé par la route de Chartres. Il lut ma lettre, chargea le courrier de mille compliments pour moi, sa femme aussi, et de me dire qu'il me verroit le lendemain. J'avertis les Castries de son armée. Nous nous vîmes tous quatre le lendemain. Torcy sentit vivement mon procédé, et jusqu'à sa mort nous avons toujours vécu dans la plus grande intimité, comme on le peut voir par la communication qu'il me donna de ses Mémoires qu'il ne fit que bien longtemps après la mort de M. le duc d'Orléans, et dont j'ai enrichi les miens. Il me parut ne tenir point du tout aux postes, moyennant un traitement honorable.

Je mandai alors son retour au cardinal Dubois, par lequel ce seroit à lui et à M. le duc d'Orléans à voir avec Torcy ce qu'ils voudroient faire pour lui, et je m'en retirai de la sorte. Dubois, content de voir par là que Torcy consentiroit à se démettre des postes, ne se soucia point du comment, tellement que celui-ci obtint de M. le duc d'Orléans tout ce qu'il lui proposa pour s'en défaire : tout se passa de bonne grâce des deux côtés. Torcy eut quelque argent et soixante mille livres de pension sa vie durant, assignée sur le produit des postes, dont vingt mille livres pour sa femme après lui. Cela fut arrêté avant mon départ et fort bien exécuté depuis.

Peu après la déclaration des mariages, la duchesse de Ventadour et Mme de Soubise, sa petite-fille, avoient été nommées, l'une gouvernante de l'infante, l'autre en survivance, et toutes deux pour aller la prendre à la frontière et l'amener à Paris, au Louvre, où elle devoit être logée, et peu après la déclaration de mon ambassade, le prince de Rohan, son gendre, fut nommé pour aller faire l'échange des princesses sur la frontière avec celui que le roi d'Espagne y enverroit de sa part pour la même fonction. Je n'avois jamais eu de commerce avec eux, sans être mal ensemble. Toutes ces commissions espagnoles firent que nous nous visitâmes avec la politesse convenable. J'ai oublié de l'écrire plus tôt et plus en sa place.

CHAPITRE XII.

Mon départ de Paris pour Madrid. — Je rencontre et confère en chemin avec le duc d'Ossone. — Je passe et séjourne à Ruffec, à Blaye et à Bordeaux, et y fais politesse aux jurats. — Arrivée à Bayonne. — Adoncourt et Dreuillet, commandant et évêque de Bayonne; quels. — Pecquet père et fils; quels. — Impatience de Leurs Majestés Catholiques de mon arrivée, qui la pressent par divers courriers. — Audience de la reine douairière d'Espagne. — Son logement. — Elle me fait traiter à dîner. — Son triste état. — Adoncourt fort informé. — Passage des Pyrénées. — Je vais voir Loyola. — Arrivée à Vittoria. — Présent et députation de la province. — Trois courriers l'un sur l'autre pour presser mon voyage. — Je laisse mon fils aîné fort malade à Burgos, et poursuis ma route sans m'arrêter. — Cause de l'impatience de Leurs Majestés Catholiques. — Basse et impertinente jalousie de Maulevrier. — Arrivée à Madrid, où je suis incontinent visité des plus grands, sans exception de ceux à qui je devois la première visite. — Je fais ma première révérence à Leurs Majestés Catholiques et à leur famille. — Conduite très-singulière et tout opposée des ducs de Giovenazzo et de Popoli avec moi. — Visite à Grimaldo, particulièrement chargé des affaires étrangères. — Succès de cette visite. — Il connoît parfaitement le cardinal Dubois. — Esquisse du roi d'Espagne; de la reine d'Espagne; du marquis de Grimaldo. — Le roi et la reine d'Espagne consentent, contre tout usage, de signer eux-mêmes le contrat du futur mariage du roi et de l'infante. — Ils y veulent des témoins, que je conteste et que je consens enfin. — Signature des articles. — Office à Laullez.

Enfin je partis en poste le 23 octobre, ayant avec moi le comte de Lorges, mes enfants, l'abbé de Saint-Simon et son frère, et quelque peu d'autres. Le reste de la compagnie me joignit à Blaye, comme l'abbé de Mathan, et à Bayonne avec M. de Céreste. Nous couchâmes à Orléans, à Montrichard et à Poitiers. Allant de Poitiers coucher à Ruffec, je rencontrai le duc d'Ossone à Vivonne. Je m'arrêtai pour le voir, et sachant qu'il étoit à la messe, j'allai l'attendre à la porte de l'église. Comme il sortit, ce fut des compliments, des accueils et des embrassades; puis nous allâmes ensemble à la poste, où lui et moi avions mis pied à terre, car il venoit en poste aussi. Force compliments aux portes, où je voulus, comme de raison, lui faire les honneurs de la France. Nous montâmes dans une chambre où on nous laissa seuls et où nous nous entretînmes une heure et demie. Il parloit mal françois, mais plus que suffisamment pour la conversation.

Après un renouvellement de compliments sur les mariages et le renouvellement si étroit de l'union des deux couronnes, et les politesses personnelles sur nos deux emplois, il entra le premier en matière sur la joie des véritables François et Espagnols, et le dépit amer des mauvais. Je fus surpris de le trouver si bien informé de nos cabales et de ce qu'on appeloit la vieille cour. Sans avoir voulu nommer personne, il m'en désigna plusieurs, et rien ne pouvoit être plus clair que ses plaintes contre des gens entièrement attachés au roi d'Espagne jusqu'aux mariages, et qui, depuis ce moment, se déchaînoient et contre les mariages et contre l'Espagne. Il me dit que M. le duc d'Orléans avoit plus d'ennemis de sa personne et de son gouvernement qu'il ne pensoit; que je l'avertisse d'y prendre garde, et il ajouta que, dans l'état où en étoient les choses, on ne pouvoit trop se hâter de part et d'autre de les finir. Il me parla, mais sans désigner personne, de force mouvements dans notre cour et à Paris pour retarder, dans le dessein de gagner du temps, pour se donner celui de faire tout rompre, et qu'en Espagne on sentoit le même esprit et de l'intelligence; en même temps me protesta qu'il n'y avoit personne qui osât en parler au roi ni à la reine d'Espagne d'une manière directe; que tous efforts, quand même il en paroîtroit à Madrid, seroient inutiles; de la joie et de l'empressement de Leurs Majestés Catholiques; des avantages réciproques de cette réunion. Ce que j'exprime ici en peu de paroles en produisit beaucoup parce qu'il fut d'abord énigmatique et fort réservé, et que l'ouverture ne vint qu'à peine sur tout ce que je lui dis pour le déboutonner. Hors ce qui, de ma part, me sembla nécessaire pour y parvenir, et sans descendre en aucun particulier, on peut juger que j'eus les oreilles plus ouvertes que la bouche. Seulement je l'exhortai à s'ouvrir franchement et nominalement avec M. le duc d'Orléans, et je tâchai de lui persuader qu'il ne pouvoit rendre un plus grand service, non-seulement à ce prince, et dont il lui sût plus de gré, mais à Leurs Majestés Catholiques, à qui désormais ses intérêts étoient unis, et par amitié et pour la grandeur des deux couronnes. Il m'assura qu'il s'expliqueroit avec M. le duc d'Orléans comme il faisoit avec moi; mais quoique j'insistasse pour qu'il lui nommât et que je lui répondois du secret, je n'en pus tirer parole. Aussi ne m'en donna-t-il pas de négative; mais je sentis bien à ses discours là-dessus que la politesse pour moi y avoit plus de part que la volonté d'une entière confidence sur un article si important mais si délicat. Nous nous séparâmes de la sorte, avec force compliments, accolades et protestations. Je ne pus, quoi que je pusse faire, l'empêcher de descendre; mais, à mon tour, il ne put m'obliger de monter dans ma berline, qu'il ne se fût retiré. Il étoit assez peu accompagné.

Ma berline cassa en arrivant à Couhé, terre appartenant à M. de Vérac; il fallut y mettre un autre essieu. J'y fus donc plus de trois heures, que j'employai à écrire à M. le duc d'Orléans et au cardinal Dubois le récit de cette conférence et aller voir le château et le parc un moment. Ces retardements me firent arriver sur le minuit à Ruffec, où j'étois attendu de bonne heure par force noblesse de la terre et du pays, à qui je donnai à dîner et à souper les deux jours que j'y séjournai. J'eus un vrai plaisir d'y embrasser Puy-Robert qui étoit lieutenant-colonel du régiment Royal-Roussillon du temps que j'y avois été capitaine. De Ruffec, j'allai en deux jours à la Cassine, petite maison à quatre lieues de Blaye, que mon père avoit bâtie au bord de ses marais de Blaye que je pris grand plaisir à visiter; j'y passai la veille et le jour de la Toussaint, et le lendemain je me rendis de fort bonne heure à Blaye, où je séjournai deux jours. J'y trouvai plusieurs personnes de qualité, force noblesse du pays et des provinces voisines, et Boucher, intendant de Bordeaux, beau-frère de Le Blanc, qui m'y attendoient, auxquels je fis grande chère soir et matin pendant ce court séjour. Je l'employai bien à visiter la place dedans et dehors, le fort de l'île et celui de Médoc vis-à-vis Blaye, où je passai par un très-fâcheux temps. Mais je les voulois voir, et j'y menai mon fils qui avoit la survivance de mon gouvernement. Nous passâmes à Bordeaux par un si mauvais temps, que tout le monde me pressoit de différer, mais on ne m'avoit permis que ce peu de séjour, que je ne voulus pas outre-passer. Boucher avoit amené son brigantin magnifiquement équipé, et tout ce qu'il falloit de barques pour le passage de tout ce qui m'accompagnoit, et de tout ce qui étoit venu me voir à Blaye dont la plupart passèrent à Bordeaux avec nous. La vue du port et de la ville me surprit avec plus de trois cents bâtiments de toutes nations rangés sur deux lignes sur mon passage, avec toute leur parure et grand bruit de leur canon et de celui du château Trompette.

On connoît trop Bordeaux pour que je m'arrête à décrire ce spectacle; je dirai seulement qu'après le port de Constantinople, la vue de celui-ci est en ce genre ce qu'on peut admirer de plus beau. Nous trouvâmes force compliments et force carrosses au débarquement, qui nous conduisirent chez l'intendant, où les jurats[1] de Bordeaux vinrent me complimenter en habit de cérémonie. Comme ces messieurs sont les uns de qualité et les autres considérables, et

---

1. C'est-à-dire les magistrats municipaux qui portaient à Bordeaux le nom de *jurats*, comme ailleurs ceux d'échevins, de capitouls, etc.

que cette jurade est extrêmement différente en tout des autres corps de ville, je me tournai vers l'intendant après leur avoir répondu, et je le priai de trouver bon que je les conviasse de souper avec nous; ils me parurent sensibles à cette politesse à laquelle ils ne s'attendoient pas; allèrent quitter leurs habits, et revinrent souper. Il n'est pas possible de faire une plus magnifique chère, ni plus délicate que celle que l'intendant nous fit soir et matin, ni faire mieux les honneurs de la ville et de leur logis que nous les firent l'intendant et sa femme les trois jours que j'y séjournai, n'ayant pu y être moins pour l'arrangement du voyage. L'archevêet le premier président n'y étoient point; le parlement étoit en vacance. Néanmoins je vis le palais et ce qu'il y avoit à voir dans la ville. Quoiqu'on me dégoûtât de voir l'hôtel de ville qui est vilain, je persistai à y aller; je voulois faire une autre civilité aux jurats, sans conséquence; ils s'y trouvèrent; je leur dis que c'étoit beaucoup moins la curiosité qui m'amenoit dans un lieu où on m'avoit averti que je ne trouverois rien qui méritât d'être vu, que le désir d'une occasion de leur rendre à tous une visite, ce qui me parut leur avoir plu extrêmement.

Enfin, après avoir bien remercié M. et Mme Boucher, nous partîmes, traversâmes les grandes landes, et arrivâmes à Bayonne, où nous mîmes pied à terre chez d'Adoncourt qui y commandoit très-dignement, et y étoit adoré en servant parfaitement le roi. Mes enfants et moi logeâmes chez lui, et tout mon monde dans le voisinage. Le changement de voitures pour nous et pour le bagage nous y retint quatre jours, pendant lesquels rien ne se peut ajouter aux soins d'Adoncourt, à sa politesse aisée et sans compliments, et à sa chère soir et matin, propre, grande, excellente. Il étoit venu accompagné d'officiers une lieue au-devant de nous. J'étois dès lors monté à cheval. L'artillerie, les compliments, il fallut essuyer cela comme à Bordeaux, et, pour ne le pas répéter, ce fut la même chose au retour, excepté à

Blaye où je le défendis. Dreuillet, évêque de Bayonne, me vint voir, puis dîner avec nous et ce qu'il y avoit de plus principal dans la ville, mais en fort petit nombre. Je fus le lendemain chez ce prélat qui étoit pieux, savant, et toutefois de bonne compagnie, et parfaitement aimé dans son diocèse et dans tout le pays. J'allai voir la citadelle, les forts, et tout ce qu'il y avoit qui méritât quelque curiosité.

Pecquet, qui avoit été longtemps premier commis de M. de Torcy, et qui, pour dire le vrai, avoit fait toutes les affaires étrangères tant que le maréchal d'Huxelles les avoit eues, m'avoit prié que son fils vînt en Espagne et fût chez moi, et il avoit pris les devants quelques jours auparavant. Je trouvai un courrier de Sartine arrivé à Bayonne une heure avant moi. Sartine me mandoit du 5, à onze heures du soir, que le roi d'Espagne, ayant appris que Pecquet étoit arrivé la veille, étoit très-fâché de mon retardement, d'où résultoit celui de l'échange des princesses qui essuieroient le plus mauvais temps de l'hiver. Que Leurs Majestés Catholiques n'attendoient que mon arrivée pour se mettre en chemin pour Burgos, jusqu'où elles avoient résolu de conduire l'infante, et qu'elles désiroient extrêmement que je pressasse ma marche. Sartine tâcha inutilement de les détourner de ce voyage. Il ajouta de lui-même que Leurs Majestés Catholiques seroient sensiblement mortifiées, si le départ de Mlle de Montpensier se retardoit d'un moment du jour fixé, et que le marquis de Grimaldo lui envoyoit à l'heure qu'il m'écrivoit un courrier par ordre du roi d'Espagne pour me le dépêcher et apporter ma réponse.

Je répondis à Sartine que je le priois de représenter à Leurs Majestés Catholiques que de ma part je n'avois rien oublié ni n'oublierois pour hâter mon voyage. Que les circonstances des précautions à l'égard de la peste avoient empêché mes équipages de passer ni rien pu faire préparer sur la route pour la diligenter, parce que les passe-ports d'Espagne n'étoient arrivés que le 29 du mois dernier, et que ces passe-ports étant pour le chemin qui passe à Vittoria, plus long que celui de Pampelune, que je voulois prendre, me retardoient encore; qu'au surplus mon arrivée à Madrid plus ou moins avancée ne pouvoit rien influer sur le départ de Mlle de Montpensier fixé au 15 de ce mois; que tout le désir du roi et de M. le duc d'Orléans de l'avancer étoit inutile, par l'impossibilité que les préparatifs pussent être prêts plus tôt. Que de Paris à la frontière elle mettroit cinquante jours par la difficulté des chemins et la quantité d'équipages, d'où il résultoit que de Madrid à la frontière, le chemin étant plus court d'un tiers, l'infante ne pouvoit être pressée de partir pour arriver juste au lieu de l'échange, et que, par conséquent, j'aurois tout le temps nécessaire pour m'acquitter de toutes les fonctions préalables à son départ, qui n'en pourra être retardé d'un seul moment.

Le 9, lendemain de mon arrivée à Bayonne, j'envoyai faire compliment à la duchesse de Liñarez, camarera-mayor de la reine douairière d'Espagne, et la prier de lui demander audience, pour moi, pour l'après-dînée. Je reçus en réponse un compliment de la reine. Ses carrosses vinrent me prendre et me conduisirent chez elle : véritablement je fus étonné en y arrivant. Elle s'étoit retirée depuis assez longtemps dans une maison de campagne fort proche de la ville qui n'avoit que deux fenêtres de face sur une petite cour et guère plus de profondeur. De la cour, je traversai un petit passage et j'entrai dans une pièce plus longue que large, très-communément meublée, qui avoit vue sur un beau et grand jardin. Je trouvai la reine qui m'attendoit, accompagnée de la duchesse de Liñarez et de très-peu de personnes. Je lui fis le compliment du roi et lui présentai sa lettre : on ne peut répondre plus poliment qu'elle fit à l'égard du roi, ni avec plus de bonté pour moi. La conversation fut sur la joie des mariages, le temps de l'échange et sur mon voyage. Elle étoit debout, sans siége derrière elle; je ne me couvris point, et n'en fis pas même le semblant. La duchesse de Liñarez et d'Adoncourt entrèrent seuls un peu dans la conversation. Je lui présentai mes enfants et ces messieurs qui étoient avec moi à qui elle dit quelque chose, cherchant à leur parler à tous avec un air d'attention et de bonté et en fort bon françois. Elle étoit fort grande, droite, très-bien faite, de grand air, de bonne mine, qui laissoit voir qu'elle avoit eu de la beauté. Elle me demanda beaucoup des nouvelles de Madame. Tout son habillement étoit noir et sa coiffure avec un voile, mais qui montroit des cheveux, et sa taille paroissoit aussi. Ce vêtement n'étoit ni françois ni espagnol, avec une longue queue dont la duchesse de Liñarez tenoit le bout, mais fort lâche. C'étoit un habit de veuve, mais mitigé avec une longue et large attache devant le haut du corps, de très-beaux diamans. Pour la duchesse de Liñarez, son habit m'effraya : il étoit tout à fait de veuve et ressembloit en tout à celui d'une religieuse. Je ne dois pas oublier que je présentai aussi à la reine les compliments et une lettre de M. le duc d'Orléans, à quoi elle répondit avec une grande politesse.

Au sortir de l'audience, elle me fit inviter à dîner, pour le lendemain, dans une maison de Bayonne où le gros de ses officiers demeuroit et où elle a aussi logé. J'y allai, sur l'exemple du comte de San Estevan del Puerto, allant au congrès de Cambrai, et tout à l'heure, du duc d'Ossone venant en France. Le sieur de Bruges, qui étoit chef de la maison de la reine douairière, fit les honneurs du festin très-bon et très-magnifique, où se trouva l'évêque de Bayonne, d'Adoncourt, et tout ce qui m'accompagnoit de principal. J'eus une seconde audience de la reine pour la remercier du repas et prendre congé d'elle. La conversation fut plus longue et plus familière que la première fois ; elle finit par m'exposer le très-triste état où elle se trouvoit, faute de tout payement d'Espagne depuis des années, et me prier d'en parler à Leurs Majestés Catholiques et de lui procurer quelque secours sur ce qui lui étoit si considérablement dû.

J'appris d'Adoncourt plusieurs petits détails touchant les efforts tentés à Paris et à la cour pour faire différer les mariages dans la vue de profiter de ce délai pour tâcher de les rompre, mais qui ne me donnèrent pas grande lumière là-dessus. Ce que je démêlai seulement fut qu'Adoncourt, qui avoit de grands commerces en Espagne pour tenir la cour bien avertie de tout, et qui y étoit même en liaison avec plusieurs seigneurs, avoit eu plus de part que moi en la confidence du duc d'Ossone qui lui avoit nommé des personnages de cette intrigue, tant de notre cour que de celle d'Espagne. Je l'exhortai à en instruire le cardinal Dubois auquel je le mandai.

Passant les Pyrénées, je quittai, avec la France, les pluies et le mauvais temps qui ne m'avoient pas quitté jusque-là, et trouvai un ciel pur et une température charmante, avec des échappées de vues et des perspectives qui changeoient à tout moment, qui ne l'étoient pas moins. Nous étions tous montés sur des mules dont le pas est grand et doux. Je me détournai en chemin à travers de hautes montagnes pour aller voir Loyola, lieu fameux par la naissance de saint Ignace, situé tout seul près d'un ruisseau assez gros, dans une vallée fort étroite, dont les montagnes de roche qui la serrent des deux côtés doivent faire une glacière quand elles sont couvertes de neige et une tourtière en été. Nous trouvâmes là quatre ou cinq jésuites, fort polis et fort entendus, qui prenoient soin du bâtiment prodigieux qui y étoit entrepris pour plus de cent jésuites et une infinité d'écoliers, dans le dessein de faire de cette maison un noviciat, un collége, une maison professe [pour] qu'elle servît à tous les usages auxquels sont destinés leurs différentes maisons et [fût] le chef-lieu de leur compagnie.

Ils nous firent voir le petit logis primitif du père de saint Ignace, qui est une maison de cinq ou six fenêtres, qui n'a qu'un rez-de-chaussée pour le ménage, un étage au-dessus et plus haut un grenier. Ce seroit tout au plus le logis d'un curé, et [cela] ne ressembla jamais en rien à un château. Nous vîmes la chambre où saint Ignace, blessé à la guerre, fut longtemps couché, et eut sa fameuse révélation touchant la compagnie dont il devoit être l'instituteur ; et l'écurie où sa mère voulut aller accoucher de lui, qui est au-dessous, par dévotion pour l'étable de Bethléem. Rien de plus bas, de plus étroit, de plus écrasé que ces deux pièces ; rien aussi de si éblouissant d'or qui y brille partout. Il y a un autel dans chacune des deux où le saint sacrement repose, et ces deux autels sont de la dernière magnificence.

La maison des jésuites qu'ils alloient détruire pour leur immense bâtiment étoit fort peu de chose et pour loger au plus une douzaine de jésuites. L'église nouvelle étoit presque achevée, en rotonde, d'une grandeur et d'une hauteur qui surprend, avec des autels pareils entre eux, tout autour en symétrie. L'or, la peinture, la sculpture, les ornements de toutes les sortes et les plus riches, répandus partout avec un art prodigue, mais sage ; une architecture correcte et admirable, les marbres les plus exquis, le jaspe, le porphyre, le lapis, les colonnes unies, torses, cannelées, avec leurs chapiteaux et leurs ornements de bronze doré, un rang de balcons, entre chaque autel, et de petits degrés de marbre pour y monter et les cages incrustées, les autels et ce qui les accompagne admirables. En un mot, un des plus superbes édifices de l'Europe, le mieux entendu et le plus magnifiquement orné. Nous y prîmes le meilleur chocolat dont j'aie jamais goûté, et après quelques heures de curiosité et d'admiration, nous regagnâmes notre route et notre gîte, fort tard et avec beaucoup de peine.

Nous arrivâmes le 15 à Vittoria où je trouvai la députation de la province qui m'attendoit avec un grand présent d'excellent vin rancio ; c'étoient quatre gentilshommes considérables qui étoient à la tête des affaires du pays. Je les conviai à souper, et le lendemain à déjeuner avec nous : ils parloient françois, et je fus surpris de voir des Espagnols si gais et de si bonne compagnie à table. La joie du sujet de mon voyage éclata partout où je passai en France et en Espagne et me fit bien recevoir. On se mettoit aux fenêtres et on bénissoit mon voyage. A Salinas, entre autres, où je passois sans m'arrêter, des dames qui, à voir leur maison et elles-mêmes aux fenêtres, me parurent de qualité, me demandèrent de si bonne grâce de voir un moment celui qui alloit conclure le bonheur de l'Espagne, que je crus qu'il étoit de la galanterie de monter chez elles; elles m'en parurent ravies, et j'eus toutes les peines du monde à m'en débarrasser pour continuer mon chemin.

Je trouvai à Vittoria un courrier de Sartine pour me presser d'arriver, mais dont la date étoit antérieure au retour de son courrier de Bayonne; mais, étant le 17, à cinq heures du matin, prêt à partir de Miranda d'Ebro, arriva un autre courrier de Sartine, qui me mandoit que les raisons, quoique sans réplique, que je lui avois écrites de Bayonne, n'avoient point ralenti l'extrême empressement de Leurs Majestés Catholiques, sur quoi je le priai de me faire tenir des relais le plus qu'il pourroit, à quelque prix que ce fût, pour presser mon voyage tant qu'il me seroit possible.

J'arrivai le 18 à Burgos, où je comptois séjourner, pour voir au moins un jour ce que deviendroit une fièvre assez forte qui avoit pris à mon fils aîné, qui m'inquiétoit beaucoup, en attendant que mes relais pussent se préparer; mais Pecquet arriva pour presser de nouveau ma marche, et si vivement qu'il fallut abandonner mon fils et presque tout mon monde. L'abbé de Mathan voulut bien demeurer avec lui pour en prendre soin et ne le point quitter.

J'appris par Pecquet la cause d'une si excessive impatience. C'est que la reine, qui n'aimoit point le séjour de Madrid, petilloit d'en sortir pour aller à Lerma, où on l'avoit assurée qu'elle trouveroit une chasse fort abondante. Pecquet me dit que M. de Grimaldo et Sartine n'avoient rien oublié pour rompre, au moins différer ce voyage, mais que l'impatience avoit été nourrie et augmentée par Maulevrier, enragé de voir arriver un ambassadeur de naissance et de dignité personnelle, et qui n'avoit pu s'empêcher de dire qu'il l'auroit plus patiemment souffert si c'eût été le duc de Villeroy, La Feuillade ou le prince de Rohan. Ce seigneur Andrault, si délicat pour soi, ne cherchoit pas les amis de M. le duc d'Orléans par le désir de ces messieurs; et, outre qu'il s'oublioit bien lui-même, il perdoit promptement la mémoire qu'il avoit été laissé à mon choix de lui donner ou non le caractère d'ambassadeur, que par conséquent il me devoit, et qui en cette occasion surtout l'honoroit fort au delà de ses espérances. Toutefois je résolus de n'en faire aucun semblant et de vivre avec lui comme si j'eusse ignoré ce que je venois d'apprendre; mais je le mandai au cardinal Dubois.

Je partis donc de Burgos le 19 avec mon second fils, le comte de Lorges, M. de Céreste (ces deux derniers ne vinrent qu'un peu après ensemble), l'abbé de Saint-Simon, son frère, le major de son régiment et très-peu de domestiques. Nous trouvâmes peu de relais et mal établis; marchâmes jour et nuit, sans nous coucher, jusqu'à Madrid, nous servant des voitures des corrégidors[1], où nous pûmes, tellement que je fus obligé de faire les dernières douze lieues à cheval en poste, qui en valent le double d'ici. Nous arrivâmes de la sorte à Madrid le vendredi 21, à onze heures du soir. Nous trouvâmes à l'entrée de la ville, qui n'a ni murailles, ni portes, ni barrières, ni faubourgs, des gens en garde qui demandèrent qui nous étions et d'où nous venions, et qu'on y avoit mis exprès pour être avertis du moment de mon arrivée. Comme j'étois fort fatigué d'avoir tou-

1. Ce nom, qui signifie *correcteur*, désignait les magistrats dans les villes, où il n'y avait ni gouverneur, ni tribunal royal. Les corrégidors étaient à la fois juges, chefs du corps municipal et chargés de l'administration financière et de la police.

jours marché sans arrêter depuis Burgos, et qu'il étoit fort tard, je répondis que nous étions des gens de l'ambassadeur de France, qui arriveroit le lendemain. Je sus après que, par le calcul de Sartine, de Grimaldo, et de Pecquet arrivé devant moi, ils avoient tous compté que je ne serois à Madrid que le 22.

Dès que je fus arrivé chez moi, j'envoyai chercher Sartine pour prendre langue avec lui, fermai bien ma porte, et donnai ordre de dire à quiconque pourroit venir qu'on ne m'attendoit que le lendemain. Je sus par Sartine que, grâces à ses précautions et aux peines que le duc de Liria en avoit bien voulu prendre, j'aurois le surlendemain de quoi me mettre en public, et que huit jours après je serois en état d'avoir tous mes équipages et de prendre mon audience solennelle. Cependant tout ce qui n'étoit point destiné à demeurer à Burgos avec mon fils aîné arriva en poste à la file, en sorte que personne et que rien ne me manqua. Le lendemain matin samedi 22, de bonne heure, Sartine accompagna mon secrétaire chez le marquis de Grimaldo, tandis que j'envoyai faire les messages accoutumés quand on arrive aux ministres des cours étrangères. Grimaldo, surpris et fort aise de mon arrivée qu'il n'attendoit que le soir de ce jour, fut au palais le dire à Leurs Majestés Catholiques, qui, dans leur impatience de partir, furent ravies. Du palais, Grimaldo vint chez moi au lieu d'attendre ma première visite : il me trouva avec Maulevrier, le duc de Liria et quelques autres.

Ce fut apparemment sur l'exemple de Grimaldo que les trois charges vinrent aussi chez moi; le marquis de Santa Cruz, majordome-major de la reine, et très-bien avec elle; le duc d'Arcos; le marquis de Bedmar, président du conseil de guerre et de celui des ordres, et chevalier de celui du Saint-Esprit; le duc de Veragua président du conseil des Indes, tous grands d'Espagne; l'archevêque de Tolède, le grand inquisiteur, évêque de Barcelone, presque tous ayant le vain titre de conseillers d'État. La plupart vinrent le matin, les autres l'après-dînée, et les jours suivants tout ce qu'il y eut à Madrid de grands, de seigneurs et de ministres étrangers. Le gouverneur du conseil de Castille, qui ne visite jamais personne ni n'envoie, si ce n'est pour affaire, envoya me complimenter, quoique je n'eusse point envoyé chez lui, par la raison que je dirai lorsque je parlerai de cette première charge d'Espagne. Castellar, secrétaire d'État pour la guerre, vint aussi chez moi ce même jour. Le duc de Liria se disposoit à venir une lieue au-devant de moi avec Valouse et Sartine, et de son côté Maulevrier avec Robin.

Grimaldo me témoigna la joie de Leurs Majestés Catholiques de mon arrivée, et après m'avoir fait les plus gracieux compliments pour lui-même, me donna le choix de leur part de les aller saluer ce même matin ou dans l'après-dînée. Je crus l'empressement mieux séant, et j'y allai avec lui sur-le-champ dans le carrosse de Maulevrier qui y vint aussi. De cette sorte fut levée toute difficulté sur la première visite, à l'égard de tous ceux à qui elle étoit due de ma part, et de ceux qui la pouvoient prétendre, dont j'eus le sang bien rafraîchi.

Nous arrivâmes au palais comme le roi étoit sur le point de revenir de la messe, et nous l'attendîmes dans le petit salon qui est entre le salon des Grands et celui des Miroirs, dans lequel personne n'entre que mandé. Peu de moments après, le roi vint par le salon des Grands. Grimaldo l'avertit comme il entroit dans le petit salon : il vint à moi aussitôt, précédé et suivi d'assez de courtisans, mais qui ne ressembloient pas à la foule des nôtres. Je lui fis ma profonde révérence; il me témoigna sa joie de mon arrivée, demanda des nouvelles du roi, de M. le duc d'Orléans, de mon voyage, et des nouvelles de mon fils aîné qu'il avoit su être demeuré malade à Burgos, puis entra seul dans le cabinet des Miroirs. A l'instant je fus environné de toute la cour, avec des compliments et des témoignages de joie des mariages et de l'union des deux couronnes. Grimaldo et le duc de Liria me nommoient les seigneurs, qui presque tous parloient françois, aux civilités infinies desquels je tâchai de répondre par les miennes.

Un demi-quart d'heure après que le roi fut rentré, il m'envoya appeler. J'entrai seul dans le salon des Miroirs, qui est fort vaste, bien moins large que long. Le roi, et la reine à sa gauche, étoient presque au fond du salon, debout, et tout joignant l'un l'autre. J'approchai avec trois profondes révérences, et je remarquerai une fois pour toutes que le roi ne se couvre jamais qu'aux audiences publiques, et quand il va et vient de la messe en chapelle, terme que j'expliquerai en son lieu. L'audience dura demi-heure (car c'est toujours eux qui congédient) à témoigner leur joie, leurs désirs, leur impatience, avec un épanchement infini, très-bien aussi sur M. le duc d'Orléans et sur le désir de rendre Mlle de Montpensier heureuse sur un portrait d'elle et un autre du roi qu'ils me montrèrent. A la fin de la conversation, où la reine parla bien plus que le roi dont néanmoins la joie éclatoit avec ravissement, ils me firent l'honneur de me dire qu'ils me vouloient faire voir les infants, et me commandèrent de les suivre. Je traversai seul à leur suite la chambre et le cabinet de la reine, une galerie intérieure, où il se trouva deux dames de service et deux ou trois seigneurs en charge, qui, apparemment, avoient été avertis, comme je l'expliquerai ailleurs, et passai avec cette petite suite toute cette galerie, au bout de laquelle étoit l'appartement des infants. Je n'ai point vu de plus jolis enfants, ni mieux faits que don Ferdinand et don Carlos, ni un plus beau maillot que don Philippe. Le roi et la reine prirent plaisir à me les faire regarder, et à les faire tourner et marcher devant moi de fort bonne grâce. Ils entrèrent après chez l'infante, où je tâchai d'étaler le plus de galanterie que je pus. En effet, elle étoit charmante, avec un petit air raisonnable et point embarrassé. La reine me dit que l'infante commençoit à apprendre assez bien le françois ; et le roi, qu'elle oublieroit bientôt l'Espagne. « Oh ! s'écria la reine, non-seulement l'Espagne, mais le roi et moi, pour ne s'attacher qu'au roi son mari ; » sur quoi je tâchai de ne pas demeurer muet. Je sortis de là à la suite de Leurs Majestés Catholiques, que je suivis à travers cette petite galerie et leur appartement. Elles me congédièrent aussitôt avec beaucoup de témoignages de bonté ; et, rentré dans le salon avec tout le monde, j'y fus environné de nouveau, avec force compliments.

Peu de moments après, le roi me fit rappeler pour voir le prince des Asturies, qui étoit avec Leurs Majestés dans ce même salon des Miroirs. Je le trouvai grand, et véritablement fait à peindre ; blond et de beaux cheveux, le teint blanc avec de la couleur, le visage long, mais agréable, les yeux beaux, mais trop près du nez : je lui trouvai beaucoup de grâce et de politesse. Il me demanda fort des nouvelles du roi, puis de M. le duc d'Orléans et de Mlle de Montpensier, et du temps de son arrivée.

Leurs Majestés Catholiques me témoignèrent beaucoup de satisfaction de ma diligence, me dirent qu'ils avoient retardé leur voyage pour me donner le temps de me mettre en état de prendre mes audiences ; qu'une seule suffiroit pour faire la demande de l'infante et l'accorder ; que les articles pourroient être signés la veille de cette audience, et l'après-dînée de ce jour de l'audience signer le contrat. Ensuite ils me demandèrent quand tout seroit prêt ; je leur dis que ce seroit le jour qu'il leur plairoit, parce que tout ce que je foisois préparer n'étant que pour leur en faire ma cour, je croirois y mieux réussir avec moins pour ne pas retarder leur départ, que de différer pour étaler tout ce à quoi on travailloit encore. Il me parut que cette réponse leur plut fort, mais elles ne voulurent jamais déterminer le jour, sur quoi enfin je leur proposai le mardi suivant. La joie de cette promptitude parut sur leur visage, et [ils] me témoignèrent m'en savoir beaucoup de gré. Là-dessus, le roi se recula un peu, parla bas à la reine, et elle à lui, puis se rapprochèrent du prince des Asturies et de moi, et fixèrent leur départ au jeudi suivant, 27 du mois. Tout de suite ils me permirent non-seulement de les y suivre, mais m'ordonnèrent de les suivre de près, parce que l'incommodité des logements ne permettoit qu'à peine aux officiers de service les plus nécessaires de les accompagner dans la route. Ce fut la fin de toute cette audience.

Maulevrier seul me remena chez moi, où je trouvai don Gaspard Giron, l'ancien des quatre majordomes, qui s'étoit emparé de ma maison avec les officiers du roi, qui me traita magnifiquement, avec beaucoup de seigneurs qu'il avoit invités, et fit toujours les honneurs; ce qui, quoi que je pusse faire, dura jusqu'au mercredi suivant inclus, avec un carrosse du roi toujours à ma porte pour me servir; mais à ce dernier égard, j'obtins enfin que cela ne dureroit que trois jours, pendant lesquels il fallut toujours m'en servir; il étoit à quatre mules, avec un cocher du roi et quelques-uns de ses valets de pied en livrée. Ce traitement de table et de carrosse est une coutume à l'égard des ambassadeurs extraordinaires. Si je m'étends sur les honneurs que j'ai reçus, c'est un récit que je dois à l'instruction et à la curiosité, plus encore à la joie extrême du sujet de cette ambassade qui fit passer par-dessus toutes règles, comme pour les premières visites, et en bien d'autres choses, ainsi qu'aux accueils et aux empressements que je reçus de tout le monde, et qui furent toujours les mêmes tant que je demeurai en Espagne.

La conduite de deux seigneurs principaux me surprit également par leur opposition à mon égard. Cellamare, qui avoit pris le nom de duc de Giovenazzo depuis la mort de son père, et qui étoit grand écuyer de la reine, surpassa toute cette cour en empressements pour moi et chez moi, et au palais, en protestations de joie de l'union et des mariages, d'attachement et de reconnoissance des bons traite-

ments qu'il avoit reçus en France, me conjura que le roi et
M. le duc d'Orléans en fussent informés, et se répandit assez
inconsidérément en tendresse pour le maréchal de Villeroy,
auquel il me dit qu'il vouloit écrire, ainsi qu'au roi et à
M. le duc d'Orléans. Je reçus toutes ces rares effusions aussi
poliment que me le permit la plus extrême surprise, après
tout ce qu'il avoit brassé à Paris et ce qui en étoit suivi pour
lui-même. Ces mêmes empressements continuèrent tant que
je fus en Espagne, mais il ne mangea pas une seule fois
chez moi. Aussi, ne l'en priai-je qu'une de devoir, le jour de
la couverture[1] de mon fils.

Son contradictoire fut le duc de Popoli, capitaine général,
grand maître de l'artillerie, chevalier du Saint-Esprit et
gouverneur du prince des Asturies, dont je reçus force compliments au palais où je ne le rencontrois guère, et qui ne
vint et n'envoya chez moi qu'une fois. On verra aussi comment j'en usai avec lui.

Ce même jour, j'allai voir le marquis de Grimaldo, particulièrement chargé des affaires étrangères. Il entendoit parfaitement le françois, mais il ne le vouloit pas parler.
Orondaya, son principal commis, nous servit toujours d'interprète; on ne peut en recevoir plus de politesses; je fus
étonné au dernier point qu'il me rapportât tous les efforts
que j'avois faits auprès de M. le duc d'Orléans pour le
détourner de la guerre qu'il fit à l'Espagne en faveur des
Anglois, et je n'imagine pas comment Laullez l'avoit su,
qui l'avoit mandé fort tôt après qu'il fut arrivé à Paris. Je
présentai à Grimaldo les copies des lettres que je devois
rendre. Ce fut un long combat de civilité entre nous, lui de
ne les vouloir pas prendre, moi d'insister; mais je m'y opi-
niâtrai tellement qu'enfin il les reçut. J'eus pour cela mes
raisons, je voulois faire passer la lettre de M. le duc d'Orléans au prince des Asturies, avec le traitement de frère; je

1. Voy. sur cette cérémonie, le t. III, p. 261 et suiv.

ne voulois pas m'y exposer témérairement ; il falloit donc, pour ne rien hasarder, que Grimaldo en eût la copie et point de celle où le traitement de frère étoit omis, qu'il n'étoit temps de produire qu'au cas que Grimaldo ne voulût point passer l'autre ; c'est ce qui me fit tant insister ; heureusement je n'en entendis plus parler, et sur cette confiance, je rendis celle où étoit le traitement de frère le lendemain au prince des Asturies. Elle passa doux comme lait, et j'eus le plaisir de renvoyer aussitôt après à M. le duc d'Orléans celle où le traitement de frère n'étoit pas employé.

Restoit l'embarras de n'avoir point de lettre pour l'infante. J'en fis la confidence à Grimaldo, qui se mit à rire et me dit qu'il m'en tireroit et feroit que, lorsque le lendemain j'irois à l'audience de l'infante, la gouvernante me viendroit dire dans l'antichambre qu'elle dormoit et m'offriroit de la réveiller, ce que je refuserois, après quoi je n'irois plus chez elle, que la lettre du roi pour elle ne me fût arrivée, et que j'irois lui remettre alors sans façon et sans audience. Cela commença à nous ouvrir un peu l'un avec l'autre sur le cardinal Dubois, et je vis dans la suite qu'il le connoissoit tel qu'il étoit, aussi parfaitement que nous. La journée finit fort tard par la communication que je donnai à Maulevrier de tout ce qui m'avoit été remis touchant l'ambassade, et je lui remis aussi les pleins pouvoirs qui lui donnoient le caractère d'ambassadeur.

Lui et moi avions, dès auparavant, agité ensemble la difficulté qui se rencontroit dans le préambule du contrat de mariage du roi, qui s'expliquoit de manière que ce n'étoit point le roi et la reine d'Espagne qui contractoient, mais des commissaires, nommés par eux, qui stipuloient en leur nom, tant pour Leurs Majestés Catholiques, que pour l'infante, ce qui nous auroit mis dans la nécessité de nommer aussi des commissaires dont nous n'avions pas pouvoir. J'avois donc prié Maulevrier de me venir trouver chez Grimaldo pour nous en expliquer avec lui. Il nous représenta que telle étoit la coutume en Espagne ; que nos deux dernières reines avoient été mariées de cette façon, et qu'encore qu'au dernier de ces deux mariages, le roi et le roi d'Espagne Philippe IV fussent en personne sur la frontière, le roi Philippe IV n'en avoit pourtant pas signé lui-même le contrat, à quoi Grimaldo nous pressa fort de nous conformer et de donner des commissaires ; nous insistâmes sur notre défaut de pouvoir, sur la longueur où jetteroit la nécessité de dépêcher un courrier et d'en attendre le retour, enfin sur ce que le roi comptoit si fort sur la signature de Leurs Majestés Catholiques, que cela même étoit porté précisément dans nos instructions. Cette discussion fut beaucoup moins une dispute qu'une conversation fort polie, à la fin de laquelle Grimaldo, qui m'adressa toujours la parole, me dit que le roi d'Espagne avoit tant de désir de complaire au roi et de voir la fin d'une affaire si désirée, qu'il espéroit qu'il voudroit bien passer pardessus la coutume d'Espagne et signer lui-même avec la reine ; qu'il alloit leur en rendre compte tout sur-le-champ et nous informeroit le lendemain dimanche 23, de la réponse, jour auquel je devois avoir le matin ma première audience particulière et rendre les lettres dont j'étois chargé. Mais avant de passer outre, je crois nécessaire de dire quelque chose du roi et de la reine d'Espagne et du marquis de Grimaldo.

Le premier coup d'œil, lorsque je fis ma première révérence au roi d'Espagne en arrivant, m'étonna si fort, que j'eus besoin de rappeler tous mes sens pour m'en remettre. Je n'aperçus nul vestige du duc d'Anjou, qu'il me fallut chercher dans son visage fort allongé, changé, et qui disoit encore beaucoup moins que lorsqu'il étoit parti de France. Il étoit fort courbé, rapetissé, le menton en avant, fort éloigné de sa poitrine, les pieds tout droits, qui se touchoient, et se coupoient en marchant, quoiqu'il marchât vite et les genoux à plus d'un pied l'un de l'autre. Ce qu'il me fit l'honneur de me dire étoit bien dit, mais si l'un après l'autre, les paroles si traînées, l'air si niais, que j'en fus confondu. Un justaucorps, sans aucune sorte de dorure, d'une manière de bure brune, à cause de la chasse où il devoit aller, ne relevoit pas sa mine ni son maintien. Il portoit une perruque nouée, jetée par derrière, et le cordon bleu par-dessus son justaucorps, toujours et en tout temps, et de façon qu'on ne distinguoit pas sa Toison qu'il portoit au cou avec un cordon rouge, que sa cravate et son cordon bleu cachoient presque toujours. Je m'étendrai ailleurs sur ce monarque.

La reine, que je vis un quart d'heure après, ainsi qu'il a été rapporté plus haut, m'effraya par son visage marqué, couturé, défiguré à l'excès par la petite vérole; le vêtement espagnol d'alors pour les dames, entièrement différent de l'ancien, et de l'invention de la princesse des Ursins, est aussi favorable aux dames jeunes et bien faites, qu'il est fâcheux pour les autres dont l'âge et la taille laissent voir tous les défauts. La reine étoit faite au tour, maigre alors, mais la gorge et les épaules belles, bien taillée, assez pleine et fort blanche, ainsi que les bras et les mains; la taille dégagée, bien prise, les côtés longs, extrêmement fine et menue par le bras, un peu plus élevée que la médiocre; avec un léger accent italien, [elle] parloit très-bien françois, en bons termes, choisis, et sans chercher, la voix et la prononciation fort agréables. Une grâce charmante, continuelle, naturelle, sans la plus légère façon, accompagnoit ses discours et sa contenance, et varioit suivant qu'ils varioient. Elle joignoit un air de bonté, même de politesse, avec justesse et mesure, souvent d'une aimable familiarité, à un air de grandeur et à une majesté qui ne la quittoient point. De ce mélange, il résultoit que, lorsqu'on avoit l'honneur de la voir avec quelque privance, mais toujours en présence du roi, comme je le dirai ailleurs, on se trouvoit à son aise avec elle, sans pouvoir oublier ce qu'elle étoit, et qu'on s'accoutumoit promptement à son visage. En effet, après l'avoir un peu vue, on démêloit aisément qu'elle avoit eu de la beauté et de l'agrément dont une petite vérole si cruelle n'avoit pu effacer l'idée. La parenthèse, au courant vif de ce commencement de fonctions d'ambassadeur, seroit trop longue si j'en disois ici davantage ; mais il est nécessaire d'y remarquer en un mot, qui sera plus étendu ailleurs, que jour et nuit, travail, audiences, amusements, dévotions, le roi et elle ne se quittoient jamais, pas même pour un instant, excepté les audiences solennelles qu'ils donnoient l'un et l'autre séparément, l'audience du roi publique et celle du conseil de Castille et les chapelles publiques. Toutes ces choses seront expliquées en leur lieu.

Grimaldo, naturel Espagnol, ressembloit à un Flamand. Il étoit fort blond, petit ; gros, pansu, le visage rouge, les yeux bleus, vifs, la physionomie spirituelle et fine, avec cela de la bonté. Quoique aussi ouvert et aussi franc que sa place le pouvoit permettre, complimenteur à l'excès, poli, obligeant, mais au fond glorieux comme nos secrétaires d'État, avec ses deux petites mains collées sur son gros ventre, qui, sans presque s'en décoller ni se joindre, accompagnoient ses propos de leur jeu : tout cela faisoit un extérieur dont on avoit à se défendre. Il étoit capable, beaucoup d'esprit et d'expérience, homme d'honneur et vrai, solidement attaché au roi et au bien de ses affaires, grand courtisan toutefois, et dont les maximes furent en tous les temps l'union étroite avec la France. En voilà ici assez sur ce ministre, dont je sus gagner l'amitié et la confiance, qui me furent très-utiles et qui ont duré entre lui et moi jusqu'à sa mort, comme je le dirai ailleurs, qui n'arriva qu'après sa chute et bien des années. Retournons maintenant à notre ambassade.

Le dimanche 23 j'eus ma première audience particulière, le matin, du roi et de la reine ensemble, dans le salon des Miroirs, qui est le lieu où ils la donnent toujours. J'étois accompagné de Maulevrier. Je présentai à Leurs Majestés Catholiques les lettres du roi et de M. le duc d'Orléans. Les propos furent les mêmes sur la famille royale, la joie, l'union, le désir de rendre la future princesse des Asturies heureuse. A la fin de l'audience, je présentai à Leurs Majestés Catholiques le comte de Lorges, le comte de Céreste, mon second fils, l'abbé de Saint-Simon, et son frère. Je reçus force marques de bonté du roi et de la reine dans cette audience, qui me parut fort sèche pour Maulevrier. Ils me demandèrent fort des nouvelles de mon fils aîné, et dirent quelques mots de bonté à ceux que je venois de leur présenter. Nous fûmes de là chez l'infante, où je fus reçu comme Grimaldo et moi en étions convenus. Nous descendîmes ensuite chez le prince des Asturies, à qui je présentai les lettres du roi et de M. le duc d'Orléans, puis à la fin les mêmes personnes que j'avois présentées au roi et à la reine. Les propos furent à peu près les mêmes, et avec beaucoup de grâce et de politesse. Je me conformai à l'usage et le traitai toujours de Monseigneur et de Votre Altesse, sans y rien ajouter. J'en usai de même avec les infants.

Au sortir de là nous passâmes dans la cavachuela[1] du marquis de Grimaldo. J'expliquerai ailleurs ce que c'est. Il nous dit que le roi d'Espagne avoit consenti à signer lui-même le contrat et la reine ; mais don Joseph Rodrigo qui, comme secrétaire d'État intérieur, devoit l'expédier, et qui ne parloit et n'entendoit pas un mot de françois, ni à ce qu'il me parut d'affaires, proposa qu'il y eût des témoins, et je compris que Grimaldo, qui s'attendoit à notre visite pour la réponse à la difficulté sur la signature, l'avoit aposté là exprès pour se décharger sur lui de la proposition de cette nouvelle difficulté. Je répondis que nous n'avions point d'ordre là-dessus ; qu'on ne connoissoit point cette formalité en France, et que tout récemment le roi et tous ceux du sang avoient signé le contrat de la duchesse de Modène d'une part, et d'autre part le seul plénipotentiaire de Mo-

---

1. Saint-Simon écrit toujours *cavachuela*, au lieu de *covachuela*, mot qui signifie *bureau d'un ministère*. On appelle en espagnol *covachuelista* un employé des ministères.

dène sans aucun témoin, et qu'il n'y en avoit point eu non plus au mariage de nos deux dernières reines. Ces messieurs ne se contentèrent point de ces raisons. Rodrigo se débattit et baragouina fort. Grimaldo nous dit avec beaucoup de douceur et de politesse qu'il falloit suivre les coutumes des lieux où on étoit pour la validité et la sûreté des actes qu'on y passoit; que les contrats se passoient en Espagne par un seul notaire, avec la nécessité de la présence de témoins, qui étoit une formalité essentielle qu'ils ne pouvoient omettre. Nous nous défendîmes sur ce qu'elle nous étoit inconnue et qu'il n'y en avoit rien dans nos instructions. Grimaldo allégua la complaisance du roi et de la reine d'Espagne de signer eux-mêmes contre la coutume, sur ce que nous avions représenté que cette signature étoit expressément dans nos instructions, et que nous n'avions point de pouvoir pour nommer des commissaires qui signassent avec les leurs ; qu'ici il n'y avoit ni pour ni contre dans nos instructions, loin d'y avoir rien de contraire à la formalité des témoins, et qu'il ne nous falloit point de pouvoir pour en nommer, puisque rien ne s'y opposoit dans nos instructions; enfin que nous ne pouvions refuser, avec des raisons valables, de nous rendre à un usage constant du pays qui, sans préjudice aucun ni à la chose ni à nos ordres, n'alloit qu'à la plus grande validité, que les parties désiroient et vouloient également, et dont le refus jetteroit dans un grand embarras et une grande longueur. Je répondis que nos instructions ne pouvoient rien contenir sur une formalité inconnue et jamais usitée en France, à laquelle, par conséquent, on n'avoit pu penser, mais que je croyois qu'il suffisoit qu'il n'y eût rien dedans ni pour ni contre pour nous renfermer dans ce qu'elles contenoient, c'est-à-dire pour n'admettre point de témoins. J'ajoutai que nous ne ferions aucune difficulté qu'il y en eût de la part de l'Espagne, pourvu qu'il n'y en eût point de la nôtre, comme je n'en ferois pas non plus qu'il y eût des commissaires d'Espagne au cas [que] ces messieurs trouvassent qu'il y en pût avoir, sans empêcher que Leurs Majestés Catholiques signassent elles-mêmes le contrat. Que je les supplíois de considérer que Leurs Majestés Catholiques pouvoient agir en souverains chez elles sans que nous y pussions trouver à redire, mais que pour nous, nous étions bornés aux ordres que nous avions reçus et aux termes de notre instruction sans pouvoir les outre-passer. Grimaldo et Rodrigo insistèrent sur l'exemple de la condescendance de Leurs Majestés Catholiques de signer elles-mêmes contre la coutume, sur la nécessité des témoins pour la validité de l'acte par la coutume d'Espagne, sur ce que des témoins n'avoient aucun besoin de pouvoir, sur ce qu'il n'y avoit rien dans nos instructions de porté au contraire, sur ce que, par conséquent, admettre des témoins n'étoit pas les outre-passer. Je continuai à me défendre par mes raisons précédentes. Nous ne convînmes point et tout se passa doucement et très-poliment de part et d'autre. Maulevrier me laissa froidement faire et ne dit que quelques mots à mesure que je l'interpellai.

Grimaldo nous proposa ensuite la signature des articles pour le lendemain 24, l'après-dînée, avec le marquis de Bedmar et lui, nommés commissaires du roi d'Espagne pour cela. Je m'expliquai que je prétendois que cette signature se fît chez moi, à moins que le roi d'Espagne n'aimât mieux qu'elle se fît dans son appartement, ce que j'estimois encore plus convenable à la dignité de cette fonction et une facilité qui pouvoit être agréable à Sa Majesté Catholique. Cela fut accepté sur-le-champ par Grimaldo, et l'heure convenue pour le lendemain cinq heures après midi, au palais. Nous eûmes après quelque peu de conversation de civilité, et nous prîmes congé.

Comme il achevoit de nous conduire, il rappela Maulevrier à qui il demanda les noms des personnes principales qui m'accompagnoient, et le pria de lui envoyer ces noms dans le soir de ce même jour. Comme il fut tard, Maulevrier m'envoya dire par son secrétaire que Grimaldo vouloit absolument avoir ces noms avant de se coucher, tellement que je les fis écrire, et remettre à ce secrétaire.

Le lendemain matin, lundi 24, je reçus un paquet du marquis de Grimaldo contenant une lettre pour moi, et cinq autres pour les comtes de Lorges et de Céreste, l'abbé de Saint-Simon, et les marquis de Saint-Simon et de Ruffec. Je récrivis sur-le-champ à Grimaldo, qui insistoit toujours par sa lettre sur les témoins, pour lui demander un entretien dans la fin de la matinée, et pour le faire souvenir que les ambassadeurs de famille ne faisoient point d'entrée. Sur la fin de la matinée, j'allai à la cavachuela de Grimaldo pour m'expliquer avec lui sur ce qu'il entendoit par ces cinq lettres, et j'y allai seul, parce que Maulevrier, à qui j'avois envoyé communiquer tout ce paquet de Grimaldo, voulut demeurer à faire ses dépêches.

Grimaldo me dit nettement que le roi d'Espagne dans l'empressement de finir une affaire si désirée, ayant condescendu de si bonne grâce à signer lui-même avec la reine le contrat de mariage contre l'usage des rois ses prédécesseurs, il étoit juste aussi que je condescendisse, non par une simple complaisance, mais à un point nécessaire à la validité de l'acte, qui est celui des témoins; que depuis notre conférence de la veille, le roi d'Espagne avoit cherché les moyens de concilier là-dessus sa délicatesse avec nos difficultés, et qu'il avoit cru prendre l'expédient le plus convenable, même le plus honorable pour moi, de nommer lui-même les cinq personnes les plus distinguées de tout ce que j'avois amené pour être témoins afin de lever la difficulté que nous faisions d'en nommer; que cette sûreté nécessaire dans l'occurrence présente ne pouvoit être refusée, puisque, outre qu'elle n'étoit pas de mon choix, le roi d'Espagne ayant nommé à mon insu les cinq témoins françois, je ne pouvois alléguer que mes instructions portassent rien qui y fût contraire.

Je répondis à cet honneur inattendu et rien moins que désiré de la nomination du roi d'Espagne des témoins françois, avec tout le respect possible, sans toutefois m'engager à rien que je n'eusse vu jusques où il vouloit porter l'usage de ces témoins, et s'il avoit dessein de leur faire signer le contrat de mariage; mais il convint avec moi qu'ils n'auroient pas cet honneur; que le roi d'Espagne se contenteroit qu'ils fussent présents à la signature de notre part, comme de la leur y assisteroient aussi comme témoins les trois charges, qui sont le majordome-major du roi, le sommelier du corps et le grand écuyer, avec le majordome-major et le grand écuyer de la reine, qui étoient lors le marquis de Villena ou duc d'Escalona, le marquis de Montalègre et le duc del Arco; le marquis de Santa Cruz et Cellamare, ou le duc de Giovenazzo; mais le premier et le dernier ne portoient que le nom de marquis de Villena et de duc de Giovenazzo; que cette fonction des dix témoins seroit exprimée par un acte séparé qui seroit seulement signé du même secrétaire d'État tout seul, qui recevroit le contrat de mariage en qualité de notaire du roi d'Espagne, lequel étoit don Joseph Rodrigo.

Cette assurance que la fonction des témoins ne paroîtroit que dans un acte séparé, lequel même ils ne signeroient point, et qui ne le seroit que par un seul secrétaire d'État, me dérida beaucoup. Je considérai qu'avec cette forme il ne se faisoit rien contre la lettre ni contre l'esprit de mon instruction, ni d'aucun ordre que j'eusse reçu; [je considérai] leur opiniâtre attachement à une formalité espagnole nécessaire dans tous les actes qui se passent en Espagne, et qui, bien que omise aux mariages de nos deux dernières reines, leur paroissoit nécessaire et essentielle dans une circonstance aussi singulière que la rendoit l'âge de l'infante, où ils vouloient accumuler tout ce qu'ils pouvoient de sûretés. Je m'aperçus aussi qu'ils n'avoient si facilement accordé la signature du roi et de la reine au contrat de mariage, contre tout usage et tout exemple, que pour obtenir une formalité aussi hors de nos usages, mais à leur sens si fortement confirmative de la validité et sûreté de l'engagement du roi pour le mariage. J'en fus d'autant plus persuadé, et de l'opinion qu'ils avoient prise de l'importance de cette formalité pour la sûreté du futur mariage que les cinq grands d'Espagne qu'ils choisirent pour témoins étoient ce qu'il y avoit de plus relevé en Espagne en âge, en dignité, en charges et tous en naissance, excepté Giovenazzo, mais si grandement décoré d'ailleurs; enfin [je considérai] l'amère impatience de Leurs Majestés Catholiques, car elle l'étoit devenue, de l'arrivée des dispenses de Rome et du départ de Mlle de Montpensier, qui deviendroit bien autre, si par une fermeté sans aucun véritable fondement je les jetois dans les longueurs d'attendre le retour du courrier qu'il me faudroit dépêcher sur cette difficulté des témoins. Je pris donc mon parti. Je me fis répéter et confirmer par le marquis de Grimaldo que la fonction des témoins ne paroîtroit que par l'acte séparé que même ils ne signeroient point, et qui ne le seroit que par Rodrigo tout seul, et je cédai enfin avec tout l'assaisonnement de respects et du désir de complaire à Leurs Majestés Catholiques et des compliments personnels à Grimaldo, qui prit, à ce consentement, un air épanoui, et me proposa la signature du contrat de mariage du roi avec l'infante pour le lendemain, après dîner, chez le roi.

Quelques heures après être sorti d'avec lui, il m'envoya un paquet dans lequel il n'y avoit point de lettre pour moi, mais cinq autres pour les cinq témoins françois, dans lesquelles cette qualité étoit énoncée, au lieu qu'elle ne l'étoit pas dans les premières qui ne portoient que le choix du roi d'Espagne pour assister à la signature du contrat, parce qu'alors ils n'osèrent aller plus loin sur la difficulté où nous en étions demeurés à cet égard. Il paroît qu'il eut peur que, même après avoir mon consentement, je ne m'opposasse à cette qualité nette de témoins qui leur étoit si chère, parce qu'il ne me parla point d'envoyer d'autres lettres, et qu'elles me surprirent quand je les reçus. Je les remis aux cinq à qui elles étoient adressées et n'en parlai point à Grimaldo, parce qu'elles n'innovoient et n'ajoutoient rien à ce à quoi j'avois cru devoir consentir, d'autant qu'au terme de témoin près, elles n'étoient que la copie exacte des premières.

Le même jour, lundi 24 novembre, je me rendis au palais avec Maulevrier sur les cinq heures du soir. Le marquis de Bedmar et Grimaldo nous y attendoient. Ils nous conduisirent, à travers le salon des Grands, au coin du bout de ce salon, dans un cabinet petit et fort orné, dont les tapis qui couvroient le plancher étoient d'une richesse et d'une beauté si singulière, que j'avois de la peine à me résoudre à marcher dessus. Cette pièce, ainsi que le salon des Grands, le petit salon où la cour s'assemble pour attendre, et le salon des Miroirs, donnent sur le Mançanarez et la campagne au delà; dans ce cabinet, nous trouvâmes une table, une écritoire et quatre tabourets. Les deux commissaires espagnols nous firent les honneurs et nous prîmes la droite. Tout étoit convenu et écrit longtemps avant mon arrivée, en sorte que nous n'eûmes qu'à collationner exactement les deux instruments que nous devions signer avec la copie des mêmes articles que nous avions apportée, après quoi nous signâmes en la manière accoutumée, et avec les compliments, les protestations et les effusions de joie qu'on peut s'imaginer. Je fus assis vis à vis du marquis de Bedmar, et Maulevrier vis à vis de Grimaldo.

Je m'étois fait charger de témoigner à Grimaldo que le roi d'Espagne avoit fait un vrai plaisir à M. le duc d'Orléans et au cardinal Dubois de donner à Laullez le caractère d'ambassadeur, comme le roi le venoit de donner ici à Maulevrier, et leur en feroit un autre très-sensible de lui marquer de plus par quelque autre grâce que Sa Majesté Catholique étoit contente de lui. J'avois pris mon temps pour faire cet office aussitôt que j'eus consenti aux témoins. J'avois à cœur de servir Laullez, parce que je reconnoissois à tout moment qu'il n'avoit rien oublié pour me rendre agréable. Je vis, à la façon dont cela fut reçu, qu'on étoit content de lui à la cour d'Espagne. J'en rafraîchis la mémoire à Grimaldo en sortant du cabinet de la signature. En effet, il écrivit de la part et par ordre du roi d'Espagne, à Laullez, avec assurance des premières grâces qu'il seroit possible de lui faire, et Grimaldo me promit de fort bonne grâce d'y tenir très-soigneusement la main.

CHAPITRE XIII.

Audience solennelle pour la demande de l'infante en mariage futur pour le roi. — Audience de la reine d'Espagne. — Audience du prince des Asturies et des infants. — Bêtise de Maulevrier, qui ne se couvrit point. — Conduite énorme de Maulevrier avec moi, bien pourpensée et bien exécutée jusqu'au bout, pour me jeter dans le plus fâcheux embarras sur les instruments du contrat de mariage, de guet-apens, en pleine cérémonie de la signature. — Ma conduite pour y précéder, comme je fis, le nonce et le majordome-major du roi, sans les blesser. — Signature solennelle du contrat du futur mariage du roi et de l'infante. — Le prince des Asturies cède partout à l'infante depuis la déclaration de son futur mariage avec le roi. — Je me maintiens adroitement en la place que j'avois prise. — Difficulté poliment agitée sur la nécessité ou non d'un instrument en françois. — Maulevrier forcé de laisser voir toute sa scélératesse, de laquelle je me tire avec tout avantage, sans montrer la sentir. — Autre honte à Maulevrier chez Grimaldo. — Politesse de ce ministre. — Facilité pleine de bonté du roi d'Espagne. — Ma conduite égale avec Maulevrier, et mes raisons pour cette conduite. — Bonté de Leurs Majestés Catholiques. — Conclusion de mon désistement d'un instrument en françois.

Le mardi 25 novembre, j'eus mon audience solennelle. Maulevrier, qui, pour son caractère d'ambassadeur, ne s'étoit mis en aucune sorte de dépense, vint de bonne heure chez moi le matin, où quelque temps après arriva don Gaspard Giron et un carrosse magnifique du roi, à huit chevaux gris pommelés admirables, dans lequel, à l'heure marquée, nous montâmes tous trois. Deux garçons d'attelage tenoient chaque quatrième cheval à gauche par une longe. Il n'y avoit point de postillon, et le cocher du roi nous mena son chapeau sous le bras. Cinq carrosses à moi, remplis de tout ce que j'avois amené, suivoient, et une vingtaine d'autres de seigneurs de la cour, qu'ils avoient envoyés pour me faire honneur par les soins du duc de Liria et de Sartine, avec des gentilshommes à eux dedans. Le carrosse du roi étoit environné de ma nombreuse livrée à pied et des officiers de ma maison, c'est-à-dire valets de chambre, sommeliers, etc. Les gentilshommes et les secrétaires étoient dans mes derniers carrosses. Ceux de Maulevrier (et il n'en avoit que deux), remplis de Robin et de son secrétaire, suivoient le dernier des miens. Arrivant à la place du palais, je me crus aux Tuileries. Les régiments des gardes espagnoles, vêtus, officiers et soldats, comme le régiment des gardes françoises, et le régiment des gardes wallonnes, vêtus, officiers et soldats, comme le régiment des gardes suisses, étoient sous les armes, les drapeaux voltigeants, les tambours rappelant et les officiers saluant de l'esponton[1]. En chemin les rues étoient pleines de peuple, les boutiques de marchands et d'artisans, toutes les fenêtres parées et remplies de monde. La joie éclatoit sur tous les visages, et nous n'entendions que bénédictions.

Sortant de carrosse, nous trouvâmes le duc de Liria, le

1. L'esponton était une espèce de demi-pique que portaient les officiers d'infanterie et de dragons sous les règnes de Louis XIV et de Louis XV. La longueur de cette arme fut fixée à sept pieds et demi par une ordonnance du 20 mai 1690. Le salut de l'esponton demandait une certaine adresse dans le maniement de cette arme. Mme de Sévigné, parlant d'une revue de la maison du roi, à laquelle elle avait assisté, dit : « Nous avons eu le salut de l'esponton. »

prince de Chalais, grands d'Espagne, et Valouse, premier écuyer, qui nous dirent qu'ils venoient nous rendre ce devoir comme François. Caylus eût bien pu y faire le quatrième. L'escalier étoit garni des hallebardiers avec leurs officiers, vêtus comme nos Cent-Suisses, mais en livrée, la hallebarde à la main, et leurs fonctions sont les mêmes. Entrant dans la salle des gardes, nous les trouvâmes en haie sous les armes, et nous traversâmes jusque dans la pièce contiguë à celle de l'audience, dont la porte étoit fermée. Là étoient tous les grands et une infinité de personnes de qualité, en sorte qu'il n'y avoit guère moins de foule qu'en notre cour, mais plus de discrétion. L'introducteur des ambassadeurs a peu de fonctions. Il est fort effacé par celles du majordome. Ce fut là un renouvellement de compliments et de joie, où presque chacun me voulut particulièrement témoigner la sienne, et cela dura près d'un quart d'heure que la porte s'ouvrit et que les grands entrèrent; puis elle se referma.

Je demeurai encore un peu avec cette foule de gens de qualité, pendant quoi le roi vint de son appartement, et entra dans la pièce de l'audience par la porte opposée à celle par où les grands étoient entrés, qui l'y attendoient, et par laquelle tout ce que nous étions à attendre allions entrer. J'avouerai franchement ici que la vue du roi d'Espagne m'avoit si peu imposé la première fois, si peu encore les autres fois que j'avois eu l'honneur d'approcher de lui, qu'au moment où j'étois lors, je n'avois pas songé encore à ce que je devois lui dire.

Je fus appelé, et tous ces seigneurs entrèrent en foule avant moi, qui me laissai conduire par don Gaspard Giron, qui prit ma droite, et l'introducteur la gauche de Maulevrier, qui étoit à côté de moi. Comme j'approchois de la porte, La Roche me vint dire de la part du roi, entre haut et bas, que Sa Majesté Catholique m'avertissoit et me prioit de n'être point surpris s'il ne se découvroit qu'à ma première et dernière révérence, et point à la seconde; qu'il voudroit plus faire pour un ambassadeur de France que pour aucun autre; mais que c'étoit un usage de tout temps qu'il ne pouvoit enfreindre. Je priai La Roche de témoigner au roi ma très-respectueuse et très-sensible reconnoissance d'une attention si pleine de bonté, et j'entrai dans la porte. Ce défilé mit Maulevrier et les deux autres qui nous côtoyoient derrière, et l'attention à ce que j'allois dire et au spectacle fort imposant m'empêcha de plus songer à ce qu'ils devenoient.

Au milieu de cette vaste pièce et du côté que j'avois en face en entrant, étoit un dais à queue sans estrade, sous lequel le roi étoit debout, et à quelque distance, précisément derrière lui, le grand d'Espagne capitaine des gardes en quartier, qui étoit le duc de Bournonville; du même côté, presqu'au bout, le majordome major du roi, appuyé à la muraille, seul; en retour, le long de la muraille qui par un coin joignoit l'autre muraille dont je viens de parler, étoient les grands appuyés contre, et aussi contre la muraille en retour vis-à-vis du roi jusqu'à la cheminée, grande comme autrefois et qui étoit assez près de la porte par où je venois d'entrer et point tout à fait au milieu de cette muraille; les quatre majordomes étoient le dos à la cheminée. De la cheminée à la porte par où j'étois entré, et en retour le long de la muraille et des fenêtres jusqu'au coin de la porte par où le roi étoit entré, étoient en foule les gens de qualité les uns devant les autres; dans la porte par où le roi étoit entré étoient quelques seigneurs familiers par leurs emplois, qui regardoient comme à la dérobée, mais dont aucun n'étoit grand, et derrière eux quelques domestiques intérieurs distingués, qui voyoient à travers. Le roi et tous les grands étoient couverts, et nuls autres; il n'y avoit aucun ambassadeur.

Je m'arrêtai un instant au-dedans de la porte à considérer ce spectacle extrêmement majestueux, où qui que ce soit ne branloit et où le silence régnoit profondément. Je m'avançai lentement quelques pas et fis au roi une profonde révérence, qui à l'instant se découvrit, son chapeau à la hauteur de sa hanche; au milieu de la pièce je fis ma seconde révérence, et en me baissant je me tournai un peu vers ma droite, passant les yeux sur les grands, qui tous se découvrirent, mais non tant qu'à la première révérence, où ils avoient imité le roi, qui à cette seconde ne branla pas, comme il m'en avoit fait avertir. J'avançai après avec la même lenteur jusques assez près du roi, où je fis ma troisième révérence, qui se découvrit comme il avoit fait à la première, et se couvrit aussitôt, en quoi tous les grands l'imitèrent. Alors je commençai mon discours et me couvris au bout des cinq ou six premières paroles sans que le roi me le dît.

Il roula sur les compliments du roi, l'union de la maison royale, celle de leurs couronnes, la joie et l'affection des deux nations, celle que j'avois trouvée répandue partout sur ma route en France et en Espagne, l'attachement personnel du roi pour le roi son oncle, et son désir de lui complaire et de contribuer à tout ce qui pourroit être de sa grandeur, de ses intérêts, de ses affections, avec autant de passion que pour les siens propres; enfin la demande de l'infante pour étreindre encore plus intimement entre eux les liens déjà si forts du sang et des intérêts de leurs couronnes, et lui témoigner sa tendresse par toute celle qu'il auroit pour l'infante, ses soins, ses égards et l'attention continuelle de la rendre parfaitement heureuse. Je passai de là au remercîment du roi et à celui de M. le duc d'Orléans de l'honneur de son choix de Mlle de Montpensier pour M. le prince des Asturies; j'ajoutai que, quelque grand que Son Altesse Royale le sentît, il étoit encore plus touché de recevoir une aussi grande marque de ses bontés pour lui, et de l'acceptation de son plus profond respect et de ses protestations les plus sincères de sa passion de lui plaire et de ne rien oublier pour resserrer de plus en plus une si heureuse union des deux royales branches de leur maison, en contribuant de ses conseils et de tous les moyens qu'il pourroit tirer de sa qualité de régent de France pour servir et porter les intérêts et la grandeur de Sa Majesté Catholique avec autant de zèle et d'attachement que ceux mêmes de la France, et la persuader de plus, ce qu'il souhaitoit avec le plus de passion, de son infinie reconnoissance, de son attachement, de son profond respect et de sa vénération parfaite pour sa personne. Je finis mon discours par témoigner combien je ressentois de joie et combien je me trouvois honoré d'avoir le bonheur de paroître devant Sa Majesté Catholique, chargé par le roi de contribuer de sa part à mettre la dernière main à un ouvrage si désirable; ce qui me combloit en mon particulier de la plus sensible satisfaction, outre celle de toute la France et de l'Espagne, parce que je n'avois jamais pu oublier d'où Sa Majesté Catholique étoit issue, et toujours nourri et témoigné en tous les temps mon très-profond respect et l'attachement le plus vrai et le plus naturel pour elle.

Si j'avois été si surpris de la première vue du roi d'Espagne à mon arrivée, et si les audiences que j'en avois eues jusqu'à celle-ci m'avoient si peu frappé, il faut dire ici avec la plus exacte et la plus littérale vérité que l'étonnement où me jetèrent ses réponses me mit presque hors de moi-même. Il répondit à chaque point de mon discours dans le même ordre, avec une dignité, une grâce, souvent une majesté, surtout avec un choix si étonnant d'expressions et de paroles par leur justesse et un compassement si judicieusement mesuré, que je crus entendre le feu roi, si grand maître et si versé en ces sortes de réponses.

Philippe V sut joindre l'égalité des personnes avec un certain air de plus que la déférence pour le roi son neveu, chef de sa maison, et laisser voir une tendresse innée pour ce fils d'un frère qu'il avoit passionnément aimé et qu'il regrettoit toujours. Il laissa étinceler un cœur françois sans cesser de se montrer en même temps le monarque des Espagnes. Il fit sentir que sa joie sortoit d'une source plus pure que l'intérêt de sa couronne, je veux dire de l'intime réunion du même sang ; et à l'égard du mariage du prince des Asturies, il sembla remonter quelques degrés de son trône, s'expliquer avec une sérieuse bonté, sentir moins l'honneur qu'il faisoit à M. le duc d'Orléans en faveur du même sang, que la grâce signalée, et je ne dis point trop et je n'ajoute rien, qu'il lui faisoit d'avoir bien voulu ne point penser qu'à le combler par une marque si certaine de sa bonne volonté pour lui. Cet endroit surtout me charma par la délicatesse avec laquelle, sans rien exprimer, il laissa sentir sa supériorité tout entière, la grâce si peu méritée de l'oubli des choses passées, et le sceau si fort inespérable que sa bonté daignoit y apposer. Tout fut dit avec tant d'art et de finesse, et coula toutefois si naturellement, sans s'arrêter, sans bégayer, sans chercher, qu'il fit sentir tout ce qu'il étoit, tout ce qu'il pardonnoit, tout en même temps à quoi il se portoit, sans qu'il lui échappât un seul mot ni une seule expression qui pût blesser le moins du monde, et presque toutes au contraire obligeantes. Ce que j'admirai encore fut l'effectif, mais toutefois assez peu perceptible changement de ton et de contenance en répondant sur les deux mariages. Son amour tendre pour la personne du roi, son affection hors des fers pour la France, la joie d'en voir le trône s'assurer à sa fille, se peindre sur son visage et dans toute sa personne à mesure qu'il en parloit ; et lorsqu'il répondit sur l'autre mariage, la même expression s'y peignit aussi, mais de majesté, de dignité, de prince qui sait se vaincre, qui le sent, qui le fait, et qui connoît dans toute son étendue le poids et le prix de tout ce qu'il veut bien accorder. Je regretterai à jamais de n'avoir pu écrire sur-le-champ des réponses si singulières et de n'en pouvoir donner ici qu'une idée si dissemblable à une si surprenante perfection.

Quand il eut fini je crus lui devoir un mot de louange sur ce dernier article, et un nouveau remercîment de M. le duc d'Orléans, comme son serviteur particulier. Au lieu de m'y répondre, le roi d'Espagne me fit l'honneur de me dire des choses obligeantes et du plaisir qu'il avoit que j'eusse été choisi pour faire auprès de lui des fonctions qui lui étoient si agréables. Ensuite m'étant découvert, je lui présentai les officiers des troupes du roi qui m'accompagnoient, et le roi d'Espagne se retira en m'honorant encore de quelques mots de bonté.

Je fus environné de nouveau par tout ce qui étoit là de plus considérable, avec force civilités; après quoi la plupart des grands et des gens de qualité allèrent chez la reine, tandis que quelques-uns d'eux tous demeurèrent à m'entretenir pour laisser écouler tout ce qui sortoit, et se placer chez la reine, où au bout de fort peu de temps nous y fûmes aussi conduits comme nous l'avions été chez le roi. Arrivés dans la pièce joignant celle où l'audience se devoit donner, on nous fit attendre que tout y fût préparé.

Avant d'aller plus loin il faut expliquer que don Gaspard Giron ne me conduisit, allant chez la reine, que jusqu'au bout de l'appartement du roi, et qu'à l'entrée de celui de la reine il se retira et laissa sa fonction à un majordome de la reine. J'avois su que Magny, qui [en] étoit un, se trouvoit justement en semaine, par conséquent que c'étoit à lui à m'introduire. J'en avois parlé à Grimaldo et demandé qu'on en chargeât un autre. Non-seulement je l'obtins, mais Magny, qui avoit été nommé pour le voyage de Lerma, en fut rayé, et un autre majordome de la reine mis de ce voyage au lieu de lui, mais il reçut défense expresse de se trouver en aucun lieu où je serois, même au palais; Grimaldo me le dit lui-même. Soit que cette défense eût été étendue aux autres François réfugiés pour l'affaire de Cellamare et de Bretagne, ou qu'ils l'aient cru sur l'exemple de Magny, ils évitèrent tous et toujours ma rencontre, et presque toujours celle de tout ce qui étoit venu avec moi en Espagne.

Tout étant prêt, la porte s'ouvrit et nous fûmes appelés : la pièce de l'audience étoit le double de la petite galerie intérieure par laquelle on a vu que le jour de ma première révérence j'avois suivi Leurs Majestés Catholiques chez les infants. Ce double étoit moins long mais aussi large que la galerie à laquelle elle étoit unie par de grandes arcades ouvertes, desquelles seules cette pièce tiroit son jour. Nous arrivâmes par le côté de l'appartement des infants, et la reine et sa suite étoit entrée par le sien au bout opposé.

Le bas de cette pièce que nous trouvâmes d'abord en y entrant étoit obscur et plein de monde qui étoit arrêté par une barrière à sept ou huit pas en avant où l'obscurité s'éclaircissoit. La porte de la pièce et celle de la barrière qui ne se tira que lorsque j'en fus tout près, fit un défilé qui me laissa passer seul, en sorte que je ne pus voir ensuite derrière moi. Au fond de cette pièce qui étoit fort longue, la reine étoit assise sur une espèce de trône, c'est-à-dire un fauteuil fort large, fort évasé, et fort orné ; les pieds sur un carreau magnifique, d'une largeur et d'une hauteur extraordinaire, qui cachoit, comme je le vis quand la reine en sortit, quelques marches assez basses. Le long de la muraille étoient les grands, rangés, appuyés et couverts. Vis-à-vis le long des arcades, des carreaux carrés, longs plus que larges, et médiocrement épais, de velours et de satin rouge ou de damas, tous également galonnés d'or tout autour, de la largeur de la main au plus, avec de grosses houppes d'or aux coins. Sur les carreaux de velours étoient les femmes des grands d'Espagne, et les femmes de leurs fils aînés sur ceux de satin ou de damas, toutes également assises sur leurs jambes et sur les talons. Cette file de grands à la muraille, et de dames sur ces carreaux, vis-à-vis d'eux, tenoit toute la longueur de la pièce, laissant un peu de distance en approchant de la reine, et une autre en approchant de la barrière par où j'entrois.

Je m'arrêtai quelques moments dans la porte de cette barrière à considérer un spectacle si imposant, tandis que, par derrière moi, les ducs de Veragua et de Liria, le prince de Masseran et quelques autres grands qui avoient voulu me faire l'honneur de m'accompagner depuis l'appartement du roi, se glissèrent à la muraille, à la suite des derniers placés. Le majordome-major du roi ne se trouva point à cette audience parce que, ayant de droit la première place partout, il ne la veut pas céder au majordome-major de la reine qui, chez elle, prétend l'avoir et en est en possession. Aussi étoit-il à la tête des grands à la muraille, y ayant une place vide entre lui et le grand d'Espagne qui étoit le plus près de lui, comme vis-à-vis de lui, entre le carreau de la camarera-mayor de la reine et le carreau le plus près d'elle. Le majordome-major de la reine étoit placé là parce que la reine tenoit tout le fond de cette pièce, ayant deux officiers des gardes du corps un peu en arrière à côté de son fauteuil. Les dames de qualité étoient en grand nombre debout derrière les carreaux des dames assises, et remplissoient le vide de chaque arcade. Quelques gens de qualité s'étoient mis derrière elles, mais le gros de ceux-là se tint contre les barrières, en dedans qui put, et en dehors en foule.

Après avoir arrêté mes yeux quelques moments sur ce beau spectacle fort paré, je m'avançai lentement jusqu'au second carreau d'en bas, marchant au milieu de la largeur de la pièce, et là, je fis une profonde révérence. Je continuai à m'avancer de même jusqu'au milieu de la longueur qui restoit, où je fis la seconde révérence, me tournant un peu vers les carreaux en me baissant, passant les yeux dessus ce qui en étoit à portée, et j'en fis de même en me relevant vers les grands qui se découvrirent, comme les dames m'avoient fait une légère inclination du corps de dessus leurs carreaux. J'avançai ensuite jusqu'au pied du carreau de la reine où je fis ma troisième révérence, à laquelle seule la reine répondit par une inclination de corps fort marquée. Un instant après je dis « Madame, » et ce mot achevé je me couvris, et tout de suite me découvris sans avoir ôté ma main de mon chapeau et ne me couvris plus. Les grands, depuis ma seconde révérence, étoient demeurés découverts et ne se couvrirent plus.

Mon discours roula sur les mêmes choses qu'avoit fait celui que je venois de faire au roi, retranchant et ajustant à ce qui lui convenoit, également ou différemment du roi d'Espagne. Elle étoit parée modestement, mais brillante d'admirables pierreries et avoit une grâce et une majesté qui sentoient bien une grande reine. Elle fut surprise d'un si grand transport de joie qu'elle s'en laissa apercevoir embarrassée, et elle prit plaisir depuis à m'avouer son embarras; elle ne laissa pas de me répondre en très-bons termes sur sa joie du mariage de l'infante, sur son estime et son affection pour le roi et sa passion même pour lui, sur son amitié pour M. le duc d'Orléans, et son désir de voir sa fille heureuse en Espagne, surtout sur son désir et sa joie extrême de l'union des couronnes, des personnes royales de la même maison, de leur commune grandeur et de leurs intérêts qui ne pouvoient jamais être que les mêmes, puis des marques de bonté pour moi.

Si cette audience eût été la première, sa réponse m'auroit charmé tant elle étoit bien faite et accompagnée de toutes les grâces possibles et de majesté. Mais il faut avouer qu'avec beaucoup d'esprit, de tour naturel et de facilité de s'énoncer, elle ne put s'élever jusqu'à la justesse et la précision du roi, si diversement modulées sur chaque point, beaucoup moins jusqu'à ce ton suprême qui sentoit la descendance directe d'un si grand nombre de rois, qui se proportionnoit avec tant de naturelle majesté aux choses et aux personnes dont il fit plus entendre qu'il n'en dit dans sa réponse.

Quand elle eut achevé, je lui fis une profonde révérence et je me retirai le plus diligemment que la décence me le permit pour gagner le dernier carreau de velours d'en bas et les parcourir promptement tout en ployant un peu le genou devant chacun et disant à la dame assise dessus : « A los pies à Vuestra Excellentia, » ce qui suppose : « Je me mets aux pieds de Votre Excellence, » à quoi chacune sourit et répondit par une inclination de corps ; il faut être preste à cette espèce de course qui se fait, tandis que la reine se débarrasse de ce gros carreau qu'elle a sous les pieds, qu'elle se lève, qu'elle descend les marches de cette espèce de trône et qu'elle retourne dans son appartement par la porte de la galerie qui y donne, et qui n'est presque éloignée de ce trône que de la demi-largeur de la pièce où il est, et de la largeur entière de la galerie, qui sont très-médiocres, et il faut avoir achevé le dernier carreau près de celui de la camarera-mayor, qui se lève en même temps que la reine pour la suivre, à temps de trouver la reine à la porte de son appartement, mettre un genou à terre devant elle, lui baiser la main qu'elle vous tend et la remercier en cinq ou six paroles, à quoi elle répond de même.

Je ne pus avoir sitôt expédié les carreaux, que je vis la reine dans la porte de son appartement ; elle m'avoit déjà traité avec tant de bonté et de familiarité que je crus pouvoir user de quelque sorte de liberté dans ces moments d'une si grande joie, tellement que je courus vers elle et lui criai que Sa Majesté se retiroit bien vite, et, comme je la vis s'arrêter et se retourner, je lui dis que je ne voulois pas perdre un moment et un honneur si précieux, elle se mit à rire, et moi, un genou à terre à lui baiser la main qu'elle me tendit dégantée et me parla fort obligeamment ; mon remercîment suivit et cela fit un entretien de quelques moments dans cette porte, ses dames en cercle autour qui arrivoient cependant.

La reine et quelques-unes de ses dames rentrées, je fis

plus posément, et avec plus de loisir, des compliments à celles qui, par leurs charges, alloient aussi rentrer chez la reine, qui étoient demeurées pour m'en faire; puis j'allai remplir le même devoir de galanterie auprès des principales des autres que je trouvai le plus sous ma main, puis à beaucoup de seigneurs qui m'environnèrent. J'oubliois mal à propos qu'à la fin de l'audience je présentai à la reine tous les officiers des troupes du roi qui m'avoient suivi en Espagne.

Débarrassé peu à peu de tant de monde, et toujours avec les mêmes seigneurs susnommés, qui m'avoient fait l'honneur de vouloir m'accompagner de chez le roi chez la reine, et qui, quoi que je pusse faire, voulurent absolument aller partout avec moi, nous allâmes chez le prince des Asturies, où tout se passa sans aucune cérémonie : je fis une seule révérence au prince qui étoit découvert et qui ne se couvrit point du tout. Ce fut moins une audience qu'une conversation dans laquelle le prince n'oublia rien de tout ce qui convenoit de dire, et sans aucun embarras.

Le duc de Popoli, qui, comme à ma première audience, m'étoit venu recevoir et conduire à l'entrée de l'appartement, fut plus embarrassé que lui. Il m'accabla de ses sentiments de joie sur les mariages, et d'attachement pour le roi et pour M. le duc d'Orléans, et de compliments pour moi, avec force excuses sur ce que son esclavage chez le prince, ce fut le terme dont il se servit, ne lui avoit pas encore pu permettre de venir me rendre ses devoirs. Je lui répondis avec toute sorte de politesse, mais avec peine, tant son affluence de protestations étoit continuelle, et me divertissant à part moi de son embarras.

L'introducteur des ambassadeurs nous conduisit après chez l'infante et chez les infants. Le dernier dormoit, et, suivant ce que Grimaldo m'avoit promis, l'infante dormoit aussi. Je sortis du palais avec les mêmes honneurs que j'y avois été reçu, les bataillons étant demeurés pour cela dans la place ;

et je trouvai chez moi don Gaspard Giron qui m'attendoit en grande et illustre compagnie, et un magnifique repas. Il s'en alla chez lui ; on en verra bientôt la raison.

En arrivant chez moi, je fus averti que Maulevrier ne s'étoit point couvert aux audiences que nous venions d'avoir du roi et de la reine, [ce] dont je n'avois pu m'apercevoir parce qu'il s'étoit tenu, à toutes les deux, fort en arrière de moi. Il m'avoit auparavant fait la question s'il feroit aussi la demande de l'infante, et comme je lui répondis que l'usage n'étoit pas que deux ambassadeurs fissent cette demande l'un après l'autre, je ne sais ce qu'il en conclut. Je trouvai la chose si étrange, que je m'en voulus assurer tant par les principaux de ceux qui m'y avoient suivi, que par les ducs de Veragua et de Liria, le prince de Masseran et quelques autres de ceux qui se trouvèrent chez moi pour dîner, avec qui déjà j'avois contracté le plus de familiarité, qui, tous, m'assurèrent l'avoir très-bien vu et remarqué, et que la surprise en avoit été générale ; ils ajoutèrent même qu'il n'avoit pas fait le plus léger semblant de se couvrir. Je lui en parlai dans la suite, n'ayant pu le faire alors, et le plus poliment qu'il me fut possible ; il me répondit froidement et tout court qu'il en étoit fâché, qu'il n'avoit pas cru devoir se couvrir, qu'il se trouveroit d'autres occasions de réparer ce manquement. Mettant pied à terre chez moi, il ne voulut pas monter dans mon appartement, où toute la grande compagnie m'attendoit, et quoi que je pusse faire, je ne pus jamais l'engager à dîner avec nous. Il me dit qu'il avoit affaire chez lui, et qu'il seroit exact à l'heure de revenir chez moi pour aller ensemble à la signature du contrat. Ce fut une bêtise, mais voici une perfidie, et bien pourpensée et bien exécutée de guet-apens dans toutes ses circonstances.

L'instrument des articles avoit été signé double ; un en espagnol, l'autre en françois. Cela m'avoit persuadé qu'il en seroit de même de l'instrument du contrat de mariage. Il n'y avoit rien ni pour ni contre dans mon instruction, comme il n'y en avoit rien non plus sur l'instruction des articles, et le cardinal Dubois ne m'avoit rien dit là-dessus, ni moi pensé à lui en faire question. J'en parlai dès les premiers jours à Maulevrier, qui ne douta pas un moment des deux instruments; ce qui me confirma encore dans cette persuasion. Je ne savois pas un mot d'espagnol; Maulevrier et Robin, son mentor, dont je dirai un mot dans la suite, le savoient fort bien. Maulevrier s'étoit donc chargé du changement à faire dans la préface du contrat de mariage, lorsque j'eus obtenu qu'il n'y auroit point de commissaires, et que le roi et la reine d'Espagne le signeroient eux-mêmes. Maulevrier avoit fait ce changement, il l'avoit montré à Grimaldo, tous deux me dirent qu'il étoit bien, ce n'étoit qu'une affaire de style : dès lors que j'étois assuré que Leurs Majestés Catholiques signeroient elles-mêmes, je m'en reposai sur ce qu'ils m'en dirent, et en effet il étoit bien. Ils m'en promirent une copie en françois. Je convins avec Maulevrier qu'il porteroit à la signature du contrat de mariage les deux copies de ce même contrat, l'une espagnole qu'il liroit tout bas à mesure que le contrat en espagnol seroit lu tout haut pour le collationner ainsi lui-même, et que j'en ferois autant de la copie françoise à mesure que le contrat en françois seroit lu tout haut pour être ensuite signés l'un et l'autre également.

Dès avant d'aller le matin à l'audience, je lui parlai de ces copies; il me dit qu'elles n'étoient pas encore faites, mais qu'elles le seroient avant le dîner. Comme il s'opiniâtra à s'en aller dîner chez lui, je le priai de m'envoyer la copie françoise; il me le promit et s'en alla. Pendant le dîner, qui fut long chez moi, j'envoyai deux fois chercher ces copies; il me manda la dernière qu'il les apporteroit : prêt à partir, et l'heure pressant, j'envoyai un homme à cheval chez lui; il me fit dire par lui que j'allasse toujours, et qu'il se trouveroit au palais. Cette réponse me parut singulière pour une cérémonie aussi solennelle : véritablement ses deux seuls carrosses et sa médiocre livrée de cinq ou six personnes ne pouvoient donner ni ôter grand lustre à mon cortége, mais ce procédé me surprit fort sans en rien témoigner.

Dans l'embarras où la méchanceté du cardinal Dubois m'avoit mis sur le nonce et le majordome-major, tel qu'on l'a vu ci-dessus en son lieu, j'avois affecté de rendre infiniment à l'un et à l'autre, toutes les fois que je les avois rencontrés et visités, pour leur ôter toute sorte d'idée que j'imaginasse de les précéder, quand je les précéderois effectivement; je pensai que les précéder effectivement et nettement l'un ou l'autre seroit une entreprise que je ne pourrois soutenir. La place du grand maître, à cette signature, étoit derrière le fauteuil du roi, un peu à la droite, pour laisser place au capitaine des gardes en quartier; m'y mettant, c'étoit prendre sa place, y intéresser le capitaine des gardes, jeté plus loin, et conséquemment ce qui devoit être de suite. Celle du nonce étoit à côté du roi, le ventre au bras droit de son fauteuil; la prendre, c'étoit le repousser hors du bras du fauteuil, contre le bout de la table, et sûrement il ne l'auroit pas souffert non plus que le majordome-major pour la sienne. Je résolus donc de hasarder un milieu; de tâcher de me fourrer au haut du bras droit du fauteuil, un peu en travers, pour ne prendre nettement la place ni de l'un ni de l'autre, mais de les écorner toutes les deux pour m'en faire une, et de couvrir cela d'un air d'ignorance et de simplicité d'une part, et de l'autre, d'empressement, de joie, de curiosité, d'engouement de courtisan qui veut parler au roi et l'entretenir tant qu'il sera possible : ce fut aussi ce que j'exécutai en apparence niaisement, et en effet très-heureusement. L'inconvénient étoit de Maulevrier, qui devoit être naturellement à côté de moi. Je ne crus pas lui devoir la confidence de ce que je me proposois, et je résolus, pour confirmer mon ignorance, de le laisser tirer d'affaires comme il pourroit sans y prendre part, pourvu que je m'en tirasse moi-même dans un pas si délicat, où cet honnête homme de

Dubois avoit bien compté me perdre d'une façon ou d'une autre.

Dans cette inquiétude de place et d'instruments, je partis, conduit par don Gaspard Giron, dans le carrosse du roi, et le même cortége que j'avois eu le matin pour mon audience solennelle, moi seul sur le derrière, don Gaspard seul, vis-à-vis de moi, parmi les acclamations de joie de la foule des rues et des fenêtres, remplies comme elles l'avoient été le matin. Je trouvai le palais rempli de tout ce qui étoit à Madrid de quelque considération. Tous les grands avoient été mandés, le nonce, l'archevêque de Tolède, le grand inquisiteur, et les secrétaires d'État et le P. Daubenton. Le salon entre celui des Miroirs et celui des Grands, où la cérémonie s'alloit faire, étoit rempli à ne pouvoir s'y tourner. Dans mon dessein, je me coulai peu à peu parlant aux uns et aux autres tout auprès de la porte du salon des Miroirs, et je m'y tins causant avec ce qui s'y trouva à portée; l'attente dura bien trois quarts d'heure et m'ennuya fort dans cette foule avec ma double inquiétude. Enfin la porte s'ouvrit, et le roi parut avec la reine, et derrière eux l'infante et les infants.

Dès la porte, je me mis à parler au roi, marchant à côté de lui. Je le conduisis de la sorte jusqu'à sa place dans le salon des Grands où je pris tout de suite celle que j'avois projetée. Voici comment ce salon se trouva disposé, et ceux qui assistèrent à cette signature. Une longue table étoit placée en travers, ayant un bout vers les fenêtres, l'autre vers la porte par où on y étoit entré, et cette table couverte d'un tapis avec une écritoire dessus. Six fauteuils rangés le long de la table, le dos à la muraille mitoyenne de ce salon et de celui où on avoit attendu le roi, mais laissant un large espace entre la muraille et le dos des fauteuils dont les bras se joignoient. Les infants ont un fauteuil devant le roi d'Espagne; j'en dirai la raison dans la suite, mais j'ignore celle de leur arrangement, tout différent de celui des autres pays. Le roi se mit au premier fauteuil tout à la droite, la reine au second, l'infante au troisième, le prince des Asturies, qui lui céda toujours partout depuis la déclaration du mariage futur du roi avec elle, au quatrième; don Ferdinand au cinquième, et don Carlos au sixième. La gouvernante de l'infante demeura derrière son fauteuil à cause de l'enfance de la princesse, sans aucune autre femme, pas même la camarera-mayor. Cette forme de séance à la file se garde la même au bal, à la comédie, etc.

J'ai dit d'avance qui étoit derrière le roi. Le marquis de Santa Cruz, majordome-major de la reine, étoit derrière elle, et le duc de Popoli derrière le prince des Asturies, dont il étoit gouverneur. Les deux infants n'avoient personne derrière eux. Les grands et les cinq témoins françois faisoient un demi-cercle devant toute la table. L'archevêque de Tolède et le grand inquisiteur y étoient un peu à part d'eux, et derrière eux les secrétaires d'État et le P. Daubenton qui s'y étoit fourré. Près des fenêtres, assez loin de la table, étoit une petite table avec un tapis et une écritoire, cachée par le cercle qui environnoit la grande table. Il n'entra qui que ce soit que tous les grands, le nonce et ceux qui viennent d'être nommés, et aussitôt après les portes furent fermées sans aucun domestique ni officier du roi dedans. On a dit ailleurs, en parlant des grands d'Espagne, qu'ils n'observent entre eux aucun rang d'ancienneté ni de classe; ainsi ils se rangèrent les uns auprès des autres comme le hasard les fit rencontrer. Le roi fut toujours découvert.

Le majordome-major et le nonce, qui suivoient le dernier infant, me trouvant à ce coin de fauteuil où je m'étois placé, entrant à côté du roi et lui parlant, parurent fort surpris. J'entendis répéter *signore* et *señor* à droite et à gauche en me parlant, car tous deux s'exprimoient difficilement [en] françois, moi révérences de côté et d'autre, air riant d'un homme tout occupé de la joie de la fonction, et qui n'entendoit rien à ce qu'ils me vouloient dire, reprenant la parole avec le roi avec une sorte de liberté, d'enthousiasme, tellement que tous deux se lassèrent d'interpeller un homme dont l'esprit transporté ne comprenoit rien à ce qu'ils lui vouloient dire ni à la place qu'il avoit prise. Ce ne fut que là où je revis Maulevrier depuis que nous nous étions séparés en arrivant chez moi de l'audience. Il tâcha de se fourrer entre le nonce et moi, mais le nonce tint ferme après une petite révérence, et je n'osai essayer de lui faire place, ce qui d'ailleurs, serré comme j'étois, m'eût été bien difficile, parce que l'aidant ainsi à se mettre au-dessus du nonce, auroit montré trop à découvert que je savois mieux où je m'étois mis que ces deux messieurs ne le pensoient, et que le nonce voyant alors le dessein n'eût souffert au-dessus de lui ni Maulevrier ni moi, tellement que je le laissai dans la presse, ce qui servit à leur persuader que je ne pensois à rien. Maulevrier donc demeura couvert par le nonce et par moi, en sorte que sa tête paroissoit seulement entre les nôtres en arrière.

Don Joseph Rodrigo, tout près de la table vis-à-vis de la reine, reçut ordre de faire la lecture du contrat, sitôt que le premier brouhaha de tout ce qui entroit et s'arrangeoit fut passé, et un moment après, le roi et tout ce qui devoit remplir les six fauteuils s'assirent, tout le reste demeurant debout; comme la lecture commençoit, je me tournai à l'oreille de Maulevrier, comme je pus, et lui demandai s'il avoit sa copie espagnole pour collationner, et la françoise pour me la donner. Il me répondit qu'à son départ de chez lui elles n'étoient pas encore achevées, mais qu'on alloit les lui apporter. Il sera bien temps, lui repartis-je en me retournant, et je me remis à entretenir le roi, toujours dans la crainte de mes deux voisins, et pour leur persuader un engouement qui, sans en sentir la conséquence, m'avoit fait mettre et demeurer dans la place où j'étois. La lecture fut extrêmement longue; Rodrigo lut fort haut et fort distinctement le contrat de mariage futur du roi et de l'infante; un double de ce contrat, aussi en espagnol, l'acte séparé où il fut fait mention de la qualité des dix témoins et de la présence distincte de tous les grands d'Espagne qui s'y trouvèrent. Ne sachant plus sur la fin de quoi continuer d'entretenir le roi, je m'avisai de lui demander audience pour le lendemain qu'il m'accorda volontiers, ce qui fit durer un peu la conversation que je tâchois de soutenir jusqu'à la fin de la lecture par tout ce dont je pus sagement m'aviser par la raison que j'en ai dite.

Cette lecture ennuya assez la reine pour qu'elle demandât si elle dureroit encore longtemps. Elle s'attendoit si bien qu'il y auroit un instrument en françois à lire, que j'en pris occasion de lui dire qu'on se pourroit passer d'en lire le préambule qui ne contenoit rien d'essentiel. C'est que je voulois cacher que cette préface nous manquoit, Maulevrier n'en ayant point de copie sur lui, lui qui l'avoit refaite comme il a été dit avec Grimaldo, pour en ôter ce qui regardoit les commissaires, et moi ne l'ayant point en françois, parce que je n'avois que la copie du contrat de mariage telle que le cardinal Dubois me l'avoit donnée.

Toutes les lectures espagnoles étant achevées, don Joseph Rodrigo s'approcha du bout de la table pour présenter la plume au roi d'Espagne, lequel, au lieu de la prendre, proposa de faire toutes les lectures de suite. Je dis aussitôt, d'un ton modeste et demi-bas, que je croyois qu'il y avoit un instrument en françois. Don Rodrigo, à qui le roi le rendit en espagnol, répondit qu'il ne le croyoit pas, qu'en tout cas, il n'en avoit point apporté. Sur quoi Maulevrier, qui jusqu'à ce moment avoit gardé un parfait silence, dit qu'il l'alloit envoyer chercher, et sans une parole de plus sortit de sa place pour le faire. Dans cet intervalle, le roi d'Espagne me dit qu'apparemment il n'en falloit point, puisqu'on n'en avoit point apporté. Pour toute réponse, je lui proposai de faire appeler Grimaldo qui étoit derrière le cercle des grands. Le roi lui manda aussitôt de lui venir parler; il vint et s'approcha du fauteuil entre le majordome-major et moi qui lui fîmes le peu de place que nous pûmes.

Sur la question que le roi lui fit, il répondit qu'il ne falloit point d'instrument françois. J'objectai ce qui s'étoit passé pour les articles que nous avions signés avec le marquis de Bedmar et lui sur deux instruments, l'un espagnol, l'autre françois. Grimaldo répliqua que ce n'étoit pas la même chose. Je n'en entendis que cela, parce que le roi d'Espagne, qui prenoit la peine de nous servir d'interprète, ne m'en expliqua pas davantage. Je répliquai modestement qu'il sembloit que la dignité des deux couronnes demandoit que chacune eût un instrument signé en sa langue, et en ce moment Maulevrier revint auprès de moi au même lieu où il étoit avant de sortir. Grimaldo me répondit avec beaucoup de politesse qu'il ne croyoit pas que cela pût faire difficulté, d'autant qu'il avoit vu une lettre du cardinal Dubois à Maulevrier, qui le portoit expressément. Je regardai Maulevrier me tournant vers lui avec l'étonnement qu'il est aisé de se représenter. Il me dit avec un air fort embarrassé qu'il y avoit quelque chose de cela dans une lettre que le cardinal Dubois lui avoit écrite. Cela me fit prendre mon parti sur-le-champ. Je dis au roi et à la reine que je ferois aveuglément tout ce qu'il leur plairoit me commander, ce que j'assaisonnai de tout ce que le respect, la confiance, l'union, la joie de ce grand jour, me purent fournir en peu de paroles, et que j'espérois que, s'il se trouvoit qu'il fallût un instrument en françois, Leurs Majestés Catholiques voudroient bien ne pas faire de difficulté de le signer après coup en particulier. En même temps je me mis comme en devoir d'approcher du roi le contrat qui étoit sur la table, pour lui marquer mon empressement, mais sans y toucher toutefois, parce que c'étoit la fonction du secrétaire d'État Rodrigo. Il parut à quelques discours et à l'air du roi et de la reine d'Espagne, que cette démonstration leur fut extrêmement agréable.

A l'instant Rodrigo s'approcha du nonce, qu'il couvrit un peu, et de là présenta le contrat et la plume au roi d'Espagne, et aussitôt se retira au-devant de la table, qu'il suivit, amenant l'écritoire dessus à mesure qu'on signoit tout de suite. Le roi, ayant signé, poussa le contrat devant la reine, et lui présenta la plume. Elle signa, puis ajusta le contrat devant l'infante, lui donna la plume et lui tint un peu la main pour signer, ce qu'elle fit le plus joliment du monde. La reine après, lui reprit la plume, la donna par devant l'infante au prince des Asturies, et lui poussa le contrat. Il signa donc et les deux princes ses frères, en se donnant de même la plume et se poussant le contrat. La dernière signature achevée, don Joseph Rodrigo reprit la plume des mains de l'infant don Carlos et le contrat de dessus la table. La joie qui accompagna ces signatures ne se peut exprimer.

Un moment après qu'elles furent achevées, le roi et la reine se levèrent, et aussitôt don Rodrigo vint à moi et me conduisit avec Maulevrier à la petite table près des fenêtres, dont j'ai fait mention. Le roi et la reine s'y trouvèrent aussitôt que nous, et nous commandèrent de signer en leur présence. On jugera bien, sans qu'on le dise, qu'il n'y avoit avoit point de siéges, et que nous signâmes debout. Comme je me mis en devoir de signer à côté du dernier infant, don Joseph, qui étoit à côté de moi, m'arrêta et me montra à côté du pénultième. J'en fis quelques petites difficultés, sur quoi il me fit expliquer qu'il falloit que cela fût ainsi pour laisser place à la signature de Maulevrier à côté de celle du dernier infant. Alors je signai à côté de celle de l'infant don Ferdinand, et, après avoir dit quelques mots de respect et de joie au roi et à la reine d'Espagne, qui étoient tout près de moi, et s'étoient baissés sur la table pour me voir mieux signer, je donnai la plume à Maulevrier, qui, après avoir signé, la laissa sur la table. Comme cette manière de signer nous étoit plus honorable que celle que j'étois près de garder, et que ce fut le secrétaire d'État qui me la fit changer, je ne crus pas devoir résister davantage. Je fis à Leurs Majestés Catholiques des remercîments de l'honneur que leur joie et leur bonté nous venoit de procurer de signer en leur présence. Ce fut un redoublement de joie et de compliments à Leurs Majestés Catholiques de ce qui se trouva là de plus près et de plus familier avec elles. Les louanges de la contenance de l'infante pendant un si long temps en place devant tant de monde, et de sa signature, ne furent pas oubliées. J'accompagnai le roi et la reine jusqu'à la porte du salon des Miroirs, ayant soin alors, autant que cela se put, de montrer toute déférence au majordome-major et au nonce, et que je lui cédois pour leur ôter toute impression de dessein dans la place que j'avois prise et maintenue.

Dès que Leurs Majestés Catholiques et les princes leurs enfants furent rentrés, et aussitôt la porte du salon des Miroirs fermée sur eux, je fus environné et, pour ainsi dire, presque étouffé de tout ce qui étoit là, les uns après les autres à l'envi, avec les plus grandes démonstrations de joie et mille compliments. La foule distinguée qui sortit du salon des grands étoit grossie, dans le salon qui le sépare de celui des Miroirs, de l'autre foule de gens de qualité, qui y avoient attendu la fin de la cérémonie pour voir repasser le roi et la reine, et les plus considérables de ceux-là pour leur témoigner leur joie en passant, à quoi, dans les deux salons, Leurs Majestés Catholiques se montrèrent très-affables par leur air et leurs réponses.

Pour achever ce qui regarde l'instrument françois, je menai Maulevrier à la cavachuela de Grimaldo. Je m'étois plaint cependant à Maulevrier sans aigreur et avec beaucoup de mesure de ne m'avoir pas informé de la lettre du cardinal Dubois. Il ne me répondit autre chose sinon, et très-froidement, qu'il me la feroit chercher. Arrivés ensemble chez le marquis de Grimaldo, ce ministre soutint, mais avec beaucoup de politesse, ce qu'il avoit dit de cette lettre à la signature. Il ajouta qu'il n'y avoit qu'à se conformer à ce qui se passeroit à Paris au contrat de mariage du prince des Asturies, et qu'encore qu'il arrivât qu'il n'y en fût pas signé d'instrument en espagnol, le roi d'Espagne venoit de le charger de m'assurer qu'il ne feroit aucune difficulté de signer un instrument en françois du contrat de mariage du roi, si je persévérois ce nonobstant à le désirer. J'en remerciai extrêmement ce ministre, auquel et encore moins au roi d'Espagne je ne voulus pas témoigner la moindre chose sur Maulevrier dont le froid, l'embarras et le silence portoient sa condamnation sur le front. Je ne voulus mander cette altercation qu'au cardinal Dubois, et rien de cela à M. le duc d'Orléans, ni dans la dépêche du roi qui se lisoit au conseil de régence, et encore ne m'en pris-je dans ma lettre au cardinal qu'à un oubli ou à un défaut de mémoire de Maulevrier, avec lequel je continuai de vivre comme auparavant, avec la politesse et les égards dus au caractère que je lui avois apporté, et conférant avec lui de tout ce qui regardoit l'ambassade, tellement qu'il vint continuellement dîner chez moi, souvent familièrement sans que je l'en priasse, et qu'il ne parut à qui que ce fût que j'en fusse mécontent.

Ce n'étoit pas que je ne sentisse toute la conduite si pourpensée et si parfaitement exécutée d'une noirceur si peu méritée, dont la perfidie me commit d'une manière si publique en présence du roi et de la reine d'Espagne, et de tout ce que leur cour avoit de plus grand; mais la façon dont j'en sortis, pleine des bontés du roi d'Espagne aussi publiques; l'affront tacite que Maulevrier reçut dans une si auguste assemblée de [m'avoir] laissé ou plutôt induit à m'embarquer en cet instrument françois, en ayant la négative en main de celle du cardinal Dubois, d'en être convaincu par le ministre espagnol, à qui il l'avoit montrée, et par son propre aveu de me l'avoir cachée; l'indécence de me brouiller et de vivre mal en pays étranger avec un collègue si disproportionné et avec qui je ne pouvois éviter des rapports nécessaires ; et, s'il faut tout dire, le mépris extrême que j'en conçus de lui ; enfin le doute, si la scélératesse étoit de son cru ou concertée et commandée par le cardinal Dubois, toutes ces raisons me résolurent au parti que je pris là-dessus, jusqu'à glisser légèrement ou éviter de répondre à beaucoup de seigneurs, qui m'en parlèrent sans ménagement pour lui, parce qu'il étoit fort haï de toute la cour d'Espagne, et jusque de la ville de Madrid et même du bas peuple, comme j'aurai lieu de le répéter ailleurs ; mais, tout en politesse et en conduite ordinaire avec lui, je m'en gardai comme d'un très-impudent fripon, et je ne fus pas fâché de l'en laisser souvent apercevoir, sans toutefois lui laisser la plus légère occasion de plainte.

Le lendemain du départ du roi, 20 novembre, pour achever cette matière, Maulevrier vint le matin chez moi avec Robin, et m'apporta la lettre du cardinal Dubois, par laquelle il lui mandoit nettement qu'il ne doit y avoir qu'un instrument du contrat de mariage, signé en la langue du pays de la princesse où on contracte, et qu'il suffit d'en faire expédier une copie traduite en l'autre langue, certifiée par le même secrétaire d'État qui a reçu le contrat. C'étoit précisément ce que Grimaldo nous avoit dit chez lui et ce qui me fit demeurer d'accord avec lui de différer jusqu'à Lerma à voir de quoi je me pourrois contenter.

Il venoit de m'arriver un courrier de Burgos avec de meilleures nouvelles de mon fils aîné. Ce courrier avoit rencontré le roi et la reine d'Espagne, qui l'avoient fait approcher de leur portière à la vue de ma livrée. Ils s'étoient informés des nouvelles de mon fils et [avoient] chargé le courrier de me dire de leur part la joie qu'ils avoient de l'apparence de la guérison. J'avois donc à écrire au marquis de Grimaldo pour remercier par lui Leurs Majestés Catholiques de ces marques de bonté. J'y ajoutai ce que Maulevrier venoit de me montrer de la lettre du cardinal Dubois, dont je viens de parler, au moyen de quoi je demeurois parfaitement content de ce qui s'étoit fait et n'en demandois pas davantage. J'avois raison moyennant cette lettre d'être content, puisqu'elle ne demandoit qu'une copie collationnée du contrat en françois, certifiée du secrétaire d'État, au lieu de quoi j'envoyois au roi un instrument original du contrat de mariage en espagnol, signé de la main du roi et de la reine d'Espagne, etc., tout tel et tout pareil que celui qui demeuroit à Leurs Majestés Catholiques, signé d'elles, etc.; et qu'à l'égard des témoins on m'avoit tenu exactement parole, en sorte qu'ils n'avoient rien signé et n'avoient paru que dans l'acte séparé, signé du seul secrétaire d'État uniquement, qui avoit passé le contrat, c'est-à-dire par don Joseph Rodrigo. Retournons maintenant à ce qui se passa après la signature.

CHAPITRE XIV.

Forme de demander les audiences particulières du roi d'Espagne. — Jalousie de la reine pour y être toujours présente. — Trait important d'amitié pour moi de Grimaldo. — Illumination de la place Major, admirable et surprenante. — Bal superbe chez le roi d'Espagne. — Leurs Majestés Catholiques y dansent et m'y font danser. — Échappé avec tout avantage de tous les piéges du cardinal Dubois, j'en aperçois son dépit à travers ses louanges. — Audience particulière que j'eus seul le lendemain de la signature. — Manége de la reine. — Service de Grimaldo. — Office à don Patricio Laullez. — Attachement du roi d'Espagne aux jésuites, peu conforme au goût de la reine. — Bontés ou compliments singuliers de la reine pour moi. — Audience particulière du comte de Céreste. — Je consulte Grimaldo sur les bontés ou les compliments de la reine. — J'en reçois un bon conseil. — Confiance et amitié véritable entre ce ministre et moi. — Pompe de Leurs Majestés Catholiques allant à Notre-Dame d'Atocha. — Compétence[1] entre les deux majordomes-majors, uniquement aux audiences publiques de la reine, qui en exclut celui du roi, et entre les mêmes et les deux grands écuyers, uniquement dans les carrosses du roi et de la reine, qui en exclut les deux majordomes-majors. — Départ (18 novembre) de Mlle de Montpensier de Paris. — Leurs Majestés Catholiques donnent une longue audience à Maulevrier et à moi seuls, étant au lit, contre tout usage d'y être vus par qui que ce soit. — Maulevrier en étrange habitude de montrer au ministre d'Espagne les dépêches qu'il recevoit de sa cour. — Départ de Leurs Majestés Catholiques pour Lerma. — Je présente enfin une lettre du roi à l'infante au moment de son départ pour Lerma. — Je reçois chez moi les compliments de la ville de Madrid. — Lettre curieuse du cardinal Dubois à moi sur l'emploi de l'échange des princesses. — Santa Cruz chargé par le roi d'Espagne de l'échange des princesses. — Je prends avec lui d'utiles précautions à l'égard du prince de Rohan, chargé par le roi du même échange.

Je retournai chez moi après la cérémonie qui, par la longueur des lectures et cette difficulté sur un instrument en françois, avoit duré fort longtemps. On se souviendra que, voulant toujours entretenir le roi d'Espagne pendant cette lecture pour cacher par cet air de courtisan empressé l'affectation de la place que j'avois prise et conservée, ne sachant plus que dire au roi pour continuer à lui parler, je lui demandai audience pour le lendemain, qu'il m'accorda volontiers. Or, cette demande directe étoit contraire à l'usage de cette cour, où les ambassadeurs, les autres ministres étrangers, et tous les sujets de quelque rang ou état qu'ils soient, ne la demandent qu'en s'adressant à celui qui est préposé pour en rendre compte au roi et leur dire le jour et l'heure, quand le roi accorde l'audience, qu'il ne refuse jamais aux ministres étrangers et rarement à ses sujets. Celui qui avoit alors cet emploi étoit le même La Roche dont j'ai parlé ci-devant, et qui avoit aussi l'estampille.

Grimaldo étoit allé travailler avec le roi en présence de la

---

1. On a déjà vu ce mot employé par Saint-Simon dans le sens de *discussion de préséance*.

reine comme cela se faisoit toujours; peu après la fin de la cérémonie de la signature. Je fus surpris, une heure et demie après être rentré chez moi, de recevoir une lettre de ce ministre, qui me demandoit si j'avois à dire quelque chose de particulier au roi sans la reine, sur ce que j'avois demandé moi-même audience au roi pendant la lecture du contrat, et qu'il me prioit de lui mander naturellement ce qui en étoit. Je lui récrivis sur-le-champ qu'ayant trouvé cette commodité de demander audience au roi je m'en étois servi tout simplement; que, si je n'y avois pas fait mention de la reine, c'est que j'avois cru sa présence aux audiences particulières tellement d'usage que je n'avois pas imaginé qu'il fût besoin d'en faire mention; qu'au reste je n'avois que des remercîments à faire au roi sur tout ce qui venoit de se passer, quoi que ce soit à lui dire que je n'eusse à dire de même à la reine, et que je serois très-fâché qu'elle ne se trouvât pas à cette audience particulière le lendemain.

Comme j'écrivois cette réponse, don Gaspard Giron m'invita d'aller voir l'illumination de la place Major. J'achevai ma lettre promptement; nous montâmes en carrosse, et les principaux de ceux que j'avois amenés, dans d'autres des miens. Nous fûmes conduits par des détours pour éviter la vue de la lueur de l'illumination en approchant, et nous arrivâmes à une belle maison qui donne sur le milieu de la place, qui est celle où le roi et la reine vont pour voir les fêtes qui s'y font. Nous ne nous aperçûmes d'aucune clarté en mettant pied à terre ni en montant l'escalier; on avoit bien tout fermé; mais en entrant dans la chambre qui donnoit sur la place, nous fûmes éblouis, et tout de suite en entrant sur le balcon la parole me manqua de surprise plus de sept ou huit minutes.

Cette place est en superficie beaucoup plus vaste qu'aucune que j'eusse encore vue à Paris ni ailleurs, et plus longue que large. Les cinq étages des maisons qui l'environnent sont du même niveau, chacune avec des fenêtres égales en distance et en ouverture, qui ont chacune un balcon dont la longueur et l'avance sont parfaitement pareilles, avec un balustre de fer aussi de hauteur et d'ouvrage semblables entre eux, et tout cela parfaitement pareil en tous les cinq étages. Sur chacun de tous ces balcons on met deux gros flambeaux de cire blanche, un seul à chaque bout de chaque balcon, simplement appuyés contre le milieu du retour de la balustrade, tant soit peu penchés en dehors, sans être attachés à rien. Il est incroyable la clarté que cela donne, la splendeur en étonne et a je ne sais quelle majesté qui saisit. On y lit sans peine les plus petits caractères dans le milieu et dans tous les endroits de la place sans que le rez-de-chaussée soit illuminé.

Dès que je parus sur le balcon, tout ce qui étoit dans la place s'amassa sous les fenêtres et se mit à crier : *Señor, tauro! tauro!* C'étoit le peuple qui me demandoit d'obtenir une fête de taureaux, qui est la chose du monde pour laquelle il a le plus de passion, et que le roi ne vouloit plus permettre depuis plusieurs années par principe de conscience. Aussi me contentai-je le lendemain de lui dire simplement ces cris du peuple sans lui rien demander là-dessus, en lui témoignant mon étonnement d'une illumination si surprenante et si admirable. Don Gaspard Giron et des Espagnols qui se trouvèrent dans la maison d'où je la vis, charmés de l'étonnement dont j'avois été frappé à la vue de ce spectacle, le publièrent avec d'autant plus de complaisance, qu'ils n'étoient pas accoutumés à l'admiration des François, et beaucoup de seigneurs m'en parlèrent avec grand plaisir. A peine eus-je loisir de souper au retour de cette belle illumination, qu'il fallut retourner au palais pour le bal que le roi avoit fait préparer dans le salon des Grands, et qui dura jusqu'après deux heures après minuit.

Ce salon, qui est également vaste et superbe en bronzes, en marbres, en dorures, en tableaux, étoit magnifiquement éclairé ; tout au bout opposé à la porte d'entrée il y avoit, comme à la signature, six fauteuils de front, où le roi, la reine, etc., s'assirent dans le même ordre. A côté du bras droit de celui du roi, sans distance aucune et beaucoup moins qu'un demi-pied moins avancé, un siége ployant de velours cramoisi de franges d'or et les bois dorés, pour le majordome-major du roi, qui s'assit dessus en même temps que le roi se mit dans son fauteuil. Au bras gauche du fauteuil du dernier infant étoit dans la même disposition un carreau de velours noir, sans or, avec des houpes noires aux coins, pour la camarera-mayor de la reine, vêtue en veuve un peu mitigée, parce que la reine n'avoit pu souffrir tout ce grand attirail de religieuse, qui est l'habit des veuves tant qu'elles le sont, que j'avois vu à Bayonne à la duchesse de Liñarez. Par la même raison, le carreau étoit noir, qui sans cela auroit été de velours cramoisi avec de l'or. Cette dame auroit pu avoir un ployant pareil à celui de la droite, mais par habitude elle préféroit le carreau, qui est la même distinction. Derrière les fauteuils il y avoit des tabourets de velours rouge à franges d'or et à bois dorés, pour le capitaine des gardes du roi en quartier, le sommelier du corps, le majordome-major de la reine, la gouvernante de l'infante et le duc de Popoli, gouverneur du prince des Asturies. Dans une fausse porte, tout en arrière des fauteuils du côté de la camarera-mayor, mais non vis-à-vis de son dos, étoient deux siéges ployants de velours cramoisi à franges d'or et à bois dorés, où don Gaspard Giron nous conduisit, Maulevrier et moi, sans jalousie devant nous, qui fut une faveur singulière, et qui que ce soit devant nous, en sorte que nous vîmes toujours en plein tout ce beau spectacle et les danses.

Un peu plus bas que la camarera-mayor, le long de la muraille, à quelque distance jusque vers le bas bout, il y avoit des tabourets comme les nôtres entremêlés de carreaux pareils, et d'autres tabourets et carreaux de damas et de satin rouge, pareillement dorés, pour les femmes des grands d'Espagne et de leurs fils aînés qui, à leur choix, s'asseyoient sur les tabourets ou sur les carreaux, mais les femmes des grands sur le velours et les femmes des fils aînés sur le satin ou le damas. Ces tabourets et ces carreaux alloient jusqu'à la moitié ou environ de la longueur de ce côté long du salon, le reste étoit occupé par les dames de qualité, femmes ou filles, assises par terre sur le vaste tapis qui couvroit tout le salon, desquelles plusieurs se tenoient debout, ce qui étoit à leur choix, et tout aux dernières places. Quelques jeunes camaristes de la reine placées là pour danser. Vis-à-vis ce long rang de dames de l'autre côté, toute la cour en hommes, grands et autres, tous debout, le dos aux fenêtres à distance d'elles, laquelle distance étoit remplie de moindres spectateurs, comme aussi étoit l'espace vis-à-vis, entre la muraille et les dames. Au bas bout du côté des hommes étoient, un peu en potence, les quatre majordomes du roi pour donner ordre à tout. Vis-à-vis des fauteuils, au bas bout, étoient les danseurs debout, grands et autres, les officiers venus en Espagne avec moi, et des spectateurs de qualité; une barrière derrière eux traversoit le salon, derrière laquelle étoit la foule des voyeurs.

Dans une pièce à côté de l'entrée étoient toutes sortes de rafraîchissements, de pâtisseries, de vins, avec profusion; mais grand ordre, où, pendant la confusion des contredanses, alloit qui vouloit et en apportoit aux dames. La parure éclatoit avec somptuosité : il faut avouer que le coup d'œil de nos plus beaux bals parés n'approche point de celui-là.

Ce qui m'y parut de fort étrange furent trois évêques en camail vers le haut bout du côté des hommes pendant tout le bal; c'étoient le duc d'Abrantès, évêque de Cuença, deux évêques *in partibus*, suffragants à Madrid de l'archevêque de Tolède; et l'accoutrement de la camarera-mayor pour un bal, qui tenoit un grand chapelet à découvert, causant et devisant sur le bal et les danses, tout en marmottant ses patenôtres qu'elle laissoit tomber à mesure, tant que le bal dura. Ce que je trouvai aussi de très-fâcheux est que nul homme ne s'y assit excepté les six charges que j'ai nommées, Maulevrier [et] moi, pas même les danseurs, en sorte qu'il n'y avoit pas un seul siége dans tout ce salon, même derrière tout le monde, outre ceux que j'ai spécifiés.

La reine, qui ne peut danser de danse sérieuse qu'avec les infants, ouvrit le bal avec le roi; la danse de ce prince qu'il aimoit fort fut pour moi un grand sujet de surprise; en dansant ce fut tout un autre homme, redressé du dos et des genoux, de la justesse, en vérité de la grâce. Pour la reine qui prit après le prince des Asturies, qui étoient tous deux extrêmement bien faits, je n'ai vu qui que ce soit danser mieux en France, en hommes ni en femmes, peu en approcher, moins encore aussi bien, les deux autres infants fort joliment pour leur âge.

En Espagne, hommes et femmes portent toutes sortes de couleurs à tout âge, et danse qui veut jusqu'à plus de soixante ans, sans le plus léger ridicule, même sans que cela paroisse extraordinaire, et j'en vis plusieurs exemples d'hommes et de femmes : le dernier infant prit la princesse de Robecque qui ne s'éloignoit pas de cinquante ans et qui les paroissoit bien.

Elle étoit Croï, fille du comte de Solre, et veuve du prince de Robecque, que le roi d'Espagne avoit fait par la princesse des Ursins grand d'Espagne, chevalier de la Toison et depuis colonel du régiment des gardes wallonnes. La comtesse de Solre qui étoit Bournonville, cousine germaine de la maréchale de Noailles, étant assez mal avec son mari avoit mené sa fille se marier en Espagne et y étoit demeurée avec elle. Mme de Robecque étoit dame du palais de la reine et passoit, ainsi que sa mère, pour être fort bien avec elle. Je les avois fort connues avant qu'elles allassent en Espagne; et ce fut une des premières visites que je fis; nous avions autrefois fort dansé ensemble, apparemment qu'elle le dit à la reine.

Aussitôt après avoir dansé avec l'infant, car, étant étrangère, elle n'étoit pas sujette aux règles espagnoles du veuvage, elle traversa toute la longueur du salon, fit une belle révérence à Leurs Majestés Catholiques et vint me dénicher dans ma reculade pour me prendre à danser par une belle révérence en riant; je la lui rendis en lui disant qu'elle se moquoit de moi; dispute, galanteries, enfin elle fut à la reine, qui m'appela et qui me dit que le roi et elle vouloient que je dansasse. Je pris la liberté de lui représenter qu'elle vouloit se divertir; que cet ordre ne pouvoit pas être sérieux; j'alléguai mon âge, mon emploi, tant d'années que je n'avois dansé, en un mot tout ce qui me fut possible. Tout fut inutile, le roi s'en mêla, tous deux me prièrent, tâchèrent de me persuader que je dansois fort bien, enfin commandèrent et de façon qu'il fallut obéir; je m'en tirai donc comme je pus.

La reine affecta de faire danser des premiers nos témoins françois, excepté l'abbé de Saint-Simon qui n'étoit pas de robe à cela, et dans la suite du bal, deux ou trois officiers des plus distingués des troupes du roi qui étoient venus avec moi.

Une heure après l'ouverture du bal on mena l'infante se coucher. Les contredanses coupèrent souvent les menuets. Le prince des Asturies y menoit toujours la reine; rarement le roi les dansoit, mais comme aux contredanses on se mêle, et, suivant l'ordre de la contredanse, chacune se trouve danser avec tout ce qui danse, l'un après l'autre, et se retrouve au bout avec son meneur, la reine y dansoit de même avec tout le monde; j'en esquivai ce que je pus, quoique fort peu; on peut juger que je n'en savois aucune.

Le bal fini, le marquis de Villagarcias, un des majordomes et un des plus honnêtes et des plus gracieux hommes que j'aie vus, qui a été depuis vice-roi du Pérou, ne voulut jamais me laisser sortir que je ne me fusse reposé dans le lieu des rafraîchissements, où il me fit avaler un verre d'excellent vin pur, parce qne j'étois fort en sueur à force de menuets et de contredanses, avec un habit très-pesant. Le roi et la reine d'Espagne et le prince des Asturies furent fort sur le bal et y parurent prendre grand plaisir. Ce même soir et le lendemain je fis illuminer toute ma maison, dedans et dehors, n'ayant pas eu un moment de loisir d'y donner aucune fête, an milieu de tant de fonctions si précipitées et si fort entassées les unes sur les autres.

Ce ne fut pas sans un grand plaisir que je fis, le mercredi 26 au matin, lendemain de la signature, les dépêches que je devois envoyer après mon audience de remercîment qui devoit terminer cette même matinée, par lesquelles je rendois compte de tout ce qui s'étoit passé par un courrier qui ne put être dépêché que le [sur]lendemain 28 novembre. J'étois aisément parvenu à éluder les commissaires et à faire signer par Leurs Majestés Catholiques elles-mêmes, contre tout usage et exemple, non-seulement un instrument du contrat du futur mariage du roi et de l'infante, mais deux instruments dont j'envoyai un au roi signé de leur main par ce courrier, ce qui étoit bien plus qu'il ne m'avoit été demandé, puisque le cardinal Dubois se contentoit d'une simple copie signée du seul secrétaire d'État. J'avois fait passer l'entreprise de M. le duc d'Orléans sur le prince des Asturies sans aucune difficulté et lui avois renvoyé sa lettre à ce prince où la qualité de frère étoit omise. Les témoins du mariage, je ne les admis qu'à condition qu'ils ne paroîtroient tels que dans un acte séparé, signé du seul secrétaire d'État, et qu'eux ne signeroient quoi que ce fût. J'étois sorti du piége qui m'avoit été si bien tendu sur l'instrument du contrat en françois, tellement à mon avantage, que l'infamie en sauta aux yeux de Leurs Majestés Catholiques et de tout ce qu'il y avoit de plus illustre en Espagne rassemblé dans la cérémonie de la signature, et que Leurs Majestés Catholiques voulurent bien me promettre de signer un instrument en françois si je persévérois à le désirer. Enfin, la joie du sujet

de mon ambassade qui m'attira en foule les premières visites
dès le matin du lendemain de mon arrivée, de tous ceux
même qui étoient en droit et en usage d'attendre auparavant
la mienne, et si j'ose le dire, l'adresse que je sus employer
pour la place que je pris et que je conservai à la signature,
me tirèrent des étranges filets où le cardinal Dubois avoit
bien compté de me prendre.

Le tour des louanges excessives qu'il me donna en réponse
aux dépêches de ce courrier, et dont il farcit celle du roi et
celle de M. le duc d'Orléans, et les bagatelles qu'il cota sans
oser les désapprouver ouvertement, comme la difficulté des
témoins, celle de l'instrument en françois, qui du moins
étoit la faute de son silence, celle de la petite table pour signer, celle de n'avoir pas été à Notre-Dame d'Atocha, toutes
choses auxquelles je sus très-bien lui répondre, me montrèrent le dépit, caché sous tant de fleurs et de parfums,
qu'il ressentoit de me voir échapper contre toute espérance
à tant de sortes de parties qu'il avoit pris tant de soin à me
dresser. Il loua surtout ma modération à l'égard de Maulevrier en tombant sur lui, soit qu'il le blâmât en effet, ou
qu'il voulût me cacher par le mépris et le peu de confiance
qu'il me témoigna pour lui, qu'il eût part en sa noire et
hardie friponnerie, trop profonde et trop adroitement ourdie,
et exécutée avec trop d'effronterie pour la croire du seul cru
de Maulevrier, dont la malice, quelle qu'elle pût être, étoit
trop dépourvue d'esprit pour pouvoir lui en attribuer plus
que la simple exécution. Je ne parle point ici de la lettre du
roi à l'infante qui étoit lors encore à venir. Ce ne fut qu'une
niche en comparaison des autres piéges et niche dont je me
donnai le plaisir de lui mander comment je m'en étois tiré
par le secours du marquis de Grimaldo; mais s'il eut le chagrin de me voir hors des prises qu'il s'étoit si bien su préparer, pour ce qui regardoit les affaires et les fonctions de
l'ambassade, on verra qu'il sut bien s'en dédommager sur
ma bourse, et que ce ne fut pas sa faute si je ne revins pas

sans avoir pu recueillir le fruit qui, uniquement, m'avoit fait désirer cette ambassade.

Tout à la fin de la matinée de ce même mercredi 26, je fus introduit seul, car Maulevrier s'excusa d'y venir avec moi sur les dépêches qu'il avoit à faire, je fus, dis-je, à l'audience que j'avois moi-même demandée au roi d'Espagne, la veille, pendant la lecture du contrat de mariage, et qu'il m'avoit accordée. Je vis, dès en approchant de Leurs Majestés Catholiques, l'importance du service que [m'avoit rendu] le marquis de Grimaldo par la lettre qu'il m'écrivit le soir tout tard de la veille, dont j'ai parlé ci-dessus, et de ma réponse; car la reine, dès avant que je fusse proche du roi et d'elle, s'avança à moi, et me dit d'un air fort libre : « Ho çà, monsieur, point de façons; vous avez envie de dire au roi quelque chose en particulier, je m'en vais à la fenêtre et vous laisser faire. » Je lui répondis la même chose que ce que j'avois mandé en réponse à Grimaldo, à quoi j'ajoutai qu'il étoit si vrai que je n'avois rien à dire au roi en particulier, que si j'avois eu le déplaisir de ne la pas trouver auprès de lui, j'aurois été obligé de lui demander à elle une audience pour lui faire les mêmes remercîments qu'au roi de tout ce qui s'étoit passé la veille. « Non, non, reprit-elle avec vivacité, je vous laisse avec le roi, et je me rapprocherai quand vous aurez fait. » Et en disant cela, elle gagna la fenêtre comme en deux sauts légers, car il y avoit assez loin par la grandeur de ce salon des Miroirs où j'étois seul avec Leurs Majestés Catholiques, tellement que je me mis à la suivre, lui protestant que je n'ouvrirois pas la bouche devant le roi qu'elle ne fût retournée près de lui, qui, pendant tout cela, demeura immobile; enfin la reine se laissa vaincre et revint près du roi où je la suivis. Elle auroit su également par le roi ce que je lui aurois dit sans elle, et ne me l'auroit jamais pardonné.

Je commençai alors par les remercîments de tout ce qui s'étoit passé la veille, en attendant ceux dont je serois chargé par le roi dès qu'il auroit reçu le compte que j'avois l'honneur de lui en rendre. On peut juger que ce que je dis ici en deux mots se débita à Leurs Majestés Catholiques d'autre sorte, et que les grâces de l'infante, à se tenir si convenablement et si longtemps en place et à signer, ne furent pas oubliées, non plus que la beauté si surprenante de l'illumination de la place Major, la magnificence singulière du bal, et les grâces de Leurs Majestés Catholiques et du prince des Asturies, et des jeunes infants à danser, tous articles que j'étendis assez à mesure du plaisir que je voyois qu'elles y prenoient, et sur quoi la reine se mit fort à louer le roi d'Espagne, et à me faire admirer jusqu'à sa beauté, dont il ne fit que sourire. Il me demanda si je n'enverrois pas un courrier ; je répondis que l'instrument signé de leurs mains, etc., étoit trop précieux pour le confier à la voie ordinaire : il me parut qu'ils en avoient fort envie, et que ma réponse leur plut.

Je passai de là à l'office en faveur de don Patricio Laullez, dont je m'étois procuré l'ordre, et dont on a vu que j'avois parlé à Grimaldo qui en avoit prévenu Leurs Majestés. Je me mis donc, tant que je pus, sur mon bien-dire par la passion que j'avois de rendre utilement à cet ambassadeur les services que j'en avois premièrement reçus. Il me parut que le roi d'Espagne m'écouta là-dessus avec satisfaction, mais beaucoup plus la reine, qui en mêla quelques mots à mon discours en regardant le roi avec un désir très-marqué d'en attirer des grâces à Laullez.

Le roi d'Espagne interrompit ce propos pour me dire, sans occasion et tout à coup qu'il désiroit que l'infante fût mise sous la conduite d'un jésuite, pour former sa conscience et lui apprendre la religion ; qu'il avoit eu toute sa vie confiance aux pères de la compagnie, et qu'il me prioit de le demander de sa part à M. le duc d'Orléans. Je répondis que j'exécuterois avec beaucoup d'exactitude et de respect le commandement qu'il me faisoit, et que je ne doutois point que

M. le duc d'Orléans ne cherchât à lui complaire dans toutes les choses qui n'avoient aucun véritable inconvénient. Je remarquai qu'il prolongea cette proposition qui pouvoit être plus courte, et qu'il me regardoit cependant fixement comme cherchant à voir ce que j'en pensois moi-même. Ce désir me parut en lui d'autant plus affectionné, que la reine, qui entroit toujours dans tout ce qu'il disoit, et qui l'appuyoit, ne dit alors presque rien; que le peu qu'elle dit fut très-foible, le roi poussant toujours sa pointe.

Après quelques autres affaires de simple recommandation, l'audience se tourna en conversation. Ils me menèrent aux fenêtres voir leur belle vue sur le Mançanarez, *la Casa del Campo* presque vis-à-vis, et la campagne au delà; on parla de plusieurs choses indifférentes qui conduisirent à des choses de leur cour, et moi à leur témoigner la satisfaction que j'avois d'avoir l'honneur de les approcher dans tous les moments où cela étoit permis. Là-dessus la reine regarda le roi, puis me dit avec un air de bonté qu'il ne falloit point qu'il y eût d'heure pour moi, ni d'étiquette; que je pouvois les venir voir à toute heure, quand je voudrois, sans audience et sans avoir rien à leur communiquer; que le roi et elle seroient ravis de me voir ainsi familièrement, et que je leur ferois plaisir d'user de cette liberté. Je ne manquai pas de répondre à une grâce si peu attendue et si unique de la meilleure façon que je pus; après quoi je leur dis que le marquis de Grimaldo devoit leur avoir rendu compte que le comte de Céreste, frère du marquis de Brancas, désiroit avoir l'honneur de présenter au roi une lettre de son frère. Je fus congédié après un peu moins d'une heure d'audience ou de conversation, en me disant que Céreste alloit être appelé. Il le fut en effet quelques moments après que je fus sorti. Le marquis de Brancas avoit eu permission d'écrire au roi d'Espagne, et il avoit chargé son frère d'y ajouter quelque chose de bouche en présentant sa lettre. Je l'attendis; il me dit que cette audience s'étoit tout à fait passée à sa satisfaction.

Quoique en me retirant d'auprès de Leurs Majestés Catholiques, la reine m'eût encore répété de ne me point arrêter aux usages pour les voir à toute heure quand je voudrois, et de ne pas craindre d'en abuser, et que le ton et l'air du discours fût tout à fait naturel et avec beaucoup de grâces, je crus devoir en faire la confidence à Grimaldo et le consulter là-dessus. Je craignis que ce convi redoublé de chose qui sans exception n'étoit accordée à personne ne fût qu'un excès, si j'ose user du terme, de politesse, où la joie et le désir de la marquer les jetoit, dont l'usage, quelque discret qu'il fût, pourroit les importuner. J'eus peur aussi qu'en usant sans l'attache pour ainsi dire de Grimaldo, il n'en conçût de la jalousie et de la froideur à mon égard, lui sans qui je ne pouvois rien faire, quelque privance dont je jouisse, et je compris qu'abandonnant là-dessus ma conduite à son jugement, je le gagnerois véritablement, et que je ne pourrois mal faire.

Je descendis donc dans sa cavachuela au sortir de l'audience. Je lui racontai tout ce qui s'étoit passé et lui dis que, pour l'usage ou non-usage de cette liberté de voir à toute heure et sans audience Leurs Majestés Catholiques quand je voudrois, je venois franchement à son conseil, résolu de me conduire en cela uniquement par ce qu'il jugeroit à propos que je fisse, ce que j'assaisonnai de tout ce que je crus le plus propre à le flatter et à l'ouvrir sincèrement. Après les préambules de remercîments et de compliments sur ma confiance, il me dit que, puisque je voulois qu'il me parlât franchement, il me conseilloit de regarder l'invitation de la reine comme une politesse, une honnêteté singulière qu'elle avoit voulu me faire, mais dont le roi et elle ne seroient pas fort aises que j'en usasse, et qu'ils s'en trouveroient bientôt importunés; que, de plus, je n'avancerois rien dans ces particuliers, si j'y voulois mêler des affaires sur lesquelles ils ne me répondroient point sans s'en être consultés, et que cela les embarrasseroit davantage; enfin qu'ils me verroient sûrement de meilleur œil dans les temps où il étoit permis à tout le monde de les voir, et en audience quand j'aurois raison et occasion d'en demander, et qu'il s'offroit à moi pour tous les offices et toutes les choses où je voudrois l'employer auprès de Leurs Majestés, soit de ma part, soit comme de lui-même. Je le remerciai fort de son conseil, que je l'assurai que je suivrois, comme je fis en effet, et j'acceptai ses offres avec tous les témoignages de confiance et de reconnoissance qu'ils méritoient, et je me trouvai parfaitement de l'un et de l'autre; de cette façon je fus avec ce ministre sur un pied d'amitié, de liberté, de confiance, qui, outre les agréments, les facilités et la commodité qu'il me procura, me fut aussi extrêmemeut utile.

L'après-dînée de ce jour, mercredi 26, le roi et la reine d'Espagne allèrent en pompe à Notre-Dame d'Atocha, c'est la grande dévotion du pays, qui est tout au bout et comme hors de la ville, joignant le parc du Buen Retiro. L'église est grande, médiocrement belle pour l'Espagne, desservie par une grande communauté de dominicains logés dans un vaste et superbe monastère. Le roi, sans entrer dans le couvent, met pied à terre à un petit corps de logis où on trouve d'abord un escalier de quelques marches, deux assez grandes pièces de la dernière desquelles le roi et la reine entrent dans une grande tribune, et leur suite dans une autre fort longue à tenir vingt personnes tout du long.

Les descriptions des lieux ne sont point de mon sujet, mais je ne crois pas devoir me dispenser de décrire comment le roi y va en cérémonie avec la reine, comme il fit à cette fois, et comme il est d'usage que les rois d'Espagne y aillent de la sorte toutes les fois qu'une calamité ou une occasion de remercier Dieu publiquement oblige à des prières ou à des actions de grâces publiques, et toutes les fois encore que les rois partent pour un voyage long et éloigné et qu'ils en reviennent à Madrid. Voici donc l'ordre de la marche : un carrosse du roi où sont ses quatre majordomes; trois autres, mais du corps, pour les gentilshommes de la chambre; un du corps plus beau rempli par le grand écuyer, le sommelier du corps, le capitaine des gardes en quartier; un carrosse du roi vide; le carrosse où le roi et la reine sont seuls; un carrosse de la reine vide, un carrosse de la reine où sont son grand écuyer et son majordome-major. Mais ce carrosse ne va plus, parce que le majordome-major n'y veut pas céder la première place au grand écuyer qui l'a de droit sur lui et sur tous, dans le carrosse seulement; ainsi le grand écuyer de la reine se met dans le carrosse du roi, avec son grand écuyer, et y a place immédiatement avant le capitaine des gardes du corps en quartier. Ainsi, après le carrosse vide de la reine, marche le carrosse propre de sa camarera-mayor, carrosse encore une fois non de la reine, mais de la camarera-mayor, à quatre mules, à ses armes et à ses livrées, entouré de toute sa livrée à pied, son écuyer à cheval, à sa portière droite, et elle seule dans son carrosse; deux carrosses de la reine remplis de ses dames du palais; deux autres carrosses de la reine qui ne sont pas du corps et plus simples que les précédents, remplis des *señoras de honor*; un carrosse de la reine, non du corps et plus uni encore que les deux derniers précédents, dans lequel est l'*assafeta*[1] toute seule, puis deux carrosses semblables à ce dernier remplis des camaristes de la reine. Le carrosse à huit chevaux avec un postillon, dans lequel sont le roi et la reine, est environné de valets de pied à pied, de plusieurs officiers des gardes du corps à cheval, avec chacun leur premier écuyer à leur portière, tous à cheval, et force gardes du corps devant et derrière, avec les trompettes et les timbales sonnantes. Les régiments des gardes espagnoles et wallonnes, partie en bataille dans la place du

---

1. Le sens de ce mot a été indiqué plus haut. L'*assafeta* était la première femme de chambre de la reine.

Palais, partie en haie dans les rues, les officiers à leur tête et les drapeaux déployés, saluant dans la place avec force tambours battant au champ. La marche se fait au plus petit pas ; les cochers des carrosses du corps du roi et de la reine et de ceux réputés tels, ainsi que le cocher de la camarera-mayor, sont chapeaux bas. Ceux des carrosses des majordomes du roi, des *señoras de honor*, de l'*assafeta* et des camaristes, ont leurs chapeaux sur leur tête.

Une des plus belles, des plus larges, des plus droites et des plus longues rues de Madrid, fait le principal du chemin. Il y demeure un grand nombre d'orfévres. Toutes les boutiques sont ornées de gradins chargés avec élégance de tout ce que ces orfévres ont de plus riche ; les autres boutiques, à proportion par toutes les rues. Tous les balcons, dont il y a quantité à Madrid, et les fenêtres de tous les étages magnifiquement ornés de tapis pendants larges et bas, et de coussins sur les fenêtres, remplies entièrement de spectateurs et de dames parées, et tout cela admirablement illuminé au retour, ainsi que la place Major par où le roi revint. Il faut convenir que ce spectacle est admirable par son ordre, car les rues sont pleines de peuple sans en être le moins du monde surchargées ni embarrassées, et qu'il est le plus imposant que j'aie jamais vu par sa majesté et par la plus superbe magnificence et la plus parfaitement ordonnée. Les grands étoient allés attendre le roi à Notre-Dame d'Atocha, mais dans l'église, et le majordome-major du roi aussi, parce qu'il ne va jamais dans le carrosse où est le grand écuyer, qui est celui où il devroit aller, parce que, le précédant partout, il n'a pourtant que la seconde place dans le carrosse, où le grand écuyer est en droit et en usage de ne la céder à lui ni à qui que ce soit. C'est encore par la même raison que le majordome-major du roi ne se trouve jamais aux audiences publiques de la reine, et n'y vint pas aussi à la mienne, parce [que], précédant partout le majordome-major de la reine, celui-ci est en droit et en usage de la première place, et distinguée, en ces audiences de la reine, et de ne la pas céder au majordome-major du roi.

Je crus que Maulevrier et moi devions nous trouver aussi à Notre-Dame d'Atocha, étant si principaux acteurs dans l'affaire qui engageoit Leurs Majestés Catholiques à y aller rendre à Dieu leurs actions de grâces. Maulevrier fut sagement, pour cette fois, fort d'avis de s'informer au marquis de Montalègre, sommelier du corps, comme au plus expert aux cérémonies et aux usages de la cour d'Espagne, pour savoir s'il n'y auroit point d'inconvénient. Montalègre crut qu'il s'y en pourroit rencontrer, et lui conseilla que nous nous abstinssions d'y aller. Sur cet avis je crus, ainsi que Maulevrier, que nous ferions bien de le suivre. Nous vîmes donc la marche du roi y allant, et pour son retour nous allâmes le voir passer dans la place Major illuminée, dans la même maison où j'avois déjà vu cet éclatant et si surprenant spectacle. Je ne sus point la raison de l'avis du marquis de Montalègre. J'imaginai que le roi d'Espagne étant en des tribunes et non dans l'église où étoient les grands, il y auroit de la difficulté à nous placer, qui disparoît quand le roi tient chapelle, où il est dans l'église et où la place des ambassadeurs est établie. J'oublie, ce que j'aurois dû ajouter en sa place, que le majordome-major de la reine se trouve sans difficulté aux audiences publiques du roi d'Espagne, où il prend place parmi les grands, quand il l'est, comme il l'est presque toujours, et sans aucune prétention de distinction.

Le jeudi 27 novembre, jour du départ du roi et de la reine pour Lerma, et lendemain de leurs pompeuses actions de grâces à Notre-Dame d'Atocha, Maulevrier vint chez moi le matin de fort bonne heure avec les dépêches qu'un courrier venoit de lui apporter et leur duplicata pour moi. Le cardinal Dubois avoit calculé sur mes lettres de Bordeaux que je n'arriverois que le 28, à Madrid, et avoit chargé le courrier, qui vint chez moi avec Maulevrier, de me remettre où il me rencontreroit le paquet qui m'étoit adressé, qui contenoit le duplicata de celui qui étoit adressé à Maulevrier, et de continuer sa course ensuite pour le lui porter. Ce courrier apportoit l'avis du départ de Paris de Mlle de Montpensier, le 18 novembre, de ses journées, de ses séjours, de son accompagnement et de sa suite, du jour qu'elle arriveroit sur la frontière, et des personnes qui seroient chargées de l'échange des deux princesses; en même temps du récit abrégé de tout ce qui s'étoit passé à l'égard du duc d'Ossone et de la signature du contrat de mariage du prince des Asturies. Outre ce duplicata, il y avoit une lettre à part du cardinal Dubois, dont je parlerai après, et une à part à Maulevrier sur les grandesses d'Espagne données puis désavouées par l'empereur, avec ordre de me la montrer dès que je serois arrivé à Madrid. Ce courrier ne pouvoit arriver plus à propos, puisque la cour d'Espagne partoit ce jour-là même, et nous fit un extrême plaisir, par l'amertume que le roi et la reine d'Espagne commençoient à mêler dans l'impatience qu'ils nous témoignoient des délais de ce départ toutes les fois qu'ils nous voyoient, et que les raisons les plus péremptoires et les plus répétées n'avoient pu diminuer.

Nous crûmes, Maulevrier et moi, qu'il n'y avoit point de temps à perdre pour porter cette nouvelle à Leurs Majestés Catholiques, qu'elles attendoient si impatiemment, et nous nous en allâmes aussitôt au palais. Je voulois commencer par Grimaldo, qui nous conduiroit en cette occasion, à cause de l'heure trop matinale, et à qui ce devoir étoit dû. Maulevrier fut d'avis d'aller droit chez le roi pour flatter son impatience; que Grimaldo n'en seroit point blessé à cause de l'occurrence; que, si le roi et la reine n'étoient pas encore visibles, nous descendrions à la cavachuela en attendant, et que Leurs Majestés Catholiques n'auroient point à trouver mauvais que nous eussions différé à terminer leur impatience. Comme je savois à part moi à quoi m'en tenir avec

Grimaldo, et que de plus j'aurois à lui dire que, contre mon avis de le voir d'abord, j'en avois cru Maulevrier qui devoit connoître le terrain mieux que moi, je me rendis à son avis, et nous allâmes droit à la porte du salon des Miroirs.

Tout étant à cette heure-là désert dans le palais, nous grattâmes avec bruit à cette porte pour nous faire entendre; un valet intérieur françois ouvrit, et nous dit que Leurs Majestés Catholiques étoient encore au lit. Nous nous en doutions bien, et nous le priâmes de les faire avertir sur-le-champ, que nous demandions à avoir l'honneur de leur parler. Or, il est inouï que, sans charge fort intérieure et fort rare, qui que ce soit les vît jamais au lit, encore n'y avoit-il, par usage, que le seul Grimaldo qui venoit y travailler les matins, et nul autre, ni grand officier ni ministre, comme je l'expliquerai ci-après. Le valet intérieur ne fit qu'aller et venir, il nous dit que Leurs Majestés nous mandoient, qu'encore qu'il fût contre toute règle et usage qu'elles vissent qui que ce fût au lit, elles trouvoient bon que nous entrassions.

Nous traversâmes donc le long et grand salon des Miroirs, tournâmes au bout à gauche dans une grande et belle pièce, puis tout court, à gauche, dans une très-petite pièce en double d'une très-petite partie de cette grande, qui en tiroit son jour par la porte et par deux petites fenêtres percées tout au haut du plancher. Là, étoit un lit de quatre pieds et demi tout au plus, de damas cramoisi, avec de petites crépines d'or, à quatre quenouilles et bas, les rideaux du pied et de toute la ruelle du roi ouverts. Le roi, presque tout couché sur des oreillers, avec un petit manteau de lit de satin blanc; la reine à son séant, un morceau d'ouvrage de tapisserie à la main, à la gauche du roi, des pelotons près d'elle, des papiers épars sur le reste du lit et sur un fauteuil au chevet, tout près du roi qui étoit en bonnet de nuit, la reine aussi et en manteau de lit, tous deux entre deux draps que rien ne cachoit que ces papiers fort imparfaitement.

Ils nous firent abréger nos révérences, et le roi avec impatience, se soulevant un peu, demanda ce qu'il y avoit. Nous entrâmes tous deux seuls, le valet intérieur s'étoit retiré après nous avoir montré la porte. « Bonne nouvelle! sire, lui répondis-je. Mlle de Montpensier est partie le 18, le courrier arrive dans l'instant, et aussitôt nous sommes venus nous présenter pour l'apprendre à Vos Majestés. La joie se peignit à l'instant sur leurs visages, et tout aussitôt les questions sur le chemin, les séjours, l'arrivée à la frontière, l'accompagnement, raisonnements là-dessus, conversation. De là nous leur dîmes tout ce que nos dépêches nous apprenoient des honneurs faits au duc d'Ossone et à Mlle de Montpensier depuis la signature de son contrat de mariage, que nous fîmes valoir, ce qui s'étoit passé à cette signature. les réjouissances, le bal, en un mot tout ce qui put le mieux marquer la joie publique, la part que le roi y prenoit, le respect de M. le duc d'Orléans et sa profonde reconnoissance de l'honneur que sa fille recevoit. On peut juger que le champ fut vaste et bien parcouru de notre part, et par la curiosité de Leurs Majestés Catholiques, qui se prenoient souvent la parole l'une à l'autre pour nous faire des questions et en raisonner, en sorte que cela dura plus d'une heure. Ils me parurent extrêmement sensibles à tous ces honneurs extraordinaires que nous leur expliquions (je dis nous, quoique Maulevrier parlât peu, qui n'en savoit ni la force, ni les usages, ni les différences), et à la joie publique de notre cour et de tout le royaume.

Sur la fin, Maulevrier dit au roi qu'il avoit, par ce courrier, une dépêche sur l'affaire des grands d'Espagne de l'empereur. A ce mot, le roi d'Espagne s'altéra au point que je lui dis vitement qu'il seroit content de ce que portoit la fin de la dépêche. Cela l'apaisa. Alors Maulevrier tira la dépêche de sa poche, et, à mon extrême étonnement, se mit à la leur lire d'un bout à l'autre. Elle ne contenoit rien qui ne pût être vu; mais qu'un ambassadeur montre ses dépêches au prince auprès duquel il est ou à son ministre me parut la chose du monde la plus dangereuse et un sacrilége d'État; je sus depuis que Maulevrier étoit dans cette habitude. La dépêche portoit que l'empereur avoit fait ces grands d'Espagne par le conseil de Rialp. A ce nom le roi me regarda d'un air piqué et me dit : « C'est un Catalan. » Je répondis en souriant un peu, et le regardant fixement : « Sire, il n'y a rien de plus mauvais que les transfuges, ils sont pires que tous les autres. » A cette réponse la reine se mit à rire en me regardant, et je connus très-bien qu'elle avoit bien senti qu'elle portoit à plomb sur les François de l'affaire de Bretagne et de Cellamare réfugiés en Espagne, qui étoit aussi ce que j'avois voulu leur faire entendre. La fin de la dépêche, qui contenoit la déclaration de l'empereur dont j'ai parlé plus haut d'avance, satisfit en effet beaucoup le roi d'Espagne, qui étoit infiniment sensible là-dessus.

Enfin Leurs Majestés Catholiques nous congédièrent, après nous avoir témoigné que nous leur avions fait grand plaisir de n'avoir pas perdu un moment à leur apprendre le départ de Mlle de Montpensier, surtout de ne nous être pas arrêtés par l'heure et parce qu'elles étoient au lit.

Nous descendîmes aussitôt après à la cavachuela du marquis de Grimaldo, à qui nous dîmes la nouvelle et ce que nous venions de faire; je n'oubliai pas d'ajouter que ç'avoit été sur l'avis de Maulevrier. Il nous parut qu'il le trouva fort bon. Nous l'informâmes de tout ce qui s'étoit passé à Paris, comme nous avions fait le roi et la reine, et, comme à eux, Maulevrier lui lut sa dépêche sur les grands d'Espagne de l'empereur. Les questions, les raisonnements, la conversation, où ce qui regardoit l'échange et les accompagnements ne fut pas oublié, durèrent près de deux heures.

Nous vînmes dîner chez moi et retournâmes au palais pour voir partir le roi et la reine d'Espagne. J'en reçus là encore mille marques de bonté. Tous deux, surtout la reine insista à deux ou trois reprises à ce que je [ne] différasse pas après eux à me rendre à Lerma, sur quoi je les assurai que je m'y trouverois à leur arrivée et à la descente de leurs carrosses.

Après leur départ j'allai chez moi ajouter à mes dépêches ce qui venoit de se passer depuis l'arrivée du courrier et de la nouvelle du départ de Mlle de Montpensier, et expédier mon courrier, qui portoit aussi les précédentes dépêches et l'un des deux instruments du contrat de mariage du roi, signé des mains du roi et de la reine d'Espagne, de l'infante, des princes ses frères, de moi et de Maulevrier. Je choisis pour cela un gentilhomme de bon lieu, peu à son aise, lieutenant dans le régiment du marquis de Saint-Simon, bon et brave officier, et jeune et dispos, pour lequel je demandai au cardinal Dubois la commission de capitaine, la croix de Saint-Louis et une pension. La façon dont on verra que ces trois choses furent accordées mérite assurément de trouver place ici.

Ce même courrier, qui apporta la nouvelle du départ de Mlle de Montpensier, m'apporta enfin la lettre du roi pour l'infante, que je lui allai présenter au sortir de la cavachuela de Grimaldo, avant d'aller dîner, qu'elle reçut de la meilleure grâce du monde, comme elle alloit partir ainsi que le prince des Asturies, à qui je présentai aussi des lettres. Le roi d'Espagne, ayant appris, par le récit que nous lui fîmes de ce qui s'étoit passé à Paris à l'égard du duc d'Ossone, que la ville de Paris avoit été par ordre du roi lui faire compliment, voulut que je reçusse le même honneur, que la ville de Madrid me vint rendre dès le lendemain. Venons maintenant à la lettre particulière du cardinal Dubois à moi, que je n'ai fait qu'annoncer ci-dessus, et que je reçus par le courrier qui apporta la nouvelle du départ de Mlle de Montpensier.

J'étois si bien informé avant de partir de Paris que le prince de Rohan étoit chargé de l'échange des princesses, que, quoique lui et moi n'eussions jamais été en aucun commerce ensemble que celui des compliments aux occasions, nous nous étions réciproquement visités, vus et entretenus sur nos emplois réciproques. M. le duc d'Orléans et le cardinal Dubois n'avoient pas ignoré ces visites, tous deux même m'en avoient parlé après qu'elles furent faites, et de nos compliments et visites réciproques de Mme de Ventadour et de moi, avec satisfaction, laquelle je ne voyois pas plus familièrement que je viens de dire, que je voyois le prince de Rohan son gendre. Je fus donc étonné de recevoir la lettre dont je parle du cardinal Dubois, du 18 novembre, qui, après avoir commencé en deux mots par le départ de Mlle de Montpensier, etc., m'apprenoit, comme si je l'avois ignoré, le choix fait du prince de Rohan pour l'échange des princesses, avec toutes les raisons de ce choix qui sentoient l'embarras et l'excuse. Il relevoit tant qu'il pouvoit la grande considération que méritoit la duchesse de Ventadour, qui étoit le motif de ce choix, et il ajoutoit qu'il convenoit si fort qu'elle fût la maîtresse du voyage et qu'elle eût le commandement sur tout ce qui en étoit, que le choix du prince de Rohan avoit été nécessaire, qui par sa fonction avoit ce commandement et la disposition de tout le voyage, mais qui pour le laisser à sa belle-mère n'arriveroit à la frontière que pour l'échange et s'en reviendroit tout court à Paris dès qu'il seroit fait, ménagement qui n'auroit pu se demander à tout autre.

Ce précis étoit étendu et paraphrasé en homme qui sentoit que j'aurois dû être chargé de l'échange, mais qui, trop occupé de cette pensée, oublioit l'inutilité de l'excuse et du prétexte, puisque, étant en Espagne pour la demande et pour la signature du contrat, je n'aurois pu marcher avec Mlle de Montpensier, et devant assister à la célébration de son mariage je n'aurois pu accompagner l'infante en France, par conséquent que je n'aurois pu ôter à la duchesse de Ventadour le commandement du voyage ni en venant ni en retournant. Cette lettre finissoit par d'assez longs propos sur la grandesse que je désirois et sa volonté de m'y servir efficacement.

Je ne dissimulerai pas que cette lettre me fit un peu rire. Je l'en remerciai par ma réponse, en lui laissant toutefois très-poliment apercevoir que j'y avois remarqué quelque embarras sur mon compte, et cet embarras n'étoit pas mal fondé. Au demeurant le désir de former une seconde branche étoit le seul motif qui m'avoit conduit. Je ne pouvois espérer d'y réussir que par l'ambassade, et jamais par l'échange, qui n'étoit que la suite et l'effet de la demande de l'infante et de la signature de son contrat de mariage avec le roi. Bien est vrai que j'aurois pu être chargé aussi de l'échange; mais ce dernier emploi ne me conduisoit à rien, et il a été toujours d'usage de nommer deux personnes, l'une pour l'ambassade, l'autre pour recevoir la princesse à la frontière et la conduire à la cour. Ainsi le choix du prince de Rohan ne me fit aucune peine, parce que j'avois l'emploi unique par lequel je pouvois arriver à ce que je m'étois proposé.

Mais quoique je n'en eusse aucune jalousie, je crus devoir prendre à cet égard les mêmes précautions que ma dignité de duc et pair de France m'auroit inspirées indépendamment de tout autre caractère, si je m'en étois trouvé à portée comme j'y étois en effet sur les lieux. Le marquis de Santa Cruz, ancien grand d'Espagne de Philippe II et de grande maison, majordome-major de la reine, fut chargé de l'échange des princesses de la part du roi d'Espagne avec le prince de Rohan; l'acte de l'échange devoit être chargé de leurs noms, de leurs titres, de leurs qualités. Je compris bien que le seigneur breton voudroit y faire le prince, et qu'il falloit exciter sur cela *el punto*[1] du seigneur espagnol. Quoique celui-ci n'aimât point les François, je m'étois mis fort bien avec lui, et je m'étois attaché à y réussir, parce

---

1. Le point d'honneur.

que c'étoit l'homme de toute la cour, quoique Espagnol, qui étoit le mieux et le plus familièrement avec la reine, dont sa charge l'approchoit le plus continuellement; il étoit de plus ami intime du duc de Liria, avec qui j'étois intimement aussi et à qui j'expliquai le fait. Il en sentit toute la conséquence pour la dignité des grands, et se chargea de la bien faire entendre à Santa Cruz. Santa Cruz étoit haut et sentoit fort tout ce qu'il étoit. Je lui en parlai aussi; il comprit qu'il ne falloit pas mollir dans une occasion pareille, il me le promit bien positivement et il me tint parole très-fermement, comme on le verra quand il sera temps de parler de l'échange.

CHAPITRE XV.

Arrivée, réception, traitement, audiences, magnificence du duc d'Ossone à Paris. — Signature des articles du prince des Asturies et de Mlle de Montpensier chez le chancelier de France. — Signature du contrat de mariage du prince des Asturies et de Mlle de Montpensier. — Elle est visitée par le roi. — Fêtes. — Départ de Mlle de Montpensier. — La ville de Paris complimente le duc d'Ossone chez lui. — Mort du comte de Roucy. — Mort de Surville. — Mort de Torcy, des chevau-légers. — Arrivée de La Fare chargé des compliments de M. le duc d'Orléans sur le mariage de Mlle sa fille. — Vaines prétentions de La Fare, que son maître n'avoit point. — Conduite que je me suis proposé d'avoir en Espagne. — Tentative du P. Daubenton auprès de moi pour faire rendre aux jésuites le confessionnal du roi. — Droiture et affection de Grimaldo pour moi. — L'empereur fait une nombreuse promotion de l'ordre de la Toison d'or, dont il met le prince héréditaire de Lorraine. — Omission de plusieurs affaires peu importantes et des embarras étranges d'argent où la malice du cardinal Dubois m'attendoit et me jeta. — Courte description de Lerma et de Villahalmanzo. — Grands mandés avec quelques autres personnes distinguées pour assister au mariage du prince des Asturies. — Pour quelles personnes ont été faites les érections des duchés de Pastrane, Lerma et l'Infantade, et comment tombés au duc de l'Infantade, de la maison de Silva. — Caractère et famille du duc de l'Infantade, et leur conduite à l'égard de Philippe V. — Richesses de ce duc. — Sa folie en leur emploi. — Maisons du prince et de la princesse des Asturies. — Je vais par l'Escurial joindre la cour à Lerma. — Pouvoir du nonce. — Hiéronimites; leur grossièreté et leur superstition. — Appartement où Philippe II est mort. — Pourrissoir. — Sépultures royales. — Petite scène entre un moine et moi sur la mort du malheureux don Carlos. — Fanatisme sur Rome. — Panthéon. — J'arrive à mon quartier près de Lerma, où je tombe malade tout aussitôt de la petite vérole. — Indication pour se remettre sous les yeux tout ce qui regarde les personnages, charges, emplois, grandesses d'Espagne. — Précis sur les grandesses.

Disons maintenant deux mots de ce qui se passa à Paris à l'égard du duc d'Ossone, de Mlle de Montpensier, et de ce qui arriva d'ailleurs à Paris jusqu'à la fin de cette année.

La veille de mon départ de Paris, Mlle de Montpensier reçut sans cérémonie celles du baptême dans la chapelle du Palais-Royal, et fut nommée Louise par Madame et par M. le duc de Chartres. L'infante reçut les mêmes cérémonies, le 9 novembre, par le nonce du pape, et eut le prince des Asturies son frère pour parrain.

Le duc d'Ossone arriva le 29 octobre à Paris; il eut le 31 audience particulière du roi; il fut logé et défrayé lui et toute sa nombreuse suite à l'hôtel des ambassadeurs extraordinaires tout le temps qu'il demeura à Paris, ce qui ne se fait jamais pour les ambassadeurs extraordinaires d'aucun prince de l'Europe, et le fut magnifiquement. Il y traita très-souvent les principaux seigneurs et dames, dont les plus distingués seigneurs lui donnèrent des repas qui pouvoient passer pour des fêtes. Il donna aussi de belles illuminations et des feux d'artifice dont la beauté, la nouveauté et la durée effaça de bien loin tous les nôtres. Il traita et visita plusieurs fois Mme de Saint-Simon, comme je rendis aussi de fréquents devoirs aux duchesses d'Ossone sa femme et sa belle-sœur. Il visita à l'ordinaire les princes et les princesses du sang et fut visité de ces princes, qu'après quelque petite difficulté il traita d'Altesses, sur l'ancien exemple du marquis de Los Balbazès, qui vint ambassadeur d'Espagne à Paris aussitôt après le mariage du feu roi.

Le même jour 31, Mlle de Montpensier reçut au Val-de-Grâce la confirmation que lui donna le cardinal de Noailles et fit sa première communion. Le 13, le duc d'Ossone fut conduit à l'audience publique du roi par le prince d'Elbœuf avec les honneurs et les cérémonies accoutumées. Il y fit les compliments sur le futur mariage de l'infante avec le roi, la demande de Mlle de Montpensier pour le prince des Asturies, le remercîment de ce qu'elle lui fut sur l'heure accordée; et l'après-dînée il fut avec son même cortége au Palais-Royal. Plus délicat que moi il ne voulut pas être accompagné de don Patricio Laullez, et prétendit qu'il ne devoit entrer en fonction d'ambassadeur qu'après qu'il auroit fait seul cette demande solennelle.

Le 15, don Patricio Laullez commença d'entrer en fonction. Le duc d'Ossone et lui, sans conducteurs, allèrent chez le chancelier où ils trouvèrent le maréchal de Villeroy et La Houssaye, contrôleur général des finances, nommés commissaires du roi pour signer les articles avec les deux ambassadeurs, auxquels les trois commissaires du roi donnèrent la droite, et ils signèrent les articles en la même façon que nous à Madrid ceux du roi et de l'infante.

L'après-dînée du même jour, le duc d'Ossone, conduit par le prince d'Elbœuf et le chevalier de Sainctot, introducteur des ambassadeurs, dans un carrosse du roi, et don Patricio Laullez, conduit par le prince Charles de Lorraine, grand écuyer de France, et par Rémond, introducteur aussi des ambassadeurs, dans un autre pareil carrosse du roi, allèrent et furent reçus aux Tuileries avec tous les honneurs accoutumés, ayant de nombreux cortéges, et des carrosses très-magnifiques ainsi que leurs livrées et tout ce qui les accompagnoit. Ils trouvèrent le roi dans un grand cabinet, debout sous un dais, ayant un fauteuil derrière lui et découvert, une table et une écritoire devant lui, sur une estrade couverte d'un tapis qui débordoit fort l'estrade de tous côtés ; ceux des grands officiers qui devoient être derrière le roi en leurs places, Madame et M. le duc d'Orléans à droite et à gauche aux deux bouts de la table et la joignant, le cardinal Dubois un peu en arrière de M. le duc d'Orléans vers le coin de la table hors de l'estrade, les princes et princesses du sang en cercle vis-à-vis du roi et de la table sur le tapis hors de l'estrade, derrière [eux] le chancelier et les secrétaires d'État, et sur les ailes, derrière Madame et M. le duc d'Orléans, quelques seigneurs principaux. Les ambassadeurs s'approchèrent du roi à qui le duc d'Ossone fit un court compliment, et se retirèrent aux places où ils furent conduits, au-dessous des princes et princesses du sang, mais sur le tapis et sur la même ligne. Le contrat lu par le cardinal Dubois fut signé par le roi et par tout ce qui étoit là présent du sang, puis, sur une autre colonne, par les deux ambassadeurs, sur la même table ; en quoi ils furent mieux traités que nous, comme aussi nous fûmes mieux traités qu'eux pour la signature des articles qui se fit, comme on l'a vu, chez le chancelier à Paris, et à Madrid dans un cabinet de l'appartement du roi. Après la signature, le duc d'Albe[1] se rapprocha encore du roi avec Laullez, fit un court compliment, et [ils] se retirèrent reconduits chez eux en la manière accoutumée, d'où ils allèrent au Palais-Royal.

Un peu après, le roi alla voir Mlle de Montpensier au Palais-Royal, qu'il trouva auprès de Madame, puis dans la grande loge de M. le duc d'Orléans, avec le tapis et les gardes du corps au bas de la loge sur le théâtre, et répandus de tous côtés, où il vit pour la première fois l'Opéra, qui fut celui de *Phaéton*, ayant Madame à sa droite et M. le

---

1. On a reproduit le nom donné par le manuscrit de Saint-Simon ; mais il faudrait lire le *duc d'Ossone* au lieu du *duc d'Albe*.

duc d'Orléans à sa gauche, et derrière lui ceux de ses grands officiers qui y devoient être. Après l'opéra, où on avoit eu soin de bien placer les ambassadeurs et leur principale suite, et où se trouva tout ce qu'il y avoit de plus brillant à la cour, le roi retourna souper aux Tuileries. Il revint après au Palais-Royal, où il trouva un superbe bal paré qui l'attendoit. Il l'ouvrit avec Mlle de Montpensier, et y dansa ensuite plusieurs fois. Au bout d'une heure et demie il s'en alla et il traversa huit salles remplies de masques magnifiquement parés. Après son départ M. le duc de Chartres emmena les deux ambassadeurs d'Espagne dans la galerie de son appartement, avec les principaux de leur suite et beaucoup de seigneurs distingués de la cour, où ils trouvèrent une grande table splendidement servie. Tous les masques furent cependant admis dans le bal, où on dansa dans toutes les pièces jusqu'à six heures du matin. On y servit force rafraîchissements, et il y en avoit de toutes sortes de dressés dans les pièces voisines.

Enfin, le 18 au matin, le maréchal de Villeroy vint de la part du roi complimenter Mlle de Montpensier, puis la ville de Paris, après quoi elle monta dans un carrosse du roi avec M. le duc d'Orléans sur le derrière, M. le duc de Chartres et la duchesse de Ventadour sur le devant, et aux portières la princesse de Soubise et la comtesse de Cheverny, gouvernante de la princesse. Elle étoit accompagnée d'un détachement des gardes du corps jusqu'à la frontière, et de force carrosses pour sa suite. M. le duc d'Orléans et M. le duc de Chartres la conduisirent deux lieues, puis s'en revinrent à Paris. Peu de jours après le duc d'Ossone fut, par ordre du roi, complimenté chez lui par Châteauneuf, prévôt des marchands, à la tête des échevins et des conseillers de ville, en habits de cérémonie, qui lui présentèrent les présents de vin et de confitures de la ville de Paris. Ce fut encore un honneur qui ne se rend point aux ambassadeurs extraordinaires d'aucun prince. Le duc d'Ossone le reçut étant accompagné de don Patricio Laullez, mais à qui la parole ne fut point du tout adressée.

Le comte de Roucy étoit mort à Paris, quinze jours auparavant, à soixante-trois ans, lieutenant général et gouverneur de Bapaume. On a vu, t. XIII, p. 272, le procédé étrange qu'il eut avec moi, qui nous brouilla avec le plus grand éclat après une longue suite de liaison étroite et de services de ma part. Plus religieux, quoique moins dévot que sa femme, qui l'affichoit, et lui le contraire, il envoya prier Mme de Saint-Simon de vouloir bien l'aller voir. Elle y fut, et en reçut toutes les marques du plus sensible regret de sa conduite avec moi, et mourut deux jours après. J'ai eu si souvent occasion de parler de lui que je n'y ajouterai rien, non plus qu'à l'égard de Surville, qui mourut quinze jours après, duquel il a été amplement parlé à l'occasion des disgrâces qu'il s'étoit attirées dans le brillant d'un chemin de fortune très-mal mérité.

Torcy, dont c'étoit le nom, et point parent des Colbert, mourut en même temps à soixante-treize ans. Il avoit été sous-lieutenant des chevau-légers de la garde avec réputation de probité et de valeur, du reste un fort pauvre homme. Il étoit riche et avoit épousé en premières noces la fille du duc de Vitry, et en secondes la fille de Gamaches. Il ne laissa point d'enfants. Il étoit maréchal de camp.

La Fare arriva à Madrid le lendemain du départ de la cour et vint descendre chez moi. Dès ce premier entretien il m'exposa des prétentions sauvages : c'étoit d'être reçu comme le sont les envoyés des souverains; d'être conduit à l'audience dans la même forme, et d'être reçu et traité comme eux. J'essayai de lui faire entendre que ceux que feu Monsieur avoit envoyés faire ses compliments dans les cours étrangères, à Londres, même à Heidelberg, à l'occasion de ses mariages, à Madrid, à l'occasion du mariage de la reine sa fille, et en d'autres occasions en ces mêmes cours et en d'autres, n'avoient jamais prétendu ces traitements, quoique venant de la part d'un fils de France, et que lui pouvoit encore moins prétendre venant de la part d'un petit-fils de France. La Fare me répondit que ce petit-fils de France étoit régent; que cette qualité changeoit tout; que de plus la conjoncture étoit heureuse et qu'il falloit en profiter.

Je répliquai que la qualité de régent ne changeoit rien au rang et à l'état personnel de petit-fils de France à l'égard de M. le duc d'Orléans, qu'il le voyoit tous les jours en France et en étoit témoin qu'il en étoit de même dans les pays étrangers, de pas un desquels il n'avoit prétendu quoi que ce pût être de nouveau à titre de régent; qu'à la vérité la conjoncture étoit heureuse, mais qu'il ne la falloit pas forcer et s'attirer un refus qui changeroit en dégoût et ensuite en éloignement la réunion qui faisoit la joie publique des deux nations et la gloire personnelle de M. le duc d'Orléans, et sûrement la jalousie des autres princes qui sauroient bien nourrir, se réjouir et profiter d'un mécontentement de cérémonial; qu'il ne pouvoit pas douter qu'étant depuis toute ma vie ce que j'étois à M. le duc d'Orléans, et lui devant l'ambassade où j'étois, je ne fusse ravi d'en profiter pour lui procurer toute sorte de grandeur ; mais que dans ce même emploi, où je me trouvois par son choix, les désirs devoient, quant aux démarches, être bornés par les règles, et que ce seroit fort préjudicier à cette même grandeur que de la commettre par des prétentions qui n'avoient pas été conçues jusqu'à ce moment en aucun lieu, et s'exposer à un refus qui, outre son extrême désagrément, changeroit aisément en dégoût, en froideurs, en éloignement le fruit d'une réunion qui se pouvoit dire le chef-d'œuvre de l'adresse et de la capacité de la politique après les choses passées, et le sceau le plus solide de la grandeur réelle de M. le duc d'Orléans en tout genre, par le mariage de sa fille avec le prince des Asturies. J'ajoutai que M. le duc d'Orléans ni le cardinal Dubois ne m'avoient jamais dit un mot de cette prétention, ni mis sur son envoi quoi que ce fût dans mes instructions, et que c'étoit à lui à me dire s'il en avoit là-dessus, dont on ne m'avoit rien dit ni écrit. La Fare devint embarrassé; il n'en avoit point, n'osoit me le dire, ne vouloit pas aussi me tromper, et parce qu'il n'étoit pas capable de se porter à ce mensonge, et parce qu'il sentoit bien que je ne serois pas longtemps, s'il m'eût avancé faux, d'être éclairci de la vérité.

Mais il ne se rendit point, et me pressa de telle sorte que j'entrai en capitulation. Je fis une lettre pour Grimaldo, par laquelle, lui donnant avis de l'arrivée de La Fare, je lui exposois la convenance de le recevoir et de le traiter avec des distinctions particulières, mais sans rien spécifier ni demander distinctement ni directement, me contentant de m'étendre sur la faveur de la conjoncture, sur celle de La Fare auprès de M. le duc d'Orléans, qui seroit flatté pour soi et pour lui des bontés et des distinctions que Sa Majesté Catholique voudroit bien lui accorder. Je montrai ma lettre à La Fare; je l'envoyai à Grimaldo et une copie au cardinal Dubois.

La Fare ne fut pas content d'une lettre qui n'exprimoit point ses prétentions, moins encore de l'envoi de sa copie au cardinal Dubois. Il comptoit d'emporter d'emblée ce qu'il avoit imaginé, et de s'en faire grand honneur en Espagne et un grand mérite auprès de M. le duc d'Orléans. Toutefois il aima mieux cela que rien. Grimaldo qui suivoit la cour avoit eu avis de son passage par les chemins, et La Fare en reçut ordre dès le lendemain d'aller incontinent joindre la cour. Il partit donc peu satisfait de moi, et par ce qu'on va voir qui m'arriva, nous fûmes près de deux mois sans nous rejoindre. Il reçut de la cour d'Espagne tout l'accueil et les distinctions possibles, mais aucunes de celles qu'il prétendoit et qui fussent de caractère. Je fus approuvé dans ce que j'avois fait là-dessus; et M. le duc d'Orléans étoit bien éloigné d'avoir formé aucune prétention nouvelle.

Cela même me confirma dans la pensée que j'avois toujours eue que les deux lettres de M. le duc d'Orléans, dont je fus chargé pour le prince des Asturies, l'une dans le style ordinaire, l'autre avec l'innovation du mot de frère, étoit une friponnerie du cardinal Dubois, qui espéroit bien que je ne ferois point passer cette dernière, et de s'en avantager contre moi auprès de M. le duc d'Orléans, d'autant que ce prince, tout en me marquant son désir là-dessus qui lui étoit enjoint, ne me recommanda rien plus que de ne rien hasarder, de ne point insister à la moindre difficulté que j'y rencontrerois, de la retirer et de présenter l'autre, au lieu que le cardinal ne me recommanda rien davantage que de la faire passer, jusqu'à me piquer d'honneur sur mon attachement pour M. le duc d'Orléans, sur ce premier moyen de lui témoigner ma reconnoissance dans cette ambassade, et de marquer mon adresse et mon esprit par un si agréable début. On a vu que je n'eus besoin ni de l'un ni de l'autre, et que cette lettre passa doux comme lait, sans même qu'il en fût dit un seul mot. Si on l'avoit refusée, ce petit dégoût se seroit passé dans l'intérieur et le secret, et c'est sûrement ce qui le fit entreprendre au cardinal Dubois, au lieu que, s'il eût conçu les chimères de La Fare, leur refus auroit été public, et c'est ce qui empêcha le cardinal Dubois de les former et de m'en charger, quelque joie qu'il eût eue de me les voir peter dans la main. Ce petit fait méritoit d'être expliqué, d'autant que dans la suite il se verra encore une prétention fort singulière de La Fare, qui, comme celle-ci, périt pour ainsi dire avant que de naître.

Quelque occupé que j'eusse été depuis mon arrivée, en affaires, en cour, en cérémonial, en fonctions, en fêtes, en festins, je n'avois pas laissé de faire plus de quatre-vingts visites avant le départ de la cour, après lequel j'en fis encore et en reçus beaucoup jusqu'au mien départ quatre jours après la cour : je m'étois particulièrement proposé de plaire, non-seulement à Leurs Majestés Catholiques, mais à leur cour, mais en général aux Espagnols et jusqu'aux peuples, et j'ose dire que j'eus le bonheur d'y réussir par l'application continuelle que j'eus à ne rien oublier pour ce dessein, en évitant en même temps jusqu'à la plus légère affectation, mais louant avec soin tout ce qui pouvoit l'être, toutefois en mesure des différents degrés, m'accommodant à leurs manières avec un air d'aisance, n'en blâmant aucune, admirant avec satisfaction les belles choses en tout genre qui s'y voient, évitant soigneusement toute préférence et toute légèreté françoise, ajustant avec une attention exacte, mais qui ne paroissoit pas, la dignité du caractère avec tous les divers genres de politesse que je pouvois rendre au rang, à la considération, à l'âge, au mérite, à la réputation, aux emplois présents et passés, à la naissance de toutes les personnes que je voyois, politesse à tous, mais politesse mesurée à ces différences sans être empesée ni embarrassée, qui, pour ainsi dire, distribuée sur cette mesure avec connoissance et discernement, oblige infiniment, tandis qu'une politesse générale et sans choix dégoûte toutes les personnes qu'elle croit gagner et qu'elle ne se concilie point, parce qu'elle les rend égales.

Je me fis, dès le jour que j'arrivai, une affaire principale d'acquérir, à travers toutes mes occupations, cette connoissance de ces différentes choses dans les personnes principales que j'eus à fréquenter, puis des unes aux autres de parvenir à celle de tout ce qui se pouvoit présenter sous mes yeux. Ce fut en cela que Sartine, les ducs de Liria et de Veragua, me furent tout d'abord d'une utilité extrême. Par eux, je fis d'autres connoissances, je m'informai à plusieurs, je combinai et me mis ainsi avec un peu de temps en état de discerner par moi-même sur les lumières qu'on m'avoit données. Quand je devins un peu plus libre avec tous ces seigneurs, ce qui arriva bientôt par les prévenances, les politesses, et leurs retours que j'en reçus, je leur semai des cajoleries que me fournissoient les connoissances de leurs maisons et de ce qu's'y étoit passé de grand et d'illustre, de leurs emplois, de leurs parentés, la valeur et la fidélité de la nation espagnole, enfin tout ce qui les pouvoit flatter en général et en particulier. Plaçant les choses avec discernement et sobriété pour mieux faire goûter ce qui ne se disoit qu'avec une sorte de rareté, mais coulant toujours à propos des choses dont on s'entretenoit et les amenant tout naturellement. Rien ne leur plut davantage que de me trouver instruit de leurs maisons, de ce qu'elles ont produit d'illustre, de leurs alliances, de leurs dignités, de leur rang, de leurs emplois, de leurs fonctions, de leurs services. Ces connoissances les persuadoient de l'estime que j'en faisois ; cela les charmoit, ils s'écrioient quelquefois que j'étois plus Espagnol qu'eux, et qu'ils n'avoient jamais vu de François qui me ressemblât. Jusqu'à leur manger, je m'en accommodois ; ils en étoient surpris, et je voyois qu'ils m'en tenoient compte. Surtout ils étoient charmés de la juste préférence que je donnois à leurs fêtes sur les nôtres, parce qu'ils voyoient que je leur en disois les raisons et que je le pensois véritablement. Tant que je fus en Espagne, je ne me lassai pas un moment de cette conduite qui m'étoit agréable par le fruit continuel et toujours nouveau que j'en retirois, et qui m'attira leur amitié, leur estime et leur confiance, comme on en verra quelques traits que je choisirai sur beaucoup d'autres, par lesquels je me trouvai surabondamment récompensé de mon application à les capter.

Ce grand nombre de visites, que je trouvai moyen de rendre à travers tant de sortes de fonctions, fut pour moi un début très-heureux. L'usage en Espagne est que tout ce qu'il y a de gens considérables visitent les principaux ambassadeurs qui arrivent. J'appelle ainsi les nonces, les impériaux, ceux de France et d'Angleterre. Ils sont flattés qu'ils les leur rendent promptement ; dans ce grand nombre, on choisit un petit nombre des plus distingués chez qui on va à heure de les trouver ; tout le reste on prend le temps de leur méridienne. Ils ne le trouvent point du tout mauvais, et de la sorte on en expédie un grand nombre; moi surtout, qui pour ne manquer à personne, me mis sur le pied d'aller par les rues au trot, au lieu d'aller au pas comme c'est l'usage : mais ils m'en surent gré par la raison qui me le fit faire, et que je leur dis franchement : mais quand ce n'étoit pas pour expédier ainsi des visites, j'allois au pas suivant la coutume.

On peut juger que, parmi tant de visites, je n'oubliai pas le P. Daubenton. Cela m'étoit singulièrement recommandé par le cardinal Dubois, et je me recommandois bien à moi-même à cause de ce que je pouvois tirer de lui auprès du roi d'Espagne, tant pour le peu d'affaires que je pourrois avoir à traiter, que pour la personnelle qui m'avoit fait désirer l'ambassade. Cette dernière raison m'engagea à le voir plusieurs fois dans ces premiers dix ou douze jours que je fus à Madrid, parce qu'il eût été indécent de débuter promptement par là. Je le trouvai très-ouvert là-dessus et prodigue de désirs de m'y servir efficacement, de plaire à M. le duc d'Orléans et d'étreindre de tout son pouvoir l'union par lui si désirée des deux couronnes et de ce prince avec le roi d'Espagne.

Le bon père essaya aussitôt de profiter de l'occasion. Il se mit à me vanter son attachement pour moi sans me connoître, par la bonté qu'il savoit que j'avois toujours eue pour les jésuites, me parla des confesseurs que j'y avois eus si longtemps, de l'estime et de la confiance du P. Tellier pour moi; car il étoit bien informé de tout et savoit en faire usage, me dit le dessein qu'avoit le roi d'Espagne de m'employer, comme il fit deux jours après, pour que l'infante fût mise entre les mains d'un jésuite, sur quoi il me demanda ce que j'en pensois. Sur ma réponse, qui fut telle qu'il la souhaitoit il se mit à me faire véritablement les yeux doux, à tenir des propos généraux sur sa compagnie et son dévouement pour le roi, puis à balbutier, à commencer à s'interrompre, à se reprendre, enfin il accoucha sans aucun secours de ma part, qui vis d'abord où il en vouloit venir, et il me dit enfin que le roi d'Espagne mouroit d'envie de me prier de demander au roi son neveu de sa part, de prendre un jésuite pour son confesseur et d'en prier en son nom M. le duc d'Orléans, et de lui faire ce plaisir en même temps que j'écrirois sur celui de l'infante, parce que l'âge et les infirmités de l'abbé Fleury pouvoient à tous moments l'engager à cesser de confesser le roi.

Cette proposition se fit avec tout l'art et l'insinuation possible à l'issue de toutes les offres de ses services pour faciliter la grandesse que je souhaitois, et tout de suite me demanda ce que j'en pensois, mais avec un air de confiance. Je le payai de la même monnoie qu'il m'avoit donnée sur mon amitié pour les jésuites, puis je lui dis que le confessionnal du roi n'étoit pas la même chose que celui de l'infante ; qu'il étoit très-naturel à la tendresse du roi d'Espagne pour sa fille et à sa confiance aux jésuites de demander qu'elle fût instruite à son âge par un jésuite, et que, lorsqu'elle seroit en âge de se confesser, ce fût à celui-là ou à un autre de la même compagnie ; que cela n'avoit point d'inconvénient, et que je ne doutois pas du succès en cela du désir du roi d'Espagne, par celui que je connoissois en M. le duc d'Orléans de lui complaire en toutes les choses possibles ; mais que le roi d'Espagne allât jusqu'à se mêler de l'intérieur du roi son neveu, je ne croyois pas que, malgré les circonstances, cela fût mieux reçu en France qu'il le seroit en Espagne de changer le confesseur du roi d'Espagne ou quelqu'un de ses ministres à la prière de la France ; que je suppliois donc instamment Sa Révérence de faire en sorte que le roi d'Espagne se contentât de me faire l'honneur de me charger de demander de sa part un jésuite pour l'infante, sans toucher l'autre corde si délicate dont il falloit laisser la disposition au temps, au roi son neveu et à ceux qui dans sa cour et le gouvernement de ses affaires se trouveroient avoir sa confiance, lorsque l'abbé Fleury cesseroit d'être son confesseur.

Quelque déplaisante que fût cette réponse, malgré tout le moins mauvais assaisonnement que j'y pus mettre, le bon père n'insista pas, il parut même trouver que ce que je lui dis avoit sa raison. La sérénité, la suavité de son visage ne s'en obscurcit point; je le promenai sur les espérances des futurs contingents, que je ne croyois pas si proches et sur les convenances que le confessionnal du roi leur fût rendu. Il revint après à mon affaire personnelle, redoubla de protestations, et nous nous séparâmes le mieux du monde. Je n'oubliai pas de rendre un compte exact de cette conversation, de laquelle je fus fort approuvé.

J'avois déjà fait parler à Grimaldo par Sartine, et je lui avois parlé moi-même; ce ministre étoit vrai et droit; j'eus tout lieu de compter sur lui, et on verra bientôt que je ne me trompai pas.

L'empereur, apparemment fâché de la protestation que la France et l'Angleterre avoit enfin arrachée de lui sur ces grands d'Espagne qu'il avoit faits et qu'il s'étoit mis ainsi hors d'état d'en plus faire, s'en voulut dépiquer par une nombreuse promotion de l'ordre de la Toison d'or comme souverain des Pays-Bas, où cet ordre avoit été institué. Le cardinal Dubois vouloit que le roi d'Espagne n'en fît que rire en attendant que cette prétention fût réglée au congrès de Cambrai, à l'avantage de Sa Majesté Catholique, mais en même temps il trouvoit mauvais que le fils aîné du duc de Lorraine fût de cette promotion, et me chargea de faire auprès du roi d'Espagne qu'il lui en marquât son ressentiment en refusant longtemps de consentir à l'accession du duc de Lorraine à la paix, à laquelle il désiroit passionnément d'être reçu.

J'omets à dessein plusieurs affaires peu embarrassées ou peu importantes, dont le cardinal Dubois m'écrivit, d'autant que la maladie où je tombai incontinent me mit hors de tout commerce jusqu'au jour du mariage du prince des Asturies.

J'omets pareillement les extrémités d'embarras où le cardinal Dubois m'attendoit, et qu'il m'avoit si hautement préparées en décuplant forcément ma dépense. On a vu que je n'avois point voulu d'appointements, mais qu'il m'avoit été promis qu'on ne me laisseroit point manquer, et qu'on fourniroit exactement à la dépense qu'on exigeoit de moi ; mais rien moins. Dès ces commencements, le cardinal Dubois sut y mettre bon ordre, mais toujours avec ses protestations accoutumées ; il se vengeoit de l'ambassade emportée à son insu et malgré lui en me ruinant ; à la fin il en vint à bout ; mais, au moins à mon honneur et à celui de la France, il n'eut pas le plaisir de me décrier en Espagne, d'où je partis à la fin de mon ambassade sans y devoir un sou à qui que ce pût être, et sans avoir diminué rien de l'état que j'avois commencé à y tenir, sinon qu'en allant à Lerma, je renvoyai en France presque tous les officiers des troupes du roi que ce bon prêtre m'avoit forcé, comme on l'a vu, de mener en Espagne.

La cour d'Espagne, qui marchoit avec la lenteur des tortues, devoit arriver, et arriva en effet à Lerma le 11 décembre. C'est un beau bourg situé en amphithéâtre sur la petite rivière d'Arlanzon, qui forme une petite vallée fort agréable à six lieues à côté de Burgos. Le château bâti par le duc de Lerme, premier ministre de Philippe III, et mort cardinal en 1625, est magnifique par toute sa structure, son architecture, par son étendue, la beauté et la suite de ses vastes appartements, la grandeur des pièces, le fer à cheval de son escalier. Il tient au bourg par une belle cour fort ornée, et par une magnifique avant-cour, mais fort en pente, qui le joint. Quoiqu'il soit bien plus élevé que le haut de l'amphithéâtre du bourg, le derrière de ce château l'est encore davantage, tellement que le premier étage est de plain-pied à un vaste terrain qui, dans un pays où on connoîtroit le prix des jardins, en feroit un très-beau, très-étendu, en aussi jolie vue que ce paysage en peut donner sur la campagne et sur le vallon, avec un bois tout joignant le château au même plain-pied, dans lesquels on entreroit par les fenêtres ouvertes en portes. Ce bois est vaste, uni, mais clair, rabougri, presque tout de chênes verts, comme ils sont tous dans les Castilles. Il est du côté de la campagne, et le jardin seroit en terrasse naturelle, fort élevée sur le vallon et sur la campagne au delà. Le peu de logement que Lerma pouvoit fournir à la cour ne permit d'y en marquer que pour le service et les charges nécessaires. On prit les villages des environs pour le reste de la cour, pour les grands et pour les ambassadeurs.

J'eus le choix de plusieurs, et je choisis celui de Villahalmanzo, sur le récit qu'on m'en fit, à une petite demi-lieue de Lerma, et tout vis-à-vis et à vue, la petite vallée entre-deux, qu'on passoit sur une chaussée et la petite rivière sur un pont de pierre. On y accommoda la maison du curé, petite, aérée, jolie, pour moi seul, avec des cheminées qu'on fit exprès, et toutes les autres maisons du village pour ceux qui étoient avec moi et pour toute ma suite. Ce village assez étendu, bien bâti, bien situé, sans voisinage, étoit très-agréable, et il n'y avoit que nous, le curé et les habitants. Il n'y eut pas dans tout notre séjour la plus légère difficulté avec eux; leurs maisons gagnèrent beaucoup aux accommodements qu'on y fit, et ils furent si contents de nous qu'ils s'étoient tous apprivoisés avec nos domestiques. On ne leur fit pas le moindre tort en rien; ils eurent quelques présents en partant, en sorte qu'ils s'étoient tous pris d'affection pour nous, et qu'ils nous regrettèrent, quelques-uns même avec larmes. Ce voyage fut pour moi une transplantation très-ruineuse de mes tables et de toute ma maison.

Le roi d'Espagne avoit nommé la maison du prince et de la future princesse des Asturies, et cette dernière pour servir l'infante jusqu'à l'échange, et en amener et servir au retour la future princesse des Asturies. Le roi, en partant de Madrid, avoit fait dire à tous les grands et à quelques autres gens distingués, qu'il désiroit ne voir à Lerma que ceux qui l'y accompagneroient jusqu'à l'échange fait, mais qu'alors il seroit bien aise que tous les grands, et ce peu d'autres personnes distinguées, s'acheminassent à Lerma, où on leur feroit trouver des logements, ou aux environs, pour assister au mariage du prince des Asturies, et cela fut exécuté ainsi. Quant aux dames, il n'y eut que celles du service.

Il faut ajouter, pour tout éclaircir, que Burgos, qui est sur le chemin de Paris à Madrid, n'est guère plus éloigné de cette dernière ville que Poitiers l'est de Paris, et que Lerma est à la même hauteur que Burgos, ainsi à la même distance de Madrid. Lerma fut préféré à Burgos qui avoit été choisi d'abord à cause de la commodité des chasses. Ce comté fut érigé par les rois catholiques, c'est-à-dire Ferdinand et Isabelle, pour don Bernard de Sandoval y Roxas, second marquis de Denia, puis en duché par Philippe III, en 1599, pour don Fr. Gomez de Sandoval y Roxas, cinquième marquis de Denia, son premier ministre, puis cardinal après la mort de sa femme, fille du quatrième duc de Medina-Cœli. Don Diego Gomez de Sandoval, cinquième duc de Lerma, mourut en 1668, sans enfants, et le dernier mâle de la postérité du cardinal, duc de Lerma. Ce dernier mâle avoit deux sœurs, de l'aînée desquelles Lerma est tombé aux ducs de l'Infantao que les François prononcent l'Infantade. Leur nom est Silva.

Cette maison est très-certainement reconnue descendre masculinement jusqu'à aujourd'hui des anciens rois de Léon, par l'infant Aznar, fils puîné du roi Fruela[1]. Don Ruy Gomez de Silva, si connu sous le nom de prince d'Eboli, qu'il avoit eu de sa femme Anne Mendoza y La Cerda, maîtresse de Philippe II, acheta en 1572 Pastrane de don Gaston Mendoza y La Cerda, que Philippe II érigea pour lui en

---

1. On écrit ordinairement Froila. Froila II fut roi de Léon de 923 à 924.

duché, et il préféra d'en porter le nom à celui de duc d'Estremera, que le même roi avoit érigé pour lui depuis peu. Cette maison de Silva, de si haute origine, s'est partagée en beaucoup de branches en Espagne, et jusqu'en Portugal. Ce prince d'Eboli, premier duc de Pastrane, étoit de la dernière de toutes ces branches connue sous le nom de Chamusca, dont il fut le quatrième seigneur. Il eut plusieurs enfants, dont, outre les ducs de Pastrane, sortirent aussi les ducs d'Hijar et trois autres branches. Don Roderic de Silva d'aîné en aîné mâle de ce prince d'Eboli, premier duc de Pastrane et duc de Pastrane aussi, épousa la sœur aînée du susdit Diego Gomez de Sandoval, cinquième duc de Lerme, dernier mâle de la postérité du cardinal duc de Lerme, et par elle devint duc de Lerme et de l'Infantade en 1668, dont le fils Marie-Grégoire de Silva, duc de l'Infantade, de Lerma, etc., mort en 1693, fut père du duc de l'Infantade et de Lerma, vivant lorsque j'étois en Espagne, et longues années depuis.

A l'égard de l'Infantade, c'est un État, comme ils parlent en Espagne, composé de trois villes et de plusieurs bourgs qui en dépendent, situé en Castille, qui, pour avoir été longtemps possédé par plusieurs infants, fils de rois, fut insensiblement nommé Infantao; de ces princes cet État passa dans différentes maisons par héritage, par acquisition, par don des rois, qui le retirèrent plus d'une fois. Ce fut de cette dernière sorte qu'il tomba en 1470 entre les mains d'Henri IV, roi de Castille, qui en fit don à don Hurtado Mendoza, second marquis de Santillana, en faveur duquel il fut érigé en duché en 1475 par les rois catholiques, c'est-à-dire par Ferdinand et Isabelle.

Enfin Catherine Mendoza y Sandoval hérita de ses deux frères, l'un duc de l'Infantade, l'autre duc de Lerma, et comme on l'a vu ci-dessus, épousa don Roderic de Silva, duc de Pastrane. De ce mariage vint le père du duc de l'Infantade, de Lerma et de Pastrana, etc., vivant lorsque j'étois en Espagne, et connu comme son père sous le seul nom de duc de l'Infantade.

Il est né en 1672 ; il est frère du comte de Galve, de la comtesse de Lemos, dont le mari est Portugal y Castro, et de la comtesse de Niebla, dont le mari est Perez de Gusman.

Cette branche de Silva Infantade étoit fort autrichienne, et vit passer la couronne d'Espagne dans la maison de France avec tant de chagrin que le comte de Galve se jeta dans le parti de l'archiduc, puis dans ses troupes dès qu'elles parurent en Espagne. Le comte et la comtesse de Lemos, entraînés dans les mêmes intérêts, furent pris par un parti des troupes du roi d'Espagne, comme ils alloient joindre celles de l'archiduc, et le duc de l'Infantade, qui n'osa en faire autant, donna jusqu'à la fin de la guerre toutes les marques qu'il put de son attachement au parti de l'archiduc. On s'assura longtemps du comte et de la comtesse de Lemos, qui donnèrent depuis toutes sortes de marques de repentir. Le comte n'avoit que sa grande naissance, sans aucun talent ni suite qui pût le faire craindre, et passoit sa vie à fumer, chose fort extraordinaire en Espagne, où on ne prend du tabac que par le nez. Il n'en étoit pas de même de la comtesse, pleine d'esprit et de grâces, et fort capable de nuire ou de servir. Mais cette ouverture d'esprit lui fit voir de bonne heure qu'il ne falloit pas attendre, mais tâcher de se raccommoder à temps, et elle y réussit, en sorte qu'elle regagna de la considération, et s'est toujours depuis très-bien conduite à l'égard de la cour d'Espagne. Le comte de Galve ne put se détacher des Autrichiens : il les servit jusqu'à la fin de la guerre, et se retira à Vienne où il a vécu longues années, et y est mort assez obscurément sans avoir voulu venir jouir en Espagne de l'amnistie accordée par le traité de Vienne fait par Riperda, lors du renvoi de l'infante, comme firent beaucoup d'autres, ravis de quitter Vienne et de revenir jouir de leurs biens, de leurs proches et de leurs amis dans le sein de leur patrie.

Le duc de l'Infantade n'imita ni son frère ni sa sœur : il s'approcha rarement de la cour, vit peu le roi et ses ministres, ne prit à rien, ne demeura à Madrid qu'à courtes reprises, vécut en grand seigneur peu content, qui n'a besoin de rien, se mit à prendre soin de ses affaires et de ses grandes terres, vint à bout bientôt de payer toutes ses dettes et de devenir le plus grand et le plus riche seigneur d'Espagne, jouissant d'environ deux millions de revenu, quitte, et s'amusant à l'occupation la plus triste, mais où il avoit mis son *punto* : ce fut de se bâtir une sépulture aux capucins de Guadalajara, petite ville près de Madrid, sur le chemin de France, qui lui appartenoit, et de le faire exactement sur le modèle et avec la même magnificence de la sépulture des rois à l'Escurial, excepté que le panthéon de Guadalajara est beaucoup plus petit. Je les ai vus tous deux; ce dernier disposé de même en tous points et aussi superbe, en marbres, en bronze, en lapis, en autels, en niches et tiroirs; en un mot, à la grandeur près, forme et parité entière. J'en admirai d'autant plus la folie que le duc de l'Infantado n'avoit que deux filles, et qu'il protestoit par modestie qu'il n'y vouloit pas être enterré, mais y faire transporter les corps de ses pères.

Ce fut donc dans son château de Lerma que le roi et la reine voulurent aller chasser, attendre la future princesse des Asturies, et y célébrer son mariage. Ils en firent avertir le duc de l'Infantade, parce qu'il n'y alloit presque jamais, et des moments, et que tout y étoit sans aucun meuble et assez en désordre. Le duc reçut cet avis sans s'émouvoir ni donner aucun ordre : on le sut et on redoubla l'avis; il fut aussi inutile que le premier, tellement qu'on prit enfin le parti d'y envoyer des meubles et des ouvriers de toutes les sortes. Ils y trouvèrent tant de travail qu'il n'étoit pas achevé quand la cour en partit, laquelle s'y trouva si mal à l'aise, qu'après le départ de l'infante elle alla s'établir dans un petit château voisin plus clos et plus habitable, laissant le gros de leur suite à Lerma où la cour ne revint que sur la nouvelle de l'échange. Le roi et la reine furent vivement piqués de ce procédé du duc de l'Infantade, ils s'en laissèrent même entendre, mais ce fut tout. Ce duc ne vint point à la célébration du mariage, et ne parut point à Madrid dans tout le temps que je fus en Espagne; de sorte que je ne l'ai jamais vu. J'ai ouï dire qu'il avoit de l'esprit, et qu'il l'avoit même assez orné, ce qui n'est pas fort commun en Espagne. Le nom et le choix de Lerma et l'étrange singularité de la conduite du seigneur de ce lieu à cette occasion, m'ont fait étendre sur son sujet d'autant plus que se tenant, comme il faisoit, à l'écart de la cour et de Madrid, je n'aurois pas trouvé lieu d'expliquer ces petites curiosités ailleurs.

Le roi d'Espagne avoit fait les maisons du prince et de la princesse des Asturies; celle du prince étoit composée des personnes suivantes : le duc de Popoli, conservant les fonctions de gouverneur, mais n'en pouvant plus garder le nom auprès d'un prince marié, fut majordome-major; le comte d'Altamire, sommelier du corps; le comte de San Estevan del Puerto, grand écuyer; il étoit lors au congrès de Cambrai de la part du roi d'Espagne; le duc de Gandie et le marquis de Los Balbazès, gentilshommes de la chambre. Ces cinq seigneurs étoient grands d'Espagne; le marquis del Surao en eut aussi la clef, et fut premier écuyer; il avoit été sous-gouverneur du prince; les comtes Safaleli et d'Anénales, majordomes. Pour la princesse des Asturies, la duchesse de Monteillano, camarera-mayor; le marquis de Valero, majordome-major; il étoit lors vice-roi du Mexique, et n'étoit pas grand. Le roi, qui l'avoit toujours aimé, se souvint de lui en son absence et le fit grand à son retour. Le marquis de Castel Rodrigo, mais plus connu sous le nom de prince Pio, qu'il portoit, et grand d'Espagne, [fut] grand écuyer; la duchesse de Liria, la marquise de Torrecusa et la marquise d'Assentar, dames du palais; doña M. de Niéves, gouvernante destinée de l'infante, pour aller et demeurer en France avec elle jusqu'à un certain âge, et doña Is. Martin, *señoras de honor;* le comte d'Anguisola, premier écuyer. Il étoit fils du comte de Saint-Jean, premier écuyer de la reine, qui leur fit faire depuis une prodigieuse fortune. Ce comte d'Anguisola fut aussi majordome avec don Juan Pizzarro y Aragon. Le P. Laubrusselle, jésuite françois, précepteur des enfants, confesseur.

Je partis le 2 décembre de Madrid pour me rendre à la cour, et je fus coucher à l'Escurial avec les comtes de Lorges et de Céreste, mon second fils, l'abbé de Saint-Simon et son frère, Pecquet et deux principaux des officiers des troupes du roi, qui demeurèrent avec moi tant que je fus en Espagne. Outre les ordres du roi d'Espagne et les lettres du marquis de Grimaldo, je fus aussi muni de celles du nonce pour le prieur de l'Escurial, qui en est en même temps gouverneur, pour me faire voir les merveilles de ce superbe et prodigieux monastère, et m'ouvrir tout ce que je voudrois y visiter, car j'avois été bien averti que, sans la recommandation du nonce, celles du roi et de son ministre ni mon caractère ne m'y auroient pas beaucoup servi. Encore verra-t-on que je ne laissai pas d'éprouver la rusticité et la superstition de ces grossiers hiéronimites.

Ce sont des moines blancs et noirs, dont l'habit ressemble à celui des célestins, fort oisifs, ignorants, sans aucune austérité, qui, pour le nombre des monastères dont aucun n'est abbaye et pour les richesses, sont à peu près en Espagne ce que sont les bénédictins en France, et sont comme eux en congrégation. Ils élisent aussi comme eux leurs supérieurs généraux et particuliers, excepté le prieur de l'Escurial qui est à la nomination du roi, qui l'y laisse tant et si peu qu'il lui plaît, et qui est à proportion bien mieux logé à l'Escurial que Sa Majesté Catholique. C'est un prodige de bâtiments de structure de toute espèce de magnificence, que cette maison, et que l'amas immense de richesses qu'elle renferme en tableaux, en ornements, en vases de toute espèce, en pierreries semées partout, dont je n'entreprendrai pas la description qui n'est point de mon sujet ; il suffira de dire qu'un curieux connoisseur en toutes ces différentes beautés s'y appliqueroit plus de trois mois sans relâche et n'auroit pas encore tout examiné. La forme de gril a réglé toute l'ordonnance de ce somptueux édifice, en l'honneur de saint Laurent et de la bataille de Saint-Quentin, gagnée la veille par Philippe II, qui, voyant l'action de dessus une hauteur, voua d'édifier ce monastère si ses troupes remportoient la victoire, et demandoit à ses courtisans si c'étoit là les plaisirs de l'empereur son père qui, en effet, les y prenoit bien de plus près. Il n'y a portes, serrures, ustensiles de quelque sorte que ce soit, ni pièce de vaisselle qui ne soit marquée d'un gril.

La distance de Madrid à l'Escurial approche fort de celle de Paris à Fontainebleau. Le pays est uni et devient fort désert en approchant de l'Escurial, qui prend son nom d'un gros village dont on passe fort près à une lieue. L'Escurial est sur un haut où on monte imperceptiblement, d'où l'on voit des déserts à perte de vue des trois côtés ; mais il est tourné et comme plaqué à la montagne de Guadarrama qui environne de tous côtés Madrid à distance de plusieurs lieues plus ou moins près. Il n'y a point de village à l'Escurial ; le logement de Leurs Majestés Catholiques fait la queue du gril, les principaux grands officiers et les officiers les plus nécessaires sont logés, même les dames de la reine, dans le monastère ; tout le reste l'est fort mal sur le côté par lequel on arrive, où tout est fort mal bâti pour la suite de la cour.

L'église, le grand escalier et le grand cloître me surprirent. J'admirai l'élégance de l'apothicairerie et l'agrément des jardins, qui pourtant ne sont qu'une large et longue terrasse. Le Panthéon m'effraya par une sorte d'horreur et de majesté. Le grand autel et la sacristie épuisèrent mes yeux par leurs immenses richesses. La bibliothèque ne me satisfit point, et les bibliothécaires encore moins. Je fus reçus avec beaucoup de civilité et de bonne chère à souper, quoique à l'espagnole, dont le prieur et un autre gros moine me firent les honneurs. Passé ce premier repas, mes gens me firent à manger ; mais ce gros moine y fournit toujours quelques pièces qu'il n'eût pas été honnête de refuser, et mangea toujours avec nous, parce qu'il ne nous quittoit point pour nous mener partout. Un fort mauvais latin suppléoit au françois qu'il n'entendoit point, ni nous l'espagnol.

Dans le sanctuaire, au grand autel, il y a des fenêtres vitrées derrière les siéges du prêtre célébrant la grand'messe et de ses assistants. Ces fenêtres, qui sont presque de plain-pied à ce sanctuaire, qui est fort élevé, sont de l'appartement que Philippe II s'étoit fait bâtir, et où il mourut. Il entendoit les offices par ces fenêtres. Je voulus voir cet appartement où on entroit par derrière. Je fus refusé. J'eus beau insister sur les ordres du roi et du nonce de me faire voir tout ce que je voudrois, je disputai en vain. Ils me dirent que cet appartement étoit fermé depuis la mort de Philippe II, sans que personne y fût entré depuis. J'alléguai que je savois que le roi Philippe V l'avoit vu avec sa suite. Ils me l'avouèrent; mais ils me dirent en même temps qu'il y étoit entré par force et en maître qui les avoit menacés de faire briser les portes, qu'il étoit le seul roi qui, depuis Philippe II, y fût entré une seule fois, et qu'ils ne l'ouvroient et ne l'ouvriroient jamais à personne. Je ne compris rien à cette espèce de superstition; mais il fallut en demeurer là. Louville, qui y étoit entré avec le roi, m'avoit dit que le tout ne contenoit que cinq ou six chambres obscures et quelques petits trous, tout cela petit, de charpenterie bousillée, sans tapisserie lorsqu'il le vit, ni aucune sorte de meubles : ainsi je ne perdis pas grand'chose à n'y pas entrer.

En descendant au Panthéon, je vis une porte à gauche à la moitié de l'escalier. Le gros moine qui nous accompagnoit nous dit que c'étoit le *Pourrissoir*, et l'ouvrit. On monte cinq ou six marches dans l'épaisseur du mur, et on entre dans une chambre étroite et longue. On n'y voit que les murailles blanches, une grande fenêtre au bout près d'où on entre, une porte assez petite vis-à-vis, pour tous meubles une longue table de bois, qui tient tout le milieu de la pièce qui sert pour poser et accommoder les corps. Pour chacun qu'on y dépose, on creuse une niche dans la muraille, où on place le corps pour y pourrir. La niche se referme dessus sans qu'il paroisse qu'on ait touché à la muraille, qui est partout luisante et qui éblouit de blancheur, et le lieu est fort clair. Le moine me montra l'endroit de la muraille qui couvroit le corps de M. de Vendôme près de l'autre porte, lequel, à sa mine et à son discours, n'est pas pour en sortir jamais. Ceux des rois, et des reines lesquelles ont eu des enfants, en sont tirés au bout d'un certain temps et portés sans cérémonie dans les tiroirs du Panthéon qui leur sont destinés. Ceux des infants et des reines qui n'ont point eu d'enfants, sont portés dans la pièce joignante dont je vais parler, et y sont pour toujours.

Vis-à-vis de la fenêtre, à l'autre bout de la chambre, en est une autre de forme semblable, et qui n'a rien de funèbre. Le bout opposé à la porte et les deux côtés de cette pièce, qui n'a d'issue que la porte par où on y entre, sont accommodés précisément en bibliothèque; mais, au lieu que les tasseaux d'une bibliothèque sont accommodés à la proportion des livres qu'on y destine, ceux-là le sont aux cercueils qui y sont rangés les uns auprès des autres, la tête à la la muraille, les pieds au bord des tasseaux, qui portent l'inscription du nom de la personne qui est dedans. Les cercueils sont revêtus, les uns de velours, les autres de brocart, qui ne se voit guère qu'aux pieds, tant ils sont proches les uns des autres, et les tasseaux bas dessus.

Quoique ce lieu soit si enfermé, on n'y sent aucune odeur. Nous lûmes des inscriptions à notre portée, et le moine d'autres à mesure que nous les lui demandions. Nous fîmes ainsi le tour, causant et raisonnant là-dessus. Passant au fond de la pièce, le cercueil du malheureux don Carlos s'offrit à notre vue. « Pour celui-là, dis-je, on sait bien pourquoi et de quoi il est mort. » A cette parole, le gros moine s'altéra, soutint qu'il étoit mort de mort naturelle, et se mit à déclamer contre les contes qu'il dit qu'on avoit répandus. Je souris en disant que je convenois qu'il n'étoit pas vrai qu'on lui eût coupé les veines. Ce mot acheva d'irriter le moine, qui se mit à bavarder avec une sorte d'emportement. Je m'en divertis d'abord en silence. Puis je lui dis que le roi, peu après être arrivé en Espagne, avoit eu la curiosité de faire ouvrir le cercueil de don Carlos, et que je savois d'un homme qui y étoit présent (c'étoit Louville) qu'on y avoit trouvé sa tête entre ses jambes ; que Philippe II, son père, lui avoit fait couper dans sa prison devant lui. « Hé bien ! s'écria le moine tout en furie, apparemment qu'il l'avoit bien mérité ; car Philippe II en eut la permission du pape, » et de là crier de toute sa force merveilles de la piété et de la justice de Philippe II, et de la puissance sans bornes du pape, et à l'hérésie contre quiconque doutoit qu'il ne pût pas ordonner, décider et dispenser de tout. Tel est le fanatisme des pays d'inquisition, où la science est un crime, l'ignorance et la stupidité la première vertu. Quoique mon caractère m'en mît à couvert, je ne voulus pas disputer et faire avec ce piffre de moine une scène ridicule. Je me contentai de rire et de faire signe de se taire, comme je fis à ceux qui étoient avec moi. Le moine dit donc tout ce qu'il voulut à son aise, et assez longtemps sans pouvoir s'apaiser. Il s'apercevoit peut-être à nos mines que nous nous moquions de lui, quoique sans gestes et sans parole. Enfin il nous montra le reste du tour de la chambre, toujours fumant ; puis nous descendîmes au Panthéon. On me fit la singulière faveur d'allumer environ les deux tiers de l'immense et de l'admirable chandelier qui pend du milieu de la voûte, dont la lumière nous éblouit, et faisoit distinguer dans toutes les parties du Panthéon, non-seulement les moindres traits de la plus petite écriture, mais ce qui s'y trouvoit de toutes parts de plus délié.

Je passai trois jours à l'Escurial, logé dans un grand et bel appartement, et tout ce qui étoit avec moi fort bien logé aussi. Notre moine qui avoit toujours montré sa mauvaise humeur depuis le jour du Pourrissoir, n'en reprit de belle qu'au déjeuner du départ. Nous le quittâmes sans regret, mais non l'Escurial, qui donneroit de l'exercice et du plaisir à un curieux connoisseur pour plus de trois mois de séjour. Chemin faisant, nous rencontrâmes le marquis de Montalègre, et arrivâmes en même temps que lui à la dînée. Il m'envoya aussi prier à dîner avec ces messieurs qui étoient avec moi. Il étoit fort accompagné, et nous fit très-promptement fort grande chère et bonne à l'espagnole, ce qui nous fit un peu regretter le dîner que mes gens avoient préparé pour nous. J'aurai lieu de parler de ce seigneur.

Enfin nous arrivâmes le 9 à notre village de Villahalmanzo, où je me trouvai le plus commodément du monde, ainsi que tout ce qui étoit avec moi. J'y trouvai mon fils aîné encore bien convalescent avec l'abbé de Mathan, qui venoient de Burgos. Nous soupâmes fort gaiement, et je comptois de me bien promener le lendemain, et m'amuser à reconnoître le village et les environs; mais la fièvre me prit la nuit, augmenta dans la journée, devint violente la nuit suivante, tellement qu'il ne fut plus question d'aller le 11, qui étoit ce jour-là, à la descente du carrosse du roi et de la reine d'Espagne à Lerma. Le mal augmenta avec une telle rapidité qu'on me trouva en grand danger, et incontinent après à l'extrémité. Je fus saigné peu après, la petite vérole parut dont tout le pays étoit rempli. Ce climat étoit tel cette année, qu'il y geloit violemment douze ou quatorze heures tous les jours, tandis que depuis onze heures du matin jusqu'à près de quatre, il faisoit le plus beau soleil du monde, et trop chaud sur le midi pour s'y promener; et où il ne donnoit point par quelque obstacle de muraille, il n'y dégeloit pas un moment. Ce froid étoit d'autant plus piquant, que l'air étoit plus pur et plus vif, et le ciel de la sérénité la plus parfaite et la plus continuelle.

Le roi d'Espagne, qui craignoit extrêmement la petite vérole, et qui n'avoit confiance avec raison qu'en son premier médecin, me l'envoya dès qu'il fut informé de ma maladie, avec ordre de ne me pas quitter d'un moment jusqu'à ce que je fusse guéri. J'eus donc continuellement cinq ou six personnes auprès de moi, outre ceux de mes domestiques qui me servirent, un des plus sages et des meilleurs médecins de l'Europe, qui de plus étoit de très-bonne compagnie, qui ne me quittoit ni jour ni nuit, et trois fort bons chirurgiens dont La Fare m'en envoya un qu'il avoit amené. J'eus une grande abondance partout de petite vérole de bon caractère, sans aucun accident dangereux depuis qu'elle eut paru, et on sépara de table et de tout commerce maîtres et valets qui me voyoient, même de cuisine, de ceux qui faisoient la mienne, et de ceux qui ne me voyoient point. Le premier médecin se précautionnoit presque tous les jours de nouveaux remèdes en cas de besoin, et ne m'en fit aucun que de me faire boire pour toute boisson de l'eau dans laquelle on jetoit selon sa quantité des oranges avec leur peau coupées en deux, qui frémissoit lentement devant mon feu, quelques rares cuillerées d'un cordial doux et agréable dans le fort de la suppuration, et dans la suite un peu de vin de Rota avec des bouillons où il entroit du bœuf et une perdrix. Rien ne manqua donc aux soins de gens qui n'avoient que moi de malade, et qu'ils avoient ordre de ne pas quitter, et rien ne manqua à mon amusement quand je fus en état d'en prendre, par la bonne compagnie qui étoit auprès de moi, et cela dans un temps où les convalescents de cette maladie en éprouvent tout l'ennui et le délaissement. Tout à la fin du mal je fus saigné et purgé une seule fois, après quoi je vécus à mon ordinaire, mais dans cette espèce de solitude. J'aurai bientôt lieu de parler de ce premier médecin.

Pendant le grand intervalle que cette maladie me tint hors de tout commerce, l'abbé de Saint-Simon en entretint même d'affaires avec le cardinal Dubois, avec Grimaldo, avec Sartine et avec quelques autres. Je crois ne pouvoir mieux remplir ici ce vide forcé d'une oisiveté de six semaines que par un léger tableau de la cour d'Espagne, telle qu'elle étoit pendant le séjour de six mois que je demeurai en ce pays-là. Le détail étendu qui se trouve t. III, p. 88 et suivantes, qui se voit sur l'Espagne à l'occasion de l'avénement de Philippe [V] à cette couronne, et un autre précédent à propos du testament de Charles II, m'en épargnera beaucoup ici qui ne seroient que des redites.

On voit[1] dans ce détail, à propos du testament [de Charles II], les emplois et les caractères des personnages qui y eurent le plus de part, celui de la reine épouse de Charles II, et des personnages autrichiens. Dans celui qui est t. III, p. 88 et suivantes, on trouve celui de l'origine et des progrès en Espagne des trois branches sorties de la maison de Portugal, de celle de Cadaval de la même origine restée en Portugal, enfin de celle d'Alencastro, portugaise aussi, et des ducs d'Aveiro, d'Abrantès et Liñarez en Espagne, et des principaux personnages de ces maisons; le fond et les fonctions des conseils de Castille et d'Aragon, de leurs présidents et gouverneurs, de ce qu'étoient le conseil d'État et les conseillers d'État, les maisons, noms, dignités, caractères de ceux qui l'étoient alors[2]; plusieurs curiosités sur

---

1. Tout ce résumé depuis *on voit dans le détail* jusqu'à *véritables noms et maisons* (p. 361) est omis dans les anciennes éditions. Elles ont rejeté ici les passages que nous avons rétablis, au t. III, à la place que leur avait assignée Saint-Simon.

2. On voit que Saint-Simon n'a voulu parler que de l'état de l'Espagne en 1700, dans le passage cité plus haut, et que les éditeurs ont eu tort de le reporter à l'année 1721.

des façons de signer particulières à quelques grands, et de ce qui s'appelle la *saccade du vicaire* pour des mariages. Enfin on y trouve l'explication de l'être et des fonctions du secrétaire des dépêches universelles, les changements produits par l'arrivée de Philippe V dans la manière du gouvernement[1] à l'égard des grandes charges de la cour, les majordomes-majors, grands écuyers du roi et de la reine, sommelier du corps du roi, camarera-mayor de la reine, ses dames du palais, ses *señoras de honor* et ses caméristes, premiers écuyers du roi et de la reine, gentilshommes de la chambre du roi, capitaine des hallebardiers, patriarche des Indes, majordomes du roi et de la reine, estampilla.

Ce détail des charges, de leurs fonctions et des possesseurs s'y trouve exactement, ainsi que le caractère et les fonctions du P. Daubenton, confesseur du roi, et les voyages en France et en Flandre des ducs d'Arcos et de Baños pour s'être seuls, entre tous les grands, opposés, par un mémoire au roi d'Espagne, à l'égalité des rangs, honneurs et distinctions, réciproquement convenue par les deux rois, entre les ducs de France et les grands d'Espagne dans les deux monarchies. Ce dernier fait se trouve t. III, p. 224, et si on veut repasser de suite les pages suivantes jusqu'à la page 327, on y verra une digression sur la dignité de grand d'Espagne, et sa comparaison avec celle de nos ducs; ce que c'étoient que les ricos-ombres; ce qu'ils sont devenus; comment la dignité des grands d'Espagne leur a été substituée; l'origine des uns et des autres, et leurs distinctions; quelle part [eurent] aux affaires leur multiplication, [et] leur affoiblissement; comment disparus et renés sous le nom nouveau de grands; l'adresse des rois et jusqu'où portée par les sept différentes gradations, qui ont porté autant de grands coups à la dignité des grands; et l'introduction des

---

1. Nouvelle preuve de la nécessité de conserver, comme nous l'avons fait, les passages relatifs à l'Espagne aux diverses années où l'auteur les avait placés.

trois classes, toutes choses si peu connues hors de l'Espagne, et qui causent une grande surprise par le pouvoir que les rois s'y sont donné de suspendre, de confirmer, d'ôter même la grandesse à volonté, et sans forme ni crime, et d'en tirer des tributs annuels; la proscription de tout rang étranger séculier et de toute prétention étrangère; le mystère que font les grands de leurs classes et de leur ancienneté; leur attachement à n'avoir égard ni aux unes ni à l'autre, et de marcher et se placer partout entre eux comme le hasard les fait rencontrer; la raison de cette conduite; ce que l'on sait à peu près des ricos-hombres devenus grands; l'indifférence entière pour les grands des titres de duc, prince, marquis, comte; la raison de cette indifférence; les successions aux grandesses; leur difficile extinction; leur fréquente accumulation sur la même tête; l'égalité en tout entre ceux qui en ont plusieurs et ceux qui n'en ont qu'une; ce que sont les majorasques; les démissions des grandesses inconnues; mais le rang effectif de leurs héritiers présomptifs; le chaos si difficile à percer de la confusion des noms et des armes, et sa cause; le poids des successions; les avantages des bâtards et leurs différences en Espagne; nulle marque de dignité aux armes, aux carrosses, aux maisons que le dais; ce qui équivaut à ce qui est connu en France sous le nom d'*honneurs du Louvre*; quelques distinctions particulières au-dessus des grands; le plan figuré et l'explication de la couverture d'un grand chez le roi et chez la reine, suivant les trois différentes classes, et de l'assiette de la séance quand le roi tient chapelle; les cérémonies de la Chandeleur et des Cendres; banquillo du capitaine des gardes en quartier, et raison pour laquelle il faut que les capitaines des gardes soient toujours grands; cortès ou états généraux; rangs et distinctions des grands, de leurs femmes, des héritiers présomptifs des grandesses en toutes cérémonies et fêtes ecclésiastiques et séculières; traitement par écrit, dans les églises; honneurs militaires; égalité chez tous souverains non rois; honneurs à Rome; bâtards des rois; grands nuls en toutes affaires; n'ont aucun habit de cérémonie, non plus que le roi; n'ont nulle préférence de rang dans les ordres d'Espagne ni dans celui de la Toison d'or; acceptent de fort petits emplois; leur dignité s'achète du roi quelquefois; elle n'a point de serment; comparaison des deux dignités des ducs de France et des grands d'Espagne, et de leur fond dans tous leurs âges. La dignité de grand d'Espagne ne peut être comparée à celle des ducs de France, beaucoup moins à celle des pairs. Comparaison de l'extérieur des dignités de duc de France et de grand d'Espagne; spécieux avantages des grands d'Espagne; un seul solide; désavantages effectifs et réels des grands d'Espagne; désavantage des grands d'Espagne jusque dans le droit de se couvrir; abus des grandesses françoises. Enfin on a tâché de n'oublier rien dans ces longs détails de ce qui est des grands et des grandesses d'Espagne, et des prérogatives et des fonctions des charges, après s'en être instruit à fond en Espagne, et par des grands d'Espagne de Charles-Quint[1]; des plus instruits, ainsi que de leurs véritables noms et maisons. Il ne reste donc ici que de donner la liste de ceux qui étoient grands, quand j'ai quitté l'Espagne, et, à côté, [celle] de leurs noms et maisons.

CHAPITRE XVI.

Grands d'Espagne constamment de la première origine. — Liste alphabétique de tous les grands d'Espagne existant pendant que j'y étois, en 1722, où les maisons et les personnages sont courtement expliqués. — Duc d'Alencastro. — Duc d'Albe. — Duc d'Albu-

1. C'est-à-dire de ceux dont la grandesse remontait à Charles-Quint.

querque. — Duc del Arco. — Duc d'Arcos. — Duc d'Aremberg. — Duc d'Arion. — Duc d'Atri. — Duc d'Atrisco. — Duc de Baños. — Duc de Béjar. — Duc de Berwick. — Duc de Bournonville. — Duc Doria. — Duc d'Estrées, maréchal de France. — Duc de Frias, connétable héréditaire de Castille. — Titres de connétable et d'amirante de Castille supprimés par Philippe V. — Duc de Gandie. — Duc de Giovenazzo. — Duc de Gravina. — Duc d'Havré. — Duc d'Hijar. — Duc del Infantado. — Duc de Licera. — Duc de Liñarez. — Duc de Liria. — Ducs de Medina-Cœli. — La Cerda, seigneurs de Medina-Cœli. — Dernier direct comte de Foix, etc. — Succession de ses États après lui. — Ses deux bâtards. — Fin malheureuse du cadet. — Fortune énorme de l'aîné. — Bâtards de Foix, comtes puis ducs de Medina-Cœli. — Figuerroa, ducs de Medina-Cœli. — Amirante de Castille. — Duc de Medina-Sidonia. — Duc de Saint-Michel. — Duc de La Mirandole. — Duc et duchesse de Monteillano. — Duc de Montéléon. — Duc de Mortemart. — Duc de Najera. — Duc de Nevers. — Duc de Noailles. — Duc d'Ossone. — Duc et duchesse de Saint-Pierre. — Duc de Popoli; son caractère; son fils et sa belle-fille; leur caractère. — Duc de Sessa. — Duc de Saint-Simon et son second fils conjointement. — Duc de Solferino; sa fortune. — Duc de Turcis. — Duc de Veragua. — Maréchal-duc de Villars. — Duc d'Uzeda; sa défection. — Prince de Bisignano. — Prince de Santo Buono. — Remède sûr et sans inconvénient pour la goutte, au Pérou. — Prince de Butera. — Prince de Cariati. — Prince de Chalais; sa fortune. — Prince de Chimay. — Prince de Castiglione. — Connétable Colonne. — Prince Doria. — Prince de Ligne. — Prince de Masseran; son caractère; sa fortune. — Prince de Melphe. — Prince de Palagonia. — Prince de Robecque. — Prince de Sermonetta. — Prince de Sulmone. — Prince de Surmia. — Prince d'Ottaïano. — Marquis d'Arizza. — Marquis d'Ayétone. — Marquis de Los Balbazès. — Marquis de Bedmar. — Marquis de Camaraça. — Marquis de Castel dos Rios. — Marquis de Castel Rodrigo. — Prince Pio. — Marquis de Castromonte. — Marquis de Clarafuente. — Marquis de Santa Cruz; sa fortune. — Marquis de Laconi. — Marquis de Lede. — Marquis de Mancera. — Marquis de Mondejar. — Marquis de Montalègre. — Marquis de Pescaire. — Marquis de Richebourg. — Marquis de Ruffec. — Marquis de Torrecusa; caractère de son épouse. — Marquis de Villena, duc d'Escalona; sa naissance, ses actions, son éloge, sa famille. — Marquis Visconti. — Comte d'Aguilar; ses faits. — Grandeur de la maison d'Avellano. — Grandeur de la maison de Manrique de Lara. — Comte d'Altamire; sa famille, son caractère. — Comte d'Aranda. — Comte de Los Arcos. — Comte d'Atarès. — Comte de Baños. — Comte de Benavente; grandeur de la maison de Pimentel; jésuites.

— Comte de Castrillo. — Comte d'Egmont. — Comte de San Estevan de Gormaz. — Comte de San Estevan del Puerto. — Comte de Fuensalida. — Comte de Lamonclava. — Comte de Lemos ; son caractère et celui de la comtesse sa femme. — Comte de Maceda ; son fils et sa belle-fille. — Comte de Miranda. — Comte de Montijo. — Comte d'Oñate. — Comte d'Oropesa. — Comte de Palma. — Comte de Parcen. — Comte de Paredes. — Comte de Peñeranda. — Comte de Peralada. — Comte de Priego ; son adresse à obtenir la grandesse ; son caractère. — Comte de Salvatierra. — Comte de Tessé. — Comte Visconti. — Grands d'Espagne par charge ou état, mais imperceptibles. — Oubli. — Marquis de Tavara. — Marquis de Villafranca. — Mystère des classes et des dates des grandesses. — Impossibilité sur les classes. — Difficultés sur les dates. — Comment reconnues pour la plupart. — État des grands suivant l'ancienneté entre eux qu'on a pu reconnoître, et par règnes de leurs érections, et les maisons pour qui elles ont été faites, et les maisons où elles se trouvent en 1722. — Medina-Cœli. — Benavente. — Amirante de Castille. — Lemos. — Medina-Sidonia. — Miranda. — Albuquerque. — Villena et Escalone. — Origine de dire *les rois* jusqu'à aujourd'hui, lorsqu'on a à dire le roi et la reine. — Albe. — Oñate. — Infantado. — Oropesa. — Najera. — Gandie. — Sessa. — Bejar. — Frias. — Villafranca. — Egmont. — Veragua. — Pescaire. — Ayétone. — Ossone. — Terranova et Monteléon. — Santa Cruz ; cause horrible de cette érection. — Aranda. — Uzeda. — Peñeranda. — Mondejar. — Hijar. — Havré. — Sulmone. — Los Balbazès. — Altamire. — Abrantès et Liñarez. — Bisignano. — Castel Rodrigo. — Torrecusa. — Colonne. — Camaraça. — Aguilar. — Aremberg. — Ligne. — Fuensalida. — Saint-Pierre. — Palma. — Nevers. — Santo Buono. — Surmia. — Liñarez. — Baños. C. — Paredes. — Lamonclava. — San Estevan del Puerto. — Montalègre. — Los Arcos. — Montijo. — Baños D. — Castromonte. — Castiglione. — Ottaïano. — Castel dos Rios. — Mortemart, éteint. — Estrées, éteint. — Liria. — Gravina. — Bedmar. — Tessé. — La Mirandole. — Atri. — Chimay. — Monteillano. — Priego. — Noailles. — Popoli. — Masseran. — Richebourg. — Chalais. — Robecque. — Maceda. — Solfarino. — San Estevan de Gormaz. — Bournonville. — Villars. — Lede. — Saint-Michel. — Del Arco. — Ruffec. — Arion. — Oubli sur Mancera avec quelque éclaircissement.

Le chiffre à côté des grands marquera le nombre de grandesses sur la même tête, accumulées par héritages en ceux qui en ont plusieurs, qui toutes ne se peuvent partager, mais tombent au même et seul héritier, et ne donnent jamais en rien aucune distinction ni préférence au-dessus de ceux qui n'en ont qu'une seule. Comme le secret qu'ils affectent de leurs diverses classes et de leur ancienneté les oblige de marcher et de se placer entre eux comme ils se rencontrent, et que les titres de duc, prince, marquis et comte leur sont indifférents, jusque-là que le marquis de Villena porte toujours ce titre de préférence à celui de duc d'Escalona qu'il a aussi, parce qu'il se prétend le premier marquis de Castille, quoique cette qualité ne lui donne quoi que ce soit, je n'ai pu que choisir l'ordre alphabétique pour donner ici la liste des grands d'Espagne, par laquelle on verra qu'il y en a bien plus que de ducs en France, même sans y comprendre ceux qui ont été faits depuis mon retour d'Espagne, ni ceux qui vivent et sont établis hors de l'Espagne. A l'égard de leurs différentes nations, elles se reconnoîtront aisément par les noms de leurs maisons; on remarquera seulement qu'aucun grand espagnol n'a porté le titre de prince jusqu'à présent. Ajoutons seulement ici que l'opinion commune en Espagne, et qui usurpe l'autorité de la notoriété publique, admet un premier ordre de grands devenus insensiblement tels de ricos-hombres qu'ils étoient lors de l'établissement des grands par Charles-Quint, au lieu des ricos-hombres qu'il abolit. Mais il faut remarquer en même temps que ce premier ordre de grands d'Espagne, dont la liste va suivre, ne leur donne aucune sorte de préférence ni de distinction sur pas un des autres grands les plus modernement faits, ce qui me les fera insérer de nouveau dans la liste générale qui suivra immédiatement celle-ci. Comme il y en a de cette première liste plusieurs qui ont passé depuis en d'autres maisons, je me contenterai, dans la liste générale, de marquer d'une croix à côté du nom de maison des grands, celles qui dans cette liste-ci ont passé de l'état de ricos-hombres à celui de grands d'Espagne.

LISTE EXPLIQUÉE A LA FIN DE LA PAGE PRÉCÉDENTE.

Castille.		Aragon.	
Ducs de	*Marquis de*	*Ducs de*	*Marquis*
Medina-Cœli.	Villena.	Ségorbe.	D'Ayétone.
Escalone.	Astorga.	Montalte.	
L'Infantade.			
Albuquerque.	*Comtes de*		
Albe.			
Bejar.	Benevente.		
Arcos.	Lemos.		

PLUSIEURS Y AJOUTENT.

Ducs de	*Marquis*
Medina-Sidonia.	D'Aguilar.
Najara.	
Frias, connétable,	
Medina di Rioseco, amirante, héréditaires.	

Ces cinq-ci à côté sont, à la vérité, si fort en tout des plus grands et des plus distingués seigneurs, qu'on auroit peine à leur disputer la même origine des précédents.

GRANDS D'ESPAGNE EN ORDRE ALPHABÉTIQUE EXISTANT EN TOUS PAYS PENDANT QUE J'ÉTOIS EN ESPAGNE, 1722.

Ducs de :

ABRANTÈS est *Alencastro.* Voy. p. 392.

9 ALBE[1] est *Tolède.* Jean II, roi de Castille, fit don, en

---

1. Il est certain que cette maison tire son nom de la ville archiépiscopale de Tolède, capitale de la Castille-Nouvelle, et qu'il y a des seigneurs de maison entièrement différente, qui portent ce même nom, pour distinction de quoi la maison d'Albe a pris le nom ou avant-nom d'Alvarez de Tolède. Pourquoi et comment ce nom de Tolède est devenu celui de ces Albe et de ces autres seigneurs différents, c'est ce qui est caché dans l'obscurité des temps, et qui ne peut être venu que d'exploits militaires faits à Tolède,

1430, de la ville d'Albe en titre de comté, dans le pays de Salamanque, à Guttiere Gomez de Tolède, évêque de Palencia, puis archevêque de Séville, enfin de Tolède, qui le légua à son neveu Ferd. Alvarez de Tolède, dont le fils, Garcia Alvarez de Tolède, qui lui succéda, fut fait duc d'Albe, en 1469, par les rois catholiques. On avertit, une fois pour toutes, que les rois catholiques, dont il sera souvent parlé, sont les célèbres Ferdinand, roi d'Aragon, et Isabelle, reine de Castille, dont le mariage réunit ces deux couronnes et les conquêtes sur les Mores qu'ils repoussèrent en Afrique, leur acquit toutes les Espagnes, excepté le Portugal. Ce premier duc d'Albe fut de mâle en mâle bisaïeul du duc d'Albe, trop fameux par ses cruautés aux Pays-Bas et par la facile conquête du Portugal, dont, peu avant de mourir, il s'empara pour Philippe II, après la mort du cardinal Henri, roi de Portugal. Son fils ainé, premier duc d'Huesca, mourut sans enfants. Il avoit un frère dont le fils lui succéda; il s'appeloit Antoine de Tolède-Beaumont, parce que sa mère, Briande de Beaumont, étoit héritière du comté de Lerins et des offices de connétable et de chancelier héréditaires de Navarre, où cette maison avoit si longtemps et si grandement figuré. De ce cinquième duc d'Albe est venu, de mâle en mâle, le duc d'Albe mort à Paris ambassadeur d'Espagne, y ayant perdu son fils unique; l'oncle paternel de ce neuvième duc d'Albe, lui succéda. Il avoit suivi l'archiduc

---

dont le nom leur aura été approprié pour honorer l'exploit et en conserver la mémoire; car pas un d'eux n'a jamais rien possédé dans Tolède qui ait pu leur en faire prendre le nom. On en doit dire le même du nom de Cordoue, qui se trouvera dans cette liste, et que le fameux Gonzalve, si connu sous le nom tout court de grand capitaine, a comme consacré en le portant, et pareillement du nom de Léon de la maison Ponce de Léon, mais qui vient de descendance des rois de Léon.

On verra ici que je ne m'étends guère que sur les grands espagnols. Il faut remarquer que *j* se prononce *c*, mais un peu de la gorge, comme dans le nom de Bejar et autres semblables, et que *ñ* avec un tiret dessus se prononce en le mouillant comme dans le nom de Baños, qui se prononce Bagnos et autres pareils. (*Note de Saint-Simon*).

et s'étoit retiré à Vienne, où le comte de Galve, frère du duc de l'Infantade, épousa sa fille. Son beau-père fit enfin sa paix, revint à Madrid, et s'y couvrit comme duc d'Albe. Le duc del Arco, parrain de mon second fils pour sa couverture, prit ce duc d'Albe pour lui aider à en faire les honneurs. Je l'ai fort peu vu à Madrid où il menoit une vie fort retirée. Il y passoit pour un bon et honnête homme. Il me parut fort poli et savoir l'être en grand seigneur. Ces Tolède se distinguent d'autres Tolède par le prénom d'Alvarez.

ALBUQUERQUE, *Bertrand La Cueva.* Henri IV, roi de Castille, fit don, en 1464, d'Albuquerque, dans l'Estremadure castillane, à Bertrand de La Cueva et l'érigea en même temps en duché pour lui, alors comte de Ledesma, dont la postérité masculine finit vers le xve siècle. M. de La Cueva, héritière, porta le duché d'Albuquerque en mariage à un François nommé Hugues Bertrand, qui prit le nom seul et les armes de La Cueva, duquel toute cette maison descend aujourd'hui. Ce duché y a toujours été conservé par le soin qu'on a pris d'y marier toujours les filles héritières. Cet heureux François ne pouvoit pas être un homme du commun pour trouver un tel établissement en Espagne. On ne peut néanmoins dire qui il étoit; mais on connoît des Bertrand qui, dès avant 1040, étoient barons de Briquebec en Normandie, qui ont grandement figuré de père en fils, et immédiatement alliés aux maisons des comtes d'Aumale, de Trie, de Tancarville, de Craon, de Nesle, d'Estouteville, de Coucy, de Sully, cadets des comtes de Champagne, Paynel et Chabot. Robert Bertrand, baron de Briquebec, vicomte de Roncheville, connétable de Normandie, fit, comme seigneur de Honfleur, des dons à l'abbaye du Bec, en 1240. Il fut grand-père de Robert VII Bertrand, lieutenant du roi en Guyenne, Saintonge, Normandie et Flandre, maréchal de France en 1325. Il fut présent à l'hommage qu'Édouard III, roi d'Angleterre, rendit, en 1329, à Amiens, à Philippe de

Valois, eut divers autres grands emplois, mourut en 1348 et ne laissa que des filles. Il eut un frère évêque, comte de Beauvais, pair de France, et un autre frère, vicomte de Roncheville, dont pourroit bien être sorti ce Hugues Bertrand si bien établi en Espagne. Mais quelque favorable que puisse en être la conjecture, elle est sans aucune sorte de preuves.

Le douzième duc d'Albuquerque, que j'ai vu en Espagne, étoit petit-fils d'une duchesse d'Albuquerque, laquelle étoit aussi La Cueva, qui avoit beaucoup d'esprit et de lecture, et qui tenoit presque tous les jours chez elle une assemblée de savants et de personnes distinguées et de bonne compagnie. Elle fut camarera-mayor de la reine Louise, fille de Monsieur, lorsqu'elle obtint que la duchesse de Terranova, qui l'étoit, fût renvoyée, ce qui étoit sans exemple en Espagne. Cette duchesse d'Albuquerque la fut aussi de la palatine de Neubourg, seconde femme de Charles II, dont elle obtint la vice-royauté du Mexique, vers la fin de son règne, pour ce duc d'Albuquerque son petit-fils, où il étoit lors de l'avénement de Philippe V à la couronne. Il se mit fort bien avec lui en lui envoyant, aussitôt après qu'il en fut informé, un grand secours d'argent, hors les temps accoutumés, qui arriva fort heureusement et fort à propos. Il y perdit sa femme, et à ce qu'il me dit, son estomac, tellement qu'il ne mangeoit plus que des potages. Ce fut son excuse de se trouver aux repas de cérémonie que je donnai. A la fin il me dit, sur le dernier, dont par règle je le conviai pour la Toison de mon fils aîné, qu'il ne pouvoit plus me refuser toujours. Il y vint donc et me parut surpris du service où il y avoit quantité de potages; il mangea de tous, mais il se contenta, pour tout le reste, de quelques petites mies de pain qu'il trempa dans toutes les sauces, une seule fois par plat, et témoignoit les trouver fort bonnes.

La première fois que je le vis, ce fut dans une porte de l'appartement de la reine, à mon audience de cérémonie.

J'aperçus devant moi, tout contre, un petit homme trapu, mal bâti, avec un habit grossier sang de bœuf, les boutons du même drap, des cheveux verts et gras qui lui battoient les épaules, de gros pieds plats et des bas gris de porteur de chaise. Je ne le voyois que par derrière, et je ne doutai pas un moment que ce ne fût le porteur de bois de cet appartement. Il vint à tourner la tête et me montra un gros visage rouge, bourgeonné, à grosses lèvres et à nez épaté; mais ses cheveux se dérangèrent par ce mouvement et me laissèrent apercevoir un collier de la Toison. Cette vue me surprit à tel point que je m'écriai tout haut : « Ah! mon Dieu, qu'est-ce que cela? » Le duc de Liria, qui étoit derrière moi, jeta les mains à l'instant sur mes épaules et me dit : « Taisez-vous, c'est mon oncle. » Le duc de Veragua et lui me le nommèrent et me le présentèrent aussitôt. Je l'ai fort vu depuis : c'étoit un homme d'esprit, très-instruit, fin et adroit courtisan, qui avoit su tirer de la cour et s'y maintenir bien et en considération dans le monde. Sa conversation étoit agréable, polie, instructive. Il avoit, vis-à-vis l'Incarnation, un des plus beaux palais de Madrid et des plus vastes, magnifiquement meublé, avec force argenterie, et jusqu'à beaucoup de bois de meubles qui, au lieu d'être de bois, étoient d'argent. Il étoit fort riche et parloit assez bien françois. Il avoit plusieurs fils : l'aîné, déjà âgé, dont on disoit beaucoup de bien et qui, avant mon départ, fut un des gentilshommes de la chambre du prince des Asturies.

Del Arco, *Manrique de Lara*. Quoique grandement et prochainement allié, il n'étoit pas reconnu unanimement pour être d'une si grande origine, quoique ses pères en eussent toujours porté le nom. La fortune du sien étoit médiocre, et lui crut en avoir fait une que d'être parvenu à une des quatre places de majordome de Philippe V, tôt après son arrivée en Espagne. C'est ce qui me fait différer à parler de cette maison sous un autre titre. C'étoit un grand homme parfaitement bien fait, blond, chose très-rare dans un Espagnol, d'un visage agréable, l'air noble et naturel, l'abord gracieux, poli et attentif pour tout le monde, doux et néanmoins ferme et nullement ployant. Il fut tel toute sa vie sans que la faveur y ait jamais rien altéré. Il étoit adroit en toutes sortes d'exercices, grand toréador et fort brave. Il s'étoit fort distingué à la suite du roi dans ses armées en Italie et en Espagne; le roi prit du goût pour lui fort peu après qu'il fut majordome, et lui d'un grand attachement pour le roi; cette amitié réciproque parut bientôt en tout et n'a jamais souffert la moindre éclipse, tellement que tout *in minoribus* qu'il étoit encore, jamais le cardinal Albéroni n'a pu ni le gagner ni l'entamer. Le roi le fit son premier écuyer, et il étoit dans cette charge lors de deux actions qu'il fit qui redoublèrent extrêmement l'estime et l'amitié du roi pour lui. La première fut à une chasse où le roi blessa un sanglier qui vint sur lui et qui l'eût tué, si dans l'instant don Alonzo Manrique ne se fût jeté entre-deux et dessus, et ne l'eût tué. La seconde fut encore à une chasse où le roi et la reine sa première femme étoient à cheval. Ils se mirent à galoper; la reine tomba le pied pris dans son étrier qui l'entraînoit. Don Alonzo eut l'adresse et la légèreté de se jeter à bas de son cheval et de courir assez vite pour dégager le pied de la reine. Aussitôt après il remonta à cheval et s'enfuit à toutes jambes jusqu'au premier couvent qu'il put trouver. C'est qu'en Espagne toucher au pied de la reine est un crime digne de mort. On peut juger que la rémission lui fut bientôt accordée, avec de grands applaudissements.

Sa faveur croissant toujours, le roi fit en sorte que le duc de La Mirandole voulut bien se démettre de la charge de grand écuyer qu'il avoit, dont les honneurs et les appointements lui furent conservés, et la donna à don Alonzo Manrique, qu'il fit en même temps duc del Arco et grand d'Espagne. Il étoit noble en toutes ses manières, et magnifique et libéral en tout, avec cela extrêmement simple et modeste, et d'un esprit sage, mais médiocre, et beaucoup d'équité et de ménagement. Il avoit l'air si parfaitement et si naturellement François, qu'il auroit passé dans Paris pour l'être, et que j'en fus surpris extrêmement. Avec sa faveur, il ne se voulut jamais mêler de rien, ne demanda jamais rien pour lui, et passa même toute circonspection dans son extrême retenue à demander pour les autres. Par sa charge, il avoit celle de toutes les chasses, où il suivoit toujours le roi, et étoit très-charitable et très-judicieux à l'égard de ces milliers de [paysans employés sans cesse aux battues, dont je parlerai en leur lieu, et c'étoit encore lui qui, comme grand écuyer, ouvroit et fermoit la portière du carrosse du roi. De tous les gentilshommes de la chambre, lui et le marquis de Santa Cruz étoient seuls toute l'année en exercice; ainsi il falloit habiller et déshabiller le roi tous les jours, et l'hiver porter une bougie dans un flambeau devant lui, depuis son carrosse jusqu'à son cabinet. Tant de fonctions et de détails de charges l'obligeoient à une incroyable assiduité, qui m'empêcha de pouvoir être en commerce avec lui autant que lui et moi l'aurions souhaité. Il portoit derrière sa médaille de chevalier de Saint-Jacques, un petit portrait du roi en miniature, qui étoit très-ressemblant. Il se retira avec lui à Saint-Ildefonse à son abdication, et revint avec lui à la mort du roi Louis. Il eut la Toison et le Saint-Esprit, et mourut longues années après, presque aveugle, sans enfants; son frère, assez obscur, hérita de sa grandeur.

6 ARCOS, *Ponce de Léon*. Jacques II, roi de Castille, avoit donné le comté de Medellin à Pierre Ponce de Léon en récompense de ses services contre les Mores. Il étoit lors cinquième seigneur de Marchea, et le lui retira en 1440 en lui donnant en titre de comté Arcos en Andalousie. Cette maison prétend sortir des anciens comtes de Toulouse. Rodrigue, troisième comte d'Arcos, petit-fils du premier par mâles, fut fait en 1484 marquis d'Arcos et duc de Cadix par

les rois catholiques. Faute de mâles, sa fille porta Arcos, etc., en mariage au petit-fils par mâles de son grand-oncle paternel. Les rois catholiques lui retirèrent Cadix, et en échange le firent en 1498 duc d'Arcos et lui donnèrent d'autres terres. Celui que j'ai vu fort familièrement à Madrid étoit le septième duc d'Arcos de mâle en mâle, fils de l'héritière d'Aveiro si comptée en Espagne, dont il est parlé t. III, p. 95-196, et le même dont il est parlé t. III, p. 224, à propos du voyage forcé qu'il fit en France et en Flandre avec le comte de Baños, son frère. Ce duc d'Arcos étoit un homme d'une belle et noble représentation, sa femme aussi, très-riches et très-magnifiques, ayant un très-beau et grand palais, des meubles admirables, et fort aumôniers et gens de bien, fort considérés à Madrid, fréquentant peu la cour et se plaisant en leurs haras et à la plus superbe écurie d'Espagne, en nombre et en beauté de chevaux : tous deux très-polis, beaucoup d'esprit et de grandeur ; et le duc d'Arcos fort instruit et du goût pour les livres ; tous deux parlant bien françois et de fort agréable conversation et même libre avec moi.

AREMBERG, *Ligne.* Étoit en Flandre attaché à la cour de Vienne.

ARION, *Sotomayor y Zuniga.* Je parlerai de cette maison sous le titre de Bejar. Ce duc d'Arion étoit oncle paternel du duc de Bejar, quoique de peu plus âgé que lui. Il portoit le nom de marquis de Valero, et il étoit un des quatre majordomes du roi quand Philippe V arriva en Espagne, qui prit pour lui un goût et une estime qui a toujours duré ; il étoit vice-roi du Mexique lorsque j'étois en Espagne, où il étoit en vénération ; c'est lui que le roi d'Espagne, bien qu'absent, fit majordome-major de la princesse des Asturies, puis duc d'Arion et grand en arrivant en Espagne peu après que j'en fus parti.

ATRI, *Acquaviva.* Napolitain, frère du cardinal Acquaviva et neveu d'un autre cardinal Acquaviva ; il étoit capitaine des gardes du corps de la compagnie italienne, et en Italie lorsque j'étois en Espagne.

Atrisco, *Sarmiento.*

Baños, *Ponce de Léon*, frère du duc d'Arcos. Il s'étoit retiré et établi en Portugal dans les biens d'Aveiro, de sa mère, lorsque j'étois en Espagne.

Bejar, *Sotomayor y Zuniga.* Les rois catholiques érigèrent cette terre, qui est en Estramadure, en 1488, pour Alvar de Zuniga, second comte de Placencia, et dès 1460 fait duc d'Arevalo par les rois catholiques qui peu après mirent ce titre sur Placencia et enfin sur Bejar, et réunirent à leur couronne Arevalo et Placencia. La nièce du second duc de Bejar en hérita et porta Bejar en mariage en 1533 à Fr. de Sotomayor, cinquième comte de Belalcazar, dont le fils, qui joignit à son nom celui de Zuniga, fut quatrième duc de Bejar. Cette maison de Sotomayor, dans laquelle cette grandesse s'est depuis continuée de mâle en mâle, descend masculinement de Gutiere de Sotomayor, grand maître de l'ordre d'Alcantara, mort en 1456, dont le fils aîné Alphonse fut créé comte de Belalcazar par Henri IV roi de Castille. Le douzième duc de Bejar est celui que j'ai connu familièrement en Espagne. C'étoit un homme d'esprit, sage, timide, qui désiroit fort quelque utile réformation dans le gouvernement, et qui m'en entretint particulièrement plusieurs fois avec le comte de Priego en tiers, son ami intime, par qui il m'avoit fait demander ses conversations, et qui, me voyant si bien avec Leurs Majestés catholiques et avec le marquis de Grimaldo, désiroient ardemment que je m'y employasse, ce que je ne jugeai point du tout à propos, quoique au fond je pensasse comme eux, ce que je ne leur désavouai pas, ainsi que l'impossibilité radicale du remède. Ce duc de Bejar étoit fort honnête homme, instruit et fort pieux; il avoit eu dès l'âge de six ans, chose unique, la Toison de son père, tué, en 1686, volontaire au siége de Bude. L'empereur s'intéressa fort pour cette grâce si singulière. Longtemps depuis mon retour il maria son fils aîné à une fille de prince de Pons-Lorraine, qui fut dame du palais de la reine, et quelques années après il fut majordome-major du prince des Asturies, gendre du roi de Portugal.

BERWICK, *Fitzjames*. Bâtard de Jacques II, roi d'Angleterre, étant duc d'York et de la sœur du fameux duc de Marlborough, duc et pair de France et d'Angleterre, maréchal de France, général des armées de France et d'Espagne, chevalier des ordres de la Jarretière, de la Toison d'or et du Saint-Esprit, gouverneur de Limousin, tué devant Philippsbourg dont il faisoit le siége en [1734]. Je remets au titre de Liria à parler de cette grandesse.

BOURNONVILLE, *idem*. Cette maison est originaire du Boulonois où est la terre de Bournonville dont elle tire son nom, et connue dès 1070; longtemps François, puis transplantés en Flandre. Il s'agit ici de Michel-Joseph de Bournonville, qui a longtemps porté le nom de baron de Capres. Son père, frère cadet du père de la première maréchale de Noailles, mourut en 1718 gouverneur d'Oudenarde et lieutenant général des armées de Philippe V, et sa mère étoit Noircarmes-Sainte-Aldegonde, seconde femme de son mari. Le baron de Capres monta par les degrés en Flandre au service d'Espagne; il fit si bien sa cour aux maîtresses de l'électeur de Bavière qu'avec fort peu de réputation dans le monde et de pas plus à la guerre, il devint lieutenant général et chevalier de la Toison d'or, qu'il reçut en 1710 des mains de l'électeur à Compiègne. N'ayant plus rien à gagner avec lui, il passa en Espagne, où il s'attacha servilement à la princesse des Ursins, qui, comme on l'a vu ailleurs, l'envoya de sa part à elle à Utrecht pour cette souveraineté qu'elle vouloit qu'on lui établît, et qui accrocha si étrangement la paix d'Espagne. Bournonville ne put être admis à Utrecht, y fut méprisé comme il le fut aussi en France et en Espagne de s'être chargé d'une si vile commission. Mais avec un esprit médiocre, il l'avoit très-souple, à qui les bassesses, quelles qu'elles fussent, ne coûtoient rien, et qui l'avoit tout tourné aux intrigues et à la fortune avec force langages et beaucoup de désinvolte et de grand monde. Ce bel emploi lui dévoua entièrement la princesse des Ursins, qui le mit si bien auprès du roi d'Espagne que, même après sa chute à elle, il fut fait, en 1715, grand d'Espagne et bientôt après capitaine des gardes du corps de la compagnie wallonne; il prit le nom de duc de Bournonville et eut encore la clef de gentilhomme de la chambre, mais pas un d'eux n'en avoit aucune sorte de fonction que le duc del Arco et le marquis de Santa Cruz.

J'en reçus à Madrid toutes les avances et toutes les caresses imaginables. Il vouloit aller ambassadeur en France, où résolûment on n'en vouloit point, dont il se doutoit bien. C'étoit donc pour lever cet obstacle qu'il me courtisoit. J'avois ordres de l'y barrer sous main, même à découvert de la part du roi s'il étoit nécessaire. C'étoit un éclat que je voulus éviter, qui me coûta un vrai tourment les derniers mois que je passai en Espagne, parce qu'ils se passèrent en importunités journalières là-dessus de sa part, et en efforts de la mienne, pour lui en faire perdre la pensée, jusqu'à la veille de mon départ qu'il m'obséda deux heures le soir dans la cour du Retiro, pour me persuader de l'intérêt qu'on avoit en France de l'y avoir ambassadeur, et me conjurer de le persuader à M. le duc d'Orléans et au cardinal Dubois. S'il ne réussit pas dans ce dessein, il obtint en 1726 l'ambassade de Vienne, dont il n'eut pas lieu d'être content; mais, accoutumé à savoir se replier, il ne laissa pas d'être nommé, l'année suivante, premier plénipotentiaire au congrès de Soissons, où il ne se fit que des révérences et des repas, d'où il retourna en Espagne, peu content de Paris et de notre cour, malgré la protection des Noailles auxquels il étoit fort homogène, excepté à sa cousine la maréchale, à qui il ne ressembloit point, car il étoit faux au derniér point, et le sentoit fort loin, et d'une avarice extrême.

Il avoit un frère aîné sans fortune dont il prit le fils auprès de lui. Il n'étoit point marié, et son dessein étoit de lui faire tomber sa grandesse et sa charge. Il étoit fort parmi le monde pendant que j'étois à Madrid, et en même temps peu désiré, peu estimé et peu compté.

Doria, *idem*, à Gênes, dont il est d'une des quatre premières maisons.

Estrées, *idem*, François, à Paris. On a vu en son lieu comment il fut fait grand[1].

Frias, *Velasco*, en Castille, près de Burgos. Les rois catholiques l'érigèrent en duché pour Bernardin Fernandez de Velasco, troisième comte de Haro, et connétable de Castille, après son père, office personnel jusqu'à ce second connétable, qui le rendit héréditaire, tellement qu'ils ont été bien plus connus sous le seul nom de connétables de Castille, que sous celui de ducs de Frias, grandesse qui, pour être toute masculine, n'est jamais sortie de la maison de Velasco. Cette illustre maison, qui a fait plusieurs branches, vient toute de J. de Velasco, rico-hombre et seigneur de Bibriesca et de Pomar avant 1400. Les offices de connétable et d'amirante avoient anciennement des rangs, des droits et des fonctions dans les divers royaumes dont ils l'étoient, qui composent celui d'Espagne; mais devenus depuis longtemps héréditaires, par conséquent abusifs, tout ce qui y étoit attaché s'étoit tellement perdu qu'il n'en restoit plus que le titre, qui n'étoit que pour les oreilles, et ne donnoit plus quoi que ce soit. Cette inutilité, l'insolence et la perfidie de l'amirante, et l'enfance du connétable engagèrent Philippe V, il y a quelques années, à en supprimer même les titres pour toujours par un diplôme exprès et sans dédommagement, parce que ce n'étoit qu'un titre vain et vide de tout. Je n'ai point vu le

---

1. Éteint. (*Note de Saint-Simon.*)

dernier de ces connétables, parce que son jeune âge l'empêchoit de paroître dans le monde. Il étoit fort riche et fort grand seigneur, le dixième duc de Frias.

GANDIE, *Llançol* dit *Borgia*, au royaume de Valence, près de la mer. Alphonse Borgia, fait cardinal, 1445, par Eugène IV, succéda, 1455, à Nicolas V, prit le nom de Calixte III, et mourut 1458. Sa sœur avoit épousé Geoffroy Llançol, d'une ancienne maison du royaume de Valence, aux enfants duquel le pape Calixte III fit prendre le nom et les armes de Borgia, dont il ne restoit plus de mâles. Geoffroy Llançol eut de la sœur du pape deux fils et trois filles : P. L. Borgia, préfet de Rome, et Rodriguez Borgia, qui fut pape sous le nom d'Alexandre VI, lequel, étant cardinal, avoit eu de Venosa, femme de Dominique Arimano, Romain, quatre fils et une fille, qui épousa successivement Jean Sforze, seigneur de Pesaro, Alphonse d'Aragon, duc de Bisceglia, et Alphonse d'Este, duc de Ferrare. Les fils furent Pierre-Louis Borgia, fait par Ferdinand le Catholique duc de Gandie en 1485, qui mourut accordé avec M. Enriquez, fille de l'amiral de Sicile ; César Borgia, d'abord cardinal qu'il ne demeura pas, et qui devint célèbre par ses crimes, sous le nom de duc de Valentinois ; Jean Borgia, qui succéda au duché de Gandie de son frère aîné, et qui épousa M. Enriquez, qui lui avoit été destinée ; enfin Godefroy Borgia, prince d'Esquillace[1], marié à une bâtarde d'Alphonse, roi d'Aragon, et dont la branche qui a duré longtemps s'est éteinte. César Borgia fit tuer Jean Borgia dans Rome, et jeter son corps dans le Tibre ; mais il laissa un fils et une fille. Ce fils fut Jean II Borgia, duc de Gandie, qui de J., fille d'Alphonse, bâtard de Ferdinand, roi d'Aragon, laissa François Borgia, duc de Gandie, qui, après avoir perdu sa femme, F. de Castro, se fit jésuite, dont il fut bientôt après général :

---

1. Nous avons suivi l'orthographe de Saint-Simon ; mais le nom de cette ville du royaume de Naples est Squillace (Calabre ultérieure).

c'est le célèbre saint François de Borgia, mort 1572, et canonisé cent ans après. Il laissa une grande postérité qui se divisa en plusieurs branches, desquelles l'aînée a toujours masculinement conservé le duché et le titre de duc de Gandie. C'est le treizième duc de Gandie, que j'ai vu en Espagne, jeune, sans monde ni esprit, obscur et embarrassé de tout, que toutefois la considération de son nom, du duc d'Hijar son beau-père, du cardinal Borgia son oncle, fit l'un des deux gentilshommes de la chambre du prince des Asturies à son mariage.

GIOVENAZZO *del Giudice*, Génois transplanté à Naples. C'étoit le prince de Cellamare, ambassadeur en France, qui ourdit avec le duc et la duchesse du Maine la conspiration dont il a été parlé, et tant de lui à cette occasion qu'il n'en reste rien à ajouter ici, non plus que sur le cardinal del Giudice, son oncle paternel, dont il a été beaucoup parlé ici, tant à l'occasion de son voyage à Paris qu'à celle de son expulsion d'Espagne par le cardinal Albéroni. Son frère, le vieux duc de Giovenazzo, qui avoit encore plus d'esprit et d'intrigue que lui, et bien plus de sens, alla s'établir en Espagne, où il parvint à une grande considération. Charles II le fit grand, mais seulement pour trois races, et enfin conseiller d'État. Son fils Cellamare, qui, étant encore ambassadeur à Paris, prit à sa mort le nom de duc de Giovenazzo, avoit épousé à Rome une Borghèse, veuve du duc de La Mirandole, et mère du duc de La Mirandole que je trouvai établi en Espagne. Cellamare en avoit une fille unique, demeurée à Rome dans un couvent, qui avoit cette troisième race de grandesse et de grands biens à porter au mari qui l'épouseroit. On la disoit étrangement laide. Je ne sais ce qu'elle est devenue.

Longues années après mon retour, la cour d'Espagne fit un long voyage à Cadix, Séville, Grenade, etc., et don Joseph Patiño étoit lors premier ministre et chef des finances en particulier. Cellamare, je l'appelle toujours ainsi, y étoit comme grand écuyer de la reine, charge qu'il avoit dès le temps qu'il étoit à Paris. Patiño avoit le défaut d'être également infatigable en promesses réitérées et en inexécutions, même de choses à faire sur-le-champ, surtout quand il s'agissoit d'argent. Il y avoit longtemps qu'il menoit Cellamare de la sorte sur le payement de l'écurie de la reine, livrée, fourrages et réparations de voitures, dont Cellamare étoit outré, n'osant trop pousser un premier ministre dans le plus haut crédit et la puissance la plus vaste et la plus absolue. La chose traîna ainsi jusqu'au départ de la cour pour revenir à Madrid, toujours en promesses, et la plupart d'être payé sur-le-champ, sans jamais d'exécution la plus légère. Le matin du départ, Cellamare fut chez Patiño lui représenter l'état de l'écurie de la reine, etc.; il en eut peu de satisfaction, il se fâcha, en vint aux grosses paroles, et entra dans une telle colère qu'il eut peine à regagner son logis, où il se trouva si mal qu'il en mourut le jour même à près de quatre-vingts ans.

GRAVINA des *Ursins*, à Naples et à Rome. C'est à présent l'aîné de cette grande maison, si tant est qu'il en reste d'autres branches. Mme des Ursins fit donner la grandesse au duc de Gravina, neveu du pape Benoît XIII.

HAVRÉ, *Croï*, en Flandre. Philippe III l'érigea en duché pour Charles-Alexandre de Croï, de la branche d'Arschot, qui, de gentilhomme de la chambre de l'archiduc Albert, et conseiller au conseil de guerre à Bruxelles, prit le nom de duc de Croï après la mort de Charles duc de Croï, son cousin et son beau-frère. Philippe III le fit conseiller d'État, surintendant des finances des Pays-Bas, chevalier de la Toison d'or et grand d'Espagne. Il fut tué dans sa maison à Bruxelles, à cinquante ans, en 1624, d'un coup de mousquet qui lui fut tiré par une fenêtre. Il avoit épousé, en 1599, Yolande, fille de Lamoral, prince de Ligne, dont il n'eut qu'une fille unique, qui porta sa grandesse et tous ses biens en mariage à Pierre-François, second fils de Philippe de

Croï, comte de Solre, qui prit par elle le nom de duc d'Havré. Il fut chevalier de la Toison d'or, gouverneur de Luxembourg et du comté de Chiny, et chef des finances des Pays-Bas, mort à Bruxelles en 1650. Son fils unique, Ferdinand François-Joseph de Croï, duc d'Havré, fut chevalier de la Toison d'or, et mourut à Bruxelles en 1694. Il avoit épousé, en 1668, l'héritière d'Halluyn dans le château de Wailly près d'Amiens, dont il eut Charles-Joseph, duc d'Havré; tué sans alliance à la bataille de Saragosse, 10 septembre 1710, lieutenant général et colonel du régiment des gardes wallonnes, et Jean-Baptiste-Joseph, duc d'Havré et colonel du régiment des gardes wallonnes après son frère. La princesse des Ursins lui fit épouser la fille de sa sœur et d'Antoine Lanti, dit della Rovere, seigneur romain, à qui sa belle-sœur procura l'ordre du Saint-Esprit en 1669. La chute de la princesse des Ursins attira des dégoûts au duc et à la duchesse d'Havré qui étoit dame du palais de la reine. Le duc d'Havré quitta l'Espagne et se retira en France avec sa femme, et mourut à Paris en 1627. Il laissa deux fils, dont l'aîné, duc d'Havré, grand d'Espagne, s'est fixé au service de France où il est lieutenant général, et a épousé une fille du maréchal de Montmorency, dernier fils du maréchal duc de Luxembourg. Le cadet s'est marié en Espagne à la fille héritière du frère de sa mère qui, comme on le verra ci-après, le fera grand d'Espagne.

HIJAR, *Silva*, ancienne baronnie en Aragon, puis duché, a passé d'héritière en héritière en différentes maisons, et enfin en celle de Silva, où elle ne fut que sur une seule tête par son mariage, dont une seule fille héritière, qui porta ses biens et cette grandesse à Rodrigue de Silva y Sarmiento et Villandrado, comte de Salinas et Ribadaneo, second marquis d'Alenquer, mort au château de Léon, prisonnier d'État, ayant trempé dans la conjuration de Charles Padille contre Philippe IV. Son fils aîné, duc d'Hijar, eut des fils qui n'eurent point d'enfants., et laissèrent leur sœur héritière, qui porta ses biens et cette grandesse en mariage, décembre 1688, à son cousin paternel Frédéric de Silva y Portugal, marquis d'Orani, dont le petit-fils, par mâles, est le huitième duc d'Hijar, que j'ai vu en Espagne, qui fréquentoit peu la cour et le monde, mais qui avoit de la considération. Je l'ai fort peu vu et point du tout fréquenté.

L'INFANTADO[1], *Silva.* Cette maison, cette grandesse et le duc del Infantado, du temps de mon ambassade en Espagne, sont traités ci-devant, en sorte qu'il n'en reste rien à expliquer ici, sinon que l'érection en est des rois catholiques en 1475, sous le nom de l'Infantado, et d'héritage en héritage tomba enfin vers 1657 dans la maison de Silva, au cinquième duc de Pastrane.

Pastrane, terre en Castille, vendue avec d'autres, en 1572, par Gaspard Gaston de La Cerda et Mendoza, à Ruy Gomez de Silva, prince d'Eboli, qu'il fit peu après ériger en duché et grandesse pour lui par Philippe II, qui l'avoit fait grand d'Espagne et duc d'Estremera dès 1568; et le nouveau duc de Pastrane en préféra le titre à celui de duc d'Estremera qu'il quitta. Il eut plusieurs enfants d'Anne Mendoza y La Cerda son épouse, favorite si déclarée de Philippe II, dont descendent, outre les ducs de Pastrane, les comtes de Salinas, les ducs d'Hijar et les marquis d'Orani d'Elisede et d'Aguilar. L'aîné, Roderic de Silva y Mendoza, fut second duc de Pastrane et troisième prince d'Eboli, et grand-père d'autre Roderic de Silva, cinquième duc de Pastrane, qui devint duc de l'Infantado et de Lerma par sa femme, sœur et héritière de Roderic Diaz de Vivar Hurtado de Mendoza et Sandoval, septième duc del Infantado, mort sans enfants en janvier 1657, et de Diego Gomez de Sandoval, mort aussi sans enfants, juillet 1668. Le duc del Infantado, du temps que j'étois en Espagne, est petit-fils du duc de Pastrane, devenu, comme il vient d'être expliqué, duc de l'Infantado,

---

1. Saint-Simon écrit l'*Infantade* et l'*Infantado* indistinctement.

dont les Silva, depuis cette époque, ont préféré le titre à celui de duc de Pastrane.

Il résulte de ce détail que la date de la grandesse del Infantado doit être prise de la première qu'il ait eue, qui est celle de 1568 de duc d'Estremera qui, sous Charles-Quint, a passé de l'état de rico-hombre à celui de grand d'Espagne.

Licera y *Aragon*.

Liñarès, *Alencastro*. (Voir t. III, p. 97.) A quoi rien ici à ajouter, sinon que, la grandesse étant tombée à l'évêque de Cuença, qui en prit le titre et cessa de porter le nom d'évêque de Cuença, je le laissai en partant d'Espagne sans avoir fait sa couverture, parce qu'il vouloit la faire avec son bonnet, et que les grands s'y opposoient et vouloient qu'il se couvrît avec son chapeau. Cette contestation, qui duroit depuis longtemps, retenoit ce prélat à la cour, qui n'en étoit pas fâché, et qui n'étoit pas sans ambition ni sans esprit. Il étoit, comme on l'a vu au renvoi, de la maison d'Alencastro.

Liñarès, en Portugal, érigé en comté par le roi Emmanuel de Portugal pour Antoine de Noroña, fils puîné de Pierre de Noroña y Menesez, issu de la maison royale de Castille. Une fille héritière épousa un autre Noroña, dont le fils fut fait duc de Liñarès par Jean IV, roi de Portugal. Son fils fut fait grand d'Espagne par Charles II, et grand écuyer de la reine sa seconde femme, et mourut à sa suite à Tolède en 1703. Ses deux fils moururent sans postérité, et sa fille aînée porta le duché et grandesse de Liñarès en mariage au second duc d'Abrantès.

Liria, fils unique du premier lit du duc de *Berwick* ci-dessus, qui, après avoir fait tout jeune ses premières armes en Hongrie, retourna en Angleterre sur le point de la révolution, et passa en France avec Jacques II, dont il étoit fils naturel. Il y servit d'abord volontaire, et tôt après lieutenant général tout d'un coup; il eut bientôt des commandements en chef. Il a tant été parlé de lui dans ces Mémoires, et de l'occasion glorieuse qui lui acquit la grandesse et la Toison à lui et à son fils, qu'il n'est besoin de s'arrêter que sur la singularité de sa grandesse, sur quoi il faut reprendre les choses de plus haut. Il avoit été marié deux fois, et n'avoit de son premier lit qu'un fils unique et plusieurs du second. Il s'étoit si parfaitement flatté d'obtenir son rétablissement en Angleterre que, lorsqu'il fut fait duc et pair de France, il obtint une chose inouïe dans ses lettres, qui fut l'exclusion de son fils aîné, parce qu'il le destinoit à succéder en Angleterre à ses dignités et à ses biens; mais lorsqu'il fut fait grand d'Espagne, il s'étoit enfin désabusé de cette trop longue espérance, et voulut établir tout à fait en Espagne ce fils aîné. Philippe V, en le faisant grand d'Espagne, lui avoit donné en même temps les duchés de Liria et de Quirica, dans le royaume de Valence, qui avoient été des apanages des infants d'Aragon. Le duc de Berwick obtint de les pouvoir donner actuellement à son fils aîné, et qu'il jouît en même temps de la grandesse conjointement avec lui, ce qui étoit jusqu'alors sans exemple. Son fils aîné prit donc alors le nom de duc de Liria, fit sa couverture, reçut l'ordre de la Toison d'or, et bientôt après épousa la sœur unique du duc de Veragua qui, par l'événement, devint héritière de très-grands biens. C'étoit une femme très-bien faite, l'air fort noble et les manières, avec de l'esprit, du sens et de la piété, et fort estimée et considérée. On a vu qu'elle fut dame du palais de la princesse des Asturies à son mariage.

Le duc de Liria étoit lieutenant général, et fut gentilhomme de la chambre du roi d'Espagne très-peu avant que j'y arrivasse. On a vu toute l'amitié et les services que j'en reçus. Il avoit par deux fois couru grand risque en Écosse et en Angleterre. Il avoit de l'esprit, beaucoup d'honneur et de valeur, et une grande mais sage ambition, étoit aimé, estimé et compté en Espagne, et le fut partout où il alla. Sa conversation étoit très-agréable et gaie, instructive quand on le mettoit sur ce qu'il avoit vu et très-bien vu en pays divers et en affaires, très-bien avec tout ce qu'il y avoit de meilleur en Espagne, ami le plus intime de Grimaldo qu'il n'avoit point abandonné dans sa disgrâce du temps d'Albéroni, et Grimaldo ne l'avoit jamais oublié ; quoiqu'il eût beaucoup de dignité, il ne laissoit pas d'être souple avec mesure et justesse, et fort propre à la cour qu'il connoissoit extrêmement bien. Il avoit un talent si particulier pour les langues, qu'il parloit latin, françois, espagnol, italien, anglois, écossois, irlandois, allemand et russien comme un naturel du pays, sans jamais la moindre confusion de langues. Avec cela il aimoit passionnément le plaisir ; et la vie compassée, uniforme, languissante, triste de l'Espagne lui étoit insupportable. Il étoit fait pour la société libre, variée, agréable, et c'étoit ce qu'on n'y trouvoit pas.

Quelque temps après mon départ, il obtint l'ambassade de Russie, avec une commission à exécuter à Vienne. Il réussit en l'une et en l'autre, tellement que la czarine, sans l'en avertir, lui jeta un jour le collier de son ordre au cou. Il repassa à Paris, où il se dédommagea tant qu'il put de l'ennui de l'Espagne, et où nous nous revîmes avec grand plaisir. Il me voulut même bien donner quelques morceaux fort curieux qu'il avoit faits sur l'état de la cour et du gouvernement de Russie. Il demeura à Paris tant qu'il put, et bien moins qu'il n'eût voulu, et pour éloigner son retour en Espagne, il obtint permission d'aller voir le roi d'Angleterre à Rome ; de là il alla à Naples, où il fit si bien, qu'il demeura si longtemps que, s'y abandonnant aux plaisirs de la société, et peu à peu à l'amour d'une grande dame, il en mourut de phthisie, laissant plusieurs enfants. C'est un homme que je regretterai toujours. Son fils aîné a recueilli sa grandeur, est grandement établi, mais ne lui ressemble pas.

MEDINA-COELI, *Figuerroa y La Cerda.* La grandeur de l'origine de cette grandesse, et la singularité de sa première

continuation, m'engagent à m'y étendre. Alphonse X, roi de
Castille, dit l'Astrologue, de son goût pour l'étude, et en
particulier pour les mathématiques et l'astronomie, et des
fameuses tables dites Alphonsines de son nom qu'il fit dresser sous ses yeux, eut deux fils d'Yolande, infante d'Aragon, son épouse : Ferdinand l'aîné fut gendre de saint Louis ;
et Sanche dit le Brave. Ferdinand donna des preuves de son
courage contre les Mores, et mourut à vingt et un ans, en
1275, neuf ans avant son père, et laissa deux fils, Alphonse
et Ferdinand, qui, je n'ai pu savoir pourquoi, prirent dans
la suite le nom de La Cerda. Sanche, fils cadet de l'Astrologue, voyant les deux fils de son aîné si fort en bas âge, et
le roi son père si enterré dans ses études qu'il ne put jamais
se résoudre d'aller en Allemagne où il avoit été élu unanimement empereur, le méprisa, et conçut le dessein de régner. Les instances persévérantes des princes d'Allemagne,
ni les exhortations du pape, n'ayant pu l'ébranler pendant
plusieurs années, quoiqu'il eût accepté l'empire, pris le nom
d'empereur, souvent promis de passer en Allemagne, les
princes de l'Empire, rebutés de tant de remises, se tournèrent du côté du roi d'Angleterre, qui eut plus de volonté,
mais non plus de succès, ce qui engagea les Allemands à
renoncer à l'un et à l'autre, et à élire Rodolphe, comte
d'Hapsbourg, chef fameux de la maison d'Autriche.

Sanche, ravi du mépris, où l'attachement à l'étude et la
privation de l'Empire qui en fut l'effet avoit précipité son
père, profita de cette passion d'étude pour lui persuader de
se décharger sur lui de tous les soins du gouvernement, qui
le détournoient de ses occupations les plus chères. Parvenu
à régner sous son nom et [à] s'être acquis toute la Castille
par sa valeur et sa manière de gouverner, il songea à faire
déshériter ses neveux, et à se faire associer par son père, et
couronner roi de son vivant, car jusqu'à la réunion des divers royaumes qui composent l'Espagne, c'est-à-dire jusqu'aux rois catholiques inclusivement, tous ces différents rois

se faisoient couronner. Le père y consentit, et presque tout le royaume ; au moins on n'osa y branler. Ce ne fut pas tout, Sanche trouva que son père demeuroit trop longtemps avec lui sur le trône ; il résolut de l'en précipiter, il en vint à bout. Le malheureux père, réduit à ses livres, ne put s'en consoler avec eux. Il implora l'assistance de toute l'Europe contre un fils si dénaturé, qui ne lui en procura aucune. Alors réduit au désespoir, il donna sa malédiction à son fils, le déshérita et sa race autant qu'il fut en lui, rappela ses petits-fils aînés à leurs droits, et à défaut de leur race, appela à sa couronne celle de saint Louis. Il mourut dans ce désespoir, et Sanche sut bien empêcher l'effet des dernières volontés de son père. Ce prince et Jacques I*er*, roi d'Angleterre, montrent ce que sont des cuistres couronnés. Des deux malheureux neveux, Alphonse de La Cerda fit la branche dite de Lunel, et Ferdinand fit celle dite de Lara, de la femme que chacun des deux épousa. Cette branche s'éteignit dans le petit-fils de Ferdinand, qui n'eut qu'un fils mort au berceau, et des filles mariées, qui furent emprisonnées et empoisonnées par l'ordre de Pierre le Cruel, roi de Castille, en 1361. Ainsi je ne parlerai point de cette branche.

Alphonse de La Cerda n'oublia rien pour recouvrer le royaume qui lui appartenoit, et dont il prit le nom de roi de Castille, que Sanche, son oncle, avoit usurpé. Ses efforts furent inutiles ; il fut réduit à se retirer en France, où Charles le Bel le fit son lieutenant général en Languedoc. Il épousa Mahaud, dame de Lunel, dont il eut un seul fils connu sous le nom de prince des îles Fortunées, d'où sont sortis les Medina-Cœli. Il se remaria à Isabeau, dame d'Antoing et d'Espinoy, veuve d'Henri de Louvain, seigneur de Gaësbeck, qui épousa en troisièmes noces J. I*er* de Melun, vicomte de Gand. De son second mariage Alphonse de La Cerda eut Charles, dit de Castille ou d'Espagne, connétable de France, qui figura dignement et grandement, et qui fut empoisonné à Laigle en Normandie, où il mourut, par ordre de Charles le Mauvais, roi de Navarre. Ce connétable ne laissa point d'enfants de Marguerite de Châtillon-Blois. Il eut deux frères sans établissements ni alliances, dont un fut archidiacre de Paris, et une sœur mariée en Espagne, à Ruys de Villalobos. Ainsi finit promptement cette branche du connétable. Revenons maintenant à son frère aîné, Louis d'Espagne, prince des îles Fortunées, duquel sont sortis les Medina-Cœli.

Ce Louis de La Cerda eut le don du pape des îles Fortunées, dont il fut couronné roi dans Avignon, par le même pape Clément VI, vers 1344. Ces îles sont les Canaries, qu'il se résolut d'aller chercher sur l'exemple de ceux de Gênes et de Venise sur le bruit de leur découverte; mais ce fut un dessein qu'il ne put exécuter. Il fut amiral de France, comte de Clermont et de Talmont; il épousa vers 1370 Léonor de Guzman, dame du port Sainte-Marie, près Cadix, dont il ne laissa qu'une seule fille héritière, appelée Isabelle de La Cerda, dame de Medina-Cœli et du port Sainte-Marie, qui fut veuve sans enfants de Roderic Alvarez d'Asturie. Voyons maintenant à qui elle se remaria.

Gaston Phœbus, comte de Foix, vicomte de Béarn et de Bigorre, dit Phœbus pour sa beauté, dont la magnificence et la cour, la puissance et l'autorité chez tous les princes de son temps sont si vantés dans Froissart, fut toujours brouillé avec Agnès, fille puînée de Philippe III, roi de Navarre, à la cour duquel elle passa presque toute sa vie, et que ce comte de Foix avoit épousée en 1348. Il n'en avoit qu'un fils unique qu'il avoit marié avec Béatrix, fille de Jean comte d'Armagnac, lequel passoit toute sa vie tant qu'il pouvoit auprès de sa mère et du roi de Navarre son oncle. Étant venu voir son père à Orthez, qui haïssoit sa femme, et ne l'aimoit guère lui-même, et ne pouvoit souffrir le roi de Navarre, son beau-frère, il en fut assez bien reçu. Au bout de quelques jours le comte de Foix, au retour de la chasse, se mit à table pour souper; son fils lui présenta la serviette pour laver. Dans cet instant le soupçon et la colère surprirent si à coup le comte de Foix que, croyant que son fils lui alloit porter le coup de la mort en lui donnant la serviette, il tira un poignard de son sein, dont il l'abattit mort à ses pieds, en 1380 ; et c'étoit un jeune homme de très-grande espérance, très-bien né et bien éloigné d'avoir jamais eu une si horrible pensée. Le père, revenu à lui-même, fut au désespoir, et ne put s'en consoler, et en mourut enfin de douleur, qui lui causa l'apoplexie qui l'étouffa dans l'instant qu'il se lavoit les mains en se mettant à table à Orthez pour souper, en 1391, à quatre-vingts ans, de même façon qu'il avoit tué son fils. Ce fils n'avoit point eu d'enfants, tellement que Matthieu de Foix, vicomte de Castelbon, succéda à Gaston Phœbus au comté de Foix. Plusieurs années auparavant, sa sœur unique, Isabelle, avoit épousé Archambaud de Grailly qui, par elle, succéda au comté de Foix, etc., par la mort sans enfants de Matthieu comte de Foix, etc., frère de sa femme. Le duc de Foix fut fait duc par Louis XIV en 1663, avec Mme de Senecey sa grand'mère, et la comtesse de Fleix sa mère[1], toutes deux dames d'honneur de la reine-mère, et mort il n'y a pas fort longtemps sans enfants, a été le dernier de cette maison de Grailly qui, par ce même héritage de Foix, eut celui de Navarre ensuite aussi par héritage, en porta peu la couronne, qui tomba par une héritière dans la maison d'Albret, et d'elle par la même voie dans la maison de Bourbon, avec les comtés de Foix, Bigorre, Béarn, etc. Reprenons présentement notre sujet.

César Phœbus, comte de Foix, n'avoit d'enfants que le fils qu'il poignarda ; mais il laissa quatre bâtards dont les deux derniers n'ont point paru dans le monde. Bernard, l'aîné des quatre, eut un bonheur extrême, comme on le va voir. Yvain, le second des quatre, le favori du père, brilla à la cour de Charles VI, fut de ce funeste bal où ce roi et sa

---

1. Voy. t. Ier, le récit de la réception des ducs et pairs au parlement. Le duc de Foix faisait partie de cette promotion.

suite se masquèrent en sauvages, où le feu prit à leurs habits, dont plusieurs moururent brûlés, dont Yvain fut un, sans avoir été marié. Ce fut le 30 janvier 1392.

Bernard, bâtard de Gaston Phœbus, comte de Foix, et l'aîné des trois autres bâtards, alla chercher fortune en Espagne dès 1367, y établit sa demeure, s'y distingua par sa valeur au service du comte de Transtamare contre Pierre le Cruel, roi de Castille, dont il étoit frère bâtard, mais qu'il vainquit et tua, et fut roi de Castille en sa place sous le nom d'Henri II. Bernard eut le bonheur de plaire à Isabelle de La Cerda, dame de Medina-Cœli et du port Sainte-Marie, fille et seule héritière de Louis de La Cerda ou d'Espagne, prince des îles Fortunées, etc., petit-fils de Ferdinand, fils aîné de Castille et de Blanche, troisième fille de saint Louis, sur lesquels Sanche le Brave, après la mort du même Ferdinand son frère aîné, avant le roi Alphonse l'Astrologue, leur père, avoit usurpé la couronne de Castille. Cet heureux bâtard de Foix fit donc ce grand mariage si disproportionné de lui, et fut fait comte de Medina-Cœli. Il prit en plein et en seul le nom de La Cerda, et les armes au premier et quatrième partis [1], de Castille et de Léon, au second et troisième de France, et tous ces quartiers sans brisure, ainsi qu'il appartenoit à ces malheureux princes déshérités, pères de cette royale héritière. Les trois générations suivantes comtes de Medina-Cœli figurèrent fort à la guerre et dans l'État et par leurs alliances. La quatrième fut Louis II de La Cerda, servit si bien les rois catholiques contre les Mores, qu'en 1491 ils le créèrent duc de Medina-Cœli; le troisième duc fut fait marquis de Cogolludo; le sixième épousa l'héritière du duché d'Alcala. Son fils, le septième, épousa l'héritière des duchés de Ségorbe et de Cardonne, des marquisats

---

1. Le mot *parti*, en terme de blason, indiquait que l'écu était divisé de haut en bas en parties égales. Parmi ces compartiments, l'un contenait les armes de Castille, un autre les armes de Léon, et deux autres les armes de France.

de Comarès et de Denia et du comté de Sainte-Gadea. Je ne marque sur chacun que les grandesses qu'ils accumulèrent et point les autres terres. Le huitième fils du septième finit la race de ces heureux bâtards de Foix. Ce fut Louis-François, huitième duc de Medina-Cœli, général des côtes d'Andalousie, puis des galères de Naples, ambassadeur à Rome, vice-roi de Naples appelé à Madrid, fait gouverneur du prince des Asturies, et premier ministre d'État 1709. La jalousie et les menées de la princesse des Ursins le rendirent suspect. Il fut accusé d'une conspiration contre l'État, et arrêté comme il alloit au conseil, conduit à Pampelune, puis à Fontarabie, où il mourut fort tôt après sans aucuns enfants de la fille du duc d'Ossone qu'il avait épousée en 1678. Ses sœurs avoient épousé, l'aînée le marquis de Priego; la seconde le marquis d'Astorga; la troisième le dernier amirante de Castille; la quatrième le duc d'Albuquerque; la cinquième le marquis de Solera; la sixième le connétable Colonne; la septième le duc del Sesto; la dernière le comte d'Oñate, tous grands d'Espagne. Ainsi la sœur aînée du huitième duc de Medina-Cœli des bâtards de Foix hérita de toutes ses grandesses qu'elle porta après son mariage à son mari le marquis de Priego. Voyons maintenant qui étoit ce marquis de Priego, qui étoit aussi duc de Feria, et doublement grand d'Espagne.

Laurent II, Suarez de Figuerroa, fut fait comte de Feria en Estramadure par Henri IV, roi de Castille, en 1467. Il étoit petit-fils de Laurent Ier Suarez de Figuerroa, maître de l'ordre de Saint-Jacques, qui acquit cette terre, et il fut grand-père d'autre Laurent III Suarez de Figuerroa; tout cela de mâle en mâle, qui épousa, en 1518, Catherine, fille aînée et héritière de Pierre Fernandez de Cordoue, marquis de Priego, par laquelle il unit les deux grandesses de Feria et de Priego, et le nom de Fernandez de Cordoue, de sa femme, au sien de Suarez de Figuerroa dans sa postérité. Pierre leur fils, mort après son père, mais avant sa mère, fut quatrième comte de Feria, et ne laissa qu'une fille unique laquelle fut bien marquise de Priego, mais non comtesse de Feria, qui ne pouvoit passer aux filles. Ainsi son oncle paternel devint cinquième comte de Feria, et ce fut en sa faveur qu'en 1567 Philippe II le fit duc de Feria, dont le fils, second duc de Feria, venu à Paris de la part de Philippe II, servit si ardemment la Ligue. Sa race s'éteignit dans le quatrième duc de Feria.

Alphonse Suarez Figuerroa étoit troisième fils de Laurent III, troisième comte de Feria, et de Catherine, héritière de Pierre Fernandez de Cordoue, marquis de Priego, et frère cadet du premier duc de Feria, dont il épousa la fille, et fut par elle marquis de Priego. Sa postérité masculine réunit Feria et Priego, par la succession du cinquième marquis de Priego au quatrième duc de Feria. Le fils de celui-ci fut ainsi sixième duc de Feria, et aussi sixième marquis de Priego, et c'est lui à qui Philippe IV accorda les honneurs de grand de la première classe.

Il maria son fils à la sœur aînée du dernier duc de Medina-Cœli des bâtards de Foix, laquelle en recueillit la succession depuis qu'elle fut veuve et qu'elle transmit à son fils Emmanuel Figuerroa de Cordoue et La Cerda, marquis de Priego, duc de Feria et Medina-Cœli, etc., père de celui que j'ai vu en Espagne, et qui y étoit fort considéré. Il avoit un fils déjà grand, qui portoit le nom de marquis de Cogolludo et qui, depuis mon retour, acquit de nouvelles grandesses par son mariage avec la fille unique héritière du marquis d'Ayétone. Le père et le fils étoient autant du grand monde et de la cour que des seigneurs espagnols naturels en pouvoient être, fort polis : je les voyois fort familièrement. Ce sont ceux de cette cour qui se sont souvenus le plus longtemps de moi, par leurs lettres, bien des années depuis mon retour. Le palais de Medina-Cœli, presque au bout de Madrid, vers Notre-Dame d'Atocha, est peut-être le plus spacieux qu'il y ait dans la ville et très-somptueusement meublé. Le roi d'Espagne s'y retira à la mort de la reine sa première femme, et y a demeuré jusque fort près de son second mariage. J'y ai vu une comédie extrêmement magnifique, dans une salle faite pour ce spectacle, où le duc de Medina-Cœli avoit convié toute la cour et le plus distingué de la ville, hommes et femmes, après le retour de Lerma, où je vis le duc de Liñarez, tout évêque qu'il étoit, et le cardinal Borgia; tout y étoit plein, mais avec un grand ordre et décence, et rien de plus magnifique que l'abondance des rafraîchissements et de tout ce qui accompagna la fête.

MEDINA DE RIOSECO, *Enriquez y Cabrera*, amirante héréditaire de Castille. Cette maison depuis son origine, ses grandesses, le personnel de l'amirante de Castille, lors de l'avénement de Philippe V à la couronne d'Espagne, ont été traités avec un si grand détail, (t. III, p. 122), sa conduite depuis sa fuite en Portugal, le triste personnage qu'il y fit jusqu'à sa mort, (t. III, p, 435), qu'il ne s'en pourroit faire ici que d'ennuyeuses redites.

2 MEDINA-SIDONIA, *Guzman*. C'est le premier duché des Castilles. Les antérieurs à celui-là sont éteints. Il est en Andalousie, vers le détroit de Gibraltar. Jean II, roi de Castille l'avoit donné, sans érection, à J. Guzman, maître de l'ordre de Calatrava. Cette terre tomba à Henri Guzman, second comte de Niebla, dont le fils aîné, Jean-Alphonse de Guzman, fut créé, en février 1445, par le même roi Jean II, duc de Medina-Sidonia, mais seulement pour sa personne. Le roi Henri IV l'étendit, en février 1460, non-seulement à sa postérité légitime, mais encore à son défaut à l'illégitime. Cela sent bien le mauresque et l'Afrique. La maison de Guzman est une des plus anciennes, des plus grandes et des plus illustres d'Espagne, et y figuroit fort dès le x⁰ siècle. Le duché de Medina-Sidonia est demeuré dans la postérité masculine et légitime du premier duc. On a suffisamment parlé du duc de Medina-Sidonia à l'occasion du testament de Charles II et de l'arrivée de Philippe V en Es-

pagne[1], dont il fut grand écuyer, puis chevalier du Saint-Esprit, et de son fils qui aima mieux conserver sa golille et vivre obscur que de faire sa couverture après la mort de son père. C'est ce fils qui étoit duc de Medina-Sidonia lorsque j'étois en Espagne, et que je n'ai vu ni rencontré nulle part.

SAINT-MICHEL, *Gravina*, d'une des plus grandes maisons de Sicile, où il avoit très-bien servi et s'étoit fort endetté à soutenir le parti de Philippe V tant qu'il avoit pu; en considération de quoi il avoit obtenu la grandesse. Il étoit venu à Madrid pour y faire sa couverture; mais, comme je l'ai dit ailleurs, je l'y laissai encore sans s'être couvert faute d'avoir pu payer la médiannate et les frais, qui vont loin, sans avoir pu obtenir ni remise ni diminution, ce que tout le monde trouvoit fort injuste. Il étoit vieux, estimé et accueilli; mais la tristesse de sa situation le rendoit obscur. Comme toute sa famille étoit en Sicile où il comptoit retourner, je ne m'y étendrai pas davantage.

LA MIRANDOLE, *Pico*. Je ne m'arrête sur ce seigneur italien, fait grand d'Espagne par Philippe V, qui le fit aussi son grand écuyer, que parce qu'il s'est établi en Espagne après avoir perdu toute espérance de rétablissement dans ses petits États d'Italie, où ses pères étoient comme souverains, et dont l'empereur Léopold les a dépouillés sans retour, parce qu'ils se sont trouvés à sa bienséance. Les Pic sont connus dès 1300, par Fr. Pico, seigneur de La Mirandole et vicaire de l'Empire. J. Pic et Fr. son frère, quatrième génération de ce premier François, furent faits comtes de Concordia, 1414, par l'empereur Sigismond. Le fameux Pic de La Mirandole, le phénix de son siècle par son immense savoir, mort sans alliance en 1494, n'ayant pas encore trente-deux ans, étoit frère cadet de Galeot Pic, seigneur

---

1. Voy. t. III, p. 7. C'est un des passages supprimés dans les anciennes éditions.

de La Mirandole, comte de Concordia, qui étoit la quatrième génération du premier comte. Galeot Pic, second du nom, comte de Concordia et premier comte de La Mirandole, mort 1551, étoit petit-fils du frère du savant Pic de La Mirandole, et père de Silvie et de Fulvie, qui épousèrent le comte de La Rochefoucauld et un autre La Rochefoucauld, comte de Randan, du premier desquels viennent les ducs de La Rochefoucauld. Ce même père de ces deux dames de La Rochefoucauld le fut aussi d'un comte de La Mirandole et de Concordia, duquel le fils, nommé Alexandre, fut fait duc de La Mirandole, en en 1619, par l'empereur Ferdinand II, duquel le duc de La Mirandole, que j'ai vu en Espagne, est la quatrième génération. Son frère a depuis été cardinal par Clément XI, dont il étoit maître de chambre. Ce duc de La Mirandole s'étoit vu sur le point d'être rétabli dans ses États et d'épouser la princesse de Parme, qui eut depuis l'honneur d'être la seconde femme de Philippe V, et qui conserva toujours de l'amitié et une grande distinction pour lui et pour la femme qu'il épousa depuis, sœur du marquis de los Balbazès, que j'ai vue aussi en Espagne et qui fut noyée dans sa maison de Madrid, réfugiée dans son oratoire, par une subite inondation dont j'ai parlé ailleurs, quoique arrivée depuis mon retour. Ce duc de La Mirandole étoit un fort bon et honnête homme, fort pieux et considéré; sa mère étoit Borghèse, fille du prince de Sulmone, remariée à Cellamare qui en étoit veuf, et qui vivoit avec lui dans une étroite amitié.

MONTEILLANO, *Solis*. Cette maison peut être comparée à quelques françoises qui se sont élevées à une grande fortune. Celui-ci étoit proprement de ce que nous appelons de robe. Il s'éleva par ses talents jusqu'à être gouverneur du conseil de Castille, et il eut assez de faveur pour être fait grand d'Espagne et duc de Monteillano par Charles II, depuis quoi il n'a presque plus paru. Il avoit épousé une sœur du prince d'Isenghien, gendre du maréchal d'Humières, qui avoit de l'esprit, du monde, encore plus de sens. Ce fut elle que la princesse des Ursins choisit pour lui garder la place de camarera-mayor de la reine, lorsqu'elle fut chassée la première fois et qu'elle reprit à son retour triomphant en Espagne. Cette grande place l'avoit fait connoître, aimer et considérer dans le peu de temps qu'elle l'occupa, et c'est ce qui la fit choisir dans la suite pour remplir la même place auprès de la princesse des Asturies, où on en fut fort content : dans l'entre-deux elle avoit perdu son mari. Elle avoit un fils qui étoit jeune, dont on disoit du bien. Je l'ai vu, mais sans aucun commerce. Il avoit, dit-on, du goût pour la lecture et la retraite, et il paroissoit peu à la cour et dans le monde. Je ne répondrois pas que cette grandesse n'eût été achetée dans les grands besoins où Charles II s'est trouvé plus d'une fois; car il manqua toujours d'argent.

2 MONTELÉON, *Pignatelli*. On connoît Jacques Pignatelli, gouverneur de la Pouille dès 1326, et cette maison, qui est fort étendue, pour une des grandes, des plus illustrées de titres et des plus hautement alliées du royaume de Naples. Hector[1] Pignatelli, quatrième duc de Montéléon, vice-roi de Catalogne, fut fait grand d'Espagne en 1613, par Philippe III. Nicolas Pignatelli, vice-roi de Sardaigne et chevalier de la Toison d'or, fils dernier cadet de cet Hector, épousa la fille héritière du septième duc de Montéléon, petit-fils de

1. Cet Hector avoit épousé Jeanne, héritière de Tagliavia, dont le grand-père paternel fut fait en 1561 duc de Terranova, et en 1565 grand d'Espagne, chevalier de la Toison d'or, etc., par Philippe II, dont il fut ambassadeur en Allemagne, et après gouverneur du Milanois. C'est cette héritière, cinquième duchesse de Terranova qui étant veuve d'Hector Pignatelli, duc de Montéléon avec postérité, fut faite par Charles II camarera-mayor de sa première femme, fille de Monsieur, frère de Louis XIV, en 1679, à qui elle se rendit si insupportable par sa rigidité et ses insolences que la reine se la fit ôter, chose sans exemple en Espagne. Elle fut mise en cette même charge auprès de la reine, mère de Charles II, et y mourut, mai 1692, au Buen-Retiro, laissant héritière de ses biens et de sa grandesse de Terranova Jeanne Pignatelli, qui avoit épousé, 1679, Nicolas Pignatelli, frère de son bisaïeul, père du duc de Montéléon, qui fait [cet] article. (*Note de Saint-Simon.*)

son frère, et devint par elle huitième duc de Montéléon et de Terranova, dont la mère de son père étoit héritière, et fut ainsi grand d'Espagne. Ce fut lui qui, comme le plus ancien chevalier de l'ordre de la Toison d'or qui fût lors en Espagne, y donna en cérémonie le collier à Philippe V à son arrivée. On a parlé de lui, t. III, p. 128, en son lieu, à propos de la saccade du vicaire. Il se retira bientôt après à Naples où étoient ses duchés et tous ses biens, y fut très-partial de la maison d'Autriche, et n'est pas revenu depuis en Espagne, ni aucun de sa famille.

MORTEMART, *Rochechouart*, François, duc et pair, à Paris. C'est la grandesse du duc de Beauvilliers que Philippe V lui donna en arrivant en Espagne, dont il avoit été le gouverneur. Elle passa au duc de Mortemart, qui avoit épousé sa fille unique héritière, et par la mort d'eux et de leurs enfants cette grandesse est éteinte depuis mon retour.

NAGERA, *Osorio y Moscoso*, frère cadet du comte d'Altamire, à l'article duquel je remets à parler de leur maison. Najera ou Nagera, car il s'écrit et se lit des deux façons. Cette terre, qui est en Castille, fut érigée en duché par les rois catholiques, 1482, pour Pierre Manrique de Lara, dit le Vaillant, second comte de Trevigno, et dixième seigneur d'Amusco. Cette grandesse est tombée cinq fois en différentes maisons par des filles héritières. Pendant que j'étois en Espagne, don Joseph Osorio y Moscoso, frère cadet du comte d'Altamire, eut cette grandesse par son mariage avec Anne de Guevara y Manrique, qui en étoit l'héritière et fille du défunt frère du dixième comte d'Oñate.

NEVERS, *Mancini*, son père, fils d'une sœur du cardinal Mazarin, fut duc à brevet. Il ne put ou négligea d'obtenir l'enregistrement de ses lettres, quoique la toute-puissante faveur de son oncle se soit trouvée dans la suite presque la même pour lui par celle de Mme de Montespan, dont il avoit épousé la nièce, fille de Mme de Thianges sa sœur, dont la faveur étoit grande aussi auprès du roi, et a duré autant que sa vie qui a dépassé de plusieurs années le renvoi de Mme de Montespan. M. de Nevers, qui personnellement n'avoit jamais rien mérité du roi, et son fils beaucoup moins encore, fort fâché de ne pouvoir espérer que son fils fût duc, chercha partout une grandesse à lui faire épouser. Il trouva enfin M. A. Spinola, fille aînée et héritière de J. B. Spinola, qui pour de l'argent s'étoit fait faire prince de l'Empire, en 1677, par l'empereur Léopold, et depuis, par la même voie, grand d'Espagne par Charles II, dans leurs pressants besoins de finances. Ce mariage ne se fit pourtant célébrer qu'en 1709, deux ans après la mort du duc de Nevers, et son fils qui jusqu'alors avoit porté le nom de comte de Donzy, prit celui de prince de Vergagne, mais sans rang ni honneurs qu'à la mort de son beau-père en Flandre, où il étoit lieutenant général et gouverneur d'Ath. La duchesse Sforza, sœur de sa mère, et dans la plus grande et plus longue intimité de Mme la duchesse d'Orléans, profita de la régence de M. le duc d'Orléans, et le fit faire duc et pair sans avoir jamais vu ni cour ni guerre.

NOAILLES, *idem*. Il y a eu tant et tant d'occasions ici de parler et de s'étendre sur le duc de Noailles, qu'il suffit de dire qu'avec la faveur de sa famille et celle de Mme de Maintenon, dont il avoit épousé l'unique nièce et héritière, fille de son frère, il ne lui fut pas difficile d'obtenir en Espagne tout ce qu'il voulut.

OSSUNA, *Acuña y Tellez Giron*. La maison d'Acuña, fort nombreuse en branches tant espagnoles que portugaises, et la maison de Silva, prétendent sortir de la même origine aussi illustre qu'ancienne, et y sont autorisées par les meilleurs auteurs, qui les font masculinement descendre de Fruela, roi de Léon, des Asturies et de Galice, par le ricohombre Pélage Pelaez, duquel sont masculinement sortis Gomez Paez de Silva, dont toute la maison de Silva est descendue, et Ferdinand Paez qui le premier prit le nom d'Acuña, du lieu d'Acuña-Alta, qu'Alphonse I*er*, roi de Portugal, lui avoit donné, et duquel toute sa postérité conserva le nom. La septième génération masculine de ce Ferdinand Paez, seigneur d'Acuña, fut Martin Vasquez de Acuña, qui fut comte de Valence, épousa 1° Thérèse, fille et héritière d'Alphonse Tellez-Giron, dont il eut un fils qui porta le nom de Tellez-Giron ; [2°] il épousa l'héritière de la maison de Pacheco, et en eut deux fils. Jean, l'aîné, porta le nom de Pacheco de sa mère, et Pierre, le cadet, prit le nom de Giron, de la mère de son père. L'aîné de ces deux frères est le chef de la branche aînée de toute la maison d'Acuña-Pacheco, ducs d'Escalone. Le cadet, mort, 1466, maître de l'ordre de Calatrava, est le chef de la seconde branche d'Acuña-Tellez-Giron, ducs d'Ossone.

Son arrière-petit-fils de mâle en mâle fut Pierre d'Acuña-Giron, cinquième comte d'Urenna, vice-roi de Naples, créé, 1562, duc d'Ossone en Andalousie, entre Séville et Malaga, par Philippe II. C'est de mâles en mâles aînés la cinquième génération que nous avons vue ; savoir : le sixième duc d'Ossone qu'on a vu en son lieu être venu à Paris lors de l'avénement de Philippe V à la couronne d'Espagne pour y saluer son nouveau roi, voir la cour de France et joindre le roi d'Espagne avant son arrivée à Madrid ; le même duc d'Ossone, premier plénipotentiaire d'Espagne à Utrecht, et mort en Flandre peu après la signature de cette paix ; et son frère le comte de Pinto, duc d'Ossone, après la mort de son frère, ambassadeur d'Espagne en France pour le mariage du prince des Asturies avec la fille de M. le duc d'Orléans. On a suffisamment parlé de l'aîné en son temps, et le cadet n'a rien eu qui mérite d'en rien dire.

SAINT-PIERRE, *Spinola*, Génois, de l'une des quatre grandes maisons de Gênes, trop connue et trop nombreuse pour m'y étendre. Quoique accoutumée aux honneurs, aux grandeurs, aux plus grands emplois et fertile en grands hommes, il est pourtant constant en Espagne que François-Marie Spinola, duc de Saint-Pierre et gendre de Philippe-Antoine Spinola, quatrième marquis de Los Balbazès, grand d'Espagne et général des armes du Milanois, acheta la grandesse de Charles II en 1675; il acheta aussi la principauté de Piombino que l'empereur s'appropria sans le rembourser. Il chercha protection dans ce malheur pour y intéresser les cours de France et d'Espagne, et comme il étoit veuf il épousa, 1704, à Paris, la seconde sœur du marquis de Torcy, ministre d'État et secrétaire d'État des affaires étrangères, qui étoit veuve avec des enfants du marquis de Resnel, Clermont-d'Amboise. Lui aussi en avoit de sa première femme qui ont figuré en Espagne avec beaucoup de réputation à la guerre où l'aîné a commandé des armées et est devenu capitaine général et grand d'Espagne après son père. Le duc de Saint-Pierre, lassé à Paris de ne voir point avancer ses affaires sur Piombino, emmena sa femme errer en Italie, quelque peu en Allemagne, la ramena à Paris, puis en Espagne. Il fut peu de temps à Bayonne majordome-major de la reine douairière d'Espagne, sœur de la mère de l'empereur et de l'électeur palatin; mais voyant que son crédit à Vienne ne lui servoit de rien, il la quitta et s'en alla à Madrid où sa femme fut dame du palais de la reine et fort bien avec elle. Je les trouvai ainsi à Madrid où je les vis fort et en reçus toutes sortes de prévenances et de civilités. Elle avoit enfin apprivoisé la jalousie et l'avarice de son mari, qui d'ailleurs étoit un homme d'esprit, fort instruit et de bonne compagnie, avec des manières naturellement fort nobles et fort polies. Les étrangers s'assembloient chez eux, et des Espagnols quelquefois aussi; on y jouoit quand on vouloit, et ils ne laissoient pas de donner assez souvent à manger. Depuis mon départ, le duc de Saint-Pierre fut gouverneur de don Carlos, et enfin chevalier du Saint-Esprit. Il avoit de la valeur, avoit peu de temps commandé une armée, et étoit capitaine général de Charles II. Il mourut à Madrid, fort vieux, en 1727. C'étoit un grand homme blond, maigre, bien fait, de bonne mine, et qui sentoit fort son grand seigneur. Sa veuve demeura longtemps à Madrid, où, ennuyée enfin de la vie peu gaie et peu libre qu'on y mène, elle obtint permission de venir faire un tour en France. Elle y a conservé tant qu'elle a pu sa place et ses appointements de dame du palais de la reine d'Espagne qu'elle amusoit de ses lettres, et le cardinal Fleury des réponses qu'elle en recevoit. Ce manége ne lui valut pas la moindre chose en France, et lassa la reine d'Espagne, qui la rappeloit inutilement, et qui lui ôta enfin sa place et ses appointements, tellement qu'elle est demeurée pour toujours à Paris avec beaucoup de goutte, très-peu de bien, et moins encore de considération, quoique bien dans sa famille. Elle n'a point eu d'enfants du duc de Saint-Pierre.

Popoli, *Cantelmi.* Une des meilleures maisons du royaume de Naples. Lors de l'avénement de Philippe V à la couronne d'Espagne, le cardinal Cantelmi étoit archevêque de Naples, et son frère le duc de Popoli grand maître de l'artillerie de Naples, de la conduite desquels le roi, et le roi son petit-fils, furent extrêmement contents. Ce duc de Popoli avoit succédé à ce duché de son frère aîné et à presque tous ses biens fort considérables dans le royaume de Naples, par son mariage avec la fille de son frère aîné, qui n'en avoit que deux, et point de garçons. Ce dernier duc de Popoli étoit un grand homme brun, bien fourni, avec un beau visage mâle, qui sentoit son grand seigneur, et un général d'armée avec toutes les manières, grandes, avantageuses, polies. Il ne se pouvoit rien ajouter à son extérieur. Il avoit beaucoup d'esprit et de conduite, encore plus de manége et d'intrigue, beau parleur, et disant ou taisant ou accommodant tout ce qu'il vouloit à ses vues, avec beaucoup d'insinuation et de grâces, haut par nature, bas à l'excès quand il croyoit en avoir besoin, ambitieux, avare à l'excès, encore plus poltron, faux, double, extrêmement dangereux, et ne se souciant que de son argent et de sa fortune à laquelle il sacrifia toutes choses.

Il passa à Paris allant en Espagne. Le roi, qui cherchoit à attacher au roi son petit-fils les grandes maisons et les grands seigneurs de ses nouveaux royaumes, et fort content de tout ce que ces deux frères avoient fait à Naples, le reçut avec distinction ; lui en habile homme tira sur le temps, fit valoir ce que pouvoit à Naples le cardinal son frère qui en étoit archevêque, leur grande parenté, leurs amis, et demanda l'ordre que le roi lui promit, et dont il lui envoya les marques longtemps même avant qu'il y eût reçu le collier du roi d'Espagne, qui lui donna aussi celui de la Toison. Les révolutions qu'on a vues en leur lieu ayant mis toute l'Espagne en armes, le duc de Popoli servit et eut des commandements, qui avec la considération de sa personne, et à l'aide de ses intrigues et de ses propos avantageux, le portèrent promptement au dernier grade militaire d'Espagne, qui est capitaine général, dont il s'acquitta fort mal à la tête de l'armée de Catalogne, qu'il remit au duc de Berwick, et s'en retourna à Madrid comme on alloit commencer le siége de Barcelone. Lorsque Philippe V se donna des compagnies des gardes du corps sur le modèle inconnu jusqu'alors en Espagne de celles du roi son grand-père, le duc de Popoli, déjà grand maître de l'artillerie, obtint la compagnie des gardes du corps italienne, et la querelle du *banquillo*[1] étant survenue, qu'on a vue en son lieu, le roi d'Espagne fit grands d'Espagne ceux des capitaines de ses gardes du corps qui ne l'étoient pas, entre autres le duc de Popoli. Enfin il devint gouverneur du prince des Asturies, puis son majordome-major à son mariage.

Je le trouvai dans cet éclat en Espagne, et toutefois le seigneur de la cour le plus parfaitement décrié. Sa femme, à qui il devoit tous ses grands biens, et qu'on disoit fort aimable de figure et de manières, avoit été faite dame du palais de la reine qui l'aimoit fort, et sa réputation sur la

---

1. Voy. sur cette querelle t. III, p. 287.

vertu étoit entière. Elle mourut un peu étrangement, et il passoit publiquement pour l'avoir empoisonnée par jalousie, jusque-là que la reine le lui a souvent reproché. Il en avoit un fils unique qui portoit le nom de prince de Peltorano, bon garçon, point du tout méchant, et ayant même de la valeur; mais étourdi, fou, débauché à l'excès. Son père, en ne lui donnant rien ou fort peu par avarice, l'avoit rendu escroc, et il le fut et grand dissipateur toute sa vie. Le duc de Popoli voyant ses instructions, exhortations, répréhensions, punitions inutiles, imagina un moyen de le contenir. Il étoit compatriote et ami intime du vieux duc de Giovenazzo, père de Cellamare; il lui demanda en grâce de tenir son fils à son côté, de le mener avec lui faire ses visites, et de le veiller et tenir de près comme il auroit pu faire lui-même. Il crut que, quel que fût son fils, le respect et la présence de ce vieillard le retiendroit, lequel pour son esprit, ses talents, les places qu'il avoit remplies étoit dans une grande considération et respecté de tout le monde. Ce bonhomme eut assez d'amitié pour le duc de Popoli pour lui accorder sa demande, en sorte que le jeune Peltorano étoit chez lui et avec lui du matin au soir, et l'accompagnoit partout où il alloit, et qu'il n'avoit pas un instant de libre. Voici de quoi il s'avisa :

Il sut par hasard qu'un seigneur, dont j'ai oublié le nom, ne seroit pas sûrement chez lui, et il proposa au duc de Giovenazzo de l'aller voir, parce qu'il le visitoit quelquefois, et qu'il y avoit du temps qu'il n'y avoit été. Le bonhomme le loua de cette attention et de son désir d'aller voir un homme auprès duquel il y avoit toujours à apprendre, et il lui dit qu'il l'y mèneroit l'après-dînée. Peltorano, sûr de son fait, prit ses précautions. Les maisons de Madrid, même les plus belles, n'ont point de cours, au moins y sont-elles fort rares. Les carrosses arrêtent dans la rue où on met pied à terre; on entre par la porte qui est comme nos portes cochères dans un lieu large et long, qui ne reçoit de jour que par la porte, et qui a des recoins très-obscurs, et l'escalier est au fond par lequel on monte dans les appartements. Arrêtés à la porte de ce seigneur, on leur vint dire qu'il n'y étoit pas; tout aussitôt Peltorano pria le vieux duc de lui permettre de descendre un moment pour un besoin dont il étoit fort pressé, saute à bas et entre dans ce porche couvert; le temps qu'il y fut parut un peu long au bonhomme, et il étoit prêt d'envoyer voir s'il ne se trouvoit point mal, lorsque Peltorano revint et monta en carrosse tranquillement avec beaucoup d'excuses. Comme le carrosse partoit et se mettoit au pas, comme on va dans Madrid, une courtisane sort du porche, se jette au carrosse, se prend par les mains à la portière, crie et injurie Peltorano qu'il l'escroque, qu'il lui a donné ce rendez-vous, qu'il lui a promis quatre pistoles, et qu'il s'en va sans la payer. Le vieux duc tout effaré la veut chasser; elle crie plus fort, qu'elle sera payée, qu'elle ne quittera point prise qu'elle ne le soit, et qu'elle criera à tout le peuple qu'ils la veulent affronter; elle fit tant de bruit, et avec une telle résolution, que le bonhomme, comblé de honte, de colère et d'indignation, tira quatre pistoles de sa poche qu'il lui donna pour se délivrer d'elle, tandis que le Peltorano, qui n'avoit pas un sou sur lui, s'étoit tapis dans le coin du carrosse, et rioit sous cape du désarroi du bon vieillard, par qui il s'étoit fait mener à son rendez-vous, et à qui encore il le faisoit payer. Le duc de Giovenazzo, délivré pour son argent de cette effrontée, s'en alla droit chez le duc de Popoli, à qui il conta son aventure, lui remit son fils pour ne plus s'en jamais mêler, et lui déclara qu'il ne s'exposeroit pas à un second affront. Le Peltorano fut bien pouillé et chapitré, ne fit qu'en secouer les oreilles, et n'en devint pas plus sage; il ne fit qu'en rire et conter son joli exploit.

C'est ce garnement-là qui épousa la fille du maréchal de Boufflers, comme on l'a vu en son lieu, et que je trouvai à Madrid dame du palais de la reine, et fort bien avec elle, et avec tout le monde sur un pied d'estime et de considération.

Son beau-père en avoit beaucoup pour elle, et son mari aussi, qui la laissoit vivre à la françoise, voir qui elle vouloit, et donner presque tous les jours à souper, où mes enfants et ceux qui étoient venus avec moi soupoient souvent, et passoient leurs soirées jusque fort tard, avec fort bonne compagnie d'étrangers dont le mari profitoit aussi, et ils y jouoient quelquefois. Le duc de Popoli, qui ne logeoit pas avec eux, mais au palais, le savoit bien, et le trouvoit bon, la reine aussi, quoique là-dessus assez difficile; mais ils connoissoient le mari qui avoit fait plus d'une fois d'étranges présents à sa femme, et ils lui vouloient adoucir les malheurs d'avoir un tel mari. A la fin depuis mon départ ses maux mal guéris et repris augmentèrent; elle se tourna entièrement à la dévotion jusque-là qu'elle voulut quitter sa place et se retirer dans un couvent. La reine qui l'aimoit et la plaignoit la retint tant qu'elle put; mais enfin, vaincue par ses prières, elle y consentit, mais à condition qu'elle iroit dans les *descalceales reales*[1], dans un appartement qu'elle lui feroit accommoder, qu'elle viendroit voir la reine, et que la reine l'iroit voir par la communication du palais à ce couvent, qu'elle garderoit toujours sa place sans en faire de fonctions pour les reprendre quand il lui plairoit, et ajouta une pension aux appointements de sa place. Elle fut généralement regrettée de tout le monde. Sa retraite ne fut que de deux ou trois ans qu'elle y passa dans la plus grande piété et beaucoup de souffrances, au bout desquels elle y mourut, tandis que son mari, devenu très-riche par la mort de son père, dissipoit les trésors qu'il avoit amassés. Il eut dans la suite des aventures fâcheuses qui le firent enfermer, et longtemps, plus d'une fois en Espagne et en Italie.

---

1. Abbaye de fondation royale de religieuses déchaussées. Saint-Simon a écrit *descalceales* pour indiquer des *religieuses déchaussées*; mais ce mot ne se trouve pas dans les lexiques espagnols. Les précédents éditeurs l'ont changé en *descalcez*, qui veut dire *nudité des pieds*, et, par extension, ordre de moines déchaussés. La véritable expression pour indiquer des religieuses déchaussées serait *descalzas*.

A l'égard du père, dès qu'on l'avoit vu deux ou trois fois, on s'apercevoit aisément de presque tout ce qu'il étoit avec ses compliments outrés. Malgré sa figure imposante, on sentoit le faux de loin, et l'affronteur en tous ses propos, à tel point que je n'ai jamais compris comment il a pu parvenir à une si grande fortune. Ses grands emplois de capitaine des gardes du corps, et de gouverneur du prince des Asturies, et son talent d'intrigue et de cabale le faisoient compter, mais au fond tout le monde s'en défioit et le méprisoit.

J'ai déjà dit qu'il fut le seul seigneur dont je ne reçus aucune civilité, si on excepte les compliments à perte de vue dont il m'accabloit quand je le rencontrois, ce qui n'arrivoit qu'au palais, et encore rarement ; aussi ne m'en contraignis-je pas en propos, et en ne lui rendant aucune sorte de devoir. Il se fit écrire une seule fois et fort tard à ma porte ; j'avois été chez lui en allant la seconde fois chez le prince des Asturies. En partant pour mon retour, je ne manquai à aucune visite moi-même, quelque nombreuses qu'elles fussent, excepté la sienne, et je pris mon temps de m'envoyer faire écrire chez lui que j'étois au Mail à faire ma cour à Leurs Majestés Catholiques, et qu'il ne pouvoit l'ignorer. Pendant cette promenade où la reine, toujours à côté du roi, faisoit toujours la conversation avec le peu de gens considérables qui l'accompagnoient, et une conversation fort agréable et familière, je pris la liberté de lui demander où elle me croyoit alors ; elle se mit à rire et me dit : « Mais ici où je vous vois. — Point du tout, madame, repris-je, je suis actuellement chez le duc de Popoli, où je prends congé de lui ; » et de là en plaisanteries, car elle ne l'aimoit point tout Italien qu'il fût.

Il ne la fit pas longue après mon départ. Il mourut dans le mois de janvier suivant, regretté de personne. On lui trouva un argent immense que son avarice avoit accumulé. Le duc de Bejar fut majordome-major du prince des Asturies en sa place.

3 SESSE, c'est SESSA, *Folch-Cardonne*. Ce duché dans le royaume de Naples fut donné par Ferdinand le Catholique au grand capitaine Gonzalve de Cordoue, qui n'eut point de mâles, et dont la fille héritière porta ce duché en mariage à Fernandez de Cordoue, comte de Cobra, de sa même maison. Elle en eut un fils que Philippe II fit en 1566 duc de Baëna, qui est un lieu à huit lieues de Cordoue, et qui par sa mère fut aussi duc de Sesse. Il ne laissa que deux filles : Françoise, l'aînée, veuve sans enfants d'Alphonse de Zuniga, marquis de Gibraleon, fit cession de ses duchés à Antoine Folch de Cardonne, descendu du premier comte de Cardonne, second duc de Somme au royaume de Naples, fils du premier duc de Somme, et de Béatrix, sœur cadette de Françoise. C'étoit un seigneur dont Philippe II estimoit fort l'esprit et le sens. C'est de lui que descend de mâle en mâle le duc de Sesse, que j'ai fort vu en Espagne, qui ne ressembloit guère à celui dont on vient de parler. Celui-ci étoit un grand garçon, fort bien fait, ayant la tête plus que verte, aimant fort le vin, chose fort rare dans un Espagnol, et d'ailleurs étourdi et débauché à merveilles, par conséquent méprisé, quoique assez dans le monde, mais fort rarement au palais. Il n'étoit point marié.

SAINT-SIMON, *idem*, et mon second fils conjointement avec moi pour en jouir tous les deux ensemble et en même temps.

SOLFERINO, *Gonzague*, cadet d'une branche de Castiglione. Son père, fort pauvre déjà, l'étoit devenu tout à fait par les guerres d'Italie, de sorte qu'il envoya ce fils en France avec un petit collet, dans l'espérance qu'il y attraperoit quelque bénéfice pour vivre. Il étoit noir, vilain, crasseux, et paroissoit un pauvre boursier de collége. Personne ne le recueillit, personne même ne lui parloit dans les appartements de Versailles; il n'entroit que dans les maisons ouvertes, où on ne lui disoit mot, et encore n'alloit-il que dans fort peu. Il importuna tellement le roi de sa présence qu'il revint une fois de Trianon, où tout le monde pouvoit aller lui faire sa cour, quelques jours plus tôt que ce qu'il avoit fixé, et ne put s'empêcher de dire, tout mesuré qu'il étoit toujours, qu'il n'avoit pu tenir davantage à voir à tous les coins d'allées, et à toutes les portes de son passage, ce petit abbé de Castillon et Fornare, dont on a parlé ailleurs. A Paris, cet abbé n'étoit pas mieux venu. Sa ressource étoit chez le duc d'Albe, ambassadeur d'Espagne. Il y fit si bien sa cour à la duchesse d'Albe qu'après la mort de son mari, elle le remena avec elle en Espagne, où tant fut procédé qu'elle l'épousa, et pour ne pas déchoir, le roi d'Espagne eut pour elle la considération de le faire grand d'Espagne, et peu après lui accorda une clef de gentilhomme de sa chambre, mais sans exercice, comme ils étoient tous. Il perdit sa femme comme j'arrivois à Madrid. La douleur lui persuada de se faire capucin, et quand je l'allai voir, je trouvai sa chambre sans tapisserie ni meubles, avec un châlit sans ciel ni rideaux, et trois ou quatre méchants siéges de paille, avec un capucin avec lui. Cette grande douleur ne fut pas longue. Il épousa avant mon départ une Caraccioli, fille du prince de Santo-Buono, qui étoit peut-être la seule belle personne qui fût dans Madrid. L'esprit lui étoit venu avec le pain assuré, et il étoit fort dans le grand monde, estimé et bien reçu partout, et bien mieux peigné qu'il ne l'étoit à Paris.

Tursis, *Doria*, Génois, et à Gênes, de l'une des quatre grandes maisons de Gênes, où ces ducs de Tursis se sont fait compter depuis longtemps par une escadre de galères qu'ils ont depuis longtemps à eux, et dont ils ont souvent fort bien servi les rois d'Espagne.

Veragua, *Portugal y Colomb*. On a parlé et tâché d'expliquer (t. III, p. 88 et suiv.), les branches royales de Portugal[1], Oropesa, Lemos, Veragua, Cadaval, etc.; ainsi je n'en ferai

---

1. Le passage, auquel renvoie Saint-Simon avait été supprimé par les anciens éditeurs.

point de redites ; j'ai assez touché le personnel de ce duc de Veragua, depuis, pour n'avoir que peu à ajouter. On se souviendra seulement que c'est de lui que j'ai reçu le plus de bonnes instructions sur les grandesses, les maisons, et les personnages d'Espagne; qu'il étoit frère de la duchesse de Liria, et qu'elle a hérité de ses grands biens, parce qu'il étoit veuf sans enfants d'une sœur du duc de Sesse, et qu'il ne se remaria point.

Ce duché et grandesse fut institué et donné en 1537, par Charles-Quint, à Diego Colomb, second grand amiral des mers, et vice-roi des Indes ou des terres découvertes par son père, le fameux Christophe Colomb, qui étoit de Ligurie, et qui avoit été le premier vice-roi et grand amiral des Indes. Philippe II, en 1556, échangea Veragua contre la Vega, dans l'île de la Jamaïque, avec Louis Colomb, fils aîné de Diego, et revêtit La Vega des mêmes titres et honneurs accordés à Veragua par l'empereur son père, nonobstant quoi Louis Colomb, ainsi que ses successeurs, ont toujours pris les titres de ducs de Veragua et La Vega, et de seigneurs de la Jamaïque, ce dernier on ne sait sur quoi fondé. Louis Colomb ne laissa que deux filles. L'aînée se fit religieuse, l'autre porta tous ses biens et ses titres en mariage à son cousin germain, fils du frère cadet de son père, et n'eut point d'enfants. Les deux sœurs de Louis Colomb, disputèrent ce grand héritage, Marie et Isabelle, qui fut enfin adjugé au petit-fils d'Isabelle Nuñez de Portugal y Colomb, qui fut ainsi quatrième duc de Veragua et père d'Alvare, cinquième duc de Veragua, et celui-ci père de Pierre-Emmanuel, sixième duc de Veragua, qui eut la Toison, et fut vice-roi de Galice, de Valence et de Sicile, et enfin conseiller d'État, tout cela avec beaucoup d'esprit et de talents, grande avarice, foi très-douteuse entre la maison d'Autriche et le nouveau roi d'Espagne, Philippe V, en tout un homme habile, adroit, dangereux, et de fort mauvaise réputation.

C'est le père du duc de Veragua que j'ai vu en Espagne,

et qui, avant la mort de son père, portoit le nom de marquis de la Jamaïque, et étoit venu en France sous ce nom, avec la chimère de rattraper sur les Anglois l'île de la Jamaïque, dont il se prétendoit dépouillé par eux. Longtemps après mon retour, il revint en France pour la même chimère, qu'il poursuivit près de deux ans fort inutilement, quoi que le duc de Berwick et moi lui pussions dire, et dépensa cependant fort gros avec une fameuse chanteuse de l'Opéra. A la fin il tomba malade assez considérablement ; la peur du diable le prit, il eut peine néanmoins à se séparer de cette fille, à qui il donna fort gros. Les vapeurs et les scrupules l'enfermèrent à ne vouloir voir personne. Il fit de grandes aumônes, et s'écrioit souvent qu'il se repentoit bien d'avoir fâché Dieu : c'étoit son expression. Enfin il s'en retourna dans cet état en Espagne à fort petites journées ; il y vécut deux ans toujours enfermé dans les mêmes vapeurs, ne voyant presque que sa sœur la duchesse de Liria, qu'il laissa enfin par sa mort une des plus puissantes héritières qu'il y eût en Espagne. Il avoit été à la tête des finances et du conseil des Indes avec capacité et probité. La jalousie d'Albéroni l'avoit tenu deux ans prisonnier dans le château de Malaga, où il s'étoit si bien accoutumé qu'il n'en vouloit point sortir. C'étoit un homme de beaucoup d'esprit et de connoissances, d'une paresse de corps incroyable qui diminuoit son ambition, un peu avare, fort doux et bon, sale et malpropre à l'excès, ce qu'on lui reprochoit sans nul ménagement, de fort bonne, agréable et instructive compagnie, et charmant dans la société, quand il faisoit tant que de s'y prêter. Il étoit aimé et fort mêlé avec le meilleur monde, souvent malgré lui et sa paresse, jusqu'à ce que ses vapeurs en eurent fait un reclus. En lui finit cette branche de Portugal.

VILLARS, *idem*. Le maréchal de Villars, sans avoir jamais servi le roi d'Espagne, ni eu aucun rapport avez lui, fut fait grand d'Espagne au commencement de la régence, au grand étonnement de tout le monde, et sans qu'on ait jamais su pourquoi. Il le dut, je crois, à ses vanteries et à ses rodomontades dont la cour d'Espagne fut la dupe, et crut faire par là une acquisition importante qui ne lui servit jamais à rien. On a vu ailleurs ses étranges frayeurs à la découverte de la conspiration de Cellamare et du duc du Maine, dont il fut très-réellement sur le point de mourir. Il ne tint pas à lui d'être fait par l'empereur prince de l'Empire. Richesses et grandeurs tout lui fut bon.

Uzeda, *Acuña Pacheco Tellez-Giron.* Cette terre qui est en Castille, fut érigée en duché par Philippe III pour Christophe de Sandoval y Roxas, fils aîné du duc de Lerme, son premier ministre, depuis cardinal. Christophe fut marié, mourut avant son père en 1624, laissa un fils de la fille du huitième amirante de Castille, et ce fils, qui fut second duc d'Uzeda, mourut en Flandre en 1635, et ne laissa que deux filles. L'aînée porta le duché de Lerme et beaucoup d'autres biens en mariage à Louis Ramon Folch, sixième duc de Cardonne et de Segorbe; et la cadette, j'ignore par quelle exception, porta le duché d'Uzeda en mariage, en 1645, à Gaspard d'Acuña Tellez-Giron, cinquième duc d'Ossone, dont elle n'eut que des filles, desquelles l'aînée porta le duché d'Uzeda en mariage, en 1677, à J. Fr. d'Acuña Pacheco Tellez-Giron, troisième comte de Montalvan, qui descendoit de mâle en mâle du fils aîné du premier duc d'Escalone, marquis de Villena, et de l'héritière de Tellez-Giron, par son troisième fils Alphonse, dont ce troisième comte de Montalvan fut la septième génération masculine, et par son mariage troisième duc d'Uzeda. C'est lui qui se trouva ambassadeur d'Espagne à Rome, à la mort de Charles II et à l'avénement de Philippe V à la couronne d'Espagne. On a vu en son lieu qu'il s'y conduisit si bien d'abord qu'il fut compris dans les cinq premiers chevaliers du Saint-Esprit espagnols que le roi fit à la prière du roi son petit-fils, mais que, voyant les affaires mal bâter en Italie, il quitta à Rome le caractère d'ambassadeur de Philippe V, renvoya le collier du Saint-Esprit au feu roi, chose jamais arrivée jusqu'alors, prit la Toison que l'archiduc lui envoya, erra longtemps en Italie sans nulle considération dans le parti qu'il avoit embrassé, se retira enfin à Vienne où il vécut longtemps fort pauvre et fort méprisé, y mourut dans cet état, et y laissa ses enfants.

PRINCES DE

Bisignano, *Saint-Séverin* à Naples, dont à tous égards c'est une des premières et plus grandes maisons, qui y a dans tous les temps puissamment figuré, et qui prétend avec fondement tenir le fief de Saint-Séverin de Robert Guiscard, en récompense des services rendus à ce conquérant. Louis de Saint-Séverin, septième comte de Saponara, et sixième prince de Bisignano, né en 1588, fut fait grand d'Espagne, dont sa postérité masculine jouit encore aujourd'hui.

Santo-Buono, *Carraccioli*. On peut à peu près dire de cette maison napolitaine ce qui a été dit de la précédente. Celle-ci prétend tirer son origine de Grèce, et avoir grandement figuré sous les empereurs de Constantinople grecs. Elle est divisée en deux par les armes : les Carraccioli rouges qui portent d'or à trois bandes de gueules au chef d'azur, et les Carraccioli au lion qui portent d'or au lion d'azur. Si ces deux divisions ont la même origine, laquelle en ce cas est sortie de l'autre, c'est ce que je laisserai à expliquer. Ces différents points ont tous leurs conjectures. L'opinion la plus reçue est que c'est la même maison, puisque de toute ancienneté ces deux divisions ont porté jusqu'à présent le même nom de Carraccioli, et qu'il n'est pas rare que les branches anciennes de la même maison, en conservant le même nom, aient pris des armes différentes. Celle de Joyeuse en France, c'est-à-dire Châteaurandon, qui est son vrai nom, en fournit un exemple qui est encore sous nos yeux. Quoi qu'il en soit, le prince de Santo-Buono que j'ai vu en Espagne, homme d'esprit, et qui savoit beaucoup, avouoit, après s'être fort appliqué aux recherches de sa maison, que les Carraccioli au lion, dont il étoit, étoient cadets des Carraccioli rouges, mais masculinement et de la même maison. Ces deux divisions se sont étendues en une infinité de branches presque toutes illustres par les emplois, les titres, les alliances et les grandes possessions.

Matthieu Carraccioli, quatrième prince de Santo-Buono, et second duc de Castelsangro, mort en 1694, et marquis de Buchiniaco, et comte de Nicastro, fut fait grand d'Espagne. Il étoit père de celui que j'ai vu en Espagne, qui avoit été ambassadeur à Venise, et vice-roi du Pérou. C'étoit un fort honnête homme, très-considéré, d'une conversation charmante et instructive, et que j'ai beaucoup vu. Il étoit allé fort goutteux au Pérou. Il y trouva une herbe qui, prise comme du thé, guérissoit de la goutte, sans aucun des inconvénients des remèdes de l'Europe qui, en guérissant la goutte en apparence, ne font que déranger le cours ordinaire de cette humeur qui se porte sur les parties intérieures, et tue, peu de temps après l'apparente guérison des membres. Le prince de Santo-Buono eut la curiosité de faire un voyage de plus de cinquante lieues du côté des montagnes pour voir cette herbe en son pays natal. Il la vit, il en usa, il se diminua beaucoup la goutte; mais comme il y étoit sujet dès sa jeunesse, et qu'il en étoit déjà estropié, il ne put que diminuer et rendre rares ses attaques de goutte, et demeura estropié à peu près comme il l'étoit avant que d'en avoir pris. Je lui reprochai de n'en avoir point apporté avec lui pour en faire des épreuves, et voir quel soulagement en tireroient les goutteux ainsi séchée et après un si long voyage. La difficulté qu'avoit le prince de Santo-Buono à marcher et à se tenir debout, jointe à la considération de sa personne, lui avoit procuré la distinction d'aller en chaise à porteur, quoiqu'il n'eût pas la qualité de conseiller d'État, et qu'au palais on lui apportoit un tabouret en attendant que le roi parût. Il avoit des enfants fort honnêtes gens, d'une Ruffo, fille du quatrième duc de Bagnara au royaume de Naples, où je les crois retournés depuis la mort de leur père, arrivée peu après mon retour. Les étrangers s'accoutument difficilement à l'Espagne. Il faut de grands liens pour les y fixer.

BUTERA, *Branciforte*, à Naples.

CARIATI, *Spinelli*, à Naples.

CHALAIS, *Talleyrand*, à Paris, François. La princesse des Ursins avoit épousé en premières noces l'oncle paternel aîné de ce nouveau prince de Chalais, qui fut de ce fameux duel des La Frette, dont il a été parlé ailleurs, et qui fut obligé de sortir promptement du royaume. Il mourut à Venise, allant trouver sa femme à Rome, qui y resta et qui y épousa le duc de Bracciano, aîné de la maison des Ursins, dont l'histoire a été racontée ici. Devenue arbitre de tout en Espagne et ayant fort aimé son premier mari, et par conséquent voulant élever ce qui lui étoit proche, elle fit venir en Espagne ce neveu de son premier mari, dont on a vu en son lieu les voyages et les manœuvres, et enfin le fit faire grand d'Espagne sans la permission du roi, qui déclara qu'il pouvoit demeurer en Espagne et qu'il ne lui permettroit jamais de jouir en France du rang ni des honneurs de grand d'Espagne. La chute de Mme des Ursins lui fit perdre le peu de considération qu'il s'étoit acquise.

Je le vis beaucoup en Espagne, et le désir qu'il avoit de venir jouir de sa grandesse dans sa patrie, et la part qu'il savoit que j'avois dans l'amitié et la confiance de M. le duc d'Orléans, et qui avoit tant de puissantes raisons de ne lui être pas favorable, l'engagea à ce que je n'oserois dire, me faire beaucoup sa cour. Il n'en avoit pas besoin. L'inconcevable et toujours infructueuse débonnaireté de M. le duc d'Orléans fit, sans ma participation, tout ce qu'il put désirer dès qu'il sut ce qu'il désiroit. Il fit, après mon retour, plusieurs voyages en France où il vouloit se stabilier[1].

Il étoit pauvre et seulement exempt des gardes du corps en Espagne, dont il tiroit peu, et ne le vouloit pas perdre, et n'avoit jamais servi en France et fort peu en Espagne. A la fin, lassé de passer si souvent et si peu utilement les Pyrénées, il prit congé de l'Espagne pour toujours, et il épousa la sœur du duc de Mortemart, veuve de Cani, fils unique de Chamillart, et dont elle étoit ennuyée de porter le nom, quoiqu'elle en eût des enfants, qu'elle et lui traitèrent toujours avec tendresse. Ayant ce tabouret, elle devint dame du palais de la reine. Chalais pourchassa longtemps l'ordre du Saint-Esprit sans avoir pu l'attraper. A l'ivresse de la cour, dans tous les deux, succéda le dégoût; elle donna sa place à sa fille qu'ils avoient mariée à son cousin germain, neveu de Chalais, et [ils] se sont presque tout à fait retirés de la cour et du grand monde.

CHIMAY, *Hennin Liétard*, de Flandre. Lui et son troisième frère se distinguèrent fort à la guerre et devinrent de bonne heure lieutenants généraux au service de Philippe V. L'électeur de Bavière, étant gouverneur général des Pays-Bas sous Charles II, l'avoit pris en amitié tout jeune, et tout jeune lui procura de ce roi l'ordre de la Toison d'or, dont il reçut le collier des mains de l'électeur. Après l'avénement de Philippe V à la couronne d'Espagne, et tandis que la princesse des Ursins la gouvernoit, il passa avec son troisième frère en Espagne, où ils continuèrent à servir, tandis que le second frère, archevêque de Malines, suivit la révolution des Pays-Bas soumis par l'empereur, malgré lequel ensuite, comme on l'a vu en son lieu, il se fit tout dévotement cardinal. Le prince de Chimay fit si bien sa cour à la princesse des Ursins qu'elle [le] fit faire grand d'Espagne. Il devint mon gendre : j'en parlerai ailleurs.

1. S'établir.

Castiglione, *Aquino*, à Naples, que nous prononçons Aquin, maison qui tire son origine de ces seigneurs lombards qui, à la chute de leur royaume, se répandirent dans ce qui a fait depuis le royaume de Naples et s'y emparèrent de plusieurs villes, en sorte que, dès l'an 1073, Artenulphe étoit comte d'Aquin et duc de Gaëte, dont la postérité masculine a possédé Aquin jusqu'à aujourd'hui, et par ses grandes possessions, ses grands emplois, ses grandes alliances, passe avec raison pour une des premières maisons d'Italie, et a donné saint Thomas d'Aquin à l'Église. Thomas, prince de Castiglione, de Fercoletto et de San-Mango, duc de Néocastre, comte de Martorano, dernier cadet de la maison d'Aquin, et gendre, en 1686, d'Alexandre Pic, duc de La Mirandole et de Concordia, fut fait grand d'Espagne par Charles II, et a eu postérité masculine. Charles II fit grand d'Espagne, 1699, Thomas d'Aquin, sixième prince de Castiglione.

Colonne, *idem*, à Rome, où cette grande et puissante maison figure si hautement depuis près de sept cents ans, et dans toute l'Italie, par ses diverses branches, ses grandes possessions, ses grands emplois, ses illustres alliances sans nombre, plusieurs papes, une foule de cardinaux et beaucoup de grands hommes et qui ont eu le plus de part aux guerres et aux grands mouvements de l'Italie. Fabrice Colonne, duc de Paliano et de Taliacolto, mort en 1520, fut le premier de sa maison connétable du royaumne de Naples, charge qui, jusqu'à aujourd'hui, est demeurée héréditaire à sa postérité masculine. Laurent Onuphre fut le septième, eut la Toison d'or et fut fait grand d'Espagne. Il mourut en 1641.

Doria, *idem*, à Gênes, de l'une des quatre premières maisons de cette république.

Ligne, *idem*, en Flandre, dont la mère étoit Lorraine Chaligny, nièce de la reine Louise, épouse du roi Henri III, et petit-fils du premier prince de Ligne, créé 1601 par l'empereur Rodolphe III[1]. Il eut la Toison d'or, ainsi que son père, son grand-père, son bisaïeul, et son frère aîné, mort, en 1641, sans enfants. Il fut général de la cavalerie aux Pays-Bas, ambassadeur d'Espagne en Angleterre, vice-roi de Sicile, gouverneur général du Milanois, grand d'Espagne 1650, conseiller d'État, mort à Madrid en décembre 1679; il épousa une Nassau-Dilembourg-Siégen, veuve de son frère aîné, avec dispense. Cette grandesse est demeurée en sa postérité masculine, qui a servi Philippe V, et qui est retournée au service de l'empereur, lorsque les Pays-Bas espagnols sont retournés sous sa domination.

MASSERANO, FERRERO, originaires du diocèse de Verceil, avec la chimère de descendre de la grande et illustre maison Acciaïoli; mais la vérité est qu'on ne les connoît guère avant l'an 1500 qu'ils eurent un cardinal, un évêque de Verceil en 1506, et un autre cardinal en 1517; ils en ont eu depuis trois autres et plusieurs évêques et abbés dans les États des ducs de Savoie. Le neveu du premier de ces cardinaux fut marquis de Masseran, situé dans le Piémont. Sa mère étoit Fiesque; dont ils ont depuis mis les armes sur le tout des leurs qui sont d'Acciaïoli, sans aucune preuve d'en être, au premier et quatrième; au second et au troisième de l'Empire, par quelque concession; ainsi, à proprement parler, ils n'ont point d'armes à eux. Dans la suite, ils se sont trouvés si honorés de l'alliance de Fiesque qu'ils en ont ajouté le nom au leur. Ce premier marquis de Masseran épousa une Sforze Santa-Fiore, puis une Raconis, des bâtards de Savoie. Son fils épousa une bâtarde du duc Charles-Emmanuel de Savoie, de laquelle vinrent ses enfants, puis une Grillec-Saint-Trivier du même nom qu'étoit Brissac si longtemps major des gardes du corps de Louis XIV. Ce second marquis de Masseran fut fait prince de l'Empire et de Masseran

---

1. Il y a dans le manuscrit Rodolphe III; mais il faut lire Rodolphe II, empereur qui régna de 1576 à 1612.

par la protection du même duc de Savoie dont il avoit épousé la bâtarde. Son fils épousa une Simiane Pianezze, dont il eut un fils unique qui épousa, en 1686, une bâtarde du duc Charles-Emmanuel de Savoie; car il y en a eu trois de ce nom.

Le mariage du roi d'Espagne Philippe V avec une fille de Savoie fit espérer à ce troisième prince de Masseran quelque fortune pour son fils en Espagne. Il l'y envoya jeune et fort bien fait. On l'appeloit le marquis de Crèvecœur. Il avoit de l'esprit, de la galanterie, savoit mêler la réserve avec la hardiesse, avoit grande envie de faire fortune et tous les talents de courtisan qui y conduisent. Il s'attacha à faire sa cour à la princesse des Ursins et à la reine; sa faveur pointa et s'augmenta tellement auprès de l'une et de l'autre que le monde en parla. Il n'en fut que mieux avec elles, et il en profita pour ménager habilement les ministres et les plus grands seigneurs. Son père mourut; il prit le nom de prince de Masseran, et la même faveur le fit, tôt après, grand d'Espagne. Il fut un des six seigneurs affidés à la princesse des Ursins, qu'elle laissa seuls approcher du roi d'Espagne après la mort de la reine, et il eut l'adresse et le bonheur que la chute de Mme des Ursins ne lui nuisit point auprès du roi ni même de la nouvelle reine, avec qui je l'ai vu fort familier. Il étoit gendre du prince de Santo-Buono, et il perdit sa femme comme j'arrivois à Madrid, qui étoit belle et dame du palais de la reine, dont il avoit des enfants tout petits. Il en fut fort affligé, et demeura toujours extrêmement uni avec son beau-père. C'étoit un homme extrêmement aimable et un de ceux avec qui j'ai le plus vécu et le plus familièrement. Il étoit fort ami des ducs de Veragua et de Liria, lié avec Grimaldo et avec tout ce qu'il y avoit de grand ou de plus choisi. On disoit pourtant qu'il ne falloit pas trop s'y fier; mais je n'ai ni vu ni rien ouï dire qui pût autoriser ce bruit. En un mot, il étoit aimé, considéré, désiré, reçu avec plaisir partout, même des plus gourmés et des plus vieux seigneurs espagnols. Il avoit de la grâce et de la prudence en tous ses discours et en toutes ses manières, quoique gai et libre et de la meilleure compagnie du monde. Depuis mon retour, il alla faire un voyage en Italie et vint faire un tour en France, où nous fûmes ravis de nous retrouver. Il y fut peu, et dans ce peu, hommes et femmes de la cour le couroient, et tout le monde fut affligé de son départ. A son retour en Espagne il eut les hallebardiers de la garde, qui sont comme nos Cent-Suisses, par la mort du marquis de Montalègre, et longtemps après la compagnie des gardes du corps italienne, qui étoit sa grande ambition, lorsque le duc d'Atri la quitta pour être majordome-major de la reine à la mort du marquis de Santa Cruz, et mourut assez jeune quelques années après dans cette charge. En arrivant en Espagne je le trouvai ayant déjà la Toison d'or et la clef de gentilhomme de la chambre.

Le vieux marquis Ferrero qui avoit l'Annonciade, et qui a été ambassadeur de Savoie auprès de Louis XIV, il y a fort longtemps, étoit d'une branche cadette de cette maison. C'étoit un homme de beaucoup d'esprit, de capacité et de mérite. Sa bisaïeule étoit aussi Fiesque. Ces Ferrero ont eu quelques grandes alliances.

MELPHE, *Doria*, Génois, d'une des quatre grandes et premières maisons de la république, transplanté à Naples.

PALAGONIA, *Gravina*, en Sicile, d'une des plus grandes maisons du pays.

ROBECQUE, *Montmorency*, branche sortie de celle de Fosseux. Le second prince de Robecque quitta le service d'Espagne en 1678 et se mit en celui de France, où il eut un régiment. Il mourut de maladie à Briançon en Dauphiné, en 1691. Il avoit épousé la sœur du comte de Solre, chevalier du Saint-Esprit en 1688 et lieutenant général dont la mère étoit sœur du père du prince d'Isenghien, gendre du maréchal d'Humières. Il laissa deux fils. L'aîné, prince de

Robecque, servit avec réputation jusqu'à être maréchal de camp, puis passa au service de Philippe V, qui le fit lieutenant général, lui donna la Toison d'or et le fit, en 1713, grand d'Espagne. Il étoit extrêmement bien avec la princesse des Ursins, qui cherchoit à s'attacher les seigneurs étrangers. Il épousa à Madrid, en 1714, la fille du comte de Solre, sa cousine germaine, qui fut aussitôt dame du palais de la reine. Il continua à servir et eut le régiment des gardes wallonnes, lorsque Albéroni força le duc d'Havré à le quitter et à se retirer en France; mais le prince de Robecque mourut un mois après, en octobre 1716, sans enfants.

Son frère cadet, qui portoit le nom de comte d'Estaires, servit avec réputation longtemps en France. Il prit le nom de prince de Robecque à la mort de son frère. Il eut la Toison d'or et succéda à sa grandesse, dans le diplôme de laquelle il étoit compris. Il fut lieutenant général, et au retour en France de la fille de feu M. le duc d'Orléans, veuve du roi Louis, il en fut nommé majordome-major par Philippe V. Il épousa tout à la fin de 1722 Catherine du Bellay, morte en 1727, et lui, quelques années après, tout à fait établi en France, et y a laissé un fils marié à une fille du duc de Luxembourg.

SERMONETTA, *Gaetano*, que nous prononçons Cajetan. Cette maison, féconde en titres et en emplois, et toujours en grandes alliances, n'est connue qu'après l'an 1200, par Mathias Cajetan, général des troupes du bâtard Mainfroy, en Sicile, qui prit son nom de la ville de Gaëte, au royaume de Naples, dont on ne voit aucune raison. Son petit-fils fut l'étrange Boniface VIII, qui n'oublia pas l'établissement de sa maison. Ces grands d'Espagne n'y sont jamais venus et sont toujours demeurés à Naples.

SULMONE, *Borghèse*, de Sienne, famille d'avocats et de jurisconsultes. Antoine Borghèse, fatigué des troubles domestiques de sa patrie, se retira à Rome, y fut avocat consistorial[1], et s'y enrichit assez pour acheter à son fils aîné une charge d'auditeur de la chambre fort chèrement, qu'il perdit fort peu après avec ce fils. Clément VIII en eut pitié et donna sa charge à Camille son frère, qui devint cardinal en 1594, à quarante-quatre ans, et pape Paul V, en 1605, à cinquante-trois ans, et mourut, en janvier 1621, à soixante-huit ans. Ce fut un terrible pape, qui éleva sa famille tout d'un coup en terres, en titres, en grandes alliances, en richesses. Il fit le fils de son frère prince de Sulmone, obtint pour lui la grandesse d'Espagne, et lui fit épouser la fille du duc de Bracciano, chef de la maison des Ursins. Celui d'aujourd'hui est le quatrième grand d'Espagne, dont les alliances et les possessions se sont toujours accrues. Ces Borghèse, depuis Paul V, ont toujours demeuré à Rome.

SURMIA, *Odeschalchi.* Innocent XI étoit fils d'un riche banquier de Côme, dans le Milanois, et servit jeune dans les troupes impériales. Il embrassa depuis l'état ecclésiastique, et l'argent de sa famille l'avança dans les prélatures. Il fit sa cour, comme les autres, à la fameuse dona Olympia, belle-sœur d'innocent X, qui pouvoit tout sur le pape et qui le fit cardinal en 1645, et il fut pape en 1676. Avec un génie austère, borné, opiniâtre et un cœur tout autrichien, il s'y abandonna avec une partialité qui le rendit odieux à tout ce qui n'étoit pas vendu à la maison d'Autriche et la dupe de l'usurpation de l'Angleterre par le prince d'Orange, qu'il favorisa d'argent et de tout ce qu'il put, croyant ne favoriser [que] la maison d'Autriche contre la France. S'il ne se servit pas de ses parents dans les affaires, il fit pis de les abandonner au cardinal Cibo. Son neveu Odeschalchi en étoit incapable, dont il fit un des plus puissants champignons de l'Italie en possessions et en dignités, qu'il étoit bien raisonnable que la maison d'Autriche lui

---

1. C'est-à-dire attaché à un des consistoires ou assemblées de cardinaux, qui servaient à la fois de conseils du pape et de tribunaux.

prodiguât; l'empereur le fit prince de l'Empire et traiter d'Altesse par tous ses dépendants à Rome et en Italie, et Charles II le fit grand d'Espagne. Cette grandesse subsiste encore dans je ne sais qui de sa famille, dont pas un n'a été en Espagne.

J'ai oublié OTTAÏANO, *Médicis*, d'une branche cadette et fort séparée de celle des grands ducs de Toscane, et cinq générations avant que celle-ci parvînt à la souveraineté, et c'est la seule qui reste de toute la maison de Médicis. Elle est depuis très-longtemps établie dans le royaume de Naples et a toujours été méprisée par les souverains de Toscane et par tout ce qui est sorti d'eux, les reconnoissant pourtant toujours pour être Médicis comme eux.

Bernard de Médicis, baron d'Ottaïano, dans le royaume de Naples, épousa une bâtarde d'Alexandre, duc de Florence, veuve de Fr. Cantelmi. Il étoit frère d'Alexandre de Médicis, archevêque de Florence, 1574, cardinal, décembre 1583, à quarante-huit ans, pape, Léon XI, en avril 1605, mort le 27 des mêmes mois et année, à soixante et dix ans. Ce même frère de ce pape eut un fils, aussi baron d'Ottaïano qui, d'une Saint-Séverin, eut deux fils qui, l'un après l'autre, furent princes d'Ottaïano, qui épousèrent chacune un Carraccioli. L'aîné n'eut point d'enfants; le cadet eut Joseph de Médicis, troisième prince d'Ottoïano, fait grand d'Espagne en 1700, par Charles II, dont la postérité masculine subsiste à Naples, d'où elle n'est point sortie; princes d'Ottaïano, ducs de Sarno et grands d'Espagne.

MARQUIS DE :

ARIZZA, *Palafox*.

AYETONA, *Moncade*, colonel du régiment des gardes espagnoles. Cette maison est une des plus grandes et des plus illustres d'Espagne, indépendamment de ce qui peut être chimérique. Moncade est la première baronnie de Catalogne, et est depuis plus de quatre cents ans dans cette maison de mâle en mâle. Elle prétend venir d'un Dapifer[1], général de l'armée françoise au secours du pays de Barcelone contre les Sarrasins, vers 733, dont le fils, Arnaud, fut investi par l'empereur Louis le Débonnaire de la terre de Moncade, ce qui a été cause que les successeurs de cet Arnaud, c'est-à-dire sa postérité, ont pris indifféremment le nom de Dapifer ou celui de Moncade. Cette maison a aussi possédé le Béarn et le Bigorre. Guillaume Ramon de Moncade épousa Constance, fille de Pierre II, roi d'Aragon. Il étoit sénéchal de Catalogne et fut le premier seigneur d'Ayétone, qui est, comme on l'a dit, la première baronnie de la Catalogne. Il eut deux fils : Pierre de Moncade, seigneur d'Ayétone et sénéchal de Catalogne, dont est descendue la branche de Moncade et celles qui en sont sorties, demeurées en Espagne, et Ramon de Moncade qui a fait la branche sicilienne des ducs de Montalte, princes de Paterno, etc., dont les ancêtres y ont suivi les Aragonnois et se sont établis à Naples et en Sicile. Ayétone est toujours demeuré dans la branche restée en Espagne masculinement.

Je n'ai pu trouver la date ni le règne en Espagne de l'érection de la grandesse d'Ayétone. Les différentes et les plus apparentes conjectures et leurs combinaisons laissent peu de lieu de douter qu'elle ne soit la première de l'érection de Philippe II, vers 1560, et c'est par cette raison que je l'y ai rangée. Ce qui ne peut être douteux est que les Moncade, premiers seigneurs d'Ayétone et sénéchaux d'Aragon, en étoient ricos-hombres; qu'ils ne passèrent point en grandesse sous Charles-Quint, qui par là les abrogea tacitement, et furent rétablis en grandesse par Philippe II. Celui que j'ai fort vu et pratiqué en Espagne, et qui, avec son frère, le comte de Baños, qui en savoit encore plus que lui, m'a in-

1. Ce nom latin désignait le grand officier, qu'on a appelé depuis sénéchal. Il servait à la table du roi et commandait l'armée en son absence. Dans la suite, les fonctions du sénéchal furent partagées entre le connétable et le grand maître de la maison du roi.

struit de bien des choses, étoit le sixième marquis d'Ayétone, qui avoit une grande réputation de probité, de désintéressement et de valeur la plus distinguée et la plus brillante, et en même temps la plus simple, à laquelle néanmoins on prétendoit que les talents ne répondoient pas assez. Il étoit de tout temps fort attaché à Philippe V, qui l'avoit fait capitaine général de ses armées. C'étoit un homme fort aimable dans la société, avec les manières du monde, simples, nobles et polies, et l'air d'un grand seigneur. Lui et son frère, que nous verrons, parmi les comtes, être grand par sa femme, et veufs tous deux, n'avoient point de garçons, et des biens assez médiocres. Le marquis d'Ayétone, depuis mon départ, maria sa fille unique au marquis de Cogolludo, fils aîné du duc de Medina-Cœli, lequel m'écrivit pour m'en donner part avec beaucoup d'amitié, quoique je ne lui en eusse point donné du mariage de mon fils fait auparavant. Quoique le marquis d'Ayétone portât le nom de Moncade, et non celui de Dapifer, il ne portoit point les armes de Moncade, qui sont de gueule à huit besans d'argent en pal[1], quatre de chaque côté, mais il porte les armes de Bavière seules et en plein. Cette chimère vient du nom de Dapifer, qui signifie le grand sénéchal, et depuis, le grand maître, qui lui a succédé dans l'autorité intérieure du palais, et non dans celle que le grand sénéchal avoit dans le royaume; ces charges héréditaires sont éteintes partout, excepté dans l'Empire, où l'électeur de Bavière la possède, et par elle est électeur. Cette similitude, tout étrangère qu'elle est, aura donné lieu à cette singularité du marquis d'Ayétone; au moins n'en ai-je pu découvrir d'autre raison; et pour la date de sa grandesse, c'est ce que je me gardai bien de lui demander.

Los Balbazès, *Spinola*, Génois, de l'une des quatre gran-

---

[1]. Le *pal*, en terme de blason, était une des pièces honorables de l'écu, qui représentait un pal, ou pieu posé debout, depuis le chef de l'écu jusqu'à la pointe.

des maisons de Gênes. Philippe III érigea cette terre, en 1621, en marquisat et grandesse pour le fameux capitaine Ambroise Spinola fils de Philippe Spinola, marquis de Venafro, et d'une Grimaldi, fille du prince de Salerne. Il avoit épousé une Bassadonna, et mourut en septembre 1630. Il laissa le cardinal Spinola, mort en février 1639, une fille mariée au premier marquis de Leganez, et Philippe Spinola, second marquis de Los Balbazès, qui eut la Toison d'or, et qui épousa une fille de Paul Doria, duc del Sesto, grand d'Espagne, qui lui apporta cette nouvelle grandesse, et lui fit joindre le nom de Doria à celui de Spinola. Il mourut en 1659. Son fils, né en février 1632, Paul Spinola-Doria, troisième marquis de Los Balbazès et duc del Sesto, est celui qui se trouva au mariage de Louis XIV, qui accompagna la cour depuis la frontière d'Espagne jusqu'à Paris en qualité d'ambassadeur d'Espagne, qui parut avec tant de magnificence et de galanterie à l'entrée du roi et de la reine à Paris, et qui y fit admirer l'une et l'autre pendant tout le cours de son ambassade. Il fut après du conseil d'État et de celui de guerre, et majordome-major de la seconde femme de Charles II. Il étoit gendre du connétable Colone, et mourut à Madrid, en décembre 1699, n'ayant pas encore soixante ans. Son fils, quatrième marquis de Los Balbazès, fut gentilhomme de la chambre de Charles II, et général de ses armées en Milanois. Il étoit gendre du huitième et dernier duc de Medina-Cœli, des bâtards de Foix, qui mourut prisonnier à Fontarabie. Je ne sais s'il eut peur de la disgrâce de son beau-père et d'être impliqué dans ce dont on l'accusoit; mais tout à coup il se fit prêtre avec dispense de recevoir tous les ordres à la fois, dont on fut fort surpris à la cour d'Espagne. Quelques-uns ont prétendu qu'outre cette raison, car les prêtres sont fort difficiles à arrêter et à juger en Espagne pour causes laïques, il avoit des vues de se faire cardinal. Quoi qu'il en soit, il vécut, depuis, peu d'années, et laissa le cinquième marquis de Los Balbazès, que j'ai fort vu en Espagne, et qui étoit gendre du duc d'Albuquerque et frère des duchesses de Medina-Cœli, d'Arcos, de La Mirandole et de la princesse Pio.

Il avoit de l'esprit, du monde, de l'application et des lettres, qui n'empêchoient point beaucoup d'ambition, les talents de courtisan et d'être plus mêlé avec le grand monde, où il étoit aimé et estimé par ses manières nobles et polies, que ne le sont d'ordinaire les seigneurs espagnols, et passoit pour un fort honnête homme. Je l'ai beaucoup fréquenté. Il fut gentilhomme de la chambre du prince des Asturies, à son mariage, et l'étoit déjà du roi, et à la mort du prince Pio noyé dans l'inondation de l'hôtel de La Mirandole, il fut grand écuyer de la princesse des Asturies.

BEDMAR, *Bertrand La Cueva*. Cette maison a été expliquée au titre d'Albuquerque; le marquis de Bedmar est cadet de cette maison. Il servit presque toute sa vie au dehors de l'Espagne, en Italie et aux Pays-Bas. Il y étoit capitaine général et gouverneur des armes à l'avénement de Philippe V à la couronne d'Espagne, où on fut extrêmement content de sa conduite, tant alors que depuis. Il y fut commandant général pendant l'absence de l'électeur de Bavière, gouverneur général, qui alla dans ses États, et le marquis de Bedmar rouloit d'égal avec nos maréchaux de France, commandoit des armées séparées et aux troupes françoises, comme aux espagnoles et wallonnes, comme à celles-ci réciproquement nos généraux françois. Il se conduisuit si bien et d'ailleurs avec tant de correspondance avec nos généraux et nos troupes qu'il gagna entièrement leur amitié et leur estime par sa valeur et son désintéressement, et par la magnificence avec laquelle il vivoit. Louis XIV lui en sut tant de gré qu'il lui donna l'ordre du Saint-Esprit en 1704, et le collier en 1705, en passant pour aller de Flandre vice-roi de Sicile. Il fut le seul Espagnol pour qui le roi demanda et obtint la grandesse. Je le trouvai en Espagne conseiller d'État et président du conseil de guerre et de celui des ordres, et dans une grande considération. On a vu qu'il fut premier commissaire d'Espagne pour la signature des articles du contrat de mariage de l'infante avec le roi, et, par très-grande distinction, on lui apportoit un siége chez le roi d'Espagne, en attendant que Sa Majesté Catholique parût.

C'étoit un homme fort poli, dont toutes les qualités et les manières étoient aimables, nobles, et d'un grand seigneur, en même temps polies et familières. Il étoit goutteux, ne sortoit guère de chez lui que pour des fonctions, ou pour aller au palais, et avoit presque toujours compagnie chez lui; il avoit de l'esprit, du sens, et tant vu au dehors que sa conversation étoit également agréable, gaie, et instructive. Je l'ai extrêmement vu et pratiqué à Madrid, où Leurs Majestés Catholiques, les ministres, et tout le monde en faisoient beaucoup de cas. Il se piquoit fort d'aimer et de caresser les François, et d'une grande reconnoissance pour la mémoire de Louis XIV. Il avoit très-bonne mine, et l'air fort françois. J'admirai avec quelle facilité il s'étoit remis à vivre à l'espagnol, à son puchero[1], à manger seul un morceau, après avoir été un si grand nombre d'années hors d'Espagne, à vivre avec tout le monde comme nous vivons ici, et avec une grande et bonne table bien remplie de mets et de convives.

Il n'avoit qu'une fille unique mariée au marquis de Moya, second fils du marquis de Villena, auquel elle porta cette grandesse. Elle étoit dame du palais de la reine, et cruellement laide. Longtemps depuis mon retour, le marquis de Moya, qui, avec peu d'esprit, mais une valeur distinguée et beaucoup d'honneur, étoit fort dans le monde, devint par la mort de son beau-père marquis de Bedmar, dont il prit le nom, et par la mort de son père, capitaine des gardes du corps de la compagnie espagnole, que son frère aîné quitta pour monter à la charge de majordome-major du roi, qu'a-

---

1. Pot-au-feu, marmite.

voit le marquis de Villena, leur père, qui étoit une faveur sans exemple.

CAMARAÇA, *Los Cobos*. Il ne laisse pas d'y avoir en Espagne, comme en France, des grandesses de faveur, et dont les races ne remontent pas haut. Fr. de Los Cobos étoit secrétaire d'État, favori de Charles-Quint qui le fit conseiller d'État, grand commandeur de Léon de l'ordre de Saint-Jacques, grand trésorier de Castille, et lui fit épouser M. Mendoza y Sarmiento. Leur fils épousa Fr.-L., fille de Fr. de Luna, rico-hombre de Sangro en Aragon, et seigneur de Camaraça, laquelle en fut faite marquise. C'est d'eux que sortent masculinement les Los Cobos, marquis de Camaraça. Diego de Los Cobos, troisième marquis de Camaraça mort tout à la fin de 1645, fut fait grand d'Espagne, et ne laissa qu'une fille religieuse. Emmanuel de Los Cobos, appelé à sa grandesse, lui succéda. Il sortoit de mâle en mâle du frère cadet de Los Cobos, premier marquis de Camaraça, il fut bisaïeul de Balthasar de Los Cobos, cinquième marquis de Camaraça, chevalier de la Toison d'or, gentilhomme de la chambre de Charles II, général des galères de Naples, puis de celles d'Espagne, enfin vice-roi d'Aragon. Sa mère, Acuña Portocarrero, fille du troisième comte de Montijo, mourut, en 1694, camarera-major de la reine-mère de Charles II.

CASTEL DOS RIOS, *Semmenat*, Catalan. C'est celui qui étoit ambassadeur d'Espagne en France à la mort de Charles II, duquel il a suffisamment été parlé à cette occasion, qui lui valut la grandesse et la vice-royauté du Pérou, comme on l'a vu au même endroit. Il y mourut après quelques années. Son fils aîné, connu ici avec lui sous le nom de marquis de Semmenat, qui l'avoit accompagné au Pérou, y resta fort longtemps après sa mort, et n'en est revenu en Espagne que depuis mon retour où il fit aussitôt après sa couverture.

CASTEL-RODRIGO, *Homodeï*. C'est une cité en Portugal. L. de Moura, d'une maison noble et ancienne de ce royaume-là, alcade ou gouverneur de cette cité, eut un fils Christophe de Moura, que Philippe II en fit comte pour les services qu'il en avoit reçus lorsqu'il s'empara du Portugal, à la mort du cardinal-roi Henri. Le même Christophe de Moura fut fait par Philippe III marquis de Castel-Rodrigo et grand d'Espagne. Il avoit été le premier vice-roi de Portugal pour l'Espagne. Son fils et le fils de son fils ont été gouverneurs généraux des Pays-Bas; le dernier mourut à la fin de 1675, gendre du sixième duc de Montalte, et ne laissa que deux filles. L'aînée, veuve sans enfants d'un Guzman, fils puîné du duc de Medina de Las Torres, se remaria à Ch. Homodeï, et la cadette à Gilbert Pio, prince de Saint-Grégoire en Lombardie, dont elle eut des enfants. Après sa mort elle se remaria à L. Contarini, alors ambassadeur de Venise à Rome.

Les Homodeï sont des jurisconsultes, des citadins et des gens de robe de Milan, connus dès 1340, et sont demeurés tels sans illustration ni alliances jusque vers 1600, que Ch. Homodeï, extrêmement riche, se fit marquis de Piopera, et poussa si bien un de ses fils dans les charges de la prélature de Rome qu'il fut cardinal en 1652, et mourut en 1685. C'est l'aîné de ce cardinal qui fut père de Ch. Homodeï, connu sous le nom de marquis d'Almonacid, qui épousa la fille aînée de Moura, marquise, héritière de Castel-Rodrigo; et qui, après avoir essuyé de longues chicanes avec peu de fondement pour le droit, mais causées par la légèreté de sa naissance, se couvrit enfin en 1679, par la grandesse que sa femme lui avoit apportée. Il se trouva homme d'esprit, d'honneur et de mérite, et parvint sous Charles II à être conseiller d'État; il se conduisit si bien à l'avénement de Philippe V à la couronne d'Espagne, qu'il fut choisi pour l'ambassade de Turin, y négocier le mariage du roi d'Espagne, et faire la demande pour lui de la fille de Savoie, sœur cadette de Mme la duchesse de Bourgogne, et l'amener au roi d'Espagne en Catalogne où il étoit pour lors prêt à passer à Naples, et commander les armées en Lombardie.

Castel-Rodrigo fût déclaré grand écuyer de la reine en arrivant avec elle, et fut toujours fort compté et considéré. A la mort de cette princesse, il renonça à la cour, et se retira dans sa maison de Madrid. Il perdit bientôt après sa femme. Ce changement domestique et de fortune lui affoiblit la tête, tellement que lorsque j'arrivai à Madrid, il n'étoit plus en état de paroître ni de voir personne chez lui. Je ne laissai pas d'y aller à mon retour de Lerma, à cause de ma grandesse, et d'y retourner avec mon second fils, quelques jours avant sa couverture, comme c'est l'usage établi à l'égard de tous les grands. Je ne le vis point, comme je m'y étois bien attendu ; et comme il n'étoit plus en état de rien, je ne reçus même contre la coutume aucune civilité ni compliment de sa part.

Par la mort de sa femme, sans enfants, la grandesse de Castel-Rodrigo passa à l'autre sœur, mère du prince Pio, quoique le mari veuf en conserve le rang et les honneurs toute sa vie. Ainsi, après sa mère, la grandesse vint au prince Pio qui fit sa couverture. C'est ce même prince Pio, capitaine général et gouverneur de Catalogne, quoique jeune, dont on a vu qu'Albéroni se joua si longtemps et si cruellement sur le commandement de l'armée qu'il faisoit assembler en Catalogne pour passer en Sardaigne, etc., et le même que j'ai vu à Madrid, et qui fut fait grand écuyer de la princesse des Asturies. C'étoit un grand homme fort bien fait, poli, glorieux, ambitieux au possible, qui avoit très-bonne opinion de soi, plus de valeur que de talents et d'esprit, quoiqu'il ne manquât pas de l'un ni des autres. Il fut entraîné par le torrent qui, depuis mon départ, inonda tout à coup l'hôtel de La Mirandole, et son corps fut trouvé à une lieue de Madrid, dans une espèce de cloaque. Il laissa des enfants fort petits. Il ne laissoit pas d'être assez compté, et fort parmi le monde. Il dansa et fort bien aux bals, car en Espagne, comme je l'ai déjà dit, hommes et femmes dansent à tout âge.

CASTROMONTE, *Bæza*. C'est une famille de robe, et sans alliances d'autour de Valladolid, inconnue et dans l'obscurité jusqu'à J. Bæza, second marquis de Castromonte, dont la mère étoit Lara, et le frère aîné mort sans enfants premier marquis de Castromonte. Ce second marquis fut fait grand d'Espagne par Charles II, en janvier 1698, sans service, sans charge, sans faveur précédente, et l'acheta fort cher à ce qu'ils prétendent tous en Espagne. Il n'a point eu d'enfants de deux femmes. Le fils de son frère lui a succédé et a des enfants. C'est un homme qui paroissoit fort peu, et que je n'ai fait qu'apercevoir en Espagne.

CLARAFUENTE, *Grillo*, à Gênes, de la première noblesse de la république.

SANTA-CRUZ, *Benavidez y Bazan*, majordome-major de la reine seconde femme de Philippe V. La maison de Benavidez est masculinement issue d'Alphonse IX, roi de Léon et d'Adonce Martinez, son épouse, par don Alonzo, seigneur de Aliquer, leur fils cadet, dont le fils, Pierre Alonzo de Léon, épousa l'héritière de Benavidez, issue d'Alphonse VIII, empereur des Espagnes; d'autres donnent une autre origine à cette maison, et la font descendre d'Inniguez, seigneur de Biedma, dans le royaume de Tolède. Ils donnent une origine illustre à ce nom d'Inniguez, de la délivrance d'une reine d'Aragon des mains des Mores. Cet Inniguez épousa une Castro; les alliances directes de Ponce de Léon, et de Sotomayor, furent celles du second et du troisième degré. Le quatrième degré fut Mendus Rodriguez de Biedma et Benavidez.

C'est à celui-ci qu'il faut s'arrêter un moment. Il épousa 1° une Tolède; 2° une Martinez; 3° une Cordoue; 4° apparemment par amour la bâtarde d'une Manrique de Lara, archevêque de Tolède. Ce Mendus Rodriguez de Biedma fit son premier mariage en 1344. Jusqu'à lui nulle terre, nulle fille dans sa maison qui portât le nom de Benavidez, lequel depuis lui qui le prit sans qu'on en puisse deviner la raison, passa à toute sa postérité, sans qu'il y ait été jamais plus de mémoire de leur ancien nom de Biedma : or, toute la maison de Benavidez descend de ce Mendus Rodriguez, qui le prit le premier, parce que ses frères n'eurent point d'enfants mâles, et que les mâles sortis de ses oncles et grands-oncles s'éteignirent de son temps. Mais revenant à l'autre origine des rois de Léon, la raison de ce changement de nom se découvre : on a vu ci-devant que Pierre Alonzo de Léon, fils de Roderic Alonzo, seigneur de Aliquer, fils cadet d'Alphonse IX, roi de Léon, avoit épousé l'héritière de Benavidez, issue d'Alphonse VII, empereur des Espagnes. Leur fils, leur petit-fils, et leurs deux arrière-petit-fils de mâle en mâle, ne prirent plus que le nom seul de Benavidez. L'aîné des arrière-petit-fils mourut sans enfants, son seul frère cadet fit un majorasque[1] de plusieurs terres avec celle de Benavidez, auquel il donna ce nom, et, se voyant sans enfants, il le substitua à son cousin Mendus Rodriguez, seigneur de Biedma, à condition que ledit Mendus Rodriguez et toute sa postérité ne porteroient plus que le nom seul de Benavidez. Or, comment ce Mendus Rodriguez, seigneur de Biedma, substitué au majorasque et au nom de Benavidez étoit-[il] le cousin de J. Alonzo de Benavidez issu de mâle en mâle des rois de Léon, fondateurs du majorasque qu'il lui substitua? Étoit-ce parenté proche ou éloignée, masculine ou féminine? Quoi qu'il en soit, il entra en possession de ce majorasque en 1364. Deux ans après Henri IV, roi de Castille, en démembra trois terres qu'il donna à Gonzalve Bazan, son favori et son sommelier de corps, et donna en échange à Mendus Rodriguez de Benavidez, la terre d'Iznotarafe, qui, pour avoir été conquise sur les Mores le jour de Saint-Étienne, premier martyr, fut changée de nom, et toujours depuis appelée San-Estevan del Puerto, ce dernier nom pour la distinguer des autres de même nom parce que

---

1. Voy. sur les majorasques t. III, p. 247.

celle-ci est à une ouverture ou passage de montagnes, et ces passages s'appellent *puerto* en espagnol, d'où vient par exemple le nom de Saint-Jean-pied-de-Port, et non de porc comme dit le vulgaire, parce que cette place est au pied et à l'entrée des Pyrénées du côté de France, à qui elle appartient. Cette terre de San-Estevan, que Mendus Rodriguez eut en échange de ce qu'Henri IV, roi de Castille, lui avoit pris, étoit beaucoup plus considérable que ce qu'il avoit laissé prendre à ce roi.

Son arrière-petit-fils fut fait, en 1473, comte de San-Estevan del Puerto, et fut père d'autre Mendus Rodriguez de Benavidez, comte de San-Estevan del Puerto, duquel de mâle en mâle sont sortis les comtes de San-Estevan del Puerto, grands d'Espagne, qu'on verra ci-après, et les marquis de Santa-Cruz, leurs cadets. Le cinquième comte de San-Estevan del Puerto, épousa, en 1548, une Cueva, qui lui apporta la terre depuis marquisat de Solera, ce qui lui fit ajouter le nom de La Cueva au sien et à ses descendants, comtes de San-Estevan. Son arrière-petit-fils, huitième comte de San-Estevan et premier marquis de Solera, eut un frère cadet Henri de Benavidez, marquis de Bajona et comte de Chinchon, capitaine général des galères d'Espagne, et conseiller d'État qui épousa Mencia Pimentel, dont le frère unique mourut sans enfants, et qui devint héritière des marquisats de Santa-Cruz, Bajona et Viso par sa mère, héritière de la maison de Bazan, ce qui fit ajouter le nom de Bazan à celui de Benavidez à leur postérité, quelquefois même le prendre seul à cause de la grandeur attachée au marquisat de Santa-Cruz pour le grand-père paternel de l'héritière de Bazan, épouse d'un Pimentel qui n'avait eu que cette fille héritière, qui épousa cet H. de Benavidez, lequel en fut grand d'Espagne et grand-père du marquis de Santa-Cruz que j'ai vu en Espagne, auquel je reviendrai après cette courte parenthèse.

Le grand-père de l'héritière de Bazan qui épousa le Pimentel, dont la fille héritière porta la grandesse de sa mère à Henri de Benavidez, frère cadet du huitième comte de San-Estevan, ce grand-père, dis-je, étoit Alvar de Bazan, marquis de Santa-Cruz, ou Sainte-Croix, comme nos François l'appeloient, capitaine général de la mer, sous Philippe II. Ce fut lui qui se rendit maître de l'escadre qu'après la mort du cardinal roi de Portugal, Catherine de Médicis fit équiper pour porter un grand secours en Portugal à Antoine, prieur de Crato, bâtard du duc de Beja, second fils du roi Emmanuel de Portugal et d'une juive, qui voulut prouver le mariage de sa mère, et après la mort du cardinal roi, se fit proclamer roi à Santarem et Lisbonne, et eut un grand parti. Ses aventures ne sont pas de mon sujet. Catherine de Médicis, qui, pour relever sa naissance, se mit aussi sur les rangs sans nulle apparence de fondement de prétendre à la couronne de Portugal, avait intérêt d'afficher cette prétention, et d'empêcher la ruine du prieur de Crato, comptant avoir meilleur marché de ce bâtard que de Philippe II. Comme cette vanité de la reine la touchait sensiblement, et qu'elle était toute-puissante en France, ce fut à qui s'embarqueroit sur cette escadre de toute la noblesse de la cour, et Strozzi même, parent proche de la reine, et fort avant dans ses bonnes grâces. Le marquis de Sainte-Croix, ayant battu cette escadre, 26 juillet 1582, fit mettre pied à terre à tout ce qui la montoit, fit égorger de sang-froid dans l'une des Terceires Ph. Strozzi qui la commandoit, toute cette jeune noblesse et tous les officiers, et emmena les vaisseaux et les équipages en Espagne. Une si monstrueuse inhumanité fut détestée dans toute l'Europe, mais elle plut si fort à Philippe II, qu'il fit aussitôt le marquis de Santa-Cruz grand d'Espagne. Revenons maintenant au Benavidez qui jouit [de cette grandesse], après avoir passé par une autre maison.

Le marquis de Santa-Cruz que j'ai vu en Espagne étoit pauvre et retiré chez lui dans la Manche, sous Charles II, et à l'avénement de Philippe V à la couronne. Il avoit essuyé un étrange contraste. Sa femme l'avoit accusé d'impuissance. Il y eut sur cela un grand procès; il le perdit, et peut-être qu'il n'en fut pas fâché. Son humeur peu accorte ne convenoit guère au mariage. Il fut même permis à sa femme de se remarier. Assez peu après, il fut attaqué par une fille bourgeoise pour qu'il eut à se charger d'un enfant qu'elle prétendit qu'il lui avoit fait. Nouveau procès, et il le perdit encore. On voit qu'il n'étoit pas heureux en procès.

Il vivoit donc solitairement chez lui pendant les premières années du règne de Philippe V, sans aucun accès à la cour ni à Madrid, malgré sa naissance et sa dignité, lorsque le duc de Berwick vint la première fois en Espagne où le feu de la guerre étoit de tous côtés. Il sut que le marquis de Santa-Cruz, avec ce qu'il avoit pu rassembler de ses vassaux, avoit si fermement combattu une partie de l'armée ennemie, à un passage important de ce pays si montueux, qu'il l'avoit arrêtée, et qu'après une défense opiniâtre, il l'avoit obligée à se retirer et à chercher où passer ailleurs, ce qui, dans les circonstances où on se trouvoit alors, fut un service très-utile. Le duc de Berwick en parla au roi d'Espagne, lui fit donner du commandement, le fit venir à la cour, et lui procura tous les agréments qu'il put. Santa-Cruz, d'abord sauvage, s'y apprivoisa peu à peu, continua à servir avec distinction, mais sans grade, il étoit trop vieux pour en vouloir, et s'attacha enfin à la cour où il devint avec le temps, je n'ai point su par quelle intrigue, majordome-major de la reine seconde femme de Philippe V, et parfaitement bien avec le roi et avec elle. Il fut gentilhomme de la chambre seul toute l'année en exercice avec le duc del Arco, et tous deux amis intimes, qui, par leurs charges, passoient leur vie ensemble ou dans l'intérieur du roi et de la reine ou à leur suite, à leurs chasses et à leurs voyages. Il étoit fort des amis de Grimaldo, et témoigna toujours au duc de Liria qu'il n'oublioit point ce qu'il devoit à son père, avec tendresse, intérêt et grande familiarité.

C'étoit un fort grand homme et bien fourni, un visage brun et rouge, de gros sourcils noirs et des yeux qui regardoient volontiers de côté, l'air et le jeu sournois et moqueur, beaucoup de fierté; tout montroit en lui de la hauteur et de la noblesse jusque dans ses fonctions auprès de la reine. Il n'étoit pas ignorant, avoit beaucoup d'esprit et de finesse dans l'esprit et dans les manières, et quoique mesuré, se contraignoit peu par grandeur sur les gens et sur les choses. Il se communiquoit fort peu, se retranchoit sur l'assiduité de ses fonctions; mais au fond c'étoit son goût et le fruit de la longue solitude où il avoit passé tant d'années. On le craignoit pour ses dits, pour sa morgue dédaigneuse, pour la difficulté de son accès même aux lieux publics, au palais, encore plus son silence et ses yeux qui parloient de compagnie. Il ne laissoit pas de parler un peu et de rire même assez volontiers; mais toujours son rire étoit malin et expressif. Il n'aimoit point du tout les François ni les Italiens, sans que sa faveur et sa familiarité avec le roi et la reine en souffrissent la moindre atteinte. Il se mêloit difficilement de quelque chose par paresse et par dédain. Avec cela il avoit des amis et de l'estime, et il ne manquoit ni aux devoirs ni à la politesse; mais il ne la prodiguoit pas, et en savoit mesurer les degrés. Tout François et ambassadeur de France que j'étois, j'étois parvenu à l'apprivoiser avec moi par le duc de Liria, et par toutes sortes d'attentions et de prévenances au palais, et j'avoue qu'il me plaisoit fort, et me divertissoit assez souvent, quoique avare de discours et même de paroles, et il me paroissoit qu'il ne se déplaisoit point avec moi. J'aurai lieu de parler de lui à l'occasion de l'échange des princesses dont il fut chargé. Sur ses dernières années, il fut fait chevalier du Saint-Esprit et de la Toison d'or.

LACONI, *idem*. Il étoit depuis longtemps aux Indes espagnoles lorsque j'étois en Espagne.

LEDE, *Bette*. J'ai fort parlé de lui à l'occasion de l'expédition de la Sardaigne et de la Sicile, dont le cardinal Albéroni le chargea en chef, et dont il s'acquitta en capitaine, au retour de laquelle, quoique malheureuse par la supériorité extrême de l'armée navale des Anglois et de leurs troupes de débarquement, il fut fait grand d'Espagne, puis envoyé en Afrique faire la guerre aux Mores, dont il s'acquitta avec beaucoup de capacité et de bonheur. Je le trouvai en Espagne avec la Toison d'or, dans la première considération et dans une grande estime. Il vivoit même avec assez de splendeur, avoit une bonne table, et y rassembloit les Flamands, d'autres étrangers, les Espagnols qu'il pouvoit, peu ou point de François, qu'il haïssoit.

C'étoit un Liégeois sans naissance, qui s'étoit élevé par son courage, son assiduité, ses talents pour la guerre, d'autant plus rapidement que l'Espagne manquoit de généraux, et il le devint excellent. Je n'ai guère vu un plus vilain petit homme, plus malotru, plus tortu, un peu bossu, fort rousseau, l'air très-bas, mais les manières nobles, avec de l'esprit beaucoup, de la vivacité, de la hauteur, et le visage allongé, décharné, le plus désagréable du monde. J'avois pris à tâche de l'apprivoiser, et j'y étois parvenu. Nous causions souvent ensemble au palais, et il étoit de ceux qui venoient manger familièrement chez moi sans prier. Sa conversation étoit simple et agréable, souvent mêlée de traits fort justes et fort naturels, quelquefois plaisants, quoique sérieux et réservé. Depuis mon retour, il fit un voyage en Flandre où il eut l'honneur d'épouser une Croï, qui n'avoit rien, qu'il remena en Espagne, lui sans s'arrêter à Paris, où elle fut dame du palais de la reine, dont il a eu postérité.

MANCERA [1].

---

1. Voy t. III. p. 17.

Mondejar, *Ivannez.* Cette terre, qui est en Castille, fut érigée en marquisat et en grandesse d'Espagne, vers 1612, pour Innigo Lopez de Mendoza, et tomba depuis en plusieurs maisons par des filles héritières. Enfin celle de Cordoue et Mendoza l'apporta en mariage à Gaspard Ivannez, comte de Tendilla, d'une naissance pourtant fort commune et peu connue, qui prit le nom de marquis de Mondejar, et fit sa couverture en 1678; son fils épousa pourtant une sœur du connétable de Castille, dont le fils étoit le marquis de Mondejar, du temps que j'étois en Espagne, mais fort obscur et retiré.

Montalègre *Guzman.* C'est celui que j'ai vu en Espagne. Il portoit autrefois, du vivant de son père, le nom de marquis de Quintana, et étoit majordome de semaine de Charles II, qui le prit en amitié et le fit fort tôt gentilhomme de sa chambre. Sa faveur augmenta, en sorte qu'il fut regardé comme un favori, et fut capitaine des hallebardiers de la garde, enfin grand d'Espagne à la fin de 1697. Il conserva ces deux charges à l'avénement de Philippe V à la couronne d'Espagne, où je le trouvai sommelier du corps, mais sans nul exercice comme je l'expliquerai en son lieu, et comme étoient presque toutes les charges du palais. Il se trouvoit, quand elle vaqua, le plus ancien de tous les gentilshommes de la chambre. Cette raison, sa naissance, sa dignité, un reste de teinte de ce qu'il avoit été auprès de Charles II, l'élevèrent à cette grande charge. C'étoit un bon et très-honnête homme, fort paresseux, fort retiré, par dégoût de n'avoir que le titre vain d'une si belle charge, un esprit médiocre, peu à son aise, incapable de se mêler de rien, doux et modeste, toutefois compté et considéré par estime, et aussi par l'habitude de respecter fort les sommeliers, quoique celui-ci n'en eût que la plus légère écorce. Il m'avoit pris assez en amitié. J'aurai lieu de parler de lui encore sur la fin de mon séjour en Espagne. Son fils étoit gentilhomme de la chambre du roi.

Pescaire, *Avalos*. Maison espagnole qui se prétend originaire de Navarre, puis transplantée en Andalousie, où Loup Ferdinand d'Avalos fit des prodiges de valeur contre les Mores grenadins, sous les rois de Castille Ferdinand IV et Alphonse XI, qui l'en récompensèrent en biens et en dignités qu'il transmit à ses descendants. Cette descente masculine leur est contestée par des auteurs qui prétendent que cette descendance finit en une fille héritière, appelée Mencia d'Avalos, qui porta ses biens en mariage à Ruïs de Bæza y Haro, dont le fils s'appela Roderic Lopez d'Avalos, et laissa le nom de son père pour prendre seul celui de sa mère, comme fit après lui toute sa postérité.

Ce Roderic Lopez d'Avalos fut un homme illustre qu'Henri III, roi de Castille, en fit connétable, en 1396, qui, entre autres enfants qui firent des branches demeurées en Espagne, eut un fils cadet qui chercha fortune auprès des rois d'Aragon, qui fut grand trésorier du royaume de Naples, et qui épousa Ant. d'Aquino, sœur et héritière du marquis de Pescaire. Ses enfants firent comme lui d'illustres alliances, qui se soutinrent ou devinrent encore plus grandes dans sa longue postérité. Alphonse d'Avalos, marquis de Pescaire et del Vasto après son frère aîné, mort sans enfants, grand trésorier de Naples et général des armées de Charles-Quint, Alphonse, dis-je, fut vice-roi de Naples et grand d'Espagne; il mourut en 1546. Il laissa son fils aîné grand trésorier de Naples, et vice-roi de Sicile, sixième aïeul du marquis de Pescaire à Naples, du temps que j'étois en Espagne, d'où cette branche n'est point sortie depuis son premier établissement dans ce royaume-là, et des cadets dont l'un fut chancelier de Naples, cardinal en 1561, et mourut en 1600, et l'autre fit la branche des princes de Montesarchio et de Troja.

Richebourg, *Melun*. Fr.-Ph. de Melun, fils puîné du second prince d'Espinoy, et frère du troisième grand-père du dernier, mort sans enfants, fait duc et pair de Joyeuse, et gendre du duc de Bouillon ; ce marquis de Richebourg, dis-je, eut la Toison d'or et le gouvernement et grand-bailliage de Mons et de Hainaut, et mourut en 1690. Son fils porta après lui le nom de marquis de Richebourg, passa en Espagne, y reçut la Toison d'or, et fut fait grand d'Espagne par Philippe V, capitaine général de ses armées, puis de Galice, après de Catalogne, enfin colonel du régiment des gardes wallonnes. Il étoit dans ses gouvernements lorsque j'étois en Espagne. Il n'a laissé que deux filles demeurées en Flandre, qui ne se sont point mariées, et la grandesse s'éteint nécessairement.

RUFFEC, *Saint-Simon.* Mon second fils, conjointement avec moi, et pour en jouir ensemble l'un et l'autre, dont c'est le premier exemple en Espagne.

TORRECUSA, *Carraccioli.* Voir p. 411-413, ce qui a été dit de cette maison sur l'article des princes de Santo-Buono.

Philippe Carraccioli, des Carraccioli rouges, étoit troisième fils de l'amiral Jean Carraccioli, frère de la mère du pape Boniface IX Tomacelli. Ce même Philippe étoit frère d'H. comte de Gierace, grand trésorier de Naples en 1348, de Gualterius, gouverneur de la Pouille, de Louis, maréchal de l'Église romaine, et de Nicolas, général de l'ordre de Saint-Dominique, cardinal 1376, mort 1389. Ce même Philippe épousa Marcella Brancaccia, c'est-à-dire Marcelle de Brancas. D'eux est sortie la branche des marquis de Vico et de Torrecusa, des comtes de Biecavi et des ducs de Airola et de S.-Vito.

La septième génération de ce Philippe Carraccioli fut Lelius Carraccioli, marquis de Torrecusa, dont le fils Charles-André, second marquis de Torrecusa, mort en 1646, fut fait grand d'Espagne, bisaïeul de celui que j'ai vu fort peu à Madrid, obscur, et qui passoit pour un fort pauvre homme, mais qui avoit une femme d'esprit et de mérite, dame du palais, aimée de la reine et fort considérée.

VILLENA, *ducs d'Escalone, Acuña y Pacheco.* On peut voir plus haut, au titre d'Ossone, ce qui est dit de cette grande, illustre et nombreuse maison d'Acuña, et que les marquis de Villena, ducs d'Escalone, en sont les aînés. Les titres de marquis de Villena et de duc d'Escalona ont toujours été dans cette maison sur la même tête. On a fait remarquer plus d'une fois que les titres de duc, de prince, de marquis et de comte sont entièrement indifférents en Espagne, et que celui seul de grand y est tout. C'est ce qui a fait que ces aînés de la maison d'Acuña, marquis de Villena et ducs aussi d'Escalone, grands d'Espagne par l'un et par l'autre, ont préféré porter le nom de marquis de Villena, parce que, étant le premier marquisat de Castille, cette primauté, quoique sans rang et sans effet comme primauté, les a flattés, et comme on l'a remarqué ailleurs, leur a donné occasion d'usurper la sigularité de signer *El Marquez* tout court, sans y rien ajouter. Ne pouvant donc traiter séparément deux titres qui ont toujours été assemblés sur les mêmes têtes de ces aînés de la maison d'Acuña, j'ai préféré de le faire sous celui qu'ils portent préférablement, quoiqu'ils soient souvent désignés aussi par l'autre.

On a vu article d'Ossuna quels étoient les deux frères Jean et Pierre d'Acuña, et d'où sortis; que Jean, aîné de la maison entière, fit la branche de Villena, et Pierre celle d'Ossone, et les raisons qui engagèrent ces deux frères et leur postérité à joindre au nom d'Acuña, l'aîné celui de Pacheco, le cadet celui de Giron. Ce J. d'Acuña y Pacheco, maître de l'ordre de Saint-Jacques, fut favori d'Henri IV, roi de Castille, qui lui donna la terre de Villena qu'il érigea pour lui en marquisat, et peu après, en 1469, érigea en sa faveur Escalone en duché, à huit lieues de Tolède. En 1480 les rois catholiques, mécontents de ce que son fils, second marquis de Villena, et second duc d'Escalone, avoit penché pour le roi de Portugal et Jeanne de Castille, pour la succession à cette couronne, lui ôtèrent Villena, le réunirent à leur couronne où il est toujours depuis demeuré réuni. Néanmoins les ducs d'Escalone, ses descendants, n'y ont jamais renoncé, et pour marque de leur prétention affectent, et on le souffre, de porter un titre dont ils n'ont plus la terre [joint] à celui dont ils l'ont.

Le marquis de Villena, duc d'Escalone, que j'ai vu en Espagne, étoit majordome-major du roi, et le seigneur d'Espagne le plus considéré, le plus respecté et le plus digne de l'être. Il avoit alors soixante-quatorze ans, et une fort bonne santé. Il avoit été vice-roi et capitaine général de Catalogne, de Navarre, d'Aragon, de Sicile, enfin de Naples, où il reçut Philippe V, [étant] le huitième marquis de Villena, duc d'Escalone, et le cinquième ayant la Toison d'or. J'ai parlé de lui sur la bataille du Ter, où il fut battu, et sur la belle défense qu'il fit dans le royaume de Naples, où à bout de moyens, il soutint le siége de Gaëte si longtemps, et y fut pris enfin barricadé dans les rues, les armes à la main, indignement traité et mis aux fers par les Impériaux, irrités des obstacles et des retardements qu'il avoit mis à leur conquête, parmi la révolte et le manquement de troupes et de toutes choses, et longtemps enfermé par eux à Pizzighitone, en sorte qu'il avoit les jambes tout arquées de ses fers, et marchoit assez mal. J'ai parlé de sa délivrance par la belle action de son fils aîné, qui la procura devant Brighuela, à l'occasion de la prise de cette place, et de la bataille de même nom, que les Espagnols gagnèrent; ainsi je n'en répéterai rien. Enfin j'en ai parlé à l'occasion des coups de bâton qu'il donna en présence de la reine et du roi, fort malade dans son lit, au cardinal Albéroni, en sorte qu'il n'y a rien à en répéter ici. Je me suis fait conter le dernier par lui, tel que je l'ai écrit, et il m'en instruisit fort en détail avec modestie, mais avec complaisance. Avec beaucoup de dignité, de gravité, les manières hautes, nobles, civiles, mais avec poids, mesure et discernement; l'air simple, mais toutefois très-imposant; la taille médiocre, maigre, un visage majestueux : tout sentoit et montroit en lui un très-grand seigneur, malgré sa modestie et sa simplicité, et un seigneur devant lequel on voyoit tous les plus grands se ranger, lui faire place, lui céder sans qu'on en fût surpris, même sans le connoître; tout cela avec un médiocre esprit, aucun crédit et beaucoup des fonctions de sa charge retranchées. Il n'étoit pas riche, avoit une médiocre maison, mais une belle bibliothèque. Il savoit beaucoup, et il étoit de toute sa vie en commerce avec la plupart de tous les savants des divers pays de l'Europe. Il avoit établi une académie pour la langue espagnole sur le modèle de notre Académie françoise, dont il étoit le chef, qui s'assembloit toutes les semaines, et qui dans les occasions complimentoit le roi comme les autres corps, comme fait la nôtre. C'étoit un homme bon, doux, honnête, sensé, je le répète encore, simple et modeste en tout, pieux solidement et sans superstition en homme bien instruit, enfin l'honneur, la probité, la valeur, la vertu même. Son père avoit été vice-roi des Indes et de Navarre, et son grand-père vice-roi de Sicile.

Ces marquis de Villena, ducs d'Escalona, avoient toujours fait les plus grandes alliances. Celui-ci avoit épousé la sœur du comte de San-Estevan del Puerto, dont on parlera bientôt. Il avoit marié son fils aîné, comte de San-Estevan de Gormaz, à la sœur du comte d'Altamire, dont la mère héritière de la marquise Folch, des ducs de Cardonne, étoit camarera-mayor de la reine, et le marquis de Moya, son fils, à la fille héritière du marquis de Bedmar. Le marquis de Villena étoit non-seulement le maître absolu dans sa famille, mais le patriarche de celles où ses enfants s'étoient mariés. L'union entre toutes les trois étoit intime, et il en étoit l'oracle et le dictateur. Le comte de San-Estevan de Gormaz étoit un peu épais, peu d'esprit, courtisan, timide, capitaine de la compagnie des gardes du corps espagnoles, et, à ce titre, fait grand d'Espagne, du vivant de son père, lors de l'affaire du banquillo, et majordome-major du roi, à la mort de son père, chose sans exemple en Espagne. Il eut aussi sa Toison d'or et sa présidence académique. C'étoit un honnête homme, et fort courageux, capitaine général, mais sans talents pour les sciences et pour l'académie. Le marqui de Moya, avec peu d'esprit, et force babil, étoit fort dans le monde. Il avoit défendu le palais de Madrid longuement, et avec un grand courage contre les troupes de l'archiduc. Ces deux frères, quoique aimés tendrement de leur père, chez qui ils demeuroient, étoient devant lui comme de petits garçons, à qui il tailloit les morceaux à mesure qu'ils en avoient besoin.

Je m'étois attaché à mériter l'amitié du marquis de Villena, et j'y étois parvenu. Je le voyois souvent, et j'y apprenois toujours quelque chose de bon. Il fut presque le seul qui osât me venir voir à mon quartier d'Almanzo[1], après ma petite vérole, avant que j'eusse été à Lerma, tant le roi la craignoit. Il envoyoit plus que le reste de la cour savoir de mes nouvelles. Tant que j'ai été en Espagne, j'en ai reçu toutes sortes d'amitiés, ainsi que de ses deux fils.

VISCONTI, *idem*, à Milan. La grandesse est de 1679, pour César Visconti, chevalier de la Toison d'or.

COMTES DE

AGUILAR, *Manrique de Lara*. Terre en Castille, donnée par le roi Jean Ier de Castille, en 1385, à J. Ramirez d'Arellano, dit le Noble, seigneur de Los Cameros, rico-hombre de Castille. Alphonse, de mâle en mâle, arrière-petit-fils de J. Ramirez d'Arellano, en fut fait comte et grand d'Espagne en 1475 par les rois catholiques. On a vu dans ce qui a été expliqué sur la dignité de grands d'Espagne, qu'elle n'est connue que depuis Charles-Quint, qui la substitua adroitement aux anciens ricos-hombres, qui en avoient le rang et les honneurs, quels ils étoient, et comment ils s'étoient multipliés à l'excès, enfin ce qu'ils perdirent pour faire leur

---

1. Ce village est appelé plus haut Villahalmanzo.

cour à Philippe le Beau, père de Charles-Quint. Il faut donc entendre les grandesses avant Charles-Quint des ricos-hombres, qui en avoient le rang et plus que les avantages, et qu'on n'appelle ici grands et grandesses érigés avant Charles-Quint que pour se conformer au langage d'aujourd'hui. On a vu encore dans cette espèce de court traité de la grandesse, fait ici à l'occasion de l'avénement de Philippe V à la couronne d'Espagne, que Charles-Quint, en substituant la dignité de grand d'Espagne qu'il inventa à l'ancienne dignité de rico-hombre qu'il abolit, comprit les plus puissants des ricos-hombres dans ces nouveaux grands d'Espagne, et n'y comprit point ceux qu'il crut pouvoir ne pas ménager, qui de fait demeurèrent dégradés. Apparemment que les comtes d'Aguilar furent de ce nombre, puis dès le fils de celui qui avoit été fait comte d'Aguilar, et grand d'Espagne, pour continuer à s'exprimer dans le langage connu, ce fils et sa postérité cessèrent de jouir du rang et des honneurs de grand d'Espagne jusqu'au 6 janvier 1640, que Philippe IV les rendit à J. Ramirez d'Arellano, huitième comte d'Aguilar. Cette maison d'Arellano étoit pourtant bien grande et bien illustre, puisqu'elle descendoit masculinement de Sanche Ramirez, seigneur de Peña Cerrada, frère de Garcias, dit le Restaurateur, roi de Navarre, mort en 1151. C'étoit peut-être pour cela même que Charles-Quint la voulut abaisser et confondre. Leurs armes mêmes étoient très-singulières, et ne pouvoient avoir été prises sans quelque cause curieuse que je n'ai pu découvrir. Elle n'écarteloit point, et portoit l'écu parti de gueules d'or à trois fleurs de lis de l'un en l'autre, deux et une, et celle-ci mi-partie de l'un en l'autre, ces fleurs de lis faites comme celles que nos rois portent aujourd'hui.

Ce J. Ramirez d'Arellano, huitième comte d'Aguilar, rétabli grand d'Espagne par Philippe IV en janvier 1640, épousa la fille unique, héritière de J. de Mendoza, premier marquis de Saint-Germain et de Hinoyosa, dont il eut le neuvième comte d'Aguilar, qui mourut en 1668, et d'une fille du huitième comte d'Oñate, qui étoit Guévara, ne laissa qu'une fille qui porta sa grandesse avec Aguilar Hinoyosa Los Cameros, etc., en mariage, en 1670, à Roderic Emmanuel Manrique de Lara, comte de Frigilliane, duquel j'ai amplement parlé en traitant des conseillers d'État et seigneurs distingués d'Espagne, à l'occasion du testament de Charles II et de l'avénement de Philippe à la couronne d'Espagne. J'ai aussi parlé à la même occasion du comte d'Aguilar, son fils, en celle du premier siége de Barcelone, qu'il vint proposer au feu roi, et qui eut de si fâcheuses suites, à l'occasion de Flotte, et de Renaud qu'il fit arrêter dans l'armée que commandoit le maréchal de Besons en Espagne, à qui il ne le vint dire qu'après l'exécution faite à son insu; enfin à l'occasion de la disgrâce commune du duc de Noailles et de lui, lorsqu'ils voulurent donner une maîtresse au roi d'Espagne pour faire tomber le crédit de la reine et celui de la princesse des Ursins, qui gouvernoit, et par la maîtresse régner eux-mêmes. Son caractère exposé en ces différentes occasions me dispensera de le retoucher ici. Je me contenterai de dire seulement que c'étoit l'homme de toutes les Espagnes qui avoit le plus d'inquiétude d'esprit, et d'ambition, à qui les moyens coûtoient le moins, et qui étoit le plus dangereux; aussi le duc de Noailles et lui se sentirent d'abord l'un l'autre dès qu'ils se virent, et lièrent une amitié la plus intime qui a duré autant que leur vie. Il ne me reste donc plus qu'à dire ce qui est arrivé à ce comte d'Aguilar depuis cette disgrâce commune avec le duc de Noailles en 1710. Ce comte d'Aguilar avoit été successivement et rapidement à la tête des finances, des affaires de la guerre, commandé en chef, et capitaine général des armées, colonel du régiment des gardes espagnoles, enfin capitaine de la compagnie espagnole des gardes du corps qu'il perdit par cette disgrâce, et qui fut donnée au comte de San-Estevan de Gormaz, fils aîné du marquis de Villena. Exilé dans une riche commanderie de l'ordre de Saint-Jacques, dont il étoit grand chancelier, et avoit pour cela quitté la Toison d'or par une avarice qui lui fit grand tort dans le monde, il intrigua tant qu'il obtint de servir la campagne suivante, à condition de n'approcher point de Madrid ni de la cour. L'Altesse donnée à la princesse des Ursins et au duc de Vendôme qui indigna toute l'Espagne, et qui en outra tous les grands, fut plus sensible au comte d'Aguilar qu'à pas un, parce que, servant dans son armée, il ne pouvoit éviter de lui donner cet étrange traitement qui jamais n'a appartenu qu'aux infants et au bâtard don Juan d'Autriche, qui l'usurpa dans les troubles qu'il excita pendant la minorité de Charles II et le parti qui l'éleva jusqu'à arracher le gouvernement d'entre les mains de la reine-mère régente. Pendant cette campagne de 1711, le duc de Vendôme mourut fort brusquement et fort solitairement à Vignaroz, au bord de la mer, comme on l'a vu en son lieu, et cru empoisonné sans aucun doute. Aguilar eut le malheur d'en être fort publiquement accusé, et fut renvoyé dans sa commanderie pour n'en plus sortir. Quoique la mort du duc de Vendôme eût été reçue avec une joie marquée par tout ce qui étoit distingué en Espagne en dignité ou en naissance, par l'extrême dépit de ce traitement d'Altesse, Aguilar, craint et haï de grands et de petits, ne trouva point de protecteurs, de sorte qu'il passa bien des années sans sortir de sa commanderie. Vers 1720, il obtint permission de venir faire un tour court à Madrid, sous prétexte d'affaires et de santé, à condition de ne se présenter pas devant Leurs Majestés Catholiques. Dans le peu qu'il y séjourna il se jeta à la tête du parti italien, dont je parlerai bientôt, et il lui fut permis après de venir à Madrid, pendant l'absence de la cour, qui étoit à Lerma, puis d'y faire quelque petit séjour, mais en s'y montrant sobrement, et à la fin de se présenter une fois devant Leurs Majestés Catholiques au palais.

C'étoit un très-méchant homme sur qui personne ne pouvoit compter, mais si plein d'esprit, de nerf, d'ambition et de ressources qu'il n'étoit pas à mépriser. Ainsi par ces raisons, je fus conseillé d'envoyer lui faire compliment par un gentilhomme comme à un seigneur que j'avois vu à notre cour autrefois. Dès le lendemain, il m'en envoya un me remercier et s'excuser sur son indisposition de n'être pas encore venu me rendre ses devoirs, dont il s'acquitteroit incessamment. En effet, il me vint voir deux jours après, et me trouva. Je la lui rendis promptement, et le trouvai seul. Tout se passa en compliments et en discours de philosophe de sa part, de retraite, etc. Je n'en voulois pas davantage; il s'en retourna tôt après à sa commanderie sans avoir réitéré nos visites. Je découvris sans peine un homme piqué, frétillant, désolé de son exil, abattu de santé, et cachant ce qui s'en montroit, malgré lui, sous des propos de la satisfaction qui se trouve dans le repos et dans la jouissance de soi-même. Son exil s'est adouci depuis, mais la disgrâce a duré jusqu'à sa mort, qui n'est arrivée que plusieurs années depuis mon retour.

Le duc de Noailles et lui ont toujours été en commerce de lettres, et le roi et la reine d'Espagne le savoient et le trouvoient très-mauvais, et toutefois les laissoient faire avec une sorte de mépris pour tous les deux. Le comte d'Aguilar étoit gendre du septième duc de Montelèon Pignatelli, qui, peu après l'arrivée de Philippe V en Espagne, s'étoit retiré à Naples, où il avoit pris le parti de la maison d'Autriche, à laquelle il étoit demeuré attaché le reste de sa vie.

La maison de Manrique de Lara ne cède à aucune autre en Espagne en ancienneté et en grandeur d'origine, en alliances, possessions, en dignités et en emplois; elle descend de mâle en mâle des comtes souverains de Castille, qui sortoient de même des rois des Asturies et de Galice. Ils ont donné des reines à la Navarre, à Léon et à la Castille, et ils en ont épousé des filles. Ils ont été vicomtes de Narbonne, de la branche desquels est sortie celle de ces derniers comtes d'Aguilar; enfin ils sont immédiatement alliés de tout temps aux plus grands et aux plus puissants de tous les *ricos-hombres* du Portugal et de tous les royaumes particuliers qui composent aujourd'hui celui des Espagnes, dont le détail feroit un volume.

ALTAMIRA, *Ossorio y Moscoso*. Roderic de Moscoso, seigneur d'Altamire, perdit son fils unique tout jeune, et eut deux filles. Agnès, l'aînée, épousa Vasco Lopez d'Olloa, dont un fils créé par Jean II, roi de Castille, comte d'Altamire, qui eut un fils mort jeune, à qui succéda la sœur cadette de sa mère Urraque de Moscoso, femme de Pierre Alvarez Ossorio, fils puîné du premier comte de Transtamare, et frère du premier marquis d'Astorga. C'est de ce mariage que descend de mâle en mâle le comte d'Altamire que j'ai vu en Espagne; il en est le neuvième comte, et cette grandesse, érigée pour son trisaïeul paternel de mâle en mâle, est vers 1610. Son père mourut en 1698 à Rome, ambasssadeur de Charles II, après avoir été vice-roi de Naples; et sa mère fille du sixième duc de Segorbe et de Cardonne, de la maison Folch, étoit de mon temps, et longuement depuis, camarera-mayor de la reine avec une très-grande considération.

Ce comte d'Altamire son fils étoit fort jeune, et néanmoins fort considéré, lorsque j'étois en Espagne. Il étoit bien fait, appliqué, peu répandu, de l'esprit, de la conduite, fort grave, fort dévot, fort mesuré, fort espagnol, et regrettant toutes les étiquettes, fort homme d'honneur, l'air d'un grand seignenr, mais un air un peu embarrassé et très-réservé, et une politesse qui sembloit vouloir bien faire à travers la crainte d'en trop faire. Il fut sommelier de corps du roi Louis, après l'abdication de Philippe V, son favori dans ce court règne, au point qu'il auroit tout gouverné. Il avoit déjà rétabli toutes les étiquettes espagnoles et aboli tout ce qui n'étoit pas des manières et des coutumes antiques. On pouvoit dire de lui que c'étoit un jeune seigneur qui n'avoit point vieilli depuis le temps de Philippe II. Il fut nommé chevalier du Saint-Esprit avant l'âge, et mourut bientôt après sans l'avoir encore reçu et sans avoir été marié. On commençoit déjà de mon temps à le compter beaucoup ; il savoit et s'appliquoit fort à la lecture, et je ne sais qui auroit pu l'apprivoiser.

ARANDA, *Roccafull*. Cette terre en Aragon a été possédée premièrement en comté par Lope Ximenez de Urrea, et passa par sa fille dans la maison d'Heredia, dont le cinquième comte d'Aranda fut fait grand d'Espagne vers 1590. Cette grandesse est enfin tombée par des héritières en 1696 à l'héritière Henriette-Françoise d'Heredia et Urrea qui la porta en mariage à Guillaume de Roccafull, et Rocaberti, comte d'Albaterre. MM. de Roquefeuille qui sont François, et en France, et ont eu un grand maître de Malte, prétendent être de même maison que les Roccafull d'Espagne.

LOS ARCOS, *Figuerroa y Laso de La Vega*. Philippe III l'érigea en comté pour Pierre, quatrième fils de Gomez Suarez de Figuerroa et d'Elvire Laso de La Vega, lequel Pierre avoit épousé Blanche de Sotomayor, dame de Los Arcos : c'est le troisième comte d'Arcos, sorti de mâle en mâle du premier qui fut fait grand d'Espagne, en 1697, par Charles II, et c'est son fils que j'ai vu, mais assez peu en Espagne.

ATAREZ, *Villalpando*, de Philippe V.

BAÑOS, *Moncade*. Gonzalve, marquis de Landrada, second fils de J., cinquième duc de Medina-Cœli, et frère du sixième des bâtards de Foix, eut un fils aîné marié à M. A. I., héritière de Leyva et de Baños. Il en devint veuf, fut vice-roi du Mexique, et se fit carme en 1676. Son fils aîné, comte de Baños et marquis de Landrada, grand écuyer de Charles II, fut fait par lui grand d'Espagne en novembre 1692. Il ne laissa qu'une fille qui apporta cette grandesse en mariage à Emmanuel de Moncade, comte de Baños par elle, frère du marquis d'Ayétone, duquel j'ai parlé au titre d'Ayétone. Il avoit servi avec distinction, et avoit perdu une jambe, mais par accident. Il n'avoit qu'une fille non plus que son frère.

BENAVENTE, *Pimentel.* Cette maison est des plus grandes et des plus illustres de Portugal. J. Alphonse Pimentel avoit épousé J. Tellez de Menesez qui lui avoit apporté la ville et terre de Bergança, laquelle étoit fille du comte de Barcellos, et sœur d'Éléonore, femme de Ferdinand, roi de Portugal. Ce Pimentel passa de Portugal en Castille avec l'infante Béatrix, femme de Jean, premier roi de Castille. Henri III, roi de Castille, lui échangea Bergança pour Benavente en Léon, et l'érigea en comté en récompense de ses services, entre autres d'avoir défendu Bergança jusqu'à la dernière extrémité contre le roi Jean de Portugal. Cet échange et érection est de 1398, et c'est le titre de la grandesse qui est toujours depuis demeurée dans sa postérité masculine.

J'ai fort parlé du douzième comte de Benavente à l'occasion des seigneurs principaux qui étoient lors du testament de Charles II et de l'avénement de Philippe V à la couronne d'Espagne[1]. Celui-ci, qui étoit sommelier du corps de Charles II, et qui le demeura de Philippe V, fut de la junte de la régence par le testament, et dans la suite fut un des cinq premiers Espagnols à qui Louis XIV envoya le collier du Saint-Esprit. Il étoit gendre du comte d'Oñate Guevara, et mourut fort vieux et fort considéré, et dans sa charge. Je n'ai point vu son fils qui avoit épousé une sœur du duc de Gandie-Borgia. Il passoit sa vie reclus dans ses terres dans une extrême dévotion, affolé des jésuites dont cinq ou six l'y assiégeoient toujours. Il y tenoit sa femme et ses enfants auxquels il ne donnoit rien, ne vouloit voir personne, et désoloit sa famille et toute sa parenté, qui, avec tous leurs efforts, n'avoient pu le tirer de cette obscurité ni le persuader de marier pas un de ses enfants, quoique fort riche. Ce qui

---

1. T. III, p. 3 et suiv. Ce passage avait été supprimé dans les anciennes éditions, qui ne laissent pas de s'y référer.

est étrange, c'est qu'ils disoient tous qu'il avoit de l'esprit et du savoir, et pestoient tous contre les jésuites qu'ils prétendoient l'avoir ensorcelé; ses sœurs étoient les duchesses de Medina-Sidonia et d'Hijar.

CASTRILLO, *Crespi.*

EGMONT, *Pignatelli.* Egmont est en Hollande, d'où une des plus grandes et des plus illustres maisons des Pays-Bas a tiré son origine et son nom de cette seigneurie. La souveraineté de Gueldre et de quelques autres pays a été un assez court espace de temps dans une branche de cette maison qui s'éteignit après l'avoir perdue. Ses autres branches s'attachèrent à la maison d'Autriche, et eurent de grands emplois, de grands honneurs, de grands biens, mais des honneurs par les dignités. Je n'ai pu démêler si leur grandesse est de Charles-Quint, comme il est assez apparent, ou de Philippe II. La dernière branche de cette maison s'éteignit en la personne du dernier comte d'Egmont, en 1707, qui, à l'avénement de Philippe V à la couronne d'Espagne, suivit le sort des Pays-Bas, qui se soumirent à ce nouveau monarque. Il servit en France et en Espagne avec beaucoup de valeur et de distinction, étoit lieutenant général et chevalier de la Toison d'or. Il avoit épousé en 1697, à Paris, Mlle de Cosnac, nièce paternelle du célèbre archevêque d'Aix, commandeur du Saint-Esprit et parente fort proche de la duchesse de Bracciano, si connue depuis sous le nom de princesse des Ursins, qui fit ce mariage, et qui logeoit Mlle de Cosnac chez elle, à Paris, où elle étoit alors. Le père de ce dernier comte d'Egmont mourut à Cagliari en 1682, vice-roi de Sardaigne, étoit arrière-petit-fils du comte d'Egmont à qui le duc d'Albe fit couper la tête, et au comte d'Horn, à Bruxelles, 1568. Par la mort du dernier comte d'Egmont sans enfants, de M. Ang. de Cosnac, à Fraga, en Catalogne, 15 septembre 1707, dans l'armée d'Espagne, sa succession et sa grandesse vint à l'aînée de ses sœurs mariée à Nicolas Pignatelli, duc de Bisaccia au royaume de Naples et à leur postérité. Ce dernier comte d'Egmont mourut à trente-huit ans, et sa veuve à quarante-trois, à Paris, en 1717, et cette grande maison d'Egmont fut éteinte.

Nicolas Pignatelli, quatrième duc de Bisaccia, épousa en 1695 la sœur aînée du dernier comte d'Egmont, qui en devint en 1707 l'héritière. Lui et le prince de Cellamare, dont il a été tant parlé ici, étoient amis intimes et enfants du frère et de la sœur, et le père de ce duc de Bisaccia et le pape Innocent XII étoient enfants des issus de germain. Nicolas, duc de Bisaccia, mari de l'héritière d'Egmont, s'attacha au service de Philippe V, et s'y distingua fort. Il fut pris dans Gaëte, combattant aux côtés du marquis de Villena, et conduit avec lui dans les prisons de Pizzighetone. Il perdit sa femme en 1714, et vint s'établir à Paris, où il maria son fils unique à la seconde fille du feu duc de Duras, fils et frère aîné des deux maréchaux ducs de Duras, qui a pris le nom et les armes de sa mère, avec ses biens et sa grandesse. Sa sœur a épousé le duc d'Aremberg, grand bailli et gouverneur de Mons et du Hainaut pour l'empereur. Ce comte d'Egmont, après la mort à Paris du duc de Bisaccia, son père, fit un voyage à Naples, où il mourut, laissant deux fils, dont l'aîné, comte d'Egmont, et grand d'Espagne, a épousé la fille unique du duc de Villars, fils unique du maréchal duc de Villars, dont il n'a point d'enfants; il a un frère; tous deux dans le service du roi. Leur branche est la cadette de toute la maison Pignatelli.

SAN-ESTEVAN DE GORMAZ, *Acuña y Pacheco*, fils aîné du marquis de Villena, dans l'article duquel on trouve tout ce qui regarde ce fils, fort distingué par sa valeur et ses actions, et par sa probité, peu par ses talents, d'esprit assez court et courtisan timide. Je l'ai fort vu et pratiqué en Espagne.

SAN-ESTEVAN DEL PUERTO, *Benavidez*. On a vu ci-devant, à l'article de Santa-Cruz, quelle est la maison de Benavidez, et de quelle de ses branches sont issus les comtes de San-Estevan del Puerto enfin l'origine du nom de San-Estevan del Puerto. Je me contenterai donc de dire que le neuvième comte de San-Estevan del Puerto, frère de l'épouse du marquis de Villena, duc d'Escalone, fut un homme de beaucoup d'esprit, de traits plaisants et en même temps de capacité. Il fut capitaine général du royaume de Grenade en 1672, et en 1678 vice-roi de Sicile, dont il éteignit et punit à Messine les restes de la révolte passée ; vice-roi de Naples, en 1687, qu'il quitta au duc de Medina-Cœli, en 1696, et en arrivant à Madrid il fut fait grand d'Espagne par Charles II, conseiller d'État et grand écuyer de la reine palatine. Il se conduisit si bien à la mort de Charles II, et à l'arrivée de Philippe V en Espagne, qu'il fut majordome-major de la reine sa première femme. Il mourut fort vieux et fort considéré, sans enfants. Son frère, appelé à sa grandesse, quitta force bénéfices, lui succéda, se maria, et eut un fils qui est le comte de San-Estevan del Puerto, qu'on a vu premier ambassadeur plénipotentiaire d'Espagne au congrès de Cambrai, gouverneur et premier ministre de l'infant don Carlos en Toscane, enfin chevalier du Saint-Esprit, et grand écuyer du prince des Asturies. Je n'ai point vu son père ni lui en Espagne.

FUENSALIDA, *Velasco*, terre en Castille. Henri IV, roi de Castille, la fit comté pour Pierre Lopez d'Ajala. Bernardin de Velasco y Roïas et Cardenas, fils de la sœur et héritière du sixième comte de Fuensalida Ajala, mort sans enfants, lui succéda et quitta le nom de Folmenar qu'il portait pour prendre celui de comte de Fuensalida. Son fils fut successivement vice-roi de Navarre, de Sardaigne, de Galice, et gouverneur général de Milan. Il ne faut pas omettre qu'il avoit un frère aîné, mort sans enfants, à qui il succéda. Charles II le fit grand d'Espagne vers 1670 ; c'est son petit-fils de mâle en mâle que j'ai vu à Madrid, mais peu, et j'en ai encore ouï moins parler. C'étoit un grand garçon, assez bien fait, de vingt-six ou vingt-sept ans. J'ai parlé de la maison de Velasco au titre des ducs de Frias, connétables de Castille.

Lamonclava, *Bocanegra y Portocarrero*. Louis Bocanegra y Portocarrero, fait comte de Palma, en 1507, épousa 1° une Tellez-Giron, fille du comte d'Urena, en 1499; et en secondes noces Éléonore Laso de La Vega, fille du seigneur de Los Arcos. Du premier lit, il eut un fils qui continua les comtes de Palma, et une fille religieuse; du second lit il eut Antoine, seigneur de Lamonclava, duquel est sortie cette branche. Son petit-fils fut fait comte de Lamonclava, et eut Melchior, second comte de Lamonclava, que Charles II fit grand d'Espagne vers 1693, et l'envoya gouverneur de la Nouvelle-Espagne. Il eut des fils d'une Urrea, fille du seigneur de Berbedel, qu'il avoit épousée, qu'il emmena avec lui en Amérique, où il mourut, et qui y sont restés, tellement que, lorsque j'étois en Espagne, ils étoient encore aux Indes Occidentales; je ne sais si le comte de Lamonclava en est revenu depuis. Je remets à parler des maisons Bocanegra et Portocarrero à l'article de Palma.

Lemos, *Portugal y Castro*. On a tâché d'expliquer, t. III, p. 88 et suiv., les branches royales de Portugal, Oropesa, Lemos, Veragua, Cadaval, etc.[1], ainsi on n'en répétera rien. Lemos en Galice a passé dans plusieurs maisons par des héritières, et tomba par cette voie à Pierre Alvarez Ossorio, seigneur de Cabrera et Ribera, qui en fut fait comte en 1457, par Henri IV, roi de Castille. Son fils mourut avant lui, qui ne laissa qu'un bâtard, lequel fut héritier de son grand-père. Ce bâtard, second comte de Lemos, ne laissa que deux filles; l'aînée hérita de Lemos et des biens de son père, et Denis de Portugal, fils puîné du troisième duc de Bragance, n'eut pas honte à la maurisque de l'épouser. Aussi étoit-il lui-même de race bâtarde, quoique couronnée. C'est de lui que sont masculinement venus les comtes de Lemos, grands d'Espagne, jusqu'à présent. J'ignore la date

---

1. Ces passages ont été omis dans les anciennes éditions, et cependant les éditeurs n'ont pas manqué d'y renvoyer le lecteur.

de cette grandesse, qu'on peut vraisemblablement attribuer
à Charles-Quint.

C'est le ouzième comte de Lemos que j'ai vu en Espagne ;
il avoit été vice-roi de Sardaigne, et capitaine général des
galères de Naples, sous Charles II, qui lui avoit donné aussi
la Toison d'or. On peut voir dans l'article de l'Infantado ce
qui est dit de sa conduite, et de celle de la duchesse sa
femme, sœur du duc de l'Infantado, à l'égard de Philippe V.
Ce comte de Lemos avoit de l'esprit, et se faisoit craindre
par la liberté de ses traits. D'ailleurs son extrême paresse et
sa parfaite incurie l'empêchoit de faire usage de son esprit,
et le tenoit renfermé à fumer sans cesse, chose fort extraordinaire pour un Espagnol : aussi n'étoit-il compté pour
rien. Sa femme l'étoit et fort considérée ; sa figure étoit
agréable, et sentoit extrêmement ce qu'elle étoit. Elle avoit
de l'esprit, du sens, de la politesse, de l'intrigue, aimoit la
conversation et le monde, et en voyoit chez elle plus que les
autres dames espagnoles. Je l'ai fort vue ; souvent elle m'envoyoit ce qu'on appelle un *recao*, qui n'est qu'un compliment par un gentilhomme, et savoir de mes nouvelles, et la
coutume est d'y répondre par une visite. Elle avoit un beau
palais à une extrémité de Madrid, qui donnoit sur la campagne, magnifiquement meublé. Son mari se tenoit dans
son appartement. On ne le voyoit jamais dans celui de sa
femme, qui s'en passoit très-bien, quoique en grande et
juste réputation de vertu. On fut surpris avec raison qu'elle
eût accepté d'être çamarera-mayor de Mlle de Beaujolois,
destinée alors à l'infant don Carlos. On n'en pouvoit choisir
une plus agréable par elle-même ni plus capable de former
une princesse. Aussi réussit-elle très-bien, et s'en fit fort
aimer.

MACEDA, *Lanços*. C'est une maison de Galice, ancienne,
mais qui n'a rien d'illustre. Le comte de Maceda que j'ai vu
à Madrid étoit un très-bon et très-honnête homme, fort
simple, fort modeste, peu répandu et d'un esprit médio-

cre. Il n'étoit jamais sorti de chez lui lorsque la guerre mit en feu toutes les provinces d'Espagne. Sa fidélité pour Philippe V se distingua dans la sienne par les efforts de sa bourse, quoique peu riche, de son crédit et de ses soins. Il se présenta à tout avec valeur et jugement, secondé du comte de Taboada son fils, qui avoit tout l'esprit, la valeur, le sens et l'activité possible. La guerre finie, Philippe V, qui avoit beaucoup ouï parler de leurs services, s'en souvint; il fut surpris de ne les point voir à Madrid; il leur fit dire d'y venir, et fort peu après, il fit le comte de Maceda grand d'Espagne, et tout le monde y applaudit. Dans la suite, il fit la comtesse de Taboada, dame du palais, qui avoit aussi de l'esprit et du mérite, et ils étoient aimés et considérés à Madrid où il se fixèrent, et l'étoient fort en Galice. Le comte de Taboada étoit borgne d'accident; il en plaisantoit le premier; il étoit fort dans le monde, et désiré et estimé partout. Il étoit fort des amis des ducs de Veragua et de Liria, du prince de Masseran et de beaucoup d'autres. C'est un de ceux qui venoit le plus familièrement manger ou causer chez moi. Je n'ai point vu d'homme plus gai ni qui eût la repartie plus vive, plus fine, plus à la main. Ces trois amis que je viens de nommer l'attaquoient sans cesse. C'étoit entre eux des escarmouches ravissantes. Il étoit déjà lieutenant général, quoique jeune, et a toujours depuis continué à servir. Il a perdu son père depuis mon retour, et est devenu capitaine général avec beaucoup de réputation, de valeur et de talent pour la guerre, et d'homme d'honneur et de probité. Il a pris le nom de comte de Maceda, et a fait sa couverture depuis la mort de son père.

MIRANDA, *Chaves*. Cette terre, qui est sur le Duero, fut érigée en comté par Henri II, roi de Castille, pour Pierre de Zuniga, second fils du premier comte de Ledesma. Après avoir passé en diverses maisons par des filles héritières, la dernière fut Anne, fille unique de Ferdinand de Zuniga, comte de Miranda et duc de Peñeranda, qui porta l'un et l'autre avec beaucoup de grands biens en mariage à J. de Chaves, comte de La Calçada et de Casarubios, fils de Melchior de Chaves, frère et héritier de Balthasar de Chaves, comte de La Calçada et d'Isabelle-Joséphine Chacon y Mendoza, comtesse de Casarubios, et mourut en 1696, et laissa des fils et des filles. Cette maison de Chaves est ancienne et grandement alliée. Je ne vois point la date de la grandesse de Miranda, mais la date de celle du duché de Peñeranda me persuade que l'autre est de même date; car Miranda est certainement grandesse, et le Chaves que j'ai vu à Madrid, qui les possédoit toutes deux, s'appeloit comte de Miranda, ce qu'il n'eût pas fait étant duc de Peñeranda, qui est grandesse, si Miranda ne l'étoit pas. Disons donc un mot de Peñeranda, son érection en duché par Philippe III, pour Jean de Zuniga y Avellaneda y Cardenas, vice-roi de Catalogne, puis de Naples, enfin président des conseils d'État et de guerre. Il étoit fils puîné de Fr. de Zuniga, quatrième comte de Miranda, et il avoit épousé la fille de son frère aîné, héritière de la maison de Miranda. Leur fils Diègue lui succéda, et fut père de Fr., troisième duc de Peñeranda, auquel Philippe IV accorda la grandesse de première classe en 1629; car ce n'est que depuis très-peu d'années que tous les duchés sont peu à peu devenus grandesses, avant quoi ils ne donnoient qu'une dénomination distinguée, mais sans rang et sans honneurs. L'année suivante il devint comte de Miranda par la mort de sa grand'mère susdite. Sa postérité masculine défaillit, et ses biens et ses deux grandesses furent portés dans la maison de Chaves, comme il a été expliqué au commencement de cet article.

Montijo, *Acuña y Portocarrero*. On peut voir au titre d'Ossone ce qu'il est dit de la maison d'Acuña, et que les marquis de Villena, ducs d'Escalone, en sont les aînés. Pierre d'Acuña, second fils du premier duc d'Escalone et marquis de Villena, et de Marie, héritière de Portocarrero, en ajouta le nom au sien, et fit cette branche qui souvent porta le nom seul de Portocarrero. Son fils fut seigneur de Montijo, et le fils de celui-là en fut fait comte par Charles II, en 1697. C'est le cinquième comte de Montijo que j'ai vu en Espagne. Il étoit fort jeune et fort bien fait, et avoit déjà la Toison d'or. Son père avoit été fait grand d'Espagne par Charles II, et avoit laissé son fils enfant qui fut marié de fort bonne heure, servit dès qu'il le put dans la fin de la guerre, s'incommoda, et eut le bon sens de se retirer avec sa femme dans ses terres pour raccommoder ses affaires. Il y avoit déjà longtemps qu'il vivoit dans cette retraite, qui n'étoit pas fort loin de Lerma, lorsqu'il y parut au mariage du prince des Asturies. Il y fut très-bien reçu du roi, et de la reine qui avoit pris de la bonté pour lui. Cette retraite lui avoit fait honneur, et il avoit montré de la valeur à la guerre. Toute la cour marqua de la joie et de l'empressement de le voir. Il retourna chez lui de Lerma, et ne vint à Madrid que peu avant mon départ où il fut très-bien reçu de tout le monde, et où je le vis assez. Il me parut de l'esprit, instruit, sage et beaucoup de politesse et d'envie de faire. C'est lui qui longtemps depuis fut ambassadeur en Angleterre et à Francfort, pour l'élection de l'empereur, électeur de Bavière. Il se plaignit fort de mon absence à la Ferté dans ses courts passages à Paris. Il fut grand écuyer de la reine après Cellamare, et son majordome-major après Santa-Cruz, ce qui enfin lui a procuré l'ordre du Saint-Esprit.

OÑATE, *Velez de Guevara*. Terre en Biscaye, est possédée depuis plusieurs siècles par l'ancienne maison Velez de Guevara, illustre par ses possessions, ses alliances et ses emplois. Henri IV, roi de Castille, fit en 1449 Inigo Velez de Guevara comte d'Oñate, dans la postérité masculine duquel elle s'est toujours conservée de père en fils ou deux seules fois par des héritières qui ont épousé de leurs parents du même nom, armes et maison qu'elles. Le huitième comte d'Oñate, dont la grand'mère étoit Tassis ou Taxis, succéda à l'utile charge héréditaire de grand maître des postes d'Espagne et au comté de Villamediana à Jean de Tassis, second comte de Villamediana, neveu de sa grand'mère, qui fut tué d'un coup de pistolet, 21 août 1622, à Madrid étant dans son carrosse avec don Louis de Haro; et on prétendit alors que Philippe IV l'avoit soupçonné d'être amoureux de la reine son épouse, Élisabeth de France, et avoit fait faire le coup. Ce comte de Villamediana n'avoit point d'enfants, et ce huitième comte d'Oñate transmit ses biens et sa charge à sa postérité, laquelle, je crois, a eu le même sort que les charges héréditaires de connétable et d'amirante de Castille, supprimées par Philippe V, et que celle de grand maître des postes, dont le profit étoit grand, et les fonctions importantes et peu convenables à une succession héréditaire, aura changé de forme; mais c'est de quoi je ne me suis pas avisé de m'informer. C'est le onzième comte d'Oñate que j'ai vu fort peu à Madrid, où il vivoit fort retiré, où peut-être l'avoit jeté la disgrâce de son puissant beau-père, le huitième duc de Medina-Cœli, mort en prison en 1711, à Fontarabie, comme on le peut voir à l'article de Medina-Cœli.

Quant à la date de la grandesse, il paroît qu'elle est la même que l'érection en comté, c'est-à-dire que Inigo Velez de Guevara, premier comte d'Oñate en 1469, devint en même temps rico-hombre, et que de cette dignité les comtes d'Oñate passèrent sous Charles-Quint à celle de grands d'Espagne, ayant toujours été grands d'Espagne depuis.

Oropesa, *Portugal y Toledo*. J'ai expliqué, ce me semble (t. III, p. 88), les branches royales de Portugal, Oropesa, Lemos, Veragua, Cadaval, etc., en sorte que je n'ai plus rien à y ajouter ici. J'ai de même exposé, lors de l'avénement de Philippe V à la couronne d'Espagne, ce qui regardoit le personnel du comte d'Oropesa d'alors[1], président du conseil de Castille, sous Charles II, exilé par lui, rappelé

---

1. Même remarque que plus haut. Le passage du t. III, auquel renvoie Saint-Simon, est un de ceux que les précédents éditeurs ont retranchés.

tout à la fin de la vie de ce roi, exilé de nouveau peu après l'arrivée de Philippe V en Espagne, et mort dans cet exil. Depuis mon retour son fils revint à Madrid, y épousa une fille du comte de San-Estevan de Gormaz, et fut après chevalier de la Toison, en même promotion avec son beau-père.

PALMA, *Bocanegra y Portocarrero*. Alphonse XI, roi de Castille, donna cette terre en 1342 à Gilles Bocanegra, qui s'étoit mis à son service, et étoit pour lui général de la mer. Son frère étoit duc de la république de Gênes. Gilles avoit épousé Marie de Fiesque. Leur troisième petit-fils, quatrième seigneur de Palma, épousa Fr. Portocarrero, et ses descendants s'honorèrent tellement de cette alliance qu'ils quittèrent leur nom de Bocanegra, et ne prirent plus que le nom de Portocarrero. Louis, arrière-petit-fils du Bocanegra et de la Portocarrero, et huitième seigneur de Palma, en fut fait comte par la reine Jeanne, mère de Charles-Quint, en 1507; et son petit-fils, troisième comte de Palma, fut fait marquis d'Almenara en 1623, par Philippe IV. Le fils de ce troisième comte de Palma, et premier marquis d'Almenara, mourut avant son père, et laissa deux fils dont le cadet fut le fameux cardinal Portocarrero, promu par Clément IX, en 1669, depuis archevêque de Tolède, dont il a été tant parlé ici, à l'occasion du testament de Charles II[1], de l'arrivée de Philippe V en Espagne, et plusieurs fois depuis. Son frère aîné L. Ant. Th. Bocanegra y Portocarrero, cinquième comte de Palma, fut rétabli, en 1679, par Charles II, dans le rang et honneurs de grand d'Espagne, dont ses pères, ricos-hombres avant Charles-Quint, avoient été laissés par cet empereur et roi d'Espagne dans l'état commun de ceux qu'il avoit comme dégradés, en abolissant cette dignité pour établir en sa place celle de grands d'Espagne, où il n'avoit point admis

---

1. Voy. t. III, p. 3 et 5. C'est encore un des passages supprimés par les anciens éditeurs.

le comte de Palma ni ses successeurs jusqu'à Charles II. Ce premier grand d'Espagne, comte de Palma, eut un fils qui fut persécuté par la princesse des Ursins, sous Philippe V, par haine pour sa femme, qui avoit beaucoup d'esprit, qui voyoit beaucoup de monde à Madrid, qui étoit extrêmement considérée, et y tenoit une manière de tribunal où tout étoit apprécié, et où on ne pardonnoit pas à la princesse des Ursins sa conduite fort étrange à l'égard du cardinal Portocarrero, dont on a parlé ici plus d'une fois. A la fin même le comte et la comtesse de Palma furent exilés ; c'est leur fils qui leur avoit succédé du temps que j'étois en Espagne, mais que je n'y ai point vu, qui vivoit mécontent et fort retiré, qui venoit fort rarement à Madrid, et qui ne se présentoit point au palais.

PARCEN, *Sarcenio*.

PAREDES, dit *Tolede y La Cerda*, en Castille, appartenant à Roderic Manrique qu'Henri IV en fit comte et grand de Castille en 1452. De cette maison de Manrique de Lara elle passa en plusieurs autres par des filles héritières, puis à un cadet de la maison de Gonzague, dont l'héritière épousa Th., des bâtards de Foix, marquis de La Laguna en 1675. Il étoit frère du huitième duc de Medina-Cœli, et oncle du dernier duc de Medina-Cœli, mort prisonnier à Fontarabie, dernier duc de Medina-Cœli des bâtards de Foix. Le marquis de La Laguna, devenu ainsi par sa femme comte de Paredes, fut capitaine général de la mer, vice-roi de la Nouvelle-Espagne, enfin majordome-major de la palatine, seconde femme de Charles II, qui en même temps le fit grand de la troisième classe, et seulement pour sa personne en 1689 ; il mourut en 1692. Fort peu après, Charles II accorda la grandesse à sa veuve pour elle et pour ses héritiers à toujours, en considération de ce que les comtes de Paredes avoient été grands de Castille jusqu'à Charles-Quint, c'est-à-dire ricos-hombres, et n'avoient pas été compris parmi ceux qui de ce rang passèrent, sous Charles-Quint, à celui de grands d'Espagne, et demeurèrent dégradés. Cette même dame fut, en 1694, camarera-mayor de la reine, mère de Charles II, jusqu'à la mort de cette princesse, qui arriva en 1696. Elle laissa un fils né à Mexique en 1683, que j'ai vu à Madrid.

Peñeranda, *Velasco*. Terre qu'il ne faut pas confondre avec une autre du même nom qui est duché, dont il a été parlé en l'article de Miranda. Celle-ci fut érigée en comté par Philippe III pour Alph. de Bracamonte, gouverneur de l'infant Charles son fils. Balthasar Emmanuel, fils aîné d'Alph. de Bracamonte, second comte de Peñeranda n'eut que deux filles. L'aînée porta le comté de Peñeranda en mariage à Gaspard de Bracamonte, frère de son père, qui fut conseiller d'État, président des conseils des ordres, des Indes et d'Italie, vice-roi de Naples, ensuite ambassadeur plénipotentiaire d'Espagne à la paix de Munster; enfin, à la mort de Philippe IV, un des gouverneurs de la monarchie. Il mourut à Madrid en 1676. Son fils mourut tout à la fin de 1689 sans enfants.

Son héritière fut Ant. de Bracamonte, seconde fille de Balthasar-Emmanuel, second comte de Peñeranda, dont la sœur aînée l'avoit porté en mariage au frère de leur père. Cette Ant. avoit épousé Pierre Fernandez de Velasco, second marquis del Fresno, qui fut ambassadeur d'Espagne en Angleterre et conseiller d'État. Son père, né sourd et muet, avoit appris à se faire entendre, à lire, à écrire, etc., avec le prince de Carignan, en 1638, à Madrid, par l'industrie d'un Espagnol, nommé Emmanuel Ramirez de Carion. Ce second marquis del Fresno, devenu comte de Peñeranda par sa femme, obtint de Charles II la grandesse à vie de troisième classe, puis de l'étendre à la vie de son fils, qui l'a enfin obtenue perpétuelle de Philippe V. On a parlé sous le titre de Frias de la maison de Velasco. Ce comte de Peñeranda étoit à Madrid de mon temps.

Peralada, *Rocaberti*.

Priego, *Cordoue*. J'ai fort connu et pratiqué à Madrid le

comte de Priego, qui étoit ami intime du duc de Bejar, avec lesquels j'ai eu en tiers, plusieurs bonnes et sages conversations et quelquefois assez instructives. Le comte de Priego étoit un petit homme noir, rougeaud, ventru, des yeux petillants d'esprit et de feu, et qui ne trompoient pas; aussi avant dans le grand monde qu'un seigneur espagnol y pouvoit être, et qui se fit faire grand d'Espagne fort plaisamment.

Il avisa que la princesse des Ursins avoit fait venir d'Italie à Madrid le fils de sa défunte sœur de Lanti, qu'elle avoit fort aimée, qu'il étoit pauvre et qu'elle cherchoit à le marier richement; lui fit accroire que sa fille unique seroit un fort grand parti. Il sut si bien conduire que tous les examens qu'elle en fit faire l'en persuadèrent si bien qu'elle pensa tout de bon au mariage, et le lui fit proposer. Priego, en habile homme, se fit prier et si bien qu'il déclara qu'il vouloit une condition sans laquelle il ne le feroit point et avec laquelle il concluroit de tout son cœur; que cette condition étoit au pouvoir de la princesse des Ursins et à l'avantage de son neveu; qu'en un mot il vouloit être grand d'Espagne. Mme des Ursins, surprise de la sécheresse avec laquelle cette proposition se faisoit, fit la froide, se montra étonnée que quelqu'un prétendît lui faire la loi. Priego n'en fut pas la dupe et laissa tomber la chose. Mme des Ursins le voyant si résolu ne voulut pourtant pas manquer une si bonne affaire, lui fit reparler et proposer de faire donner la grandesse à son neveu en épousant sa fille. Priego répondit qu'on se moquoit de lui, qu'il savoit bien que Mme des Ursins ne manqueroit pas tôt ou tard de procurer la grandesse à son neveu; que peu lui importoit à lui qui, avec ses grands biens, ne seroit pas embarrassé de trouver un grand d'Espagne ou un fils aîné de grand pour sa fille, mais que, la voulant bien donner à un homme aussi peu riche qu'étoit Lanti, parce qu'il étoit neveu de la princesse des Ursins qui le désiroit, et par respect et par attachement pour elle, c'étoit bien le moins qu'il en profitât et qu'il eût la grandesse qui, après lui qui étoit déjà vieux, et il le paroissoit bien plus qu'il ne l'étoit, passeroit à sa fille et à son gendre. Mme des Ursins, qui vit bien qu'il n'en démordroit pas, essaya de le résoudre à faire le mariage en lui promettant qu'elle prendroit après son temps pour lui faire obtenir ce qu'il désiroit. Mais Priego sentit bien que, s'il marioit sa fille sur ces belles promesses, on se moqueroit de lui après; que Mme des Ursins feroit faire Lanti grand d'Espagne, et s'excuseroit sur ce qu'elle n'avoit pu obtenir qu'il le fût. Il renvoya donc la proposition bien loin, fit dire net à Mme des Ursins que, pouvant tout ce qu'elle vouloit, il ne comprenoit point tant de difficultés; qu'en un mot, l'affaire étoit à prendre ou à laisser, et qu'elle pouvoit compter que le mariage ne se feroit point qu'il ne fût grand d'Espagne, qu'il n'en eût toutes les expéditions, et que de plus il n'eût fait sa couverture. Il y tint ferme, fut fait grand d'Espagne, eut toutes ses expéditions, fit sa couverture, après quoi le mariage suivit immédiatement. Il logea chez lui son gendre, et sa fille fût dame du palais. Mais Mme des Ursins et son neveu ne furent pas longtemps sans s'apercevoir que ce grand parti étoit et seroit en effet des plus médiocres, et que Priego les avoit joués pour être fait grand d'Espagne. Ils furent enragés de la duperie, mais ils firent en gens sages : l'affaire étoit faite ; le gendre, qui étoit doux et honnête homme, n'en vécut pas moins bien avec sa femme et son beau-père; pour Mme des Ursins, elle eut toujours une dent contre lui, elle la cachoit, mais on s'apercevoit aisément qu'elle ne pouvoit lui pardonner de l'avoir attrapée : on ne convenoit pas trop en Espagne que ce comte de Priego fût de la maison de Cordoue.

Tous les matins en se levant, en toute saison, on lui versoit doucement une aiguière d'eau à la glace sur la tête, dont il ne tomboit pas une goutte à terre. Sa tête la consumoit toute à mesure. Il prétendoit que cela lui faisoit le plus grand bien du monde. L'abbé Testu, l'ami de Mme de Maintenon et de tant de gens considérables de la cour et de la ville, avec qui il a passé sa longue vie, et dont il a été parlé ici plus d'une fois, avoit la même pratique, et il n'en tomboit pas non plus une goutte à terre, mais c'étoit de l'eau naturelle, ni chauffée, ni à la glace, en aucune saison. Depuis mon départ, Lanti perdit sa femme, longtemps avant son beau-père, et n'en avoit qu'une fille, en sorte qu'il ne pouvoit plus être grand, parce que la grandesse passoit par-dessus lui du grand-père à la petite fille immédiatement. Il fut du temps en cet état; à la fin il obtint de Philippe V une grandesse personnelle de troisième classe, et prit alors le nom de duc de Santo-Gemini. Il perdit depuis son beau-père et maria sa fille au second fils de la duchesse d'Havré, sa sœur, qui par là fut grand d'Espagne et comte de Priego, qui alla s'y établir.

SALVATIERRA, *Sarmiento y Sotomayor*.

TESSÉ, *Froulay*, François, à Paris. Le maréchal de Tessé, premier écuyer de Mme la duchesse de Bourgogne, qui se piqua de l'aimer pour avoir fait la paix de Turin et traité son mariage. Elle lui procura la grandesse à bon marché, en 1704, lorsqu'il maria son fils si richement à la fille unique de Bouchu, conseiller d'État; il fit accroire au roi que, contre tout usage, le roi d'Espagne lui avoit permis de suivre l'usage de France et de se démettre, comme font les ducs, depuis le dernier connétable de Montmorency qui se démit le premier, et au roi d'Espagne que le roi l'avoit voulu ainsi. La tromperie fut découverte, mais la belle-fille avoit eu le tabouret et le garda.

VISCONTI, *idem*, Génois. Ainsi, il y a deux Visconti grands d'Espagne, l'un avec le titre de marquis, l'autre de comte.

On verra par la liste [suivante] tous les grands d'Espagne et de quelle maison ils sont, existant aujourd'hui, d'un seul coup d'œil, en même ordre qu'en détail ci-devant.

DUCS

Abrantès, *Alencastro*.
Albe, *Tolède*.
Albuquerque, *Bertrand y La Cueva del Arco Manrique de Lara*.
Arcos, *Ponce de Léon*.
Aremberg, *Ligne*.
Arion, *Sotomayor y Zuniga*.
Atri, *Acquaviva*.
Atrisco, *Sarmiento*.
Baños, *Ponce de Léon*.
Bejar, *Sotomayor y Zuniga*.
Berwick, *Fitzjames*.
Bournonville, *idem*.
Doria, *idem*.
Estrées, *idem*. Éteint.
Frias, *Velasco*, connétable de Castille.
Gandie, *Llançol y Borgia*.
Giovenazzo, *Giudice*.
Gravina, *des Ursins*.
Havré, *Croï*.
Hijar, *Silva*.
Del Infantado, *Silva*.
Licera, *Aragon*.
Liñarès, *Alencastro*.
Liria, *Fitzjames*.
Medina-Cœli, *Figuerroa y La Cerda*.
Medina de Riosecco, *Enriquez y Cabrera*.
Medina-Sidonia, *Guzman*, amirante de Castille.
Saint-Michel, *Gravina*.
La Mirandole, *Pico*.
Monteillano, *Solis*.
Monteléon, *Pignatelli*.
Mortemart, *Rochechouart*. Éteint.
Nagera, *Ossorio y Moscoso*.
Nevers, *Mancini*.
Noailles, *idem*.
Osuna, *Acuña y Tellez-Giron*.
Saint-Pierre, *Spinola*.
Popoli, *Cantelmi*.
Sessa, *Folch y Cardonna*.
Saint-Simon, *idem*.
Solferino, *Gonzague*.
Tursis, *Doria*.
Veragua, *Portugal y Colomb*.
Villars, *idem*.
Uzeda, *Acuña y Pacheco y Tellez-Giron*.
46, dont deux sont les mêmes que leurs fils, conjointement, et deux éteints, ainsi 44 depuis.

PRINCES DE

Bisignano, *Saint-Séverin*.
Santo-Buono, *Caraccioli*.
Buttera, *Branciforte*.
Cariati, *Spinelli*.
Chalais, *Talleyrand*.
Chimay, *Hennin-Liétard*.
Castiglione, *Aquino*.
Colonne, *idem*, connétable de Naples.
Doria, *idem*.
Ligne, *idem*.
Masseran, *Ferrero*.
Melphe, *Doria*.
Ottaïano, *Médicis*.
Palagonia, *Gravina*.
Robecque, *Montmorency*.
Sermoneta, *Gaetano*.
Sulmone, *Borghèse*.
Surmia, *Odeschalchi*.
18.

MARQUIS

Arizza, *Palafox*.
Ayetona, *Moncade*.
Los Balbazès, *Spinola*.
Bedmar, *Bertrand y La Cueva*.
Camaraça, *Los Cobos*.
Castel dos Rios, *Semmenat*.
Castel-Rodrigo, *Homodeï; Pio*.
Castromonte, *Breza*.
Clarafuente, *Grillo*.
Santa-Cruz, *Benavidez y Bazan*.
Laconi, *idem*.
Lede, *Bette*.

Mancera.
Mondejar, *Ivannez*.
Montalègre, *Guzman*.
Pescaire, *Avalos*.
Richebourg, *Melun*. Éteint.
Ruffec, *Saint-Simon*.
Torrecusa, *Caraccioli*.
Tavara, *Tolède*.
Villena, *Acuña y Pacheco*.
Villafranca, *Tolède*.
Visconti, *idem*.
23.

COMTES

Aguilar, *Manrique de Lara*.
Altamira, *Ossorio y Moscoso*.
Aranda, *Roccafull*.
Los Arcos, *Guzman*.
Altarez, *Villalpando*.
Baños, *Moncade y La Cerda*.
Benavente, *Pimentel*.
Castrillo, *Crespi*.
Egmont, *Pignatelli*.
San-Estevan de Gormaz, *Acuña y Pacheco*.
San-Estevan del Puerto, *Benavidez*.
Fuensalida, *Velasco*.
Lamonclava, *Bocanegra*.
Lemos, *Portugal y Castro*.

Maceda, *Lanços*.
Miranda, *Chaves*.
Montijo, *Acuña y Portocarrero*.
Oropesa, *Portugal y Tolède*.
Palma, *Bocanegra y Portocarrero*.
Parcen, *Sarcenio ou Sarterio*.
Paredes, dit *Tolède y La Cerda*, mais de *Medina-Cœli* des bâtards de Foix.
Peñeranda, *Velasco*.
Peralada, *Rocaberti*.
Priego, *Cordoue*.
Salvatierra, *Sarmiento*.
Tessé, *Froulay*.
Visconti, *idem*.
27.

Ainsi 112 grands[1].

On y compte les trois éteints depuis.
Mais Philippe V en a fait beaucoup depuis.
On n'y compte que pour deux les deux pères qui le sont conjointement avec leur fils.

1. On a reproduit exactement les chiffres donnés par Saint-Simon, quoiqu'ils ne soient pas toujours d'accord avec les listes.

Ducs en Espagne.........	32	Marquis en Espagne.......	18
en France..........	5	en France..........	1
en Flandre..........	1	en Flandre..........	»
en Italie..........	6	en Italie..........	3
	44		22
Princes en Espagne........	2	Comtes en Espagne........	25
en France..........	3	en France..........	2
en Flandre..........	1	en Flandre..........	»
en Italie..........	12	en Italie..........	1
	18		28

	Espagnols.	François.	Flamands.	Italiens.	Anglois.
Ducs........	25	5	3	10	1
Princes......	»	1	3	14	»
Marquis......	14	1	2	5	»
Comtes......	23	1	0	4	»
	62	8	8	33	1

Grands en tous pays, 112.

Outre ces grands, il y en a par charges ou état, qui sont :

Le majordome-major du roi.
Le grand prieur de Castille de Malte.
L'abbé de Cîteaux.
L'abbé de Clairvaux.

Le général de la Mercy.
Le général des dominicains.
Le général des cordeliers.
Le général des capucins.

Mais ces grands sont imperceptibles. Rien de si rare qu'un majordome-major du roi d'Espagne ne soit pas pris d'entre les grands, et plus rare encore, s'il se peut, qu'il ne soit pas fait grand, s'il ne l'est pas, fort tôt après être fait majordome-major. Le grand prieuré de Castille de l'ordre de Malte, qui vaut cent mille écus de rente, est donné à un des infants, et tant qu'il y aura de ces princes, il y a toute apparence que ce riche morceau demeurera entre leurs mains. A l'égard des moines, ce n'est que très-improprement qu'on les dit être grands d'Espagne. Ils n'ont jamais eu nulle part hors de l'Espagne aucune des distinctions, rangs ni honneurs des grands d'Espagne; ils en reçoivent à titre de généraux d'ordre, et quoique ce puisse être à titre de grandesse, et jusqu'à présent les choses ont toujours été ainsi en Espagne ; même quand ils y vont pour la visite de leurs couvents ou les affaires de leurs ordres, ils n'y sont pas autrement traités qu'à titre de généraux d'ordre. Tout ce qu'ils ont de particulier en Espagne, et qu'ils n'ont nulle part ailleurs, c'est que la première fois seulement qu'ils vont saluer le roi d'Espagne, il les fait couvrir, et ils se couvrent en effet, et c'est de là qu'ils sont dits grands d'Espagne. Mais après cette première fois, s'ils reparoissent devant le roi d'Espagne, ils ne se couvrent point et n'y ont aucune distinction différente de celles qu'y ont les autres généraux d'ordre qui ne sont point grands, c'est-à-dire qui ne se couvrent jamais devant le roi d'Espagne. Il en est de même en Espagne à leur égard partout, comme à l'égard de ces derniers, d'avec lesquels ils n'ont aucune différence. Depuis mon retour, le général des jésuites a été associé au même honneur, aussi imperceptible pour lui que pour les six autres.

Il faut maintenant réparer l'oubli que j'ai fait des marquis de Tavara et de Villafranca. Je veux me flatter qu'il n'y en a point d'autre dans ce qu'il y avoit de grands d'Espagne existant en avril 1722, que je suis parti de la cour d'Espagne pour revenir en celle de France. Je n'oserois toutefois m'en répondre, quelque soin que j'y aie pris dans le peu de temps que j'ai pu y donner en Espagne, et en matière si étendue en tant de pays, et si diverse par tant de transmissions d'héritières. Cet oubli n'est pas dans la table des grands précédente.

Tavara, *Tolède*, Emmanüel, par sa mère A. M. de Cordoue y Pimentel, dont la mère étoit A. M. Pimentel, sixième marquise de Tavara. Tavara m'a été donné pour grandesse par le duc de Veragua, et j'ai de sa main une liste de grands d'Espagne, à laquelle j'ai conformé celle que j'ai mise ici, dans laquelle Tavara est compris entre les marquis grands d'Espagne. Mais je n'ai pas eu ou le temps de m'instruire de toutes les grandesses, ou d'en garder toutes les instructions en note, ou de retenir tout ce que je n'ai pas eu par écrit. Il s'en faut donc beaucoup que je puisse rendre compte de toutes ces grandesses, et celle de Tavara est de ce nombre.

VILLAFRANCA, *Tolède*. Ce marquis et le précédent étoient enfants des deux frères. Cette terre, dans le royaume de Léon, fut érigée par les rois catholiques en marquisat, vers 1490, en faveur de Louis Pimentel, mort, en 1497, avant son père, quatrième comte de Benavente. Sa fille unique porta sa grandesse et ses biens en mariage à Pierre Alvarez de Tolède, second fils du second duc d'Albe, dans la maison duquel cette grandesse est demeurée jusqu'à celui que j'ai vu en Espagne, qui étoit petit-fils du marquis de Villafranca, duquel il a été tant parlé à l'occasion du testament de Charles II [1]; de l'arrivée de Philippe V en Espagne, dont il fut majordome-major, et qui fut un des cinq premiers seigneurs espagnols à qui le feu roi envoya l'ordre du Saint-Esprit. Son même petit-fils fut par sa mère, héritière de Moncade y Aragon, duc de Montalte et de Vibonne, et par sa femme, marquis de Los Velez, de sorte que je le laissai avec quatre grandesses. Il étoit jeune, et ne faisoit pas encore souvenir de son grand-père. Ces trois dernières sont en Aragon, en Sicile, et au royaume de Naples, toutes trois de Ferdinand le Catholique, les quatre rico-hombreries alors sont devenues grandesses sous Charles-Quint, et n'ont fait que passer d'un état et d'un nom à un autre.

On a vu, lorsque j'ai traité, t. III, p. 224 et suiv., des grands et de leur dignité, le soin qu'ils apportent de tout temps à faire un mystère de leur ancienneté et de leurs classes. Tous conspirent à vouloir cacher leurs différentes classes, qui,

---

1. Voy. t. III, p. 9.

en effet, ne sont sensibles que dans leur diplôme d'érection dans leur couverture, et dans le style de chancellerie à leur égard; et quant à l'ancienneté à laisser croire, en l'étouffant parmi eux, qu'ils viennent tous de ces anciens ricoshombres abolis par Charles-Quint, et transformés en grands d'Espagne, dont il imagina la dignité destituée de la puissance de celles des ricos-hombres qu'il abolit peu à peu en leur substituant la grandesse. J'ai tâché de pénétrer autant qu'il m'a été possible le secret de l'ancienneté. Il est vrai qu'il m'en est échappé une vingtaine sur cent douze grands, existant en 1722 que j'ai quitté l'Espagne, et qu'il y en a plusieurs autres, dont je n'ai pu fixer l'érection qu'avec incertitude, en disant vers telle année. Dans ces cas, je me suis réglé aux générations ou aux emplois le plus vraisemblablement qu'il m'a été possible, sans reculer ni avancer trop celui qui le premier a eu la qualité de grand d'Espagne, et dont les pères ne l'avoient pas. Et comme ces grandesses, dont les héritières femelles sont presque toutes capables, tombent quelquefois par elles à des grands postérieurs aux grandesses qu'elles leur apportent, j'ai eu soin de les marquer quand cela est arrivé, ce qui s'est trouvé rare.

Quand aux classes, je n'ai pu rien y démêler, sinon que Philippe II, comme je l'ai remarqué (t. III, p. 233), en traitant de la grandesse, n'a fait de grands que de la seconde classe. On voit assez au long, dans la première liste alphabétique des grandesses, ce qui regarde ceux qui les ont possédées. Je me contenterai, dans l'abrégé suivant, rangé, non plus par ordre alphabétique ni de titres, mais par l'ordre d'ancienneté que j'ai pu découvrir, [d'indiquer] pour qui érigées, et à qui tombées, sans m'y étendre davantage, ni rien répéter de ce qui se trouve dans la première liste alphabétique, sinon quelques légers suppléments.

ÉTAT DES GRANDS D'ESPAGNE, EXISTANT EN AVRIL 1722, SUIVANT CE QU'ON A PU DÉCOUVRIR DE DATES DE LEUR ANCIENNETÉ RESPECTIVE.

Ricos-Hombres, dont l'ancienne dignité trop multipliée, abrogée par Charles-Quint, et transmuée en celle de grand d'Espagne qu'il inventa, a passé sous ce prince en grandesse, sans nouvelle érection, les autres qui n'y passèrent pas, étant demeurées abolies, et les grands d'Espagne de Charles-Quint, et depuis.

HENRI II.

C'est le fameux comte de Transtamare, frère bâtard du roi Pierre le Cruel qui le vainquit, le tua, et fut élu roi de Castille en sa place, dont la couronne passa à sa postérité.

Medina-Coeli, comté 1368, duché 1491, par les rois catholiques. Il y a lieu de croire que cette érection en duché ne fut que pour une dénomination plus distinguée, parce qu'on ne peut pas douter que ce bâtard de Foix, qui eut l'honneur d'épouser l'héritière de Medina-Cœli, laquelle étoit vraiment La Cerda, et qui en fut fait comte, ne fût pas dès lors ricohombre. De cette race des bâtards de Foix, ce duché passa par l'héritière dans la maison de Figuerroa, en épousant le marquis de Priego, duc de Feria, deux fois grand d'Espagne, père du duc de Medina-Cœli que j'ai vu en Espagne, dont elle fut mère, et apporta les grandesses de Medina-Cœli, duché; Ségorbe, duché; Cardonne, duché; Alcala, duché; Denia, marquisat; Comarès, marquisat; Cogolludo, marquisat; San-Gadée, comté. Ces Figuerroa Medina-Cœli en ont encore accumulé plusieurs autres depuis.

HENRI III.

Benavente, comté 1398, pour J. Alph. Pimentel, d'où il n'est point sorti.

Amirante de Castille, charge héréditairement donnée par le même roi, vers 1400, à Alph. Enriquez, fils puîné de Frédéric, maître de l'ordre de Saint-Jacques, et frère jumeau du roi Henri II, fils bâtards tous deux du roi Alphonse XI, et de sa maîtresse Éléonore de Guzman. On ne peut, ce me semble, contester la qualité de rico-hombre à ce premier amirante. Jean II le fit comte de Melgar, vers 1438. Ces dignités ne sont point sorties de cette maison, non plus que celle de duc de Medina di Riosecco, ajoutée par Charles-Quint, 1520.

JEAN II.

Arcos, comte 1440, pour Pierre-Ponce de Léon, marquis, 1484, par les rois catholiques, duc par les mêmes, 1498, sans qu'Arcos soit jamais sorti de cette maison.

HENRI IV.

Lemos, comté 1457, pour Pierre Alvarez Ossorio, dont le fils eut un bâtard, la fille duquel le porta en mariage, mais un peu à la morisque, à Denis de Portugal, second fils du troisième duc de Bragance dans la postérité masculine [duquel] il est demeuré.

Medina-Sidonia, duché février 1460, pour J. Alph. de Guzman. Jean II l'en avoit fait duc en 1445, mais pour sa vie seulement. Henri IV l'étendit à toute sa postérité légitime, et même à son défaut à l'illégitime, suivant les mœurs morisques. Il est demeuré dans sa postérité masculine et légitime.

Miranda, comté vers 1460, pour Diego Lopez de Zuniga. L'héritière de Zuniga le porta vers 1670 à J. de Chaves y Chacon avec Peñeranda, duché érigé en 1621, par Philippe III, pour J. de Zuniga, devenu comte de Miranda, par son mariage avec sa nièce, héritière de Miranda. Ainsi, par soi et par elle, il fut deux fois grand d'Espagne. Mais ces doubles grands, soit de la maison de Zuniga, soit de celle de Chaves, ont toujours porté le nom et le titre de comte de Miranda plus ancien préférablement à celui de duc de Peñeranda, qui tous deux sont demeurés dans la maison de Chaves.

Albuquerque, duché 1464, pour Bertrand de La Cueva. Sa postérité masculine défaillit bientôt après, et l'héritière le porta en mariage à un François appelé Hugues Bertrand, qui prit le nom seul et les armes de La Cueva, et de ce mariage est issue toute la maison de La Cueva, d'où ce duché n'est point sorti.

Villena, marquisat 1468, pour J. d'Acuña y Pacheco, qu'il fit encore l'année suivante, 1469, duc d'Escalona. Henri IV étoit impuissant; Isabelle, sa sœur, voulut le faire déclarer tel, et lui succéder. Cela causa de grands troubles et des partis. Celui d'Isabelle déposa Henri IV en 1465. Il se soutint tant qu'il put, et continua à faire des actes valides de royauté. Isabelle, pour s'appuyer sur le trône de Castille, épousa en 1469, Ferdinand, roi d'Aragon, son cousin issu de germain par mâles sortis du roi Henri II. C'est eux qui se sont appelés les rois catholiques, du titre de roi catholique que Ferdinand obtint à Rome; et comme chacun d'eux gouvernoit son propre royaume avec indépendance l'un de l'autre, on prit l'habitude en Espagne, en parlant d'eux, de dire *les rois*. Cette façon de parler s'y est tellement établie qu'on y dit encore *les rois*, quand on y parle du roi et de la reine ensemble, quoique depuis fort peu de règne de Jeanne, fille d'Isabelle, et mère de Charles-Quint, les reines d'Espagne n'ont[1] rien gouverné que quand elles ont été veuves et régentes. Ce peu d'historique eût été mieux en sa place dans la précédente liste détaillée; j'ai mieux aimé en réparer ici l'oubli.

Henri IV étant mort en 1474, il y eut des prétentions du Portugal sur la Castille, et des troubles qui ne sont pas de mon sujet. J. d'Acuña y Pacheco qui avoit été favori d'Henri IV, et par conséquent peu attaché à Isabelle, sa sœur, qui de son vivant en vouloit à sa couronne, favorisa le Portugal, dont les efforts furent impuissants. La reine Isabelle l'en punit en lui ôtant le marquisat de Villena qui est en Castille, et l'unit à sa couronne, où il est toujours demeuré réuni, sans que la postérité masculine de ce J. d'Acuña y Pacheco en aient quitté la prétention, et le titre qu'ils ont toujours porté de préférence à celui de duc d'Escalone. On en voit encore d'autres à l'article de Villena dans la précédente liste détaillée. Cette même postérité masculine est encore en possession du duché d'Escalone, et du titre de Villena, sans le marquisat.

ALBE, duché, 1469, pour Garcias Alvarez de Tolède, et il est demeuré depuis dans cette maison. Jean II l'avoit donné en titre de comté dès 1430, à Guttiere-Gomez de Tolède, qui étoit évêque, comme on le voit en la précédente liste détaillée; le légua à son neveu, père de celui qui fut fait duc. La distance en est si courte que je n'ai pas cru m'y devoir arrêter, d'autant que cela a commencé par un évêque qui n'étoit pas dans le cas des ricos-hombres, ni par conséquent d'en communiquer la dignité aux siens. Ainsi, je me suis fixé à l'érection d'Albe en duché.

OÑATE, comté, 1469, pour Inigo Velez de Guevara. Il est sorti, puis rentré par des filles héritières, et demeuré enfin dans cette maison.

1. On a conservé le texte de Saint-Simon; les précédents éditeurs avaient changé *n'ont* en *n'aient*.

ROIS CATHOLIQUES.

INFANTADO, duché 1475, pour Diego Hurtado de Mendoza. Il passa enfin d'héritière en héritière par mariage, vers 1680, à Roderic de Silva, quatrième duc de Pastrane, prince d'Eboli, et est demeuré à leurs descendants masculins, qui ont tous porté le titre de duc del Infantado préférablement à celui de duc de Pastrane, comme plus ancien. On a vu, pages 381 et suiv., ce qui regarde Pastrane, omis ailleurs, parce que cette grandesse est sur la même tête que celle de l'Infantado.

OROPESA, comté 1475, pour Ferdinand de Tolède. Sa postérité masculine défaillit au cinquième comte d'Oropesa, dont la fille aînée porta ce comté avec d'autres biens en mariage à Édouard de Portugal, frère puîné de Théodose II de Portugal, père du duc de Bragance, ou du roi Jean IV de Portugal, en 1640, par la révolution de Portugal en sa faveur, qui en chassa les Espagnols. Ce comte d'Oropesa, par sa femme, s'alla établir en Espagne, où sa postérité masculine est demeurée avec le comté d'Oropesa. Il falloit que cette rico-hombrerie, devenue tout de suite grandesse sous Charles-Quint, n'eût pas été mise dans la première classe lorsque les classes furent inventées depuis et établies, puisqu'elle n'y fut mise que par Charles II, en août 1690, pour ce comte d'Oropesa qu'il exila depuis, qui, après être revenu à Madrid, à l'arrivée de Philippe V, en fut bientôt après exilé, qui se déclara pour l'archiduc, en 1706, qui mourut un an après à Barcelone, dont il a été parlé ici en plusieurs occasions, et dont le fils, comte d'Oropesa, est revenu depuis mon retour, et a épousé à Madrid une fille du comte de San-Estevan de Gormaz.

NAJERA, duché 1482, pour Pierre Manrique de Lara. D'héritières en héritières, A. de Guevara le porta en mariage à

Jos. Ossorio y Moscoso, frère cadet du comte d'Altamire, pendant que j'étois en Espagne.

Gandie, duché 1485, pour Pierre-Louis Llançol, dit Borgia, second fils bâtard du pape Alexandre VI, et père de saint François de Borgia. Ce duché s'est masculinement conservé dans cette maison.

Sessa, duché vers 1486, pour le grand capitaine Alphonse de Cordoue. Fr. de Cordoue, héritière, fit cession de ce duché et de ses autres biens, n'ayant point d'enfants, au fils de sa sœur cadette et unique, Ant. Folch de Cardonne, qui par là fut aussi duc de Baëna, et qui par son père étoit aussi duc de Somme. Ces grandesses se sont masculinement conservées dans cette maison.

Bejar, duché 1488, pour Alvare de Zuniga. Thérèse de Zuniga, héritière, porta ses biens et ce duché en mariage à Fr. de Sotomayor, cinquième comte de Belalcazar, en la postérité masculine duquel il est demeuré.

Frias, duché vers 1488, pour Bernardin-Fernandez de Velasco, second connétable de Castille, de sa maison, qui y rendit cette charge héréditaire. Son père avoit eu cette charge le premier de sa maison, en 1473, après six autres connétables; ainsi, n'ayant été qu'à vie jusqu'à son fils, j'ai cru ne devoir fixer son ancienneté qu'à l'érection du duché de Frias, qui est depuis masculinement demeuré à sa postérité.

Villafranca, marquisat 1490, pour Louis Pimentel. L'héritière de Pimentel porta ce marquisat et ses autres biens en mariage à Pierre Alvarez de Tolède, second fils du second duc d'Albe, dans la postérité masculine [duquel] il est demeuré, laquelle a depuis acquis par des héritières trois autres grandesses, qui sont les duchés de Montalte et de Vibonne, et le marquisat de Los Velez. Il étoit aussi duc de Ferrandine, mais Villafranca étant plus ancien que ces autres titres, il leur a préféré, ainsi que ses pères, de porter le nom de marquis de Villafranca.

CHARLES-QUINT.

EGMONT est sûrement de ce prince : je n'ai pu en découvrir la date. Il y a tout lieu de croire que ce roi des Espagnes n'oublia pas un aussi grand seigneur de ses sujets des Pays-Bas, lorsque, à l'occasion de son voyage d'Espagne en Allemagne pour y recevoir la couronne impériale, il prit son temps d'abolir l'ancienne dignité des ricos-hombres, d'imaginer et d'établir celles des grands d'Espagne qu'il y substitua, d'en faire en même temps des anciens ricos-hombres par une simple conservation et transmission d'une dignité à l'autre, en dégradant tacitement ceux d'entre eux qu'il ne conservoit pas par cette transition, et de leur associer en même temps des plus grands seigneurs à la nouvelle dignité de grands d'Espagne, qui n'avoient point été ricos-hombres, des uns et des autres, desquels, devenus grands d'Espagne, il se fit accompagner à son couronnement impérial, où il leur procura des distinctions, des rangs, et l'honneur de se couvrir en sa présence et au couronnement.

Cette grandesse est demeurée jusqu'à nos jours dans la maison d'Egmont qui s'est entièrement éteinte. La sœur du dernier comte d'Egmont, et dernier mâle, mort sans enfants, hérita de ses biens et de sa grandesse. Elle avoit épousé le duc de Bisaccia de la maison Pignatelli, dont il a été parlé plus d'une fois ici, et dont le fils prit le nom et les armes d'Egmont, et s'est établi en France par son mariage avec la seconde fille du duc de Duras, fils aîné et frère des maréchaux ducs de Duras.

VERAGUA, duché 1557, pour Diegue Colomb, fils du fameux Christophe. Ce duché passa par Isabelle Colomb, héritière, à son petit-fils Nuñez de Portugal, dans les descendants masculins duquel il est demeuré.

PESCAIRE, marquisat 1537, pour Alphonse d'Avalos, dans la postérité duquel cette grandesse est demeurée.

PHILIPPE II.

Ayétone, marquisat vers 1560, pour J. de Moncade, dans la postérité masculine duquel celte grandesse est toujours demeurée.

Ossuna, duché 1562, pour Pierre d'Acuña y Giron, dans la postérité masculine duquel cette grandesse est depuis demeurée.

Terranova, duché 1565, pour Charles Tagliavia. J. Tagliavia, héritière, porta ses biens et cette grandesse en mariage à Hector Pignatelli en 1679. Leur fils aîné épousa la fille héritière du septième duc de Montéléon, Pignatelli aussi, dont la grandesse étoit de Philippe III, en 1613. Ces deux grandesses sont demeurées dans leur postérité masculine; et depuis, ces grands ont préféré de porter le nom de duc de Montéléon, comme venant de leur maison, à celui de duc de Terranova, plus ancien, mais leur venant par femme.

Santa-Cruz, marquisat 1582, pour Alvare Bazan, général de la mer, aussitôt après sa victoire navale et l'horrible massacre de sang-froid qu'il fit de tous les prisonniers françois dans l'île de Saint-Michel, juillet 1582. Cette grandesse, d'héritière en héritière, tomba enfin à François Diaz de Benavidez, mort en 1680, père de celui que j'ai vu en Espagne.

Aranda, comté 1590, pour Antoine Ximénès d'Urrea. Cette grandesse passa par la maison d'Heredia, dont l'héritière la porta en mariage à Guillaume de Roccafull, dans la postérité masculine duquel elle est demeurée.

PHILIPPE III.

Uzeda, duché vers 1610, pour Fr. Gomez de Sandoval, fils aîné du duc de Lerme, premier ministre, et mort avant lui, dont l'héritière, après diverses générations, quoique cadette, et je n'ai pu découvrir la cause de ce partage, porta la grandesse d'Uzeda en mariage à Gaspard d'Acuña y Tellez-Giron, qu'on a vu ici ambassadeur d'Espagne à Rome, à la mort de Charles II, qui fit très-bien à l'avénement de Philippe V, et qui, étant encore son ambassadeur à Rome, se jeta dans le parti de l'archiduc, où il est mort et a laissé un fils.

Peñeranda, comté vers 1511, pour Alphonse de Braccamonte, qui par l'héritière de Braccamonte, a été porté en mariage à Pierre-Fernandez de Velasco, deuxième marquis del Fresno. J'ignore par quelle difficulté, en la transmission de cette grandesse, ce même Pierre-Fernandez de Velasco a été fait grand d'Espagne par Charles II, d'abord à vie, puis pour celle aussi de son fils. C'est une difficulté dont je n'ai pas été éclairci, car les Braccamonte, comtes de Peñeranda ont été certainement grands d'Espagne à ce titre, et de la date ci-dessus de Philippe III.

Mondejar, marquisat vers 1612, pour Inigo Lopez de Mendoza. Cette grandesse passa en plusieurs maisons par des filles héritières. Celle de Cordoue la porta enfin en mariage à Gaspard Ivannez, comte de Tendilla, qui en prit le nom, fit sa couverture en 1678, et a laissé un fils, marquis de Mondejar, que j'ai vu à Madrid.

Hijar, duché 1614, pour J. Chr. L. Fernandez d'Hijar, arrière-petit-fils de mâle en mâle de J. Fernandez, seigneur d'Hijar, en faveur duquel ce duché avoit été érigé en 1483, et n'avoit point passé en grandesse sous Charles-Quint. De filles en filles héritières il tomba dans la maison de Silva, dont l'héritière le porta en mariage, à la fin de 1688, à Frédéric de Silva, marquis d'Orani, son cousin, de même maison, dans la postérité masculine duquel il est demeuré.

Havré, duché vers 1616, pour Ch. Alex. de Croï, de la branche d'Arschot. Sa fille unique porta ses biens et sa grandesse à P. Fr. de Croï, second fils de Ph. de Croï, comte

comte de Solre, qui prit le nom de duc d'Havré, et cette grandesse est demeurée en sa postérité masculine.

Sulmone, principauté vers 1521, pour un Borghèse, fils du frère du pape Paul V, à qui cette grandesse ne put être refusée, et qui est demeurée dans cette postérité masculine.

Los Balbazès, marquisat 1621, pour le fameux Ambroise Spinola, dans la postérité masculine duquel cette grandesse s'est conservée, avec celle du duc del Sesto, par le mariage de la fille héritière de Paul Doria, duc del Sesto; mais ils ont toujours préféré de porter le titre propre de leur maison à celui de duc del Sesto.

PHILIPPE IV.

Altamire, comté 1621, pour Gaspard Ossorio y Moscoso, dans la postérité masculine duquel cette grandesse s'est conservée. Gaspard étoit pourtant le septième comte d'Altamire lorsqu'il obtint de Philippe IV la grandesse, dont ses pères étoient déchus, qui l'avoient eue par l'héritière d'Ulloa y Moscoso. Cette rico-hombrerie, érigée pour Lopez d'Ulloa y Moscoso, dans les fins du règne de Jean II, vers 1452, n'étoit pas passée en grandesse sous Charles-Quint, et étoit ainsi demeurée dégradée.

Abrantès, duché vers 1625, pour Alphonse d'Alencastro, issu par mâles de Georges, bâtard de Jean II, roi de Portugal, dans la postérité masculine duquel cette grandesse est demeurée avec celle de Liñarès, par le mariage du deuxième duc d'Abrantès avec l'héritière de Noroña y Silva, fille de Ferdinand duc de Liñarès.

Bisignano, principauté 1626, pour Louis de San-Severino, dans la postérité masculine duquel cette grandesse est demeurée.

Castel-Rodrigo, marquisat vers 1629, pour Chr. de Moura, qui avoit été premier vice-roi de Portugal, et c'est ce qui me fait craindre de m'être trompé, et qu'encore qu'il fût fort vieux quand il fut fait grand d'Espagne, il ne le soit de Philippe III. Quoi qu'il en soit, son fils et son petit-fils lui succédèrent et furent l'un après l'autre gouverneurs généraux des Pays-Bas. La fille héritière du dernier épousa, à la fin de 1678, Charles Homodeï, marquis d'Almonacid, qui devint marquis de Castel-Rodrigo, et en prit le nom, mais qui ne put faire sa couverture qu'un an après, sur les difficultés qu'il essuya; je n'ai point su sur quoi fondées. Il n'eut point d'enfants, et perdit sa femme dont hérita sa sœur cadette, qui avoit épousé Gilbert Pio, mère du prince Pio, que j'ai vu en Espagne, qui recueillit la grandesse après elle, sans préjudice du rang et des honneurs restés personnellement au marquis d'Almonacid avec, sa vie durant, le nom et le titre de marquis de Castel-Rodrigo.

TORRECUSA, marquisat vers 1630, pour Ch. André Carraccioli, dont la grandesse est masculinement demeurée à sa postérité.

COLONNE, principauté, connétable héréditaire du royaume de Naples vers 1632, pour Laurent-Onuphre, septième connétable Colonne. Cette grandesse est demeurée dans sa postérité masculine.

CAMARAÇA, marquisat vers 1635, pour Diego de Los Cobos, dans la maison duquel cette grandesse s'est conservée.

AGUILAR, comté janvier 1640, pour Jean-Ramirez d'Arellano. Il épousa Anne-Marie, fille unique de J. de Mendoza, premier marquis d'Hinoyosa qu'elle lui apporta, et fut ainsi doublement grand d'Espagne, comme comte d'Aguilar et marquis d'Hinoyosa. Lui et les siens ont préféré au titre d'Hinoyosa celui d'Aguilar, dont il étoit huitième comte. J. Ramirez d'Arellano eut Aguilar du roi Jean Ier, en 1681. Il étoit rico-hombre de Castille. Son petit-fils, Alph. Ram. d'Arellano en fut fait comte en 1475, par les rois catholiques, et jouit des honneurs de la grandesse ou rico-hombrerie d'alors. Mais n'ayant point passé en grandesse sous Charles-Quint, elle demeura abrogée jusqu'au rétablissement qui vient d'être expliqué. Celui qui fut rétabli ne laissa qu'une fille qui épousa, en 1670, Emmanuel Manrique de Lara, deuxième marquis de Frigilliane à qui elle apporta ces deux grandesses, et qui a laissé un fils, comte d'Aguilar, que j'ai vu à Paris, et depuis en Espagne. C'est de ce père et de ce fils qu'il est parlé ici à plusieurs reprises.

AREMBERG, duché vers 1650, pour Ph. Fr. de Ligne, fils aîné de Ph. Ch. de Ligne, de la branche de Barbançon, prince d'Aremberg, chevalier de la Toison d'or, mort à Madrid en 1640, et de sa deuxième femme Is. de Barlaymont. Ph. Fr., premier duc d'Aremberg, et fait grand d'Espagne, fut chevalier de la Toison, général des mers des Pays-Bas espagnols, gouverneur du Hainaut et de Valenciennes, et capitaine des archers de la garde bourguignonne de Philippe IV, et de Charles II, en Flandre, où il mourut sans postérité en 1674. Ses biens et sa grandesse passèrent à Ch. Eugène, son frère, dans la postérité masculine duquel elle est demeurée, mais passée et retournée au service de la maison d'Autriche, depuis que les Pays-Bas espagnols sont rentrés sous son obéissance. J'ai voulu suppléer ici à la négligence de cet article dans le précédent état détaillé.

LIGNE, principauté 1660, pour Cl. Lamoral de Ligne, grand-père de celui qui existoit lorsque j'étois en Espagne, qui a postérité masculine, et est à Bruxelles au service de l'empereur. Il est de Philippe IV.

CHARLES II.

FUENSALIDA, comté 1670, pour Bernardin de Velasco y Rojas et Cardonne. Cette grandesse s'est conservée dans sa postérité masculine.

SAINT-PIERRE, duché 1675, pour Fr. M. Spinola. Cette grandesse est demeurée dans sa postérité masculine.

PALMA, comté juillet 1679, pour L. Ant. Th. Bocanegra y Portocarrero. Louis Bocanegra y Portocarrero avoit été fait comte de Palma par la reine Jeanne, 1507, mais cette rico-hombrerie n'ayant point passé en grandesse sous Charles-Quint, fils de cette reine, demeura abrogée. Depuis le rétablissement de cette grandesse, elle est demeurée dans la postérité masculine de celui qui l'a obtenue.

Nevers, 1680, pour J. B. Spinola, dont la fille aînée l'a porté en mariage, en 1709, à L. J. Fr. Mancini, dit Mazzarini, fait depuis duc et pair de Nevers.

Santo-Buono, principauté 1684, pour Matthieu Carraccioli. Cette grandesse est demeurée dans sa postérité masculine.

Surmia, principauté vers 1686, pour Odeschalchi, neveu du pape Innocent XI. Cette grandesse est encore dans les mâles de cette famille.

Giovenazzo, duché 1690, pour del Giudice, mais pour trois vies ou générations seulement. Cette troisième génération est la fille unique du prince de Cellamare plus connu, et dont il a été tant parlé ici sous ce nom. Elle étoit dans un couvent à Rome. Je ne sais qui elle a épousé.

Liñarès, duché 1692, pour de Noroña, dont la fille unique l'a porté au deuxième duc d'Abrantès qui, par un moyen ou grâce, à moi inconnu, a divisé ces deux grandesses entre ses fils ou petits-fils.

Baños, comté 1692, pour Pierre, dit de La Cerda y Leyva, mais branche cadette des ducs de Medina-Cœli, bâtards de Foix, dont la fille héritière épousa, en 1693, Emmanuel de Moncade, frère du marquis d'Ayétone, dont ce comte de Baños n'a eu qu'une fille point mariée, lorsque j'étois en Espagne. Je n'ai point appris depuis à qui elle aura porté sa grandesse.

Parédes, comté 1692, pour Th., marquis de La Laguna, frère du huitième duc de Medina-Cœli. En 1689, il avoit été fait grand à vie; ce ne fut que trois ans après qu'il le fut fait à toujours, et cette grandesse est demeurée dans sa postérité masculine. C'est une rico-hombrerie érigée par

Henri IV, 1452, pour Roderic Manrique, qui, n'ayant point passé en grandesse sous Charles-Quint, demeura abrogée, et dont la terre passa par des héritières de maison en maison jusqu'à l'épouse de ce marquis de La Laguna, qui obtint la grandesse, et prit le nom de comte de Parédes.

Lamonclava, comté vers 1693, pour Melchior Bocanegra y Portocarrero, dont la grandesse est demeurée dans sa postérité masculine.

San-Estevan del Puerto, comté 1696, pour Fr. Benavidez, dont la grandesse est demeurée dans sa postérité masculine.

Montalègre, marquisat octobre 1697, pour Martin-Dominique de Guzman, qui a des fils.

Los Arcos, comté octobre 1697, pour Joachim Figuerroa y Laso de La Vega, qui a des fils.

Montijo, comté 1697, pour d'Acuña y Portocarrero. On a parlé ailleurs de son fils que j'ai vu en Espagne, et qui a postérité masculine.

Baños, duché 1698, pour Ponce de Léon, frère du duc d'Arcos, établi depuis en Portugal dans ses biens maternels.

Castromonte, marquisat 1698, pour Jean Bæza, a postérité masculine.

Castiglione, principauté 1699, pour Thomas d'Aquino que nous prononçons d'Aquin.

Ottaïano, principauté 1700, pour Joseph de Medicis qui a postérité masculine.

PHILIPPE V.

Castel dos Rios, marquisat 1700, avant partir de Versailles, pour de Semmenat, ambassadeur d'Espagne en France, à la mort de Charles II. C'est le premier qui reconnut et baisa la main de Philippe V, qui, par le conseil du roi son grand-père le fit grand de la première classe à Versailles, et l'y fit couvrir comme grand d'Espagne la première fois devant lui, pour lui tenir lieu d'avoir fait sa couverture. Sa grandesse subsiste dans sa postérité masculine.

Mortemart, duché 1701. En arrivant à Madrid, une des premières choses que fit Philippe V, fut de faire grand d'Espagne de la première classe le duc de Beauvilliers, son gouverneur. Cette grandesse passa au duc de Mortemart, par le mariage de sa fille unique, et s'est éteinte depuis mon retour par la mort de la duchesse de Mortemart et de toute sa postérité.

Estrées, comté 1702, pour le comte d'Estrées qui passa le roi d'Espagne de Barcelone à Naples, étant vice-amiral de France. Longtemps depuis mon retour, il est mort duc, pair et maréchal de France, sans postérité, et sa grandesse est demeurée éteinte.

Liria, duché 1704, pour Fitzjames, duc de Berwick, à qui peu après son fils fut adjoint en la même grandesse, pour en jouir avec les mêmes rang, honneurs, etc., que lui. Il prit alors le nom de duc de Liria. Cette grandesse est dans sa postérité masculine établie en Espagne.

Gravina, duché 1704, pour le chef de la maison des Ursins. Cette grandesse est demeurée dans sa postérité masculine.

Bedmar, marquisat 1704, à la prière du roi pour Bertrand La Cueva, commandant général des Pays-Bas espagnols. Cette grandesse, faute de mâles, passe à son gendre, second fils du marquis de Villena, qui s'appelle le marquis de Moya, et qui prendra le nom de marquis de Bedmar.

Tessé, comté 1704, pour de Froulay, comte de Tessé, maréchal de France. Cette grandesse est demeurée dans sa postérité masculine.

La Mirandole, duché 1705, pour Pico. Cette grandesse est demeurée dans sa postérité masculine.

Atri, duché 1706, pour Acquaviva, frère du cardinal Acquaviva, chargé des affaires d'Espagne à Rome. Son fils l'étoit du temps que j'étois en Espagne. Il étoit lors en Italie et a postérité masculine.

Chimay, principauté 1706, pour Hennin-Liétard, chevalier de la Toison d'or de Charles II. Il a été mon gendre, est mort sans enfants. Sa grandesse a passé à son frère, mort aussi depuis, et au fils qu'il a laissé, et qui s'établit en France.

Monteillano, duché 1707, pour de Solis. Cette grandesse est demeurée dans sa postérité masculine.

Priego, comté 1707, pour de Cordoue. Sa fille unique a épousé Lanti, dit de La Rovère; elle est morte devant son père et n'a laissé qu'une fille. Le père déchu par là de cette grandesse que sa femme n'a point eue, a été fait grand à vie, sous le nom de duc de S.-Gemini, et a marié sa fille, avec la grandesse, au second fils de la duchesse d'Havré, sa sœur, Croï, qui s'établit en Espagne et prend le nom de comte de Priego, tout cela longtemps depuis mon retour d'Espagne.

Noailles, comté 1711, pour le duc de Noailles qui, longtemps depuis, a obtenu de faire passer sa grandesse à son second fils qui en jouit et a postérité masculine.

Popoli, duché 1711, pour Cantelmi. Cette grandesse est demeurée dans sa postérité masculine.

Masseran, principauté 1712, pour Ferreiro. Cette grandesse est demeurée dans sa postérité masculine.

Richebourg, marquisat 1712, pour de Melun. Éteinte, n'ayant laissé que deux filles non mariées, et qui n'ont point voulu l'être, et hors d'âge d'avoir postérité.

Chalais, principauté 1713, pour de Talleyrand. Sa fille unique a épousé un fils de son frère.

Robecque, principauté 1713, pour de Montmorency. Son frère, faute de postérité, et appelé, a recueilli cette grandesse, et a laissé un fils, qui en jouit et a des garçons.

Maceda, comté 1714, pour Lanços. Cette grandesse est demeurée dans sa postérité masculine.

Solfarino, duché 1714, pour Gonzague. Cette grandesse est demeurée dans sa postérité masculine.

San-Estevan de Gormaz, comté 1715, pour Acuña y Pacheco, fils aîné du marquis de Villena, duc d'Escalona, qui a postérité masculine.

Bournonville, duché 1715, pour *idem* non marié, a fait longtemps depuis passer sa grandesse et sa charge de capitaine de la compagnie des gardes du corps wallons, au fils d'un de ses frères.

Villars, duché 1716, pour le maréchal duc de Villars. Son fils unique n'a qu'une fille unique, mariée au comte d'Egmont.

Lede, marquisat 1717, pour Bette. Cette grandesse est demeurée dans sa postérité masculine.

Saint-Michel, duché 1718, pour Gravina. Il a des fils, et s'est fait depuis cardinal.

Del Arco, duché 1718, sans enfants. Je ne sais à qui cette grandesse est allée.

Saint-Simon, comté janvier 1722, pour le duc de Saint-Simon et le marquis de Ruffec, son second fils conjointement.

Arion, duché 1722, pour Sotomayor y Zuniga. Je ne sais à qui cette grandesse est allée, car il n'a point été marié.

Il faut maintenant donner une liste toute simple des grands d'Espagne, dont la date est ou nettement ou suffisamment reconnue, en marquant les anciennes rico-hombreries que Charles-Quint fit passer tout de suite en grandesses, sans érection, et celles qui, ayant été abrogées par le même prince d'une manière tacite, mais très-réelle, en ne les faisant point passer en grandesses, ce qui de fait les dépouilla pour toujours de leurs rangs, honneurs et distinctions, sont redevenues grandesses, mais par des érections faites par les rois successeurs de Charles-Quint, ce qui fixe leur ancienneté parmi les grands, sans la remonter à celle des rico-hombreries abrogées, mais les réduisant à la date de l'érection de leurs grandesses. Si on veut voir leurs dates et de quels rois, si on veut voir leurs maisons et si les possesseurs actuels sont héritiers de mâle en mâle, ou par des filles héritières, ou eux-mêmes impétrants de ces grandesses, c'est ce qui se trouve exactement et différemment détaillé dans les deux précédents états des grands d'Espagne. On fera suivre la liste qu'on va donner des grands, suivant leur ancienneté connue ou justement présumée, d'une autre liste toute nue, par titres et par ordre alphabétique, des grands dont on n'a pu connoître ni présumer les dates d'érection, non plus que de la plupart de ceux-là aucune autre chose, desquels le grand nombre est d'Italiens jamais sortis d'Italie.

Si, au lieu de cent douze grands d'Espagne, il s'en trouve cent treize dans ces deux listes jointes ensemble, c'est que le marquis de Mancera avoit été oublié. Je l'ai dans la liste des marquis grands d'Espagne de la main du duc de Veragua. J'avouerai de plus que j'ai oublié quel il est. Le duc de Veragua a écrit Portocarrero à côté de son nom, mais je n'en suis pas plus avancé, parce que c'est peut-être le nom de l'héritière qui a apporté cette grandesse. Le marquis de Mancera, qui s'appeloit Antoine-Sébastien de Tolède, deuxième marquis de Mancera, fut fait grand d'Espagne en mai 1692, par Charles II. Il fut ambassadeur à Venise et en Allemagne, vice-roi de la Nouvelle-Espagne, majordome-major de la reine mère de Charles II, enfin conseiller d'État. C'est lui dont il [a] été parlé plus d'une fois par la fidélité et l'attachement qu'il signala pour Philippe V d'une façon si éclatante, et dont la singularité de ne manger jamais de pain, ni rien qui en tînt lieu, a été aussi expliquée. Il mourut en 1711, à l'âge de cent sept ans, ayant jusqu'alors conservé sa tête entière et toute sa santé. Charles II l'avoit fait grand seulement à vie, Philippe V le fit pour toujours, et je n'en sais pas la date. Il ne pouvoit moins faire pour lui. Il ne laissa qu'une fille, peut-être grand'mère lorsqu'il mourut. J'ai donc ignoré ou oublié le mariage de cette fille, et ce qui s'en est suivi. Je n'ai point vu de marquis de Mancera tant que j'ai été en Espagne, tellement que je réserve ce titre pour la liste des grands dont la date et souvent les personnes me sont demeurées inconnues.

LISTE SIMPLE DES GRANDS D'ESPAGNE, SUIVANT LEUR ANCIENNETÉ, NETTEMENT OU SUFFISAMMENT RECONNUE, EN MARQUANT CEUX QUI D'ABORD OU DEPUIS SONT ISSUS DES ANCIENS RICOS-HOMBRES, ABROGÉS PAR CHARLES-QUINT, QUI SUBROGEA A CETTE ANCIENNE DIGNITÉ LA NOUVELLE DES GRANDS ET CEUX QUI ONT PLUSIEURS GRANDESSES[1].

12 Le duc de Medina-Cœli.
Le comte de Benavente.
2 L'amirante de Castille, comte de Melgar, duc de Medina di Riosecco.
6 Le duc d'Arcos.
Le comte de Lemos.
2 Le duc de Medina-Sidonia.
2 Le comte de Miranda.
Le duc d'Albuquerque.
3 Le marquis de Villena, duc d'Escalona.
9 Le duc d'Albe.
Le comte d'Oñate.
5 Le duc del Infantado.
Le comte d'Oropesa.
Le duc de Najara.
Le duc de Gandie.
3 Le duc de Sessa.
Le duc de Bejar.
3 Le duc de Frias, connétable de Castille.

On voit ci-devant à leurs titres pourquoi l'amirante et le connétable de Castille sont ici différemment qualifiés.

4 Le marquis de Villafranca.

Tous ces grands ont passé sous Charles-Quint directement de la dignité de ricos-hombres à celle de grand d'Espagne sans érection.

Ceux dont la dignité de ricos-hombres est demeurée abrogée par le fait lors de ce changement de Charles-Quint, et qui depuis ont été faits grands d'Espagne, seront marqués à côté de leurs noms par ces deux lettres R-H.

Le comte d'Egmont.
Le duc de Veragua.
2 Le marquis de Pescaire. R.-H.
3 Le marquis d'Ayétone. R.-H.
Le duc d'Ossone.
2 Le duc de Montéléon et de Terranova.
Le marquis de Santa-Cruz.
2 Le comte d'Aranda.
Le duc d'Uzeda.
Le comte de Peñeranda.
Le marquis de Mondejar.
2 Le duc d'Hijar. R.-H.
Le duc d'Havré.

1. Les chiffres indiquent le nombre des grandesses.

QUELQUES ÉCLAIRCISSEMENTS.

Le prince de Sulmone.
3 Le marquis de Los Balbazès.
5 Le comte d'Altamire. R.-H.
Le duc d'Abrantès.
Le prince de Bisignano.
Le marquis de Castel-Rodrigo.
Le marquis de Torrecusa.
Le connétable Colonne.
Le marquis de Camaraça.
3 Le comte d'Aguilar. R.-H.
2 Le duc d'Aremberg.
Le prince de Ligne.
Le comte de Fuensalida.
Le duc de Saint-Pierre.
Le comte de Palma. R.-H.
Le duc de Nevers.
Le prince de Santo-Buono.
Le prince de Surmia.
Le duc de Giovenazzo.
Le duc de Liñarez.
Le comte de Baños.
2 Le comte de Paredes. R.-H.
Le comte de Lamonclava.
Le comte de San-Estevan del Puerto. R.-H.
Le marquis de Montalègre.
Le comte de Los Arcos.
Le comte de Montijo.
Le duc de Baños.
Le marquis de Castromonte.
Le prince de Castiglione.

Le prince d'Ottaïano.
Le marquis de Castel dos Rios.
Le duc de Mortemart, éteint.
Le maréchal d'Estrées, éteint.
Le duc de Liria.
Le duc de Gravina.
Le marquis de Bedmar.
Le maréchal de Tessé.
Le duc de La Mirandole.
Le duc d'Atri.
Le prince de Chimay.
Le duc de Monteillano.
Le comte de Priego.
Le duc de Noailles.
Le duc de Popoli.
Le prince de Masseran.
Le marquis de Richebourg, éteint.
Le prince de Chalais.
Le prince de Robecque.
Le comte de Maceda.
Le duc de Solferino.
Le comte de San-Estevan de Gormaz.
Le duc de Bournonville.
Le maréchal duc de Villars.
Le marquis de Lede.
Le duc de Saint-Michel.
Le duc del Arco.
Le marquis de Ruffec.
Le duc d'Arion.

LISTE SIMPLE DES GRANDS D'ESPAGNE DONT J'IGNORE LES DATES D'ÉRECTION ET BEAUCOUP D'AUTRES CONNOISSANCES, PAR ORDRE ALPHABÉTIQUE ET PAR TITRES.

Les ducs d'Atrisco.
 Doria.
 2 Licera.
 Tursis.

Les princes de Butera.
 Cariati.
 Doria.
 Melphe.

Les princes de Palagonia.   Le marquis de Visconti.
          Sermonetta.   Les comtes d'Atarès.
Les marquis d'Arizza.   Castrillo.
          Clarafuente.   Parcen.
          Laconi.   Peralada.
          Mancera.   Salvatierra.
          Tavara.   Visconti.

FIN DU DIX-HUITIÈME VOLUME.

TABLE DES CHAPITRES

DU DIX-HUITIÈME VOLUME.

Chapitre premier. — Le roi commence à monter à cheval et à tirer. — L'Espagne remet la Sicile à l'empereur, et le roi de Sicile devient roi de Sardaigne. — Mariage du duc d'Albret avec Mlle de Gordes. — Suite de ses mariages. — Fortune prodigieuse de M. et de Mme de Beauvau par le duc de Lorraine. — Pension de dix mille livres à la nouvelle duchesse d'Albret. — Survivance du gouvernement de Franche-Comté au duc de Tallard, et de sous-gouverneur du roi au fils aîné de Saumery. — Mariage de M. de Mailloc avec une fille de la maréchale d'Harcourt. — Duc de Noailles s'accommode avec Bloin, pour son second fils, de la survivance d'intendant des ville, châteaux et parcs de Versailles et de Marly. — M. le comte de Charolois et le maréchal de Montesquiou entrent au conseil de régence. — Mort de Mme de Coetquen, et curiosités sur elle. — Chabot. — Mort et caractère de l'abbé de Chaulieu. — Mort de Sousternon. — Arrêt du conseil du 22 mai 1720, qui manifeste le désordre des actions de la banque, et qui a de tristes suites. — Malice noire d'Argenson. — Mouvements du parlement. — L'arrêt est révoqué, dont l'effet entraîne à la fin la perte de Law. — Conduite de l'abbé Dubois à l'égard de Law. — M. le duc d'Orléans me confie, et à deux autres avec moi, l'arrêt avant de le donner. — Je tâche en vain de l'en détourner. — Conduite du parlement et de M. le duc d'Orléans. — Arrêt qui révoque au bout de six jours celui du 22 mai. — Law est ôté du contrôle général des finances. — Beuzwaldt, avec seize Suisses, en garde chez lui. — Il voit le régent après un refus simulé; travaille avec lui et en est traité avec la bonté ordinaire. — La garde se retire de chez lui. — L'agio est transféré de la rue Quincampoix en la place de Vendôme. — M. le duc d'Orléans me veut donner les sceaux, et m'en presse deux jours durant. — Je tiens ferme à les refuser. — Law et le chevalier de Conflans envoyés sonder et persuader le chancelier. — Ils réussissent et le ramènent de Fresnes. — Les sceaux redemandés à Argenson et rendus au chancelier. — Retraite d'Argenson en très-bon ordre et fort singulière.................. 1

Chapitre II. — Conférence de finance singulière au Palais-Royal. — Création de rentes à deux et demi pour cent enregistrées. — Diminution des espèces. — Des Forts presque contrôleur général. — Les quatre frères Pâris exilés. — Papiers publics solennellement brûlés à l'hôtel de ville.

— Caractère de Trudaine, prévôt des marchands. — **M.** le duc d'Orléans m'apprend sa résolution d'ôter le prévôt des marchands, de mettre Châteauneuf en sa place, de chasser le maréchal de Villeroy et de me faire gouverneur du roi ; à quoi je m'oppose avec la dernière force, et je l'emporte : mais il ne me tient parole que sur le dernier. — Trudaine remercié. — Châteauneuf prévôt des marchands. — Trudaine et le maréchal de Villeroy sont tôt informés au juste de tout ce tête-à-tête, sans qu'on puisse imaginer comment, et avec des sentiments bien différents l'un de l'autre. — Conduite étrange du maréchal de Villeroy. — Il est visité par les harengères dans une attaque de goutte. — Emplois des enfants d'Argenson. — Baudry lieutenant de police. — M. le duc d'Orléans renvoie gracieusement les députés du parlement au chancelier. — Arrêt célèbre sur les pierreries. — Sutton succède à Stairs. — Courtes réflexions. — Continuation de la brûlerie par le nouveau prévôt des marchands. — Édit pour rendre la compagnie des Indes, connue sous le nom de Mississipi, compagnie exclusivement de commerce. — Effets funestes de cet édit. — Gens étouffés à la banque. — Le Palais-Royal menacé. — Law insulté par les rues ; ses glaces et ses vitres cassées. — Il est logé au Palais-Royal. — Le parlement refuse d'enregistrer l'édit. — Ordonnance du roi étrange. — Précautions ; troupes approchées de Paris. — Conférence au Palais-Royal entre M. le duc d'Orléans et moi. — Petit conseil tenu au Palais-Royal. — Impudence de Silly. — Translation du parlement à Pontoise. — Effronterie du premier président, qui tire plus de trois cent mille livres de la facilité de M. le duc d'Orléans, pour le tromper, s'en moquer, et se raccommoder avec le parlement à ses dépens. — Le parlement refuse d'enregistrer sa translation, puis l'enregistre en termes les plus étranges. — Arrêt de cet enregistrement. — Conduite du premier président. — Dérision du parlement à Pontoise, et des avocats pareille. — Foule d'opérations de finance. — Des Forts en est comme contrôleur général. — Profusion de pensions. — Maréchal de Villars cruellement hué dans la place de Vendôme. — L'agiotage qui y est établi transporté dans le jardin de l'hôtel de Soissons. — Avidité sans pareille de M. et de Mme de Carignan. — Law, retourné du Palais-Royal chez lui, fort visité. — Les troupes approchées de Paris renvoyées. — Peste de Marseille................ 21

CHAPITRE III. — Déclaration pour recevoir la constitution *Unigenitus* lue au conseil de régence sans prendre là-dessus les avis de personne. — Mort, fortune et caractère du chevalier de Broglio. — Comte de Saxe entre au service de France ; fait presque aussitôt maréchal de camp. — Mariage d'Alincourt et de Mlle de Boufflers. — Cellamare, ou le duc de Giovenazzo, disgracié depuis son retour, rappelé à la cour d'Espagne et bien traité. — La place du parlement absent laissée vide par les autres cours à la procession de l'Assomption. — Le parlement refuse d'enregistrer la déclaration en faveur de la constitution *Unigenitus*. — Le régent la porte au grand conseil, y fait trouver les princes du sang, les ducs et pairs et maréchaux de France, me prie de ne m'y point trouver, et l'y fait enregistrer à peine. — Nullité de cet enregistrement. — Mort et caractère de La Brue, évêque de Mirepoix ; de l'évêque-comte de Châlon, frère du cardinal de Noailles ; de Heinsius, pensionnaire de Hollande. — Hoornbeck, pensionnaire de Rotterdam, fait pensionnaire de Hollande. — Mort de Saint-Olon. — Mort de Mme Dacier. — Mort, extraction, fortune, famille, caractère et Mémoires de Dangeau. — Raisons de s'y étendre. — Duc de Chartres grand maître des ordres de Notre-Dame du mont Carmel et de Saint-Lazare. — Mort du duc de Grammont; son nom et ses armes. Mort de Mme de Nogent, sœur du duc de Lauzun. — Réflexion..... 47

Chapitre IV. — Lede, fait grand d'Espagne, est victorieux en Afrique. — Mortification du cardinal del Giudice à Rome, dépouillé de la protection d'Allemagne en faveur du cardinal d'Althan, qu'il courtise bassement. — Princesse des Ursins à Rome pour toujours, où elle est considérée. — Barbarigo, Borgia et Cienfuegos faits cardinaux; quels. — Saint-Étienne de Caen au cardinal de Mailly. — La survivance des gouvernements du duc d'Uzès à son fils. — Voyage et retour à Paris de la duchesse d'Hanovre. — Sa nullité à Vienne; son changement de nom; son état ambigu et délaissé à Paris. — Nouveautés étranges, mais sans suite à son égard. — La Houssaye contrôleur général; quel. — Triste fin et mort de Guiscard. — Mort et caractère de Caumartin. — Époque du velours en habits ordinaires pour les gens de robe. — Le parlement enregistre la déclaration pour recevoir la constitution, et revient à Paris. — Chambre établie aux Grands-Augustins pour vider force procès. — Mariage du duc de Lorges avec Mlle de Mesmes. — Mariage du duc de Brissac avec Mlle Pécoil. — Mort étrange du vieux Pécoil. — Ambassadeur du Grand Seigneur en France. — Congrès de Cambrai inutile. — Saint-Contest et Morville y vont ambassadeurs plénipotentiaires. — Sage pensée du cardinal Gualterio. — Maulevrier-Langeron en Espagne. — Law sort enfin du royaume. — Son caractère; sa fin; sa famille........................ 67

Chapitre v. — Année 1721. — Chaos des finances. — Retraite de Pelletier de Sousy. — Conseil de régence curieux sur les finances et la sortie de Law du royaume. — Réflexions sur ce conseil de régence. — Prince de Conti débanque Law. — Continuation de ce conseil de régence, orageux entre le régent et M. le Duc, à l'occasion de la retraite de Law. — M. le duc d'Orléans veut de nouveau ôter au maréchal de Villeroy la place de gouverneur du roi et me la donner. — Il s'y associe M. le Duc. — Je refuse. — Le combat dure plus d'un mois. — Je demeure si ferme, que le maréchal de Villeroy conserve sa place auprès du roi, faute de qui la remplir. — Sa misère là-dessus. — Le maréchal de Villeroy découvre le péril qu'il a couru pour sa place. — Il ne me pardonne pas d'avoir pu la remplir, si je l'avois voulu. — Je le méprise..................... 85

Chapitre vi. — Forte conversation entre M. le duc d'Orléans et moi, qui ébranle l'abbé Dubois fortement, mais inutilement. — Foiblesse étrange de M. le duc d'Orléans, qui dit tout à l'abbé Dubois, se laisse irriter contre moi jusqu'à me faire de singuliers reproches, dont à la fin il demeure honteux; m'avoue sa foiblesse et défend à l'abbé Dubois de lui jamais parler de moi. — Étrange trait sur le chapeau de Dubois entre M. le duc d'Orléans et Torcy. — Naissance du prince de Galles à Rome. — Sentiments anglois sur cette naissance. — Mort du comte de Stanhope et de Craggs, secrétaires d'État d'Angleterre, succédés (sic) par Townsend et Carteret. — Leur caractère. — Mort du docteur Sachewerell. — Mort et caractère de Huet, ancien évêque d'Avranches; de la duchesse de Luynes;

de la duchesse de Sully (Coislin); de la duchesse de Brissac (Vertamont). — Embrasement de Rennes. — Cailloux singuliers............... 111

Chapitre VII. — Affaire du duc de La Force. — Saint-Contest et Morville, plénipotentiaires au congrès de Cambrai. — Mort, fortune et caractère de Foucault, conseiller d'État. — Méliant, Harlay, Ormesson, conseillers d'État. — Alliance des Neuville et des Harlay. — Mort de Coettenfao; de Joffreville; d'Ambres; son caractère. — Mort de la comtesse de Matignon. — Ambassadeur extraordinaire du Grand Seigneur à Paris. — Son entrée. — Sa première audience. — Vienne, en Autriche, archevêché. — Mort de la reine de Danemark (Mecklembourg). — Dix-huit jours après, le roi épouse la Rewenclaw, sa maîtresse. — Duperie étrange du cardinal de Rohan par Dubois. — Mort de Clément XI (Albane). — Innocent XIII (Conti) élu. — Condition étrange de son exaltation. — Albéroni à Rome et rétabli. — Intérêt des cardinaux. — Robert Walpole comme grand trésorier d'Angleterre. — M. le duc de Chartres colonel général de l'infanterie. — Survivance [de la charge] de premier écuyer et du gouvernement de Marseille au fils de Beringhen, et des bâtiments au fils de d'Antin. — Perfidie du maréchal de Villeroy à Torcy et à moi................ 131

Chapitre VIII. — Le duc de Sully déclare son mariage secret avec Mme de Vaux. — Leur caractère. — Mort de Chamillart; raccourci de sa fortune et de son caractère. — Mort de Desmarets; abrégé de son caractère. — — Mort d'Argenson; abrégé de son caractère. — Mort de Maupertuis; abrégé de son caractère. — Mort de Mézières; son caractère. — Mort de Serignan; de l'abbé de Mornay; son caractère et sa fortune. — Mort de l'abbé de Lyonne; de Bullion. — Le grand écuyer se sépare pour toujours de sa femme, qu'il renvoie au duc de Noailles, son père. — Breteuil, maître des requêtes, prévôt et maître des cérémonies de l'ordre. — La Houssaye, contrôleur général, en a le râpé. — Breteuil, frère du précédent, tué en duel par Gravelle. — Traité d'Angleterre, à son mot, avec l'Espagne. — M. le duc d'Orléans me confie le traité fait du mariage du roi avec l'infante d'Espagne, et de sa fille avec le prince des Asturies. — Conversation curieuse entre lui et moi là-dessus. — J'obtiens l'ambassade d'Espagne pour faire mon second fils grand d'Espagne. — J'obtiens pour ma dernière belle-sœur l'abbaye de Saint-Amant de Rouen. — Audience de congé, caractère et traitement de l'ambassadeur turc. — Prince de Lixin fait grand maître de Lorraine en épousant une fille de M. et de Mme de Craon. — Son caractère et sa fin. — Mariage du marquis de Villars avec une fille du duc de Noailles. — Caractère de cette dame. — Mariage du duc de Boufflers avec une fille du duc de Villeroy.. 153

Chapitre IX. — Dubois enfin cardinal. — Sa conduite en cette occasion. — Conduite réciproque entre lui et moi. — Il sort à merveille de ses audiences. — Croix pectorale. — Embarras de M. de Fréjus. — Imprudence de Mme de Torcy. — Dubois, informé de mon ambassade, me rapproche par Belle-Ile pour me tromper et me nuire. — Je le sens et ne puis l'éviter. — Liaison plus qu'intime de Belle-Ile avec Le Blanc. — Leur servitude sous Dubois. — Maladie du roi. — Audace pestilentielle de la duchesse de La Ferté. — Conduite étrange du maréchal de Villeroy. — Affectation de *Te Deum* sans fin. — Instruction abominable et publique du maréchal de

Villeroy au roi. — Excellente conduite de M. le duc d'Orléans et des siens dans la maladie du roi. — Mort de Trudaine; du duc de Bouillon; son caractère. — Mort de Thury; son caractère. — Mort du P. Lelong, de l'Oratoire. — Armenonville obtient la survivance de sa charge de secrétaire d'État pour son fils; la duchesse celle de gouvernante des enfants de France pour Mme de Soubise, sa petite fille; Saumery, de la sienne de sous-gouverneur du roi pour son fils aîné, chose sans exemple. — Leur caractère. — Mort et caractère, vie et conduite de Mme la grande-duchesse [de Toscane]. — La conduite avec moi du cardinal Dubois m'affranchit des conditions de notre raccommodement. — Familiarité, liberté, confiance conservée entre M. le Duc et moi, depuis le lit de justice des Tuileries. — Conversation importante et très-curieuse entre M. le Duc et moi... 173

CHAPITRE X. — Mort, caractère, conduite du cardinal de Mailly. — Il obtient que son neveu de Nesle porte la queue du grand manteau de l'ordre du roi à Reims. — Il ne va point à Rome, arrêté par une opération instante au moment de son départ. — Réflexions. — Reims persévéramment offert à Fréjus, obstinément refusé. — Motifs de l'un et de l'autre. — Sa conduite à l'égard du roi, du régent, du maréchal de Villeroy, du monde. — Raison à moi particulière de désirer que Fréjus acceptât Reims. — Sagacité très-singulière d'une femme de chambre. — Fréjus accepte à grand'peine l'abbaye de Saint-Étienne de Caen. — Fréjus point avide de biens. — Fréjus, parfaitement ingrat, empêche que Reims soit donné à Castries, archevêque d'Albi. — Abbé de Guéméné archevêque de Reims. — Retraite et caractère du duc de Brancas. — Mort, fortune et caractère de l'abbé de Camps. — Mort de l'évêque-duc de Laon, Clermont-Chattes. — Ses deux premiers successeurs. — Mort et caractère de l'archevêque de Rouen, Besons. — Son successeur. — Mort du duc de Fitz-James; de Mlle de La Rochefoucauld; de Mme de Polignac, mère du cardinal; de Prior, à Londres................................ 191

CHAPITRE XI. — Raisons qui terminent les longs troubles du Nord. — Paix de Nystadt entre la Russie et la Suède. — Réflexions. — Mesures pour apprendre au roi son mariage et le déclarer. — Le régent, en cinquième seulement dans le cabinet du roi, lui apprend son mariage, et le déclare en sa présence au conseil de régence. — Détail plus étendu de la scène du cabinet du roi sur son mariage. — Déclaration du mariage du prince des Asturies avec une fille de M. le duc d'Orléans. — Réflexions. — Abattement et rage de la cabale opposée au régent. — Ses discours; son projet. — Frauduleux procédé du cardinal Dubois avec moi, qui veut me ruiner et me faire échouer. — Mon ambassade déclarée. — Ma suite principale. — Sartine; quel. — Je consulte utilement Amelot et les ducs de Berwick et de Saint-Aignan. — Utilité que je tire des ducs de Liria et de Veragua. — Leur caractère. — Mon instruction. — Remarques sur icelle. — Valouse; son caractère et sa fortune. — La Roche; sa fortune; son caractère. — Estampille; ce que c'est. — Laullez; sa fortune; son caractère. — Mon utile liaison avec lui. — Scélératesse du cardinal Dubois et foiblesse inconcevable de M. le duc d'Orléans, dans les ordres nouveaux et verbaux que j'en reçois sur préséance et visites. — Duc d'Ossone; quel. — Nommé ambassadeur d'Espagne pour le mariage du prince des Asturies. — On lui destine le cordon bleu. — Je ne veux point profiter de la nouveauté de cet exemple. — Continuation de l'étrange procédé du cardinal Dubois à mon égard, qui fait hasarder à M. le duc d'Orléans une entreprise d'égalité avec le prince des Asturies. — La Fare envoyé en Espagne de la part de M. le duc d'Orléans. — Son caractère. — Malice grossière à mon égard du cardinal Dubois, suivie de la plus étrange impudence. — Il prend à Torcy la charge des postes. — Bon traitement fait à Torcy. — La duchesse de Ventadour, et Mme de Soubise en survivance, gouvernantes de l'infante, et le prince de Rohan chargé de l'échange des princesses... 209

CHAPITRE XII. — Mon départ de Paris pour Madrid. — Je rencontre et confère en chemin avec le duc d'Ossone. — Je passe et séjourne à Ruffec, à Blaye et à Bordeaux, et y fais politesse aux jurats. — Arrivée à Bayonne. — Adoncourt et Dreuillet, commandant et évêque de Bayonne; quels. — Pecquet père et fils; quels. — Impatience de Leurs Majestés Catholiques de mon arrivée, qui la pressent par divers courriers. — Audience de la reine douairière d'Espagne. — Son logement. — Elle me fait traiter à dîner. — Son triste état. — Adoncourt fort informé. — Passage des Pyrénées. — Je vais voir Loyola. — Arrivée à Vittoria. — Présent et députation de la province. — Trois courriers l'un sur l'autre pour presser mon voyage. — Je laisse mon fils aîné fort malade à Burgos, et poursuis ma route sans m'arrêter. — Cause de l'impatience de Leurs Majestés Catholiques. — Basse et impertinente jalousie de Maulevrier. — Arrivée à Madrid, où je suis incontinent visité des plus grands, sans exception de ceux à qui je devois la première visite. — Je fais ma première révérence à Leurs Majestés Catholiques et à leur famille. — Conduite très-singulière et tout opposée des ducs de Giovenazzo et de Popoli avec moi. — Visite à Grimaldo, particulièrement chargé des affaires étrangères. — Succès de cette visite. — Il connoît parfaitement le cardinal Dubois. — Esquisse du roi d'Espagne; de la reine d'Espagne; du marquis de Grimaldo. — Le roi et la reine d'Espagne consentent, contre tout usage, de signer eux-mêmes le contrat du futur mariage du roi et de l'infante. — Ils y veulent des témoins, que je conteste et que je consens enfin. — Signature des articles. — Office à Laullez................................. 251

CHAPITRE XIII. — Audience solennelle pour la demande de l'infante en mariage futur pour le roi. — Audience de la reine d'Espagne. — Audience du prince des Asturies et des infants. — Bêtise de Maulevrier, qui ne se couvrit point. — Conduite énorme de Maulevrier avec moi, bien pourpensée et bien exécutée jusqu'au bout, pour me jeter dans le plus fâcheux embarras sur les raisonnements du contrat de mariage, de guet-apens, en pleine cérémonie de la signature. — Ma conduite pour y précéder, comme je fis, le nonce et le majordome-major du roi, sans les blesser. — Signature solennelle du contrat du futur mariage du roi et de l'infante. — Le prince des Asturies cède partout à l'infante depuis la déclaration de son futur mariage avec le roi. — Je me maintiens adroitement en la place que j'avois prise. — Difficulté poliment agitée sur la nécessité ou non d'un instrument en françois. — Maulevrier forcé de laisser voir toute sa scélératesse, de laquelle je me tire avec tout avantage, sans montrer la sentir. — Autre honte à Maulevrier chez Grimaldo. — Politesse de ce ministre. — Facilité pleine de bonté du roi d'Espagne. — Ma conduite égale avec Maulevrier, et mes raisons pour cette conduite. — Bonté de Leurs Majestés Catholiques. — Conclusion de mon désistement d'un instrument en françois... 280

Chapitre XIV. — Forme de demander les audiences particulières du roi d'Espagne. — Jalousie de la reine pour y être toujours présente. — Trait important d'amitié pour moi de Grimaldo. — Illumination de la place Major, admirable et surprenante. — Bal superbe chez le roi d'Espagne. — Leurs Majestés Catholiques y dansent et m'y font danser. — Échappé avec tout avantage de tous les piéges du cardinal Dubois, j'en aperçois son dépit à travers ses louanges. — Audience particulière que j'eus seul le lendemain de la signature. — Manége de la reine. — Service de Grimaldo. — Office à don Patricio Laullez. — Attachement du roi d'Espagne aux jésuites, peu conforme au goût de la reine. — Bontés ou compliments singuliers de la reine pour moi. — Audience particulière du comte de Céreste. — Je consulte Grimaldo sur les bontés ou les compliments de la reine. — J'en reçois un bon conseil. — Confiance et amitié véritable entre ce ministre et moi. — Pompe de Leurs Majestés Catholiques allant à Notre-Dame d'Atocha. — Compétence entre les deux majordomes-majors, uniquement aux audiences publiques de la reine, qui en exclut celui du roi, et entre les mêmes et les deux grands écuyers, uniquement dans les carrosses du roi et de la reine, qui en exclut les deux majordomes-major. — Départs (18 novembre) de Mlle de Montpensier de Paris. — Leurs Majestés Catholiques donnent une longue audience à Maulevrier et à moi seuls, étant au lit, contre tout usage d'y être vus par qui que ce soit. — Maulevrier en étrange habitude de montrer au ministre d'Espagne les dépêches qu'il recevoit de sa cour. — Départ de Leurs Majestés Catholiques pour Lerma. — Je présente enfin une lettre du roi à l'infante au moment de son départ pour Lerma. — Je reçois chez moi les compliments de la ville de Madrid. — Lettre curieuse du cardinal Dubois à moi, sur l'emploi de l'échange des princesses. — Santa-Cruz chargé par le roi d'Espagne de l'échange des princesses. — Je prends avec lui d'utiles précautions à l'égard du prince de Rohan, chargé par le roi du même échange.. 305

Chapitre XV. — Arrivée, réception, traitement, audiences, magnificence du duc d'Ossone. — Signature des articles du prince des Asturies et de Mlle de Montpensier chez le chancelier de France. — Signature du contrat de mariage du prince des Asturies et de Mlle de Montpensier. — Elle est visitée par le roi. — Fêtes. — Départ de Mlle de Montpensier. — La ville de Paris complimente le duc d'Ossone chez lui. — Mort du comte de Roucy. — Mort de Surville. — Mort de Torcy, des chevau-légers. — Arrivée de La Fare chargé des compliments de M. le duc d'Orléans sur le mariage de Mlle sa fille. — Vaines prétentions de La Fare, que son maître n'avoit point. — Conduite que je me suis proposé d'avoir en Espagne. — Tentative du P. Daubenton auprès de moi pour faire rendre aux jésuites le confessionnal du roi. — Droiture et affection de Grimaldo pour moi. — L'empereur fait une nombreuse promotion de l'ordre de la Toison d'or, dont il met le prince héréditaire de Lorraine. — Omission de plusieurs affaires peu importantes et des embarras étranges d'argent où la malice du cardinal Dubois m'attendoit et me jeta. — Courte description de Lerma et de Villahalmanzo. — Grands mandés avec quelques autres personnes distinguées pour assister au mariage du prince des Asturies. — Pour quelles personnes ont été faites les érections des duchés de Pastrane, Lerma et l'Infantade, et comment tombés au duc de l'Infantade, de la maison de Silva. — Caractère et famille du duc de l'Infantade, et leur conduite à l'égard de Philippe V. — Richesses de ce duc. — Sa folie en leur emploi. — Maisons du prince et de la princesse des Asturies. — Je vais par l'Escurial joindre la cour à Lerma. — Pouvoir du nonce. — Hiéronimites; leur grossièreté et leur superstition. — Appartement où Philippe II est mort. — Pourrissoir. — Sépultures royales. — Petite scène entre un moine et moi sur la mort du malheureux don Carlos. — Fanatisme sur Rome. — Panthéon. — J'arrive à mon quartier près de Lerma, où je tombe malade tout aussitôt de la petite vérole. — Indication pour se remettre sous les yeux tout ce qui regarde les personnages, charges, emplois, grandesses d'Espagne. — Précis sur les grandesses....... 330

CHAPITRE XVI. — Grands d'Espagne constamment de la première origine. — Liste alphabétique de tous les grands d'Espagne existant pendant que j'y étois, en 1722, où les maisons et les personnages sont courtement expliqués. — Duc d'Alencastro. — Duc d'Albe. — Duc d'Albuquerque. — Duc del Arco. — Duc d'Arcos. — Duc d'Aremberg. — Duc d'Arion. — Duc d'Atri. — Duc d'Atrisco. — Duc de Baños. — Duc de Bejar. — Duc de Berwick. — Duc de Bournonville. — Duc Doria. — Duc d'Estrées, maréchal de France. — Duc de Frias, connétable héréditaire de Castille. — Titres de connétable et d'amirante de Castille supprimés par Philippe V. — Duc de Gandie. — Duc de Giovenazzo. — Duc de Gravina. — Duc d'Havré. — Duc d'Hijar. — Duc del Infantado. — Duc de Licera. — Duc de Liñarez. — Duc de Liria. — Ducs de Medina-Cœli. — La Cerda, seigneurs de Medina-Cœli. — Dernier direct comte de Foix, etc. — Succession de ses États après lui. — Ses deux bâtards. — Fin malheureuse du cadet. — Fortune énorme de l'aîné. — Bâtards de Foix, comtes, puis ducs de Medina-Cœli. — Figuerroa, ducs de Medina-Cœli. — Amirante de Castille. — Duc de Medina-Sidonia. — Duc de Saint-Michel. — Duc de La Mirandole. — Duc et duchesse de Monteillano. — Duc de Montéléon. — Duc de Mortemart. — Duc de Najera. — Duc de Nevers. — Duc de Noailles. — Duc d'Ossone. — Duc et duchesse de Saint-Pierre — Duc de Popoli; son caractère; son fils et sa belle-fille; leur caractère. — Duc de Sessa; duc de Saint-Simon et son second fils conjointement. — Duc de Solferino; sa fortune. — Duc de Turcis. — Duc de Veragua. — Maréchal-duc de Villars. — Duc d'Uzeda; sa défection. — Prince de Bisignano. — — Prince de Santo-Buono. — Remède sûr et sans inconvénient pour la goutte, au Pérou. — Prince de Butera. — Prince de Cariati. — Prince de Chalais; sa fortune. — Prince de Chimay. — Prince de Castiglione. — Connétable Colonne. — Prince Doria. — Prince de Ligne. — Prince de Masseran; son caractère; sa fortune. — Prince de Melphe. — Prince de Palagonia. — Prince de Robecque. — Prince de Sermonetta. — Prince de Sulmone. — Prince de Surmia. — Prince d'Ottaïano. — Marquis d'Arizza. — Marquis d'Ayétone. — Marquis de Los Balbazès. — Marquis de Bedmar. — Marquis de Camaraça. — Marquis de Castel dos Rios. — Marquis de Castel-Rodrigo. — Prince Pio. — Marquis de Castromonte. — Marquis de Clarafuente. — Marquis de Santa-Cruz; sa fortune. —

Marquis de Laconi. — Marquis de Lede. — Marquis de Mancera. — Marquis de Mondejar. — Marquis de Montalègre. — Marquis de Pescaire. — Marquis de Richebourg. — Marquis de Ruffec. — Marquis de Torrecusa ; caractère de son épouse. — Marquis de Villena, duc d'Escalona ; sa naissance, ses actions, son éloge, sa famille. — Marquis Visconti. — Comte d'Aguilar ; ses faits. — Grandeur de la maison d'Avellano. — Grandeur de la maison de Manrique de Lara. — Comte d'Altamire ; sa famille, son caractère. — Comte d'Aranda. — Comte de Los Arcos. — Comte d'Atarès. — Comte de Baños. — Comte de Benavente ; grandeur de la maison de Pimentel ; jésuites. — Comte de Castrillo. — Comte d'Egmont. — Comte de San-Estevan de Gormaz. — Comte de San-Estevan del Puerto. — Comte de Fuensalida. — Comte de Lamonclava. — Comte de Lemos ; son caractère et celui de la comtesse sa femme. — Comte de Maceda ; son fils et sa belle-fille. — Comte de Miranda. — Comte de Montijo. — Comte d'Oñate. — Comte d'Oropesa. — Comte de Palma. — Comte de Parcen. — Comte de Parédes. — Comte de Peñeranda. — Comte de Peralada. — Comte de Priego ; son adresse à obtenir la grandesse ; son caractère. — Comte de Salvatierra. — Comte de Tessé. — Comte Visconti. — Grands d'Espagne par charge ou état, mais imperceptibles. — Oubli. — Marquis de Tavara. — Marquis de Villafranca. — Mystère des classes et des dates des grandesses. — Impossibilité sur les classes. — Difficultés sur les dates. — Comment reconnues pour la plupart. — État des grands, suivant l'ancienneté entre eux qu'on a pu reconnoître, et par règnes de leurs érections, et les maisons pour qui elles ont été faites, et les maisons où elles se trouvent en 1722. — Medina-Cœli. — Benavente. — Amirante de Castille. — Lemos. — Medina-Sidonia. — Miranda. — Albuquerque. — Villena et Escalona. — Origine de dire *les rois* jusqu'à aujourd'hui, lorsqu'on a à dire le roi et la reine. — Albe. — Oñate. — Infantado. — Oropesa. — Najera. — Gandie. — Sessa. — Bejar. — Frias. — Villafranca. — Egmont. — Veragua. — Pescaire. — Ayétone. — Ossone. — Terranova et Montéléon. — Santa-Cruz ; cause horrible de cette érection. — Aranda. Uzeda. — Peñeranda. — Mondejar. — Hijar. — Havré. — Sulmone. — Los Balbazès. — Altamire. — Abrantès et Liñares. — Bisignano. — Castel-Rodrigo. — Torrecusa. — Colonne. — Camaraça. — Aguilar. — Aremberg. — Ligne. — Fuensalida. — Saint-Pierre. — Palma. — Nevers. — Santo-Buono. — Surmia. — Liñares. — Baños C. — Parédes. — Lamonclava. — San-Estevan del Puerto. — Montalègre. — Los Arcos. — Montijo. Baños D. — Castromonte. — Castiglione. — Ottaïano. — Castel dos Rios. — Mortemart, éteint. — Estrées, éteint. — Liria. — Gravina. — Bedmar. — Tessé. — La Mirandole. — Atri. — Chimay. — Monteillano. — Priego. — Noailles. — Popoli. — Masseran. — Richebourg. — Chalais. — Robecque. — Maceda. — Solfarino. — San-Estevan de Gormaz. — Bournonville. — Villars. — Lede. — Saint-Michel. — Del Arco. — Ruffec. — Arion. — Oubli sur Mancera avec quelque éclaircissement....... 361

FIN DE LA TABLE DES CHAPITRES.

TYPOGRAPHIE DE CH. LAHURE
Imprimeur du Sénat et de la Cour de Cassation
rue de Vaugirard, 9.